BASTEI LÜBBE

Von Karin Jäckel sind außerdem als BASTEI-LÜBBE-Taschenbuch lieferbar:
61335 Monika B.
60435 Alles Ehe oder was …

Karin Jäckel/Thomas Forster

... weil mein Vater Priester ist

BASTEI LÜBBE

BASTEI-LÜBBE-TASCHENBUCH
Band 61386

Originalausgabe

Printed in Germany, März 1997
Einbandgestaltung: Manfred Peters
Titelbild: Mechtild Op Gen Orth, Köln
Satz: Textverarbeitung Garbe, Köln
Druck und Bindung: Ebner Ulm
ISBN 3-404-61386-4

Der Preis dieses Bandes versteht sich einschließlich
der gesetzlichen Mehrwertsteuer.

Vorwort

Viele Leserinnen und Leser, die dieses Buch zur Hand nehmen, mögen sich fragen: Warum ein Buch über den Sohn eines römisch-katholischen Priesters? Was kann so bemerkenswert anders an dem Leben eines Priesterkindes sein als an dem Leben eines jeden beliebigen Kindes? Gibt es in unserer Gesellschaft, in der die großen Kirchen zusehends unglaubwürdiger werden und täglich deutlicher an Macht und Einfluß verlieren, überhaupt noch einen Grund, an der Vaterschaft eines Priesters Anstoß zu nehmen?

Mit Sicherheit – werden Sie vielleicht denken – gibt es heutzutage kaum noch einen vernunftbegabten Menschen, der darin eine Sünde sieht. Warum dann also so viel Aufhebens um etwas so Alltägliches wie ein unehelich geborenes Kind, das das Schicksal so vieler anderer teilt, die ohne Vater bei ihren alleinerziehenden Müttern aufwachsen?

Lassen Sie mich Ihnen versichern, liebe Leserin, lieber Leser – es nehmen auch heute noch Massen daran geradezu erbittert Anstoß, wenn ein Priester ein Kind bekommt.

Als ich 1992 nach mehrjähriger Recherche erstmals ein Sachbuch mit dem Titel »Sag keinem, wer dein Vater ist« über das Schicksal von Priesterkindern veröffentlichte, erreichte mich eine Flut von Leser/innenbriefen.

Sehr viele waren darunter, in denen mein Buch ein »notwendiges und hoffentlich Not wendendes« genannt wurde. Die meisten Briefschreiber waren Klostergeistliche oder Priester im Pfarrdienst, Lehrberuf, Militärdienst, Pfarrhaushälterinnen mit heimlicher Beziehung zu ihrem Pfarrer sowie Menschen aus einer verwaisten Pfarrei, deren Pfarrer wegen eines Verstoßes gegen den Zölibat suspendiert worden war.

Weit mehr Zuschriften aber kamen von Leuten, die nicht etwa hauptsächlich über die Tatsache empört sind, daß eine erschreckend große Zahl römisch-katholischer Priester ein Doppelleben führt und heimlich Frau und Kinder hat. Die Mehrheit aller Zuschriften beschimpfte mich vielmehr, weil ich mit diesem Buch Gotteslästerung beginge, indem ich »die Sünde eines Gott geweihten Priesters« laut zu nennen wage. Von manchen Leserinnen wurde ich dafür verflucht. Einige Morddrohungen waren auch dabei. Angehörige meiner Familie wurden stellvertretend für mich auf der Straße gescholten.

Wegen des wüsten Stroms der Beschimpfungen am Telefon schaffte ich mir in dieser Zeit einen Anrufbeantworter und eine Trillerpfeife an. Eine Buchhändlerin in Recklinghausen, die mein Buch einem jungen Kaplan empfahl, sah diesen entsetzt zurückweichen und abwehren: Nein, nein, da sei Gott vor, daß er ein solches Teufelsmachwerk lese. Und einmal erfuhr ich, daß der Pfarrer einer meinem Wohnort benachbarten Gemeinde mein Buch und mich von der Kanzel herunter und sogar in seinem Gemeindebrief verurteilt habe.

Verglichen mit den Belastungen, denen ein Priester und seine Frau ausgesetzt sind, sobald ihre meist jahrelang strikt geheimgehaltene Liebesbeziehung publik wird, ist der Terror, den ich aufgrund meines Buches erfuhr, allerdings nicht mehr als ein Spiel und nur ein Lächeln wert.

Daher möchte ich Ihnen nun schwerpunktmäßig verdeutlichen, warum und inwiefern sich das Leben eines Priesterkindes und seiner Eltern tatsächlich nachhaltig von dem eines beliebigen Kindes und Elternpaares unterscheidet.

Die beiden alles bestimmenden Hauptunterschiede liegen darin begründet, daß die Selbstorganisation des Kirchenstaates per eigenem Gesetz vom weltlichen Staat geduldet wird, so daß beide Systeme gültig sind.

Daraus ergeben sich folgende Widersprüche: Der weltlich orientierte Vater eines beliebigen Kindes will aus ganz freiwilligen, privaten, absolut persönlichen Gründen möglicherweise kein Kind zeugen und kein Vater sein, der kirchlich orientierte Vater eines Priesterkindes aber *darf* aus rein kirchenarbeitsrechtlichen Gründen kein Vater werden und sein.

Die Zeugung eines beliebigen Kindes im Sinne der Kirche ist eine *heilige* Handlung, die Zeugung eines Priesterkindes im Sinne der Kirche aber eine *verbrecherische* Handlung, die, mit den Worten eines Kirchenrechtlers, einem »Bankraub« vergleichbar ist und entsprechender (kirchlicher) Strafe unterliegt.

Wer sich – meist schon in jugendlichen Jahren – dazu entschließt, den Beruf eines Priesters zu ergreifen, kann nur dazu geweiht werden, wenn er die Grundbedingung erfüllt, die Gesetze seiner Kirche anzuerkennen und sich diesen in absolutem Gehorsam zu unterwerfen.

Eines dieser Gesetze wurde weithin als der sogenannte Zölibat bekannt und zum besseren Verständnis als »Opfer um des Himmelreiches willen« übersetzt. Der Zölibat besagt, daß nur derjenige Priester werden darf, der bis zum Lebensende zölibatär, das heißt in vollkommener sexueller Enthaltsamkeit und Keuschheit, leben will und diesen Entschluß zum Beweis der Endgültigkeit mit einem ewigen Versprechen besiegelt.

Sinn des Zölibates ist, das fleischliche Verlangen zu unterdrücken und alle körperliche Energie auf das geistige Ziel der göttlichen Liebe und Nähe zu konzentrieren. Durch den Verzicht auf die Liebe zu einem einzigen Menschen soll der Priester von einer gottähnlichen Vaterliebe für alle Menschen durchströmt und in die unmittelbare Gefolgschaft Jesu berufen werden, dem er vom Zeitpunkt der Weihe an mit Haut und Haar, mit Leib und Seele gehört.

Befürworter des Zölibates sehen in diesem Versprechen eine direkte Parallele zu dem auf lebenslänglich angelegten Treueversprechen, das Eheleute sich vor dem Traualtar geben, obwohl auch sie nicht in die Zukunft schauen können.

Gegner wenden ein, wer den Zölibat und die Ehe miteinander vergleiche, sei bestenfalls ein Theoretiker mit Kopfwissen aber kein Praktiker. Zwar setze die Ehe ein Treueversprechen voraus, doch sei dieses nicht wie im Zölibat mit dem Verzicht auf einen letztlich unverzichtbaren Teil des menschlichen Wesens verbunden und daher quasi uneinlösbar. Im Gegensatz zur Ehe komme der Zölibat einer von Gott nie gewollten Selbstverstümmelung gleich.

Ganz gleich, wie umstritten der Zölibat seit seiner Einführung im Mittelalter ist – fest steht, daß die potente Sexualität eines Mannes, der sich zum römisch-katholischen Priester berufen fühlt, nicht automatisch mit der kirchlichen Weihe erlischt. Es erlischt auch sein natürliches Verlangen nach der Liebe einer Frau nicht. Ja, es erlischt nicht einmal sein Augenlicht, so daß er blind würde für die ihm verbotenen Reize, nach denen er sich allen Versprechungen zum Trotz immer wieder sehnt. Folglich muß der Schmerz des Verzichtes und das Opfer der ganzheitlichen Liebe und Hingabe an eine Lebensgefährtin von jedem Priester ständig neu »um des Himmelreiches willen« erbracht werden.

Die meisten jungen Priester bringen dieses Opfer im Eifer für ihr gesellschaftlich exponiertes Amt und ihre außerordentliche Aufgabe als Diener Gottes trotz aller damit verbundenen Nöte über Jahre hinweg in hart erkämpfter Festigkeit.

Wer schwankt, den stärkt und trägt oft die Angst. Erstens die Angst, in Sünde zu geraten und zur Strafe die Gnade Gottes zu verlieren, so daß man nicht mehr zu den wenigen auf geheimnisvolle Weise von ihm Auserwählten und Berufenen gehören darf, sondern in die ewige Verdammnis gestürzt wird. Zweitens die Angst, bereits auf Erden von Papst und Kirche in Scham und Schande verstoßen zu werden.

Aller Moderne und Aufklärung zum Trotz verleiht die Angst vor dem in Ewigkeit Rache nehmenden, strafenden Gott und seinen irdischen Stellvertretern dem Zölibatsgesetz der Kirche bis heute Nachdruck.

Wer das Zeitgeschehen aufmerksam mitverfolgt, weiß, daß die Kirche sich als Konstante im raschen Wandel der Zeitgeschichte versteht. Gott und seine Gebote gelten ewig, und so haben Moderne und Aufklärung kaum Bedeutung.

Erst vor wenigen Monaten schüttelte die Kirche zum Beispiel den Staub des Mittelalters ab. Sie anerkannte, daß sich die Erde tatsächlich um die Sonne dreht, und sprach Galileo Galilei, den Verfechter dieser Theorie, von dem Vorwurf der Gotteslästerung frei.

Von vielen Menschen wird bezweifelt, ob die Kirche jemals realisiert hat, daß der Mensch nicht um der Kirche willen geschaffen wurde, sondern die Kirche um der Menschen willen, und daß der Mensch zwar den Naturgesetzen des Schöpfers unterliegt, nicht aber zwingend den von Menschen gemachten Gesetzen der Kirche. Sollte dies einmal erfaßt werden, so wird es nach Meinung von Kirchenkritikern vermutlich im Zeitlupentakt der Ewigkeit geschehen. Und bis dahin bricht wohl das vom Menschen gemachte Gesetz der Einsamkeit im Zölibat das vom Schöpfer gemachte Gesetz der Zweisamkeit in Liebe immer wieder.

Wie schwerwiegend der Eingriff des Zölibates in die Persönlichkeit eines Menschen ist, wird sehr vielen Priestern erst im Laufe der Jahre bewußt. Nur zu oft haben gerade junge Männer, die sich dem Priestertum zuwenden, die Liebe einer Frau nicht kennengelernt, bevor sie ihr Zölibatsversprechen ablegen, und werden quasi jungfräulich zum Priester geweiht. Vielen von ihnen ist daher das Ausmaß des Verzichtes zum Zeitpunkt der Weihe wegen mangelner Lebenserfahrung gar nicht oder nur unzulänglich bewußt.

Während für den jungen, hochmotivierten, auch hochengagierten Priester der Ansturm der Hormone noch vergleichsweise leicht in den Griff zu bekommen ist, indem er sich mit aller Energie und Leidenschaft in die Bewältigung einer faszinierenden Aufgabe stürzt und im Rausch der Arbeit und des Erfolges alles andere vergißt oder doch verdrängen kann, setzt mit zunehmender beruflicher Souveränität und Routine das Bewußtsein einer inneren Leere und unerträglichen Einsamkeit den Priester der mittleren und reiferen Jahre oft schachmatt.

Das Wissen um die Entstehung des Zölibatsgesetzes beschäftigt fast jeden Priester irgendwann. Es besteht kein Zweifel daran, daß es kein Gottesgebot ist, sondern erst im Mittelalter zur sittlichen Besserung der sexuell hemmungslosen Geistlichkeit und zur leichteren Handhabung des Kirchenvermögens eingeführt wurde. Daher werden Sinn und Notwendigkeit des Zölibats für die Gegenwart immer öfter bezweifelt. Vor allem die Tatsache, daß der Leidensdruck des zölibatären Lebens durch kirchliche Willkür begründet und nicht im geringsten gottgewollt ist, schwächt den Widerstand des Priesters gegen die eigene Sehnsucht nach Liebe und Erfüllung.

Viele Priester flüchten sich in die scheinbare Sicherheit des Alkohols oder anderer Drogen. Homoerotische Neigungen werden ausgelebt. Immer öfter werden Priester als Kinderschänder entlarvt. Psychiater und Psychotherapeuten stellen fest, daß zusehends mehr seelisch schwer belastete Priester bei ihnen Hilfe suchen. Aus dem Verstoß gegen den Zölibat und die damit verbundenen moralischen und sittlichen Forderungen der Kirche entsteht gerade in denjenigen, die ihre Berufung ernst nehmen, der Wahn, schuldig vor Gott zu sein. Die innere Zerrissenheit zwischen Schuldgefühlen und der Unfähigkeit, die Forderungen der Kirche zu erfüllen, bringt immer mehr Priester um ihre Selbstachtung und innere Würde.

Der Schmerz der Einsamkeit, die fast unerträgliche Pflicht zu absolutem Gehorsam und zur Unterdrückung der Sehnsucht nach einer Frau und einer Familie sowie der Zwang zur Geheimniskrämerei, zur Lüge und einem in der Kirche absolut verpönten »Pharisäertum« mauern den Menschen hinter der Maske des Priesters bei lebendigem Leibe ein. Und irgendwann bricht alles zusammen.

Plötzlich fliegt es auf, das tragische Geheimnis einer Priesterliebe. Plötzlich halten ein Mann und eine Frau es nicht mehr aus, wegen ihrer Liebe wie Verbrecher im Untergrund leben zu müssen. Halten es nicht mehr aus, bei jedem Rendezvous die Autonummern der Fahrzeuge auf dem Parkplatz eines Hotels oder Restaurants durchsehen zu müssen, ob jemand Bekanntes darunter ist, ehe sie es wagen, sich in einem möglichst dunklen Ecktisch zueinander zu setzen, in einem möglichst abgelegenen Winkel ein Zimmer zu mieten. Halten es nicht mehr aus, einander vor der Öffentlichkeit mit kalten Blicken betrachten zu müssen, einander zu verleugnen, einander zu meiden, nicht dem allerbesten Freund die Wahrheit sagen zu dürfen, Angst vor dem Zufall zu haben, Angst und immer nur Angst. Halten es nicht mehr aus, ihren Kindern den Vater vorenthalten und verheimlichen zu müssen. Irgendetwas bringt das Faß zum Überlaufen. Und da ist es, das öffentliche Bekentnnis, aller Angst zum Trotz, weil die Not des Verheimlichens schließlich größer ist als die existentielle Not als Konsequenz der verbotenen Liebe.

In Pfarrämtern und Klöstern lebende Priester, die ich selbst anläßlich meiner Buchprojekte befragen konnte, schätzen, daß weltweit mindestens jeder dritte von ihnen dauerhaft nicht zölibatär lebt und wenigstens eine heimliche Geliebte, meist auch ein oder mehrere heimliche Kinder hat.

Als ich zum Beispiel vor einiger Zeit Gast einer Talkshow des *Saarländischen Fernsehens* war und ein amtierender Priester gesucht wurde, der zölibatstreu lebt und den Zölibat verteidigt, mußten der Sender und ich erleben, daß sich kein einziger der befragten Pfarrer dazu bereit erklärte und auch keinen Kollegen empfehlen wollte, weil jeder befürchtete, es könne womöglich eine Zuschauerin anrufen und »aus der Schule plaudern«. Die Sache der Kirche vertrat schließlich der Rundfunkpfarrer, und dieser lehnte den Zölibat ab.

Konkreter rechnet Richard Sipe es in seiner 1988 erstmals in Washington D. C. vorgestellten und 1990 in New York unter dem Titel »A secret world: Sexuality and the Search for Celibacy« veröffentlichten Studie vor. Fazit dieser einen Zeitraum von 25 Jahren umfassenden Studie ist, daß weltweit

- über 200 000 amtierende katholische Priester sexuell fest liiert sind.
- weitere acht Prozent gelegentlich sexuell liiert sind.
- nur zehn Prozent immer zölibatär leben.

Auf den Durchschnitt umgerechnet, besagen diese Zahlen, daß nicht nur jeder dritte, sondern sogar jeder zweite Priester schwerwiegende Probleme mit dem Zölibat hat.

Davis Rice bestätigt diese Zahlen in seinem Buch »Kirche ohne Priester« und fügt hinzu, daß

- seit über zwanzig Jahren alle zwei Stunden ein geweihter katholischer Priester seine Kirche wegen der Liebe zu einer Frau für immer verlasse.
- in Peru achtzig Prozent aller Priester eine Frau haben.
- auf den Philippinen mindestens fünfzig Prozent aller Priester eine Frau haben.
- in Zaire alle Priester mindestens eine Frau haben.
- weltweit 100 000 geweihte Priester verheiratet sind.

Auch die amerikanische Vereinigung katholischer Ex-Priester »Corpus« sowie die deutsche Selbsthilfeorganisation »Vereinigung katholischer Priester und ihrer Frauen« stimmen diesen Zahlen zu. Nach einer Untersuchung des Ex-Priesters Hubertus Mynareck leben allein in Deutschland etwa 6 000 amtierende Priester mit Frauen zusammen.

Leider sind keine Statistiken über die Anzahl von Priesterkindern bekannt. Um möglichst realistisch zu schätzen, halte ich mich an die oben zitierten Zahlenangaben.

Allein in Deutschland leben derzeit etwa 7 000 verheiratete und 6 000 sexuell liierte Priester. Weltweit sind es rund 100 000. Insgesamt machen sie etwa ein knappes Fünftel der gesamten Priesterschaft aus. Da Priesterehen im allgemeinen kinderreich sind, gehe ich von einem Durchschnitt von zwei Kindern pro Paar aus. Obwohl mir bewußt ist, daß ein hoher Prozentsatz dieser Ehen vor der Kirche als ungültig angesehen werden, da sie ohne ausdrückliche Heiratserlaubis des Papstes geschlossen wurden, und obwohl mir außerdem bewußt ist, daß viele der in diesen Ehen lebenden Kinder über Jahre hinaus geheime Kinder waren, bezeichne ich die Kinder verheirateter Priester hier zur besseren Unterscheidung als »legal« und nur die Kinder aus einer geheimen Beziehung als »verleugnet«.

»Legale« Priesterkinder, deren Väter sich entweder von Anfang an oder später zu ihnen und den Müttern bekannten und geheiratet haben, gäbe es demnach in Deutschland mindestens 14 000 und weltweit mindestens 200 000.

»Verleugnete« Priesterkinder stammen aus Beziehungen von bis heute amtierenden Priestern. Geht man davon aus, daß nicht jedes, sondern vielleicht nur jedes dritte der 6 000 allein in Deutschland und der weltweit etwa 200 000 in einer festen heimlichen Beziehung lebenden Paare Kinder hat, so wären dies in Deutschland etwa 2 000 und weltweit nochmals mindestens 60 000 bis 70 000 »verleugnete« Kinder. Nicht gerechnet all jene Kinder, die niemals auf die Welt kamen, weil sie aufgrund der Zölibatspflicht abgetrieben wurden.

Wie man unschwer an den Kirchenskandalen der 90er Jahre erkennt – ich denke hier an Beispiele wie den deutschen Jesuitenpater Rupert Lay oder den schottischen Bischof Roderick Wright –, haben zahlreiche Priester im

Laufe ihres zölibatären Lebens nicht nur eine, sondern mehrere Frauen und mit diesen jeweils auch Kinder. Die Anzahl von weltweit 60 000 bis 70 000 »verleugneten« Kindern ist daher mit Sicherheit nicht zu hoch, sondern eher viel zu niedrig angesetzt.

Alles in allem ergibt die Summe der »legalen« plus der »verleugneten« trotz des Zölibates von geweihten katholischen Priestern gezeugten Nachkommenschaft allein in Deutschland mindestens 16 000 und weltweit mindestens 270 000 Kinder, wahrscheinlich aber noch mehr. Die letztgenannte Anzahl entspricht der Einwohnerzahl kleinerer Großstädte.

Für die Kirche sind es freilich nur »ein paar« Kinder. Wies mich doch jüngst ein Weihbischof in einer Fernsehtalkshow des *WDR* mit dem Titel »Mittwochs live«, zu der ich zum Thema »Priesterkinder« eingeladen war, mit der bösen Bemerkung zurecht: »Ach, haben Sie sich doch nicht so mitleidig mit den paar Kindern!«

Wer dies für herzlos hält, dem könnte man etwas sarkastisch entgegenhalten, er unterschätze wahrscheinlich, wieviel die Kirche damit zu tun hat, ungeborenes Leben zu schützen und Abtreibungen zu verhindern sowie Kondome und andere Verhütungsmittel zu verbieten und Frauen zurück an den Herd zu beordern, damit man die Arbeitslosigkeit, den Sittenverfall, die Gottesstrafe der großen neuen Seuchen und endlich auch den Rückgang der Kirchensteuer wieder in den Griff bekommt. Zeit, Geld und Herz für »ein paar« Priesterkinder ist angesichts der Vielfalt der Pflichten vermutlich ganz einfach nicht mehr drin.

Priesterkinder sind für die Kirche Roms ganz offensichtlich kein Thema. Warum auch? Schließlich ist eine solche Ignoranz beste Kirchentradition.

Die Geschichte lehrt, daß das Kind eines Priesters seit Durchsetzung des Zölibats im Mittelalter automatisch und lebenslang ein Kirchen-Sklave war, ein rechtloses, verkäufliches, ausbeutbares Wesen, das von jeder Erbfolge ausgeschlossen und dem die Fortpflanzung bei Todesstrafe verboten war.

Heute läßt sich dieser Sklavenstatus nicht mehr aufrechterhalten. Um wenigstens eine Art Kainsmal aufzubringen, kennzeichnet die Kirche das Kind eines Priesters, der nicht mit dem Segen und der Zustimmung des Papstes in den Laienstand zurückversetzt wurde und daher nicht kirchlich getraut werden konnte, auf einschlägige Weise. Sie verleiht ihm den lateinischen Titel eines »Sacrilegus«, was frei übersetzt etwa »Tempelschänder« bedeutet.

Daß diese Sicht der Dinge bis heute Gültigkeit hat, beweist eine Alimentenklage, die Gisela Forster, die Mutter Thomas Forsters, im Namen ihrer Kinder gegen die katholische Kirche führte und – verlor. In einer der entscheidenden Verhandlungen begründete einer der Richter die Ablehnung der Zahlung mit dem Vergleich, daß die Beziehung einer Frau zu einem Priester mit einem »Bankraub« identisch sei.

Vor dem Hintergrund dieser Definition muß die Kirche vermutlich mit der Sparkasse Gottes verglichen werden. Der Priester wäre demnach das auf der Bank anzulegende Kapital. Eine Frau, die eine Liebesbeziehung zu diesem Priester eingeht, wäre logischerweise eine Bankräuberin, die gleichzeitig mit dem Kapital auch die Zinsen raubt, indem sie die Vermehrung des Kapitals in Gestalt von Priesterkindern betreibt. Bleibt man in diesem Denkmuster, würde das Zahlen von Alimenten für das Kind eines Priesters aus der Sparkasse Gottes bedeuten, einer Bankräuberin zusätzlich zur Beute eine Rendite auf dieselbe auszuschütten.

Mit dieser anschaulichen Erklärung, warum die Kirche keinc Alimente für Priesterkinder zahlt, jedoch nicht genug. Aus dem Vergleich, den einer der Richter machte, geht auch hervor, daß eine Frau, die sich auf eine Beziehung mit einem Priester einläßt, stets eine gemeine Verbrecherin ist, die sich aus niedrigen Beweggründen über fremdes Eigentum hermacht. Da »fremdes Eigentum« keine Schuld daran trifft, wenn es geraubt wird, ist der Priester selbstverständlich als unschuldiges und wohl auch bedauernswertes Opfer der bösen Räuberin anzusehen.

Im strengen alttestamentlichen Sinne geht es bei den Bankern der Bank Gottes »Auge um Auge und Zahn um Zahn« zu. Wer etwas aus dem Kirchenschatz raubt, bricht das Gesetz des Kirchenstaates und ist ein Gangster. Da gibt es kein Pardon.

Da der Kirchenstaat souverän ist, wird sein Gesetz ebenso souverän gegen einen Gesetzesbrecher angewandt, wie jeder andere Staat sein eigenes Gesetz beispielsweise gegen Drogendealer deutscher Herkunft anwendet und diese zur Todesstrafe verurteilt, obwohl es in Deutschland keine Todesstrafe mehr gibt.

Und wie jeder andere Gangster, muß auch eine Frau, die widerrechtlich in das Hoheitsgebiet der Kirche eindringt und einen Priester »raubt«, mit den kirchlichen Folgen der bösen Tat fertig werden. Eine Schwangerschaft, die vor dem Gesetz der Kirche als Teil des »Raubes« gilt, bleibt daher ihr alleiniges Risiko.

Damit die Sünde der Mutter auch wirklich bis ins siebte Glied gerächt und das Erbsünde-Dogma kirchengetreu Anwendung findet, erfaßt das Kirchengesetz selbstverständlich auch das Kind und bewirkt, daß es nicht das geringste Anrecht auf seinen der Kirche »geraubten« Vater hat.

Wie der Prozeß zeigt, den Gisela Forster gegen die Kirche führte und verlor, kann nicht einmal der weltliche Staat, – der die Gleichheit aller Menschen garantiert und der manifestiert hat, daß ein leiblicher Kindesvater seinem Kind Unterhalt in Form von Alimenten zu zahlen hat – die Kirche zwingen, ihre Unterhaltspflicht gegenüber einem ihrer zu Armut und demütigem Gehorsam verpflichteten Priester auf dessen Kind auszudehnen.

Dies heißt nicht, daß weltliches Recht durch Kirchenrecht gebrochen werden könnte und kein Priester Alimente zahlen müsse. So simpel, daß Priester gleich Priester und Priesterkind gleich Priesterkind wäre, ist die Sache nicht.

Nehmen wir etwa einen Priester, der als Pfarrer tätig ist und über ein eigenes Einkommen verfügt. Würde ihn die Mutter seines Kindes – was selten geschieht – als Vater benennen und anzeigen, müßte er von seinem eigenen Einkommen Unterhaltszahlungen leisten und gleichzeitig sein »Abenteuer Frau« im Sinne der Kirche bereinigen oder sein Amt aufgeben.

Daß eine solche Bereinigung trotz des Öffentlichwerdens der Liebesbeziehung und deren Folgen möglich ist, zeigte sich 1996 brandaktuell an dem Beispiel des schottischen Bischofs Roderick Wright, der zwar ein Kind mit einer Frau hat und mit einer anderen ein Verhältnis, jedoch weder die eine noch die andere zu heiraten beabsichtigt und daher in Amt und Würden verbleiben kann. Daß eine derartige Handhabung einen weiteren Akt der Diskriminierung der Frau darstellt, die von ihrem Priester-Geliebten um das Angebot des »Linsengerichtes« in Form des Priesteramtes verlassen werden soll, erschließt sich dem unbeteiligten Beobachter erst im nachhinein.

Stellen wir uns hingegen einen Priester vor, der einem Klosterorden angehört und vor seiner Weihe ein Armutsgelübde abgelegt hat, welches besagt, daß er niemals Geld besitzen wird.

Ein solcher Priester muß auch dann keine Alimente zahlen, wenn er einen bezahlten Beruf ausübt. Als Folge des Armutsgelübdes ist nämlich das von einem Mönch eingebrachte Einkommen von Anbeginn an Besitz der Kirche. Dem das Einkommen erbringenden Mönch steht kein Pfennig davon zu. Von einem mittellosen Mann aber kann kein Unterhalt bezogen werden. Und von der Kirche schon gar nicht. Zwar ist sie für den kompletten Lebensunterhalt eines Mönches zuständig, aber nur bei dessen Wohlverhalten. Da das Zeugen von Kindern kirchengesetzlich verboten und unter Strafe gestellt ist, ist keine entsprechende Versorgungsleistung vorgesehen. Folgerichtig gehen Mutter und Kind leer aus und der Mönch entweder zurück unter Klosterverschluß oder ärmer als jede Kirchenmaus ins Leben hinaus.

In vielen Fällen haben die unmittelbaren Vorgesetzten langfristig Kenntnis von einer oder immer wieder neuen Liebesaffären eines Priesters und bewahren Stillschweigen darüber. Solange niemand öffentlich Anklage erhebt, wird die Affäre als »Abenteuer« angesehen, das sich hoffentlich von selbst erledigt und gar nicht erst außerhalb der Beichte zur Kennntnis genommen werden muß.

Ist die »sündige Liebe« des Priesters und seiner Geliebten, der »Tempelräuberin«, jedoch erst einmal ruchbar geworden und nicht mehr zu vertuschen, mahlt das Räderwerk der Kirchengewalt erbarmungslos.

Statt ihrer christlichen Aufgabe gerecht zu werden, einem in Not geratenen Menschen aufzuhelfen und beizustehen, stößt die Kirche den Priester wie Luzifer als gefallenen Engel in mitleidloser Härte aus ihrem Schoß, hinaus in die Welt und oft genug ins Elend.

Jeder Priester, der sich zu einer Liebesbeziehung und Vaterschaft bekennt und definitiv erklärt, heiraten zu wollen, wird umgehend seines Amtes enthoben, und es wird ihm fristlos gekündigt. Da es für ihn keinen Kündigungsschutz gibt, steht er, ohne Beruf und meist fast mittellos, von heute auf morgen auf der Straße.

In der Öffentlichkeit ist es weithin unbekannt, daß die Kirche für ihre Priester weder Arbeitslosen- noch Rentenbeiträge in die entsprechenden staatlichen Versicherungen zahlen muß, so daß ein entlassener Priester weder auf die eine noch die andere Absicherung Anspruch hat, obwohl er im allgemeinen viele Jahre in einer hoch dotierten Position tätig war.

In jüngeren Jahren gelingt es einem aus dem Amt entlassenen Priester mit persönlichem Einsatz vergleichsweise gut, sein Leben neu zu organisieren. In reiferen Jahren ist es oft genug das Aus für das Arbeitsleben und somit – ohne die geringste Absicherung auf der Basis einer Vorsorgeleistung – auch das Ende der wirtschaftlichen Existenz.

Da jeder Priester seinen Beruf nicht etwa als Job versteht, sondern in ihm eine Berufung zum Höchsten wahrnimmt, wiegen das Verstoßenwerden vom »Tisch des Herrn« und das damit verknüpfte Verbot der Berufsausübung besonders schwer. Selten wird der Verlust der »Professio« als Berechtigung zum Dienst am Altar eines Tages verschmerzt. Umso weniger, als die Weihe eines Priesters unwiderruflich ist und auch der seines Amtes enthobene Priester Zeit seines Lebens Priester bleibt und nichts lieber wollen würde, als seines Amtes weiterhin zu walten.

Mehrheitlich ist die Geliebte eines Priesters ebenfalls im kirchlichen Dienst tätig, so daß bei Bekanntwerden der Beziehung auch ihr, meist noch schneller als dem Priester selbst, fristlos gekündigt und die Ausübung ihres Berufes in jedweder kirchlichen Einrichtung dauerhaft verwehrt wird. Anders als im Falle des Priesters, gibt es für eine Frau auch dann keine Wiedereingliederung in ihr Berufsleben im Dienst der Kirche, wenn sie ihre zum Stein des Anstoßes gewordene Beziehung auflöst.

Arbeitslos, ohne Perspektiven, meist von der Großfamilie verpönt und gemieden, als Schandfleck empfunden, sozial im Abseits und allein gelassen, wissen Mutter und Priestervater von nun an meist jahrelang kaum, wie sie ihre Familie am Leben erhalten sollen. Zu aller materiellen Enge kommt nur zu oft hinzu, daß ein in Weltabgewandtheit, totaler Bevormundung und Versorgung zu leben gewohnter Priester sich in der Welt »draußen« nur schwer zurechtfinden kann. Wie ein Kind muß er Selbständigkeit, Eigenverantwortung und Selbstversorgung erlernen. Dazu gehören so alltägliche Kleinigkeiten wie einkaufen, Bankgeschäfte tätigen, Wäsche waschen, bügeln, etwas kochen oder einen beliebigen Job annehmen, um Geld zu verdienen. Aber auch so ungewohnte zwischenmenschliche Aufgaben wie das Versorgen eines Kindes und das räumliche Zusammenleben mit Frau und Kindern fallen schwer. Was Wunder, daß die Geheimhaltung einer verbotenen Liebe so viel leichter zu verkraften zu sein scheint?

Wer sich jemals kritisch mit dem Problem des Zölibats auseinandergesetzt hat, weiß, daß jeder in einer geheimen Beziehung lebende Priester, der als Pfarrer ein Gehalt bezieht, seine heimliche Familie auf vielfältigste Weise mitfinanziert. Sei es, daß er namens der Kirche der bedürftigen alleinerziehenden Mutter als milde Spende ein Auto oder Möbel schenkt; sei es, daß man einem armen Halbwaisenkind eine Urlaubsreise ermöglicht oder es dazu einlädt und mitnimmt; sei es, daß ein musikalisches Kind durch das Geschenk eines teuren Instrumentes gefördert wird oder eine solide Ausbildungsversicherung erhält; sei es, daß eine regelmäßige monatliche Unterstützung der Familie über einen unverdächtigen Mittelsmann zustande kommt – abgesehen von der nirgendwo vermerkten Barleistung unter der Hand gibt es auch für einen Priester viele unverfängliche Möglichkeiten, die Kirche für seine verbotene Familie zur Kasse zu bitten.

Es gibt sogar als Pfarrer tätige Priester, die mit dem Einverständnis der Kirche Alimente zahlen und im Gegenzug dafür versprochen haben, weder zu der Mutter noch zu ihrem Kind oder ihren Kindern jemals persönlich Kontakt aufzunehmen. Hier zeigt sich die Kirche von ihrer großzügigen Seite und vergibt dem unschuldig verführten Opfer einer skrupellosen »Bankräuberin« seine eingestandene und augenscheinlich bereute Sünde sofort.

Daß einige Pfarrer mehrmals in Sünde fallen und an mehreren verschiedenen Wirkungsstätten verlassene Frauen und Kinder haben, wird ebenfalls verziehen. Hauptsache, es kommt zu keiner Ehe. Alle anderen Sündenfälle sind läßlich. Schließlich ist kein Mensch vollkommen, auch ein nach dem Höchsten strebender Priester nicht.

»Glücklicherweise« bedeutet es jedoch selbst dann noch nicht immer das absolute Aus für einen Priester, wenn es zu einer Ehe kommen sollte. Da nur sehr wenige Priester mit dem Segen des Papstes in den Laienstand zurückversetzt werden und folglich sehr selten ausdrücklich eine Erlaubnis zur kirchlichen Trauung erhalten, werden die meisten Priesterehen nur standesamtlich geschlossen. Zwar akzeptiert die Kirche den Willen des weltlichen Gesetzgebers und toleriert eine solche Bindung. Im Sinne des Kirchengesetzes aber hat eine Ehe, die nicht vor Gott und Altar geschlossen wurde, keine Bedeutung. Daher lebt ein nicht in den Laienstand zurückgeführter standesamtlich getrauter Priester, der mit seiner Frau Tisch und Bett teilt, permanent in Sünde. Im Fall des Falles gilt seine Ehe jedoch nur als verzeihlicher »Versuch einer Ehe«. Wenn er bereut, seine Frau verläßt und wieder in den Schoß der Kirche zurückkehrt, wird ihm vergeben.

Ähnlich wäre es, wenn der reuige Sünder nachwiese, daß er seine Hochzeit von Anfang an nur als Farce und Hokuspokus betrachtet und niemals ernst genommen hat. Schon das Ausleihen eines schwarzen Anzugs in einem Kostümverleih oder entsprechende lächerlich machende Äußerungen vor einem Zeugen könnten hinlänglich Grund dafür liefern, diese Ehe zu annulieren.

So versöhnlich Mutter Kirche ihrem unschuldigen »geraubten« Sohn gegenübersteht, so unversöhnlich gibt sie sich seiner ebenfalls »geraubten« Nachkommenschaft gegenüber. Für das geheime Kind eines Priesters gibt es keinen Vater.

Dies ist anders, als wenn der Vater eines beliebigen Kindes niemals da ist, niemals kommt. Ein ständig abwesender Vater kann als Mann mit einem bestimmten Namen, einer bestimmten Identität, einem bestimmten Foto in einem Album existent sein. Selbst wenn dieser Vater tot wäre und das Kind ihn niemals kennengelernt hätte, könnte das Kind ihn durch die Augen der anderen verinnerlichen, die sich an ihn erinnern. Selbst ein der alleinerziehenden Mutter tatsächlich unbekannter oder von ihr aus tiefster Seele abgelehnter Vater kann insofern präsent sein, als über ihn gesprochen, diskutiert werden kann. Ein Priester als Vater aber ist »top-secret«.

Wann immer ein Priesterkind nach seinem Vater fragt – und ab einem gewissen Alter wird es dies tun und intensiv zu forschen beginnen – muß die Mutter schweigen. Vor allem dann, wenn der Vater dem Kind als Person bekannt, vielleicht sogar mit ihm bestens vertraut ist. Verriete die

Mutter, wer der Vater ist, hätte dies schwerwiegende berufliche, finanzielle, soziale und private Folgen für die ganze Familie. So wird und kann sie ihrem Kind nicht den geringsten Hinweis auf den Vater geben. Ja, sie wird jedes Gespräch über ihn zu meiden versuchen und alles daransetzen, daß das Kind an diesen Vater nicht mehr denkt.

Der Vater wiederum wird sein Kind möglicherweise jeden Tag erleben. Aber nie darf er sich zu erkennen geben, nie dem Kind seine Liebe im echten Maße zeigen, nie sich selbst vor anderen zu seinem Kind bekennen.

Erfährt das Priesterkind eines Tages schließlich doch, wer sein Vater ist, beginnt erst recht eine schwere Zeit. Nun prägt das Geheimnis um den Vater selbst den Schlaf, in dem man nur ja nicht sprechen darf.

Jedes geheime Priesterkind lernt, zu verdrängen und zu unterdrücken, skeptisch und introvertiert zu sein. Es lernt, mit vielen Worten nichts preiszugeben und durch Schweigen zu schützen. Es lernt, daß man leichter durchs Leben kommt, wenn man die Wahrheit nicht gerade in eine Lüge verwandelt, aber doch ein wenig passender macht. Es lernt, daß es keine festen Wurzeln, keinen echten Ursprung im Leben hat und beginnt, sich selbst als Randfigur wahrzunehmen. Wenn es die Mutter in den häufigen Schwierigkeiten ihres Doppellebens oft unglücklich und überfordert sieht, nimmt es sich selbst schnell als Auslöser des Problems an. Um ihre Last zu erleichtern, nimmt sich das Kind in einem seinem Alter unangemessenen Ausmaß zurück, bemüht sich, brav zu sein, keine Probleme aufzuwerfen, vernünftig und selbständig zu sein. Dabei erfährt es sich selbst notgedrungen als anders als die anderen, was vor allem in der Entwicklungsphase des Cliquenalters schmerzlich bewußt ist und abermals ein Dasein als Randfigur und Außenseiter provoziert.

Dem Vater gegenüber muß das verbotene Kind Disziplin lernen. Es darf sich nicht hinreißen lassen, den Vater sichtbar zu lieben. Es darf nicht eifersüchtig werden, wenn andere Kinder um ihn sind und er zu diesen freundlicher, herzlicher und unbefangener ist als zu seinem eigenen Kind. Niemals kann sich das Priesterkind mit dem Papa brüsten, niemals ihn zur Hilfe rufen, niemals erzählen, daß es ihn gibt. Wenn es befragt wird, muß es einen erfundenen Vater beschreiben. Oder es muß so tun, als mache es ihm nicht das geringste aus, ohne Vater zu sein. Nähe zu diesem verbotenen, geheimen Vater gibt es für ein Priesterkind meist nur auf der gedanklichen Ebene. Gedanken sind frei, das wenigstens gilt auch für einen Priester. Und da dies die einzige Freiheit ist, die er leben kann, sind der Kopf und die Macht des Wissens für ihn auch die Wege der Liebe. Für ein Kind, das in den Arm genommen und mit allen Sinnen Liebe empfangen will, ist solch eine Kopfliebe nicht genug. Und so fühlt es sich kaum jemals wirklich von seinem Priestervater geliebt und angenommen und gerät in den Strudel der Selbstwertprobleme, oft auch der Lebensangst.

Thomas Forster steht als Beispiel für ungezählte Priesterkinder in aller Welt. Er ist ein bemerkenswerter junger Mann. Darum lade ich Sie, liebe Leserin, lieber Leser, ein, sich zusammen mit mir auf ein Schicksal einzulassen, das von der Suche nach einem Vater geprägt ist, der – wie die Mutter sagte – vom Papst in Rom gefangengehalten wurde.

Karin Jäckel

Ich bin ich, ein Individuum, ein auf dieser Welt einmaliges Lebewesen, ein winziges Rädchen im großen Räderwerk des Universums und ein Geschöpf, das der Gott, an den ich glaube, ebenso beim Namen rief, wie er jedes andere beim Namen ruft und sagt: Du bist mein. Und gäbe es mich nicht, so wäre die Welt eine andere, denn sie ist nur die, die wir wahrnehmen, weil sie ist, wie sie ist.

Mein Name ist Thomas. Genauer gesagt: Thomas Johannes.

Den zweiten Namen gab meine Mutter mir zur Erinnerung an den Lieblingsjünger Jesu, zugleich aber auch zur Erinnerung an eine ihrer Freundinnen, die schon sehr jung ein Baby bekam und es trotz mancher Schwierigkeiten schaffte, ihr Kind ohne Vater großzuziehen. Der Name Johannes sollte Mut machen, meiner Mutter ebenso wie mir.

Den Namen Thomas gab mir mein Vater, weil der Tag meiner Geburt der Weiße Sonntag war, an dem die Geschichte des ungläubigen Thomas aus der Bibel vorgelesen wurde. Mein Vater las die Messe, danach besuchte er meine Mutter und mich zum ersten Mal im Krankenhaus. Natürlich gab er sich dabei nicht als mein Vater zu erkennen. Und meine Mutter hoffte, daß meine Ähnlichkeit mit ihm niemandem auffallen würde.

Inzwischen bin ich 19 Jahre alt. Und ganz gleich, wie ähnlich ich manchen Leuten auch bin oder geworden sein mag oder noch werde, so bin ich doch noch anders. Ich bin in meinem ganzen Wesen und Denken anders als die meisten, die ich kenne. Nehmen wir zum Beispiel die Suche nach dem Sinn des Lebens. Es gibt diejenigen, die sich keine Gedanken darüber machen; vielleicht, weil sie noch nie auf die Idee gekommen sind, daß man sich darüber überhaupt Gedanken machen könnte. Es gibt die anderen, die sich unentwegt darüber Gedanken machen und daran zerbrechen. Und es gibt mich. Ich mache mir weder keine noch unentwegt Gedanken darüber, denn ich bin mir mit meinem ganzen Sein meines Zieles und damit dem Sinn meines Lebens bewußt.

Es ist kein Ziel, das ich konkret aussprechen könnte. Es ist eher ein Ziel, das ich fühle und das mich ganz ausfüllt mit dem weit über Gedanken hinausreichenden Wissen: ich habe auf dieser Welt etwas zu tun. Etwas, das mehr ist als eine Sache, eine Aufgabe, ein Einzelnes. Es läßt sich vielleicht unter einem Oberbegriff zusammenfassen: Kreativität.

Damit meine ich, etwas schaffen, was es vorher noch nicht oder nicht in dieser Konstellation gegeben hat und nicht gegeben haben kann, weil das Ich des Schaffenden vor oder auch während meiner Lebenszeit ein anderes war oder ist als ich. Ich meine damit, Gedanken denken, von denen ich vorher noch nicht gewußt habe, daß man diese überhaupt denken kann, und mit ihnen Spuren ziehen, die mein Leben prägen und dadurch, wie mein Leben selbst, Rädchen sind im großen Räderwerk des Seins.

Ich glaube, daß ich lebe, weil mein Leben dieses innere Ziel hat und Gott will, daß ich lebe, um es ganz oder zumindest bis zu einem gewissen Grad zu erreichen. Wobei die Bestimmung, wann dieser Grad erreicht ist und mein Leben sein Ziel erfüllt hat, bei Gott liegt.

Obwohl mein Leben aus meiner Sicht also ein gottgewolltes ist, wäre ich nie gezeugt und nie geboren worden, wenn es nach dem Willen des Stellvertreters Gottes auf Erden, dem Papst, gegangen wäre, denn in seinen Augen bin ich nicht von Gott gewollt, sondern Gott geraubt worden.

Geraubt, weil das Spermafädchen, das in einem Akt grenzenloser Liebe und Leidenschaft aus dem Schoß meines Vaters in den meiner Mutter drang, um sich dort mit einer ihrer aufnahmebereiten Eizellen zu vereinigen und schließlich mich hervorzubringen, aus dem Besitz der Kirche stammte.

Nein, nein, ich denke nicht an künstliche Befruchtung oder gentechnische Machenschaften. Der Spermafaden meines Vaters stammte einzig deshalb aus dem Besitz der Kirche, weil mein Vater ein katholischer Priester und Mönch ist, dessen Körper und Seele Besitz Gottes sind, welcher von der Kirche als Hüterin des Gottesreiches auf Erden mit Hilfe strenger Gesetze verwaltet wird, damit nicht der kleinste Teil des Gottes-Schatzes an einen Menschen verschwendet werde.

Nach Auffassung der katholischen Kirche begingen mein Vater, indem er seinen Gott gehörenden Samen veruntreute, und meine Mutter, indem sie diesen in sich aufnahm, ein gemeinsames Verbrechen gegen die Kirche und eine unverzeihliche Sünde gegenüber Gott. Ich selbst bin für die Kirche das sichtbare Ergebnis dieses schändlichen Verbrechens und trage daher das Stigma eines Lebens ohne Daseinsberechtigung.

Wollte ich glauben, daß die Kirche mit dieser Meinung recht hat, so wäre Gott mein schlimmster Feind, den ich über den Tod hinaus zu fürchten hätte. Ich müßte meine Eltern sehen wie Adam und Eva nach dem verbotenen Griff nach einem Apfel vom Baum der Erkenntnis, ihrem

Sündenfall und der Vertreibung aus dem Paradies. Ich müßte leiden an meiner Existenz und der Erbsünde, durch die ich niedergedrückt würde. Ja, vermutlich müßte ich Gott jede Sekunde dreimal um meinen Tod bitten, damit meine arme Seele im Feuer der Hölle geläutert werde.

Wahnsinn!

Es beschäftigt mich nicht und macht mir nichts aus, auf welche Weise andere mit der Frage nach dem Sinn des Lebens umgehen. Ich fühle keinen missionarischen Eifer, will niemanden davon überzeugen, daß Gott existiert. Es mag sogar sein, daß jeder Mensch einen eigenen Gott hat oder auch keinen. Ganz gleich, wie und worin er diesen erkennt oder nicht erkennt – für mich hat es letztlich keine Bedeutung. Warum sollte es in der unvorstellbaren Vielfalt des Lebens unmöglich sein, daß es für den einen Menschen einen Gott gibt und für einen anderen nicht? Und daß beides nebeneinander oder jede beliebige Variante davon gleichwertig existiert und dann eben auch im Sinn des großen Räderwerks funktioniert.

Ich weiß nur, daß es Gott für mich gibt und er mein bester Freund ist, dessen Freundschaft ich nicht durch irgendwelche Leistungen erwerben muß. Er ist da und tut das Seine, so wie ich das Meine tue, und ich vertraue ihm, auch wenn ich mal nicht verstehen sollte, was läuft. Um dies zu spüren und ganz tief zu erkennen, brauche ich keine Kirche und keinen Papst und keine Messe und keinen Priester und auch kein Kirchengesetz.

Dies alles war für mich nicht immer so.

Die längste Zeit meines Lebens habe ich Gott nicht deutlich erkannt. Ich war mir immer unsicher, ob es ihn gibt und tendierte zu der Meinung, daß die Schöpfung eine eher zufällige und Gott die geniale Erfindung einiger machtgieriger Führungspersönlichkeiten sei, die

die menschliche Neigung zum Übernatürlichen als besonders wirksame Methode der Machtergreifung ausbeuteten.

Als unbekannte Größe im Sinne eines bedeutenden Diskussionsthemas war Gott für mich allerdings immer vorhanden. Schließlich war er derjenige, der maßgeblich und unausweichlich in mein Leben eingriff, ob es ihn nun gab oder nicht. Allein die Tatsache, daß es einschneidende Ereignisse gab, die an mir in seinem Namen durchgeführt wurden und mein Leben prägten, ließ nicht zu, daß ich ihn übersehen oder verdrängen konnte. Ich hätte ihn allenfalls verleugnen können, doch niemals einfach ignorieren.

Mein Vater ist Priester. Und noch ehe ich wußte, daß mein Vater Priester ist, wuchs ich mit dem Wissen auf, daß mein Vater nie bei mir war, weil der Papst in Rom ihn gefangenhielt und nicht zu mir kommen ließ. Der oberste »Boss« für jeden Priester und auch für den Papst aber ist Gott.

Wie sollte ich da leben, ohne Gott wenigstens zu denken?

Meine Mutter ist eine wunderbare Frau. Stark, fest und doch warmherzig-weich, klug und gebildet, engagiert und tapfer. Ich habe nie erlebt, daß sie mich einmal geschlagen oder jemals im Stich gelassen hätte. Und wenn ich mich auf ihre für mich herausragendste Eigenschaft festlegen müßte, so würde ich sagen, daß es ihr Bemühen um Menschlichkeit und ihr Verantwortungsbewußtsein gegenüber dem Leben ist.

Sie war Mitte Zwanzig, als sie meinen Vater kennenlernte. Blond gelockt, attraktiv und durch und durch positiv denkend, so eroberte sie mit der ihr bis heute eigenen tatkräftigen Lebensfreude sein Leben.

Wiewohl deutlich älter als meine Mutter, war auch mein Vater damals noch jung, dynamisch und voll charismatischer Kraft, der sich niemand entziehen konnte, der mit ihm in Kontakt trat. Erst seit wenigen Jahren mit seiner Ausbildung fertig, war er nach kurzer Einführungszeit zum Direktor der Klosterschule ernannt worden, die sein Lebenswerk werden sollte. Ihrem Aufbau widmete er sich mit Begeisterung.

Da mein Vater Lehrer aus Leidenschaft war, sah er die höchste Freude darin, junge Menschen zu verantwortungsvollen Erwachsenen heranzubilden. In seinem klösterlichen Vorgesetzten, dem Abt, stand ihm ein verständnisvoller Begleiter zur Seite, der ihm zugleich herzlich zugetan war. Dank seiner Unterstützung wurde mein Vater trotz seines Klosterlebens großzügig mit allen Freiheiten und Verantwortlichkeiten seiner beruflichen Führungsposition ausgestattet.

Er nutzte beides, um sich zuerst einmal ein ganz neues, junges, hochmotiviertes Kollegium aufzubauen. Entsprechend der klösterlichen Führung mußte dieses zwar zutiefst christlich eingestimmt sein und eine angemessene Lebensweise pflegen. Diese Lebensweise war jedoch weltlich orientiert. Das heißt, die meisten Lehrerinnen und Lehrer waren verheiratet und hatten Kinder, die zu gegebener Zeit fast alle in der Klosterschule eingeschult wurden. Von dem vormals nur aus Klostermännern bestehenden Kollegium blieben nur wenige Mönche als Lehrer übrig. Unter der integrativen Führung meines Vaters gelang es ihnen schnell, mit den anderen Lehrkräften eine verschworene Gemeinschaft zu bilden. Alle zogen an einem Strick, um die Schule zu neuem Glanz zu bringen.

Meine Mutter hatte damals gerade ihr Diplom als Bildhauerin und Architektin mit zusätzlicher Lehrberechtigung erworben. Obwohl sie in der Abschlußphase ihres Studiums schwanger geworden war, heiratete und meinen älteren Halbbruder Magnus zur Welt brachte, den sie überwiegend selbst zu versorgen hatte, meisterte sie ihre Prüfungen mit Bravour.

Eine sichere Zukunft in der Großstadt winkte. Gemeinsam mit ihrem Ehepartner, der ebenfalls Architekt war, hätte sie sich leicht selbständig und ihren Weg machen können. Gerade dieser rein materialistische Plan paßte jedoch nicht in das Lebenskonzept meiner Mutter. Sie hatte nicht die Absicht, die zauberhaft schöne, ländliche Seenregion der Bergwelt Bayerns zu verlassen, in der sie aufgewachsen ist und die sie liebt. Ebenso unverzichtbar empfand sie die Nähe zu ihrem »Matriarchat«, wie sie ihre Familie nennt, die überwiegend aus Frauen besteht. Frauen, wie meine Mutter sie bewundert und schätzt: weltoffen, selbständig, mit dem Herzen am rechten Fleck, durchaus gut dafür, ungewöhnliche Entscheidungen zu treffen und »aus der Schnur zu laufen«, aber auch dafür, mit den Konsequenzen zu leben.

Ich weiß nicht, ob meine Mutter mit ihrem Ehemann lange Dispute wegen dieser Berufs- und Lebensplanung hatte. Auf jeden Fall stand fest, daß meine Mutter zwar unter allen Umständen berufstätig sein und eine feste Anstellung annehmen wollte, ihren Lebensplatz aber zu Hause sah, und ihr Ehepartner damit einverstanden war.

Es war ein Glückstreffer, den meine Mutter niemals bereut hat, als sie sich in der nahe ihrem Heimatort gelegenen Klosterschule meines Vaters um eine Anstellung als Kunsterzieherin bewarb. Sie hatte kaum ihre Bewerbungsunterlagen ausgebreitet, als sie bereits spürte, gewonnen zu haben. Sie fand nämlich in meinem Vater einen nicht nur interessierten und aufgeschlossenen Kunstliebhaber, sondern auch einen profund ausgebildeten Kenner. Zugleich bewies er Sinn für das Praktische, denn er erkannte sofort die Doppelchance, die für seine Schule in einer Fachkraft mit der Ausbildung meiner Mutter steckte.

Zum einen würde ihr sowohl theoretisch wie praktisch umfassendes künstlerisches Können und begeistertes Engagement dem Unterrichtsfach Kunsterziehung an seiner Schule einen weithin unvergleichlichen Ruf verleihen. Zum anderen aber würde sie als Architektin auch die Arbeiten mitübernehmen können, die bei der Planung des Ausbaus einer aufstrebenden Schule stets anfallen.

Die spontane Sympathie, die meine Mutter für meinen Vater empfand, stieß bei ihm sofort auf ein Echo. Vermutlich imponierte ihm meine Mutter, weil sie ähnlich dynamisch war wie er selbst. Überdies sah sie gut aus. Und dafür war mein Vater, der sich trotz seines Keuschheitsgelübdes immer wieder hoffnungslos verliebt und für viele Frauen geschwärmt hatte, schon immer sehr empfänglich.

Meine Mutter war absolut glücklich darüber, die angestrebte Anstellung im Schuldienst erhalten zu haben. Ihr Matriarchat und sogar ihr Ehemann waren begeistert. Selbst im Hinblick auf das Kind war der Schuldienst die ideale Lösung. Alles schien wunderbar.

Schon während der Studienzeit hatte meine Mutter immer wieder mit ihrem Ehepartner zu arrangieren versucht, daß beide ihrem Beruf nachgehen konnten und dennoch ihr Kind nicht vernachlässigt würde.

Allen Diskussionen und Anstrengungen zum Trotz gelang das Arrangement mehr schlecht als recht. Die Ehe entwickelte sich zusehends zur einseitigen Belastung für meine Mutter. Vor der Ehe war ihr Mann ein ganz lockerer Typ gewesen, der sich selbst und seinen Einmannhaushalt ohne Probleme versorgte. Jetzt verleitete ihn die Bequemlichkeit dazu, allmählich immer ausgiebiger in die bequeme »Männerrolle« zu schlüpfen.

In demselben Maße, wie meine Mutter anfing, Kuchen zu backen, die Wäsche für alle zu waschen und zu bügeln, zu putzen und dafür zu sorgen, daß genug zu essen im Kühlschrank und der Tisch immer gedeckt war, fing ihr Mann an, seine Siebensachen überall liegen und sich umsorgen zu lassen, zugleich aber auch sein Junggesellenleben fortzusetzen.

Für meine Mutter war dies wie ein Schock. Plötzlich steckte sie in der Rolle der treusorgenden Hausfrau und Mutter, die rund um die Uhr für alles zuständig ist und immer dann verfügbar zu sein hat, wenn der Mann will. Genau die Rolle also, die meine Mutter, die ihre Unabhängigkeit so hoch schätzte, niemals gewollt hatte.

Von dem Moment an, in dem meine Mutter ihre Anstellung als Lehrerin bekam, lag es für sie vollkommen auf der Hand, daß mit ihrer Berufstätigkeit an der Schule alles anders werden müsse. Als Lehrerin konnte sie es sich nicht leisten, unpünktlich zum Unterricht zu erscheinen, weil sie ihr Kind oder ihren Haushalt zu versorgen hatte.

Konkret und pragmatisch, wie meine Mutter in derlei organisatorischen Dingen stets ist, tüftelte sie diesmal also einen genauen Zeitplan aus, wann ihr kleiner Sohn vom Vater, wann von der Mutter und wann von einer fremden Person betreut werden würde.

»Kein Problem!« meinte ihr Ehemann. »Das kriegen wir schon hin!«

Doch viel mehr als ein Lippenbekenntnis war es nicht. Die Verwirklichung seiner guten Absichten fiel ihm so schwer wie zuvor. Es schien ihm nicht in den Kopf zu gehen, daß die Verpflichtungen und Interessen meiner Mutter ebenso wichtig waren wie seine eigenen.

Beruflich riß die Glückssträhne meiner Mutter allerdings nicht ab. Schon kurze Zeit nach ihrem vielversprechenden Start ins Berufsleben wurde ihr eine geräumige, sehr gemütliche Dienstwohnung angeboten. Diese befand sich in einem urgemütlich wirkenden Haus mit einem kleinen vom Wetter ausgeblichenen, verzierten Holzbalkon und grünen Fensterläden. Ursprünglich vielleicht einmal für Klosterbedienstete gebaut, war es Klosterbesitz und lag unmittelbar gegenüber der Schule. Ringsherum war es von einem Garten mit einer schönen Spielwiese und einem festen Stangenzaun umgeben.

Im unteren Geschoß befand sich ein Lädchen, in dem die Schulkinder des Klosters ihren Bedarf an Heften, Büchern und anderen Materialien decken konnten. Es war viele Jahre lang von einer alten Dame geführt worden, die im Hauptgeschoß des Hauses ihre Wohnung hatte. Jetzt war sie tot. Die Wohnung und mit ihr die Ladenräume standen leer.

»Wenn Sie möchten, können Sie jederzeit mit Ihrer Familie dort einziehen«, sagte der Abt des Klosters. »Wir sind froh, wenn das Haus bewohnt ist. Und wegen der Miete müssen Sie sich auch keine Gedanken machen. Zahlen Sie dem Kloster, was Sie erübrigen können.«

Meine Mutter war überglücklich.

Sie wußte, daß in dem Haus noch eine alleinstehende alte Dame in einer Mansarde unter dem Dach wohnte. Außer ihr gab es dort oben nur noch einen jungen Lehrer als Mieter eines Einzelzimmers.

Es gab keinen Grund, das großzügige Angebot des Abtes auszuschlagen.

Freudestrahlend kam meine Mutter mit dieser Nachricht nach Hause. Es bedurfte keiner Diskussionen. Sowohl meine Mutter als auch ihr Mann hatten das Umziehen von einer engen Zweizimmerwohnung in die andere lange schon satt. Wenige Tage später rollte der Umzugswagen an.

Endlich hatte meine Mutter mit ihrer Familie genug Platz. In der neuen Wohnung gab es ein Wohnzimmer, ein Schlafzimmer, eine geräumige Diele, ein helles Kinderzimmer, eine schöne Küche, ein freundliches Bad und sogar ein Arbeitszimmer.

»Ich hab' dann halt jeden Monat 150 Mark Miete für die 300 m^2 Wohnraum überwiesen«, sagte meine Mutter, als ich sie fragte. »Der Abt hätte auch nichts dagegen gehabt, wenn ich nichts gezahlt hätte. Aber das hab' ich dann doch nicht fertiggebracht. Sonst meinst du womöglich, du wohnst da gar nicht.«

Die kleine Hausgemeinschaft war nett und familiär, was sich vor allem für meinen Bruder günstig auswirkte. Die alte Dame aus der Mansarde und er freundeten sich schnell an. Wie schnell und wie gut, merkte meine Mutter bald schon an dem allmählich umfangreicher werdenden urbayerischen Sprachschatz meines Bruders. Meine Mutter wußte nicht recht, ob sie darüber lachen oder sich ärgern sollte. Sie hatte sich große Mühe gegeben, meinen Bruder mundartfreies Deutsch zu lehren. Vergeblich! Innerhalb weniger Monate machte mein Bruder alle ihre Bemühungen um preußisches Schriftdeutsch zunichte, so daß es den zu vernachlässigenden Status der Zweitsprache erhielt. Mit fünf Jahren war er deshalb noch immer kaum imstande, einen echten hochdeutschen Umlaut auszusprechen und brachte meine Mutter damit schier zur Verzweiflung.

Erstaunlicherweise ist er heute derjenige von uns, der am saubersten Hochdeutsch spricht. Wie oft haben wir darüber schon miteinander lachen können!

Im Laufe der Zeit beschloß die alte Dame aus der Mansarde, in ein Altersheim umzuziehen, das ebenfalls dem Kloster gehörte. Es war nur wenige Meter von uns entfernt. Die alten Leute, die dort wohnten, hatten es gut. Auch unsere alte Dame fühlte sich recht behaglich in ihrem Zimmer und genoß es, verwöhnt zu werden. Mein Bruder besuchte sie nun nicht mehr ein paar Treppen höher unter dem Dach, sondern ein paar Schritte den Berg hinauf. Solang die alte Dame lebte, blieben die beiden einander herzlich zugetan.

Meine Mutter nutzte die Gunst der Stunde, um das ganze Haus in Beschlag zu nehmen. Kurz entschlossen belegte sie auch die Wohnung der alten Dame, da es dort oben trockener war. Viel später hatte sie im Untergeschoß sogar ein kleines Atelier eingerichtet. Es war mit einer feierlichen Vernissage eingeweiht worden und diente dazu, sowohl künstlerische Arbeiten meiner Mutter als auch besonders gelungene Schülerarbeiten auszustellen und zum Verkauf anzubieten. Gleichzeitig warb das Atelier mit der Vielfalt und Qualität der Arbeiten für den außerordentlichen Kunstunterricht der Klosterschule. Nicht zuletzt wegen dieses Angebots und des weit über ein gemeinhin übliches Lehrerengagement hinausgehenden persönlichen Einsatzes meiner Mutter entschlossen sich immer mehr Eltern, ihre Kinder auf »unsere« Schule zu schicken.

Mein Vater und das gesamte Lehrerkollegium waren sich in der Annahme einig, daß meine Mutter ein echter Glücksfall für die Schule war.

Es dauerte nicht lange, bis mein Vater sich heftig in meine Mutter verliebte. Für mich als Sohn ist es schwer, mir meine Eltern als Liebespaar vorzustellen. Eltern haben für ihre Kinder ja oft etwas Geschlechtsloses.

Meine Eltern fotografieren beide gern und oft. Daher gibt es bei uns zahlreiche dicke Fotoalben. Meine Mutter hat sie angelegt. Wie es ihrer großzügigen Natur entspricht, hat sie die einzelnen Fotos nicht immer in der richtigen Reihenfolge eingeklebt. Aber ich liebe gerade dieses typisch bunte Durcheinander. Und wenn ich die Alben einmal zur Hand nehme, betrachte ich einige wenige Lieblingsaufnahmen immer wieder.

Eine zeigt meine Mutter mit langen blonden Locken, die ihr in den Nacken rollen, während sie eine Strähne ebenso gedankenverloren um den Finger wickelt, wie sie dies bisweilen immer noch tut. Sie trägt Schlaghosen und dicke Plateausohlenschuhe, wie sie heute wieder ganz modern sind. Und sie hat so einen kessen Gesichtsausdruck mit so einem bestimmten Lachen. Auf diesem Bild sieht sie aus wie ein Mädel, das genau jetzt in meiner Schulklasse oder auf einer unserer Parties sein könnte. Abgesehen davon, daß ich eher auf dunkelhaarige abfahre, wäre sie ein Mädel, das ich gutfinden würde. Sie sieht so aus, als könnte man mit ihr reden. Aber eben nicht nur reden. Genau die richtige Mischung. Vielleicht würde ich mich in sie verlieben.

Mein Vater – das ist schon problematischer.

Ich erinnere mich, daß ich als kleiner Bub einmal einen Traum hatte, den ich danach lange Zeit immer wieder geträumt und nie vergessen habe. Es war nur ein ganz kurzer Traum. Aber er hat mich tief beeindruckt.

Es war in der Zeit, als ich besonders oft und dringend wissen wollte, wer mein Vater ist. Ich war schon aus dem Kindergartenalter heraus. Wahrscheinlich ging ich in die erste, zweite Klasse. Ständig nervte ich meine Mutter, aber auch meine Oma mit meinen Fragen, wer mein Vater sei und wo er denn sei und warum. Ich habe gefragt und gefragt und gefragt. Irgendwann hatte meine Mutter mir dann gesagt: »Dein Vater ist in Rom. Er kann nicht kommen.«

Ich fragte natürlich: »Und warum nicht?«

Darauf sagte sie: »Er wird vom Papst in Rom gefangengehalten.«

Ich war unglaublich erschrocken und auch verwundert. Mein Vater und gefangen! Ein Käfig fiel mir ein, in dem er sitzen muß, während unter ihm ein paar Wilde in Kriegsbemalung Feuer anzündeten. Oder ein Gefängnis mit Eisengittern und Wärtern, die ein Stück Trockenbrot durch eine Luke schoben.

»Warum denn gefangen? Ist er ein Verbrecher?« So oder so ähnlich habe ich wohl gefragt.

Jedenfalls erklärte meine Mutter mir: »Nein, nein. Er ist ein Doktor.«

Wäre ich damals verständiger und vor allem lebenserfahrener gewesen, hätte ich die verschlüsselte Botschaft zwischen den Worten meiner Mutter natürlich sofort erkannt. Es war das Besondere ihrer Antworten, daß sie nicht wirklich log, sondern die Wahrheit zurechtbog, bis sie paßte.

Für den kleinen Buben, der ich damals war, klang es jedoch so, als sei mein Vater ein Arzt und zwar ein berühmter. Einer, der jede Krankheit heilen könne und deshalb so berühmt und wichtig sei, daß sogar der Papst ihn jede Sekunde bei sich haben und nie mehr fortlassen wolle und ihn in einem Krankenhaus eingesperrt habe.

Eines Tages, als ich meine Oma wieder so genervt und ausgefragt hatte, waren wir in München in einem Park mit einem Spielplatz gewesen. Der Spielplatz war sehr schön. Vor allem eine Gruppe kleiner Holzhäuschen beeindruckte mich sehr. Sie waren an einem Hang hochgebaut und über eine Treppe erreichbar. Es erinnerte mich an ein Haus in Italien, in der Toscana, das meine Mutter fast gekauft hätte. Als Haus konnte man es leider vergessen, aber der Anblick des Hauses mit seinem steilen Hanggarten sah aus wie aus einem phantastischen Film. Ein Dornröschenschloß sozusagen. Jahrelang hatte sich niemand darum gekümmert. Entsprechend verwildert war der Garten. Es wäre ein sagenhafter Abenteuerspielplatz gewesen. Noch heute kommt es mir so vor, als würde ich, wenn ich etwas über ein einsames Haus lese, unwillkürlich dieses Haus vor Augen haben.

An diesem Tag in München spielte ich, daß mein Vater in einem dieser Holzhäuschen wohnt und Arzt ist. Ich war vollkommen vertieft in die Szene, die ich mir dabei ausdachte.

Mein Traum in der Nacht fußte ganz genau auf dieser Vorstellung. Ich weiß nicht mehr, was ich um die eine unvergeßliche Kernszene herum noch träumte. Ich glaube, es war kein sonderlich ausführlicher Traum. Eher ein kurzer, aber sehr intensiver Traum. Sehr viel Handlung gab es da nicht. Am Ende meines Traumes sah ich mich jedoch wie in einer Hubschrauber-Kamera-Fahrt durch ein Tal auf dieses Dornröschenschloß in der Toscana zurasen. Es stand zwischen Bäumen und hatte eine breite Treppe, die zu einer fest verschlossenen Tür führte. Hinter dem einzigen hellerleuchteten Fenster saß mein Vater und arbeitete an irgendwelchen medizinischen Geräten. Irgendwo lag da, glaube ich, auch ein Gebiß herum. Das hatte ich vielleicht aus der »Unendlichen Geschichte«, in der der Vater von Bastian Zahntechniker ist.

Daß der Mann in diesem Haus mein Vater ist, wußte ich sofort. Als er mich erblickte, stand er auf und winkte mir durch das Fenster zu. Auch er erkannte mich also, obwohl ich damals ja glaubte, daß wir einander noch niemals gesehen hatten. Er sah ungefähr aus wie Sean Connery, so dieser James-Bond-Typ, würde ich sagen. Also der Coole, Gelassene. Weißer Kittel, groß, schlank, dunkles Haar. Ganz das Gegenteil von meinem Vater. Wenn ich heute darüber nachdenke, muß ich lachen. Irgend etwas rief er mir auch zu. Ich verstand es nicht. In diesem Moment wachte ich auf.

Ich habe diesen Traum wie einen Zauber gehütet. Bis heute habe ich ihn im Gedächtnis bewahrt. Wenn ich seitdem an meinen geheimnisvollen Vater dachte, stand mir das Bild des Traumes vor Augen. Ich habe alles immer wieder geträumt, wohl auch deshalb, weil ich es immer wieder träumen wollte. Vielleicht, um endlich zu verstehen, was mein Vater mir zurief. Ganz sicher auch ganz einfach, weil ich Sehnsucht nach ihm hatte. Dieser Traum war damals meine einzige Chance, ihm nahe zu sein. Erst jetzt, da ich intensiv über alles nachdenke, wird mir bewußt, wie sehr ich ihn vermißte.

Mein echter Vater hat äußerlich mit einem Actionhelden wie Sean Connery nichts gemein. Er ist eher kleiner, eher etwas untersetzter. Eben nicht wie Sean Connery, sondern so wie ich. Von schlank und groß also keine Spur. Nicht einmal die dunklen Haare stimmten; mein Vater ist blond. Auf den Fotos meiner Mutter zeigt er schon früh einen Ansatz zur Petrusfrisur mit schütterem Haupthaar. Und auch der coole, gelassene Typ trifft nicht zu.

Auf seine Weise hat allerdings auch mein Vater eine charismatische Ausstrahlung. Wenn man ausklammert, daß er als Vater absolut enttäuschend ist, kann er ein imponierender Mann sein. Meine Mutter schwärmt heute noch von ihm und seiner unglaublich phantastischen Persönlichkeit, wegen der ihm ihr Herz nur so zuflog.

Sie spricht oft und gern von ihm. Sie hat dann so einen warmen und zugleich melancholischen Ausdruck in den Augen, daß man sofort erkennt, sie hat ihn wirklich geliebt, und ein Teil von ihr liebt einen Teil von ihm auch immer noch. Trotz allem, was geschehen ist.

»Ich habe mich schon früh sehr in ihn verliebt«, sagt sie immer. »Ich habe ihn ja als Schuldirektor kennengelernt.

Und da war er so mutig und hat die Schule vergrößert und so ausgebaut, daß die Mädchen reinkonnten, die bis dahin ja nicht zugelassen waren. Wir waren damals eine der ersten Versuchsschulen in ganz Bayern mit einer Kollegstufe. Das hat alles er gemacht! Er ist ein faszinierender, ein wirklich absolut faszinierender Typ. Er hat eine wahnsinnige Wirkung auf Menschen und einen irren Charme. Und auch die Art, wie er mit seiner sehr, sehr schönen Stimme spricht! Alle in seiner Familie sind sehr musikalisch und haben schöne Stimmen. Und da konnte er herrlich reden. Auch vor den Schülern. Bei den Ansprachen, in der Kirche; es war einfach traumhaft. Er konnte die Leute so extrem gut überzeugen und für sich einnehmen. Das habe ich von Anfang an bewundert. Er hat Seminare abgehalten. Er war im Grunde dem ganzen Kollegium immer einen Schritt voraus. Für alles das habe ich ihn absolut verehrt und geliebt. Ich habe immer gedacht: Ich habe den tollsten Pädagogen und Erzieher. Das braucht er im Grunde nur auf eine eigene Familie zu übertragen, und er ist perfekt.«

In schweren Zeiten, in denen ich daran verzweifelt bin, daß mein Vater ist wie er ist, habe ich meine Mutter gefragt, ob sie denn nicht geahnt habe, wie mein Vater wirklich ist.

»Nein«, sagte sie da. »Daß er das alles, was er als Schuldirektor im Umgang mit Kindern und Erwachsenen perfekt konnte und wußte, nie und nimmermehr auf sein Privatleben übertragen konnte, weil das Kloster ihn so gespalten hat, das habe ich erst viele Jahre später gemerkt, so schleichend gemerkt. Auch für mich selbst viel zu spät bemerkt.«

Zurückschauend sieht meine Mutter heute ziemlich klar, daß sie damals etwas von der anderen Seite meines Vaters hätte ahnen können.

»Da gab es so Szenen«, meint sie, »als ich gerade erst in der Schule angefangen hatte, so Veranstaltungen, in denen es um Planungen ging, um ganz konkrete Vorschläge und Ziele. Da hat dann manchmal irgend so ein Höherer, der Abt oder so, etwas befohlen, von dem ich genau wußte, das ist es ganz genau, was dein Vater nicht will. Wir hatten zuvor ja miteinander darüber geredet. Ich kannte seine Meinung. Und da saß er plötzlich und war ganz schwach und schwieg. Hat nicht widersprochen! Und da habe ich mir dann oft gedacht: Warum wehrt er sich denn nicht? Also für mich war das entsetzlich.

Aber den Automatismus in diesen Szenen, den habe ich damals nicht durchschaut. Daß er das im Endeffekt auch sich selbst gegenüber, im ganz eigenen, privatesten Bereich, auch so macht, daß er bei den großen Entscheidungen dann auch einfach alles laufen läßt und wartet, bis ein Höherer das über ihn hinweg regelt. Das hätte ich nie vermutet.«

In der ersten Zeit war das Verliebtsein für meine Mutter mehr eine Art Träumerei. So eine Romanze. Es war nichts zum Ausleben oder eine Beziehung, die sie zusammen mit meinem Vater im Alltag leben und für immer und ewig für sich haben wollte. Es war vom Gefühl her wunderbar und groß für sie. Sie hat ihn richtig verehrt und zu ihm aufgeschaut.

Aber sie war ja verheiratet. Sie hatte ein Kind. Sie wollte ihre Ehe nicht aufgeben, trotz der Schwierigkeiten mit ihrem Mann. Und mein Vater war Priester. Das hat meine Mutter von Anfang an voll akzeptiert. Sie strebte nie das Ziel an, aus diesen Grenzen auszubrechen und meinen Vater um jeden Preis mitzureißen.

Trotzdem bin ich mir nicht ganz sicher, ob ihre in diese Zeit fallende Scheidung von ihrem ersten Mann nicht doch ein wenig mit ihren Gefühlen für meinen Vater zu tun hatte.

Der eigentliche Grund für diese Scheidung war die Tatsache, daß meine Mutter immer öfter erkannte, daß ihr Mann zwar die Vorteile des Ehestandes für sich nutzte, aber die Nachteile im Sinne einer Entlastung meiner Mutter nicht mittrug.

Er konnte sich einfach nicht an Vereinbarungen halten, die zwischen ihnen getroffen worden waren. Vor allem bei der Betreuung meines Bruders ließ er sie ständig im Stich. Immer öfter stand sie mit dem Kind auf dem Arm auf dem Balkon vor ihrer neuen Wohnung, sah die Schülerinnen und Schüler, die sie in wenigen Minuten zu unterrichten hatte, vor dem Schulhaus stehen und auf sie warten, und der Mann, der ihr das Kind abnehmen sollte, kam und kam nicht. In ihrer Verzweiflung mußte meine Mutter meinen Bruder oft genug der alten Dame in unserem Haus oder manchmal einer Nachbarin aufdrängen oder in rasender Geschwindigkeit zu einer Freundin fahren, dieser den Kleinen in den Arm drücken und zur Schule zurückbrausen, um rechtzeitig zum Unterricht zu kommen.

Obwohl das Matriarchat meiner Mutter und auch die Angehörigen ihres Mannes entschieden gegen eine Scheidung waren, kam es schließlich zum Bruch. Meine Mutter verlangte die Trennung, und der Vater meines Bruders zog aus der gemeinsamen Wohnung aus. Mein Bruder blieb bei meiner Mutter. Darüber gab es nicht die geringste Auseinandersetzung.

Da meine Mutter Lehrerin einer katholischen Klosterschule war, unterlag sie bestimmten arbeitsrechtlichen Bedingungen und Regelungen. Eine davon besagte, daß Geschiedene nicht beschäftigt werden konnten. Meine

Mutter mußte also alles daransetzen, ihre kirchliche Trauung für null und nichtig erklären und rechtmäßig auflösen zu lassen.

Für ihren Ehemann spielte dies alles keine Rolle. Er ist evangelisch. Aber natürlich sah er ein, daß die Annullierung für die Zukunft meiner Mutter wirklich wichtig war und half ihr nach besten Kräften.

Obwohl es bis zur offiziellen Annullierung der Ehe durch die Kirchenbehörden vier Jahre dauerte und meine Mutter pausenlos vor brennenden Kerzen schwören mußte, daß sie die Ehe wirklich nicht ernst genommen hatte, erreichte sie ihr Ziel. Sie konnte nachweisen, daß sie ihr Brautkleid und den zugehörigen Schleier nicht gekauft, sondern aus einem Kostümverleih entliehen und die Trauungszeremonie als Clownerie angesehen hatte.

»Ich habe mir die ganze Kleidung geliehen und ausgesehen wie ein Osterhase«, witzelt meine Mutter noch heute und mag die Hochzeitsfotos kaum vorzeigen.

»Aber geistige Umnachtung hast du nicht angegeben?« habe ich sie einmal im Scherz gefragt.

»Mei, die kann man sich ja auch gedacht haben«, hat sie lachend geantwortet.

Im Sinne der Kirche diente unter anderem das Ausleihen des Brautkleides bei einem Kostümverleih als sicherer Beweis dafür, daß meine Mutter die Ehe und das Versprechen ewiger Treue tatsächlich niemals ernst genommen hatte. Die ganze Zeremonie in der Kirche wurde als Schauspiel und schlechter Scherz gedeutet.

Da eine nachweislich nicht ernsthaft gewollte und niemals ernsthaft auf lebenslange Dauer angelegte Ehe den kirchlichen Sinn der Ehe nicht erfüllt, gilt eine solche Ehe vor dem Kirchengesetz als ungültig. Vor diesem Hintergrund wurde die erste Ehe meiner Mutter also für niemals geschlossen erklärt und aus dem Kirchenregister gestrichen.

Eigentlich gab es für meine Mutter und ihren Mann nur eine echte Hürde vor der Scheidung: ihre jeweiligen Angehörigen. Sowohl das Matriarchat meiner Mutter als auch die Familie ihres Mannes waren entschieden gegen eine Scheidung. Zwar sahen alle ein, daß die Ehe zerrüttet war, doch als Scheidungsgrund wurde dies nicht akzeptiert.

»Trennt euch doch für eine Weile«, schlugen die Eltern vor. »Wenn ihr euch nicht mehr andauernd vor der Nase habt, wird sich alles wieder einrenken. Probleme in der Ehe hat schließlich jeder mal. Aber etwas Besseres kommt selten nach. Überlegt euch alles noch mal in Ruhe, ehe ihr euch zu so einem Schritt entscheidet.«

Vielleicht hätte sich der Ehemann meiner Mutter tatsächlich zu einer solchen Trennung auf Zeit bereit gefunden. Ganz offensichtlich hing er sehr an meiner Mutter und hat die Scheidung lange nicht so recht verkraftet. Im Grunde war er auch nach der Scheidung immer für sie da und hat ihr aus mancher Patsche herausgeholfen. Selbst dann noch, als meine Mutter längst schon Kinder von einem anderen hatte und sein eigener guter Ruf allein dadurch angekratzt werden konnte, daß er ihr beistand. Jahre später hat er dann sogar eine Frau geheiratet, die meiner Mutter in vielem unwahrscheinlich ähnlich ist. Meine Mutter aber hatte die Nase von der Ehe endgültig voll. Sie ließ sich durch nichts davon abhalten, die Scheidung einzureichen.

Um die lieben Verwandten nicht vor den Kopf zu stoßen, beschlossen die beiden jedoch, vorerst überhaupt nichts von der Scheidung verlauten zu lassen. Sollten doch alle getrost denken, meine Mutter und ihr Mann hätten sich wirklich für einige Zeit getrennte Wohnungen genommen, um Abstand voneinander zu bekommen und sich irgendwann später wieder zusammenzutun.

Wenn man diese Haltung meiner Mutter verstehen will, ist es sicher interessant, einen Blick auf ihre Ursprungsfamilie zu werfen. Meine Großmutter hatte nach einer frühen Verlobung mit einem jungen Soldaten, der im Krieg fiel, ehe sie heiraten konnten, meinen Großvater geheiratet, der 22 Jahre älter war als sie. Er war ein übergenauer Mann und unterdrückte sie oft.

»Auf die Zehnerln genau hat er ihr das Geld hingelegt, damit sie Milch kaufen konnte«, weiß meine Mutter bis heute. »Sie hatte keinen Freiraum und hat sehr gelitten.«

Aber, und das war das Entscheidende, meine Großmutter hat ihren Mann nie verlassen. Wenn auch unter Schmerzen, doch trotz aller Härten und tragischen Ereignisse hielt sie 22 Jahre Ehe mit ihm durch, bis er starb. Sie war in der Tradition erzogen worden, daß das höchste Ziel die Zufriedenheit des Mannes ist. Wenn er nur gepfiffen hat, ist sie schon gelaufen. Und ganz gleich, wie schwer das Joch der Ehe wog, sie war einfach unantastbar. Genauso sollte es auch für meine Mutter gelten. Da dachte meine Großmutter ebenso altmodisch wie die Familie des Ex-Mannes meiner Mutter. Es hätte einen Skandal gegeben, wenn die Scheidung bekanntgemacht worden wäre.

Vor dem Hintergrund, daß meine Mutter in einer Klosterschule arbeitete, war ein Skandal genau das, was sie zuallerletzt brauchen konnte. Getreu dem Motto »Reden ist Silber, Schweigen ist Gold« entschied man sich also für den Reichtum und schwieg sich aus.

Wie hilfreich dieses Geheimnis schon wenige Monate später für sie werden würde, ahnte meine Mutter damals noch nicht.

Als die Trennung von ihrem Ehemann vollzogen war, wurde aus dem Verliebtsein meiner Mutter Liebe. Gleichzeitig mußte diese Entwicklung perfekt verheimlicht werden. Niemand durfte das Geringste davon merken. Das heißt, meine Eltern mußten schauspielern und so gekonnt in ihre Rollen schlüpfen, daß nicht einmal die mit ihnen vertrautesten Nächsten ahnten, daß ihnen etwas vorgespielt wurde.

Für meine Mutter war dieser innere Konflikt so unerträglich, daß sie ein Tagebuch anlegte, um wenigstens mit sich selbst diskutieren zu können, wie ihre Beziehung zu meinem Vater geartet war und was es für sie bedeutete, ihn zu lieben.

Sie hatte ja keinen einzigen Menschen, den sie ins Vertrauen ziehen konnte. Nicht einmal ihre Mutter und ihr geliebtes Matriarchat. Jeder Mitwisser hätte freiwillig oder unbeabsichtigt zum Verräter werden können. Dies hätte das Ende der Beziehung bedeutet. Darüber hinaus hätten weder meine Mutter noch mein Vater Kritik oder Tadel vertragen. Ihnen war ja nur zu deutlich bewußt, daß ihr Gefühl verboten war. Sie hätten keine reelle Chance gehabt, es zu rechtfertigen.

Für meine Mutter bedeutete das Geheimnis ihrer Liebe, daß sie freiwillig auf Beistand ihres Matriarchats verzichtete und mit allem, was auf sie einstürmte, absolut einsam war. Ganz sicher war es wahnsinnig schwer für sie, mit dieser Konsequenz zu leben. Trotzdem denke ich, daß das Geheimnis ihrer Liebe für meinen Vater eine noch schwerer zu ertragende Konsequenz hatte.

Weil meine Mutter meinen Vater liebte, mußte sie sich vor der Welt und der Strafe einer Kirchenobrigkeit verstecken, die ihr nichts bedeutete. Da sie in der Liebe zu meinem Vater aus ihrem eigenen Rechtsempfinden heraus keinen Fehler erkannte, verlor sie weder ihre Selbstachtung noch ihr Selbstvertrauen. Zudem war meine Mutter im Vertrauen auf einen verzeihenden und liebenden Gott erzogen worden, so daß ihr dieser Gott als Trost und sichere Zuflucht blieb.

Für meinen Vater blieb nichts. Weil er meine Mutter liebte, mußte auch er sich vor der Welt und vor der Strafe der Kirchenobrigkeit verstecken. Im Gegensatz zu meiner Mutter bedeutete ihm die Kirche jedoch so viel, daß er sie in den Mittelpunkt seines Lebens gestellt hatte. Dieser Kirche ungehorsam zu sein, stellte seine bisherige Lebensweise und das ihm anerzogene Rechtsempfinden komplett auf den Kopf. Mein Vater mußte also mit aller Kraft um seine Selbstachtung kämpfen. Darüber hinaus hatte er Angst vor seinem Gott, den er als strafenden Gott empfindet. Nur wenn mein Vater seine Liebe zu meiner Mutter aufgegeben hätte, wäre es möglich gewesen, durch das Mittel der Beichte Vergebung von diesem Gott zu erlangen. Ohne Vergebung befand sich mein Vater permanent im Zustand der Sünde. Ganz gleich, wie sehr ihn die seelische Not drückte, er konnte nicht zu seinem Gott damit kommen und sich dessen Beistands sicher sein. Um dies voller Selbstvertrauen durchstehen zu können, mußte mein Vater ein völlig neues Gottesbild entwickeln. Dies aber gelang ihm mit Sicherheit nur unvollkommen, denn wo der Wunsch zum Urheber des Gedankens wird, ist der Zweifel zu Hause. Und wo der Zweifel ist, ist auch die Angst. Als präziser Denker wußte mein Vater über diese Zusammenhänge Bescheid. Ich denke, er hat meine Mutter wirklich über alles geliebt.

Bei allen seelischen Qualen und Verzweiflungsattacken empfanden meine Eltern es am unerträglichsten, daß sie sich monatelang sogar einer vor dem anderen verstecken mußten. Sie wagten es nicht, sich einander anzuvertrauen.

Zwischen ihnen war etwas. Das spürten sie beide. Etwas zog sie zueinander hin. Sie konnten nicht anders. Sie mußten sich immer wieder anschauen, einander wie zufällig, und sei es noch so flüchtig, streifen, berühren, bewußt den Rauch der Zigarette oder der Pfeife des anderen mit einatmen, bewußt das Holz des Tisches spüren, auf dem die Hand des anderen lag; am liebsten hätten sie dieselben Gedanken gedacht wie der andere.

Sie ahnten beide, daß es Liebe war. Beide hofften und wünschten sie, daß es Liebe wäre. Aber sie hatten auch beide Angst davor, daß es Liebe sein könnte. Und sie verboten sich selbst, es als Liebe zu empfinden.

Es war ja eine »sündige« Liebe, eine, die keine Zukunft hatte und nicht einmal eine Gegenwart haben durfte. Das war so tabu, daß meine Eltern nicht das geringste von diesen Gefühlen einander erklären durften. Auch deshalb nicht, weil das Tabu die Angst zwischen sie beide säte, daß sie sich voreinander schämen müßten oder blamieren könnten, wenn sie es wagen würden, ihre Gefühle bloßzulegen. Wie, wenn sich einer im anderen getäuscht hätte? Wie, wenn einer sich die Liebe des anderen nur eingebildet hätte? Wenn der andere entsetzt zurückweichen und von Sakrileg reden würde? Wenn es Verrat, Anzeige, einen Skandal gäbe?

Wie gesagt, irgendwann wurden alle diese Überlegungen, Unsicherheiten, Hoffnungen und Ängste für meine Mutter so bedrückend, daß sie sich innerlich Luft schaffen mußte und sich alles in einem Tagebuch von der Seele schrieb. Auch auf die Gefahr hin, daß jemand es einmal finden und lesen könnte. Der einzige Schutz, den sie selbst in diese ganz privaten, nur sie selbst etwas angehenden Aufzeichnungen einbaute, galt meinem Vater. Sie nannte nie seinen Namen.

Vielleicht hatte sie eine Vorahnung, wie meine Mutter oftmals Vorahnungen von Dingen und Ereignissen hat und spürt, was außer ihr niemand spürt und dann doch eintrifft.

Tatsache ist, daß das Tagebuch meiner Mutter bis heute spurlos verschwunden ist. Es verschwand etwa fünf Jahre vor der Zeit, als mein Vater das Kloster verließ, und zwar an dem Tag, an dem eine der weiblichen Verwandten meines Vaters zu Besuch bei ihm war.

Im Mittelalter konnte keine Frau einen Priester unter vier Augen sprechen. Die einzigen Ausnahme waren Mutter und Großmutter, die man wohl aufgrund ihres Alters jenseits von Gut und Böse sah. Allen anderen weiblichen Besuchern traute man unwiderstehliche teuflische Verführungskünste zu. Hätte mein Vater damals als Priester gelebt, hätte man ihm also selbst bei dem Besuch seiner Schwester oder Tante mindestens einen Klosterbruder als Aufpasser zur Seite gestellt, damit nur ja keine unkeusche Berührung stattfinden könnte.

Ich kann mir sehr gut vorstellen, wie die Verwandte meines Vaters das Tagebuch unter seiner frisch in der Klosterwäscherei gewaschenen und gemangelten Bettwäsche fand und naserümpfend schon am Duft erkannte, daß es einer Frau gehörte. Mit spitzen Fingern, mißtrauisch und voll Neugier schlug sie es auf. Mit Verwunderung las sie die ersten Seiten, dann mit Empörung und Entsetzen. Vielleicht mußte sie sich setzen und kam nur knapp an einer Ohnmacht vorbei, so ungeheuerlich rabenschwarz sprach die Sünde aus jeder Zeile.

Ein solches Buch, mag sich die gute Frau gedacht haben, ist Teufelswerk. Es gehört in den Ofen und verbrannt, damit es nur ja niemals Unheil anrichten und gegen den armen, verführten Priester Zeugnis ablegen kann. Vielleicht hielt sie es aber auch für notwendig, das Tagebuch an sich zu nehmen, um es meiner ahnungslosen Großmutter zu zeigen.

Meine Mutter ist sicher, daß die Sache mit dem Tagebuch für meinen Vater ein Nachspiel hatte. »Die Mutter und die Tante, beide haben ihn darauf angesprochen«, sagte sie mir.« Sie haben getobt! Die haben so richtig ein paar klare Worte für ihn gefunden, damals. Und er war auch ganz am Boden zerstört, als er gemerkt hat, daß das Buch aus seinem Schrank verschwunden war. ›So, jetzt haben die das gefunden!‹ hat er zu mir gesagt und war erschrocken und ganz bleich. Aber dann ist das doch wieder alles in der Versenkung verschwunden, ab in die Verdrängung. Und keiner hat mehr etwas darüber gesagt und nicht mehr daran gerührt.«

Das einzige, was meinem Vater aus dieser bitteren Unterredung mit seiner Mutter bewußt geblieben war, zeigte sich in seiner Zuversicht, mit der er für den Ernstfall von ihr sprach. »Wenn was ist, als erstes sage ich es dann gleich mal meiner Mutter«, versicherte er meiner Mutter immer wieder. »Und die hilft mir dann schon!«

Daß sie ihm nicht geholfen hat und er die ganzen Jahre vergeblich auf sie gezählt hatte, merkten mein Vater und meine Mutter spätestens, als ihre Liebe an den Tag kam. Damals hatten sie seine Mutter, wie auch alle anderen engen Familienangehörigen, zwei Wochen vorher über alle Schritte informiert, die sie unternehmen wollten. Und da stellte sich für meinen Vater heraus, daß seine Mutter es vorzog, nie auch nur den kleinsten Ahnungsschimmer von allem gehabt zu haben.

Mein Vater war sehr verzweifelt damals. »Meine Mutter blendet mich total aus!« klagte er damals. »Und dabei war ich doch bei ihr und habe ihr alles haarklein erzählt und anvertraut und alles mir ihr besprochen, was wäre, wenn es einmal herauskommen sollte.«

Es nutzte nichts. Seine Mutter wusch ihre Hände sozusagen in Unschuld. Von nichts habe sie gewußt, behauptete sie. Auch niemals etwas von einem Tagebuch oder gar von einer Nacht am Strand …

Wir haben nie erfahren, was letztlich aus dem Tagebuch wurde. Im Totschweigen und Geheimnissewahren ist die Familie groß.

Daß dennoch ein großer Teil des für mich sehr wichtigen Tagebuches erhalten geblieben war, lag daran, daß meine Mutter irgendwann einmal einige Seiten daraus abgetippt und einem Fernseh- und Filmredakteur als Recherchematerial zur Verfügung gestellt hatte. Es war ihr schon während der geheimen Zeit mit meinem Vater stets sehr wichtig, in der Öffentlichkeitsarbeit mitzuwirken, um über die Auswirkungen des Zölibates aufzuklären und auf diese Weise zu forcieren, daß die Kirche dieses Gesetz aufhebt.

Mit Erlaubnis meiner Mutter zitiere ich nun einige der Passagen, die mich am tiefsten berühren. Sie stellen jeweils nur Ausschnitte dar, deren Zusammenhang ich rekonstruieren und ergänzen kann. Dadurch entsteht ein sehr intensiver Eindruck der Liebesgeschichte meiner Eltern.

Die nachfolgenden ersten Abschnitte setzen sich mit der Zeit auseinander, in der meine Mutter ihre Liebe zu meinem Vater erkannt hatte, seine Liebe zu ihr mit den widerstreitendsten Gedanken vermutete und sich diese auch wünschte, jedoch große Zweifel und Ängste hatte und nicht wußte, wie sie mit diesen gemischten Gefühlen umgehen sollte. Damals vertraute sie ihrem Tagebuch an:

Ich schreibe diese Zeilen vor allem deshalb, weil ich sie nie vergessen möchte, weil ich mein Handeln von heute auch später verstehen möchte und weil mein Erinnerungsvermögen so unvollkommen ist. Vielleicht schreibe ich sie auch für andere.

Ein Lebensmoment mit einem DU. *Dieses* DU, *ein Lachen, eine Sehnsucht länger zu bleiben, wieder zu lachen, zu rauchen, das Ganze zu wiederholen.*

Das DU *fast täglich zu sehen, kennenzulernen, ihm die Hand zu geben, zu lachen. Bier, Rauch, Gedanken.*

Gedanken um sein Wollen. Warum hat er das, was er jetzt ist, gemacht? Die Liebe und er – weiß er, was das ist? In der Kirche redet er von Liebe mit einer Stimme, von der ich wünsche, sie würde zu mir sagen: »Ich liebe dich.«

Liebe unter den Menschen – Liebe zwischen uns? Nie ein böses Wort zu mir. Nie Haß. – Ist nicht das schon Liebe? Gleichzeitig Vertrauen in seinem Blick. Er weiß, ich kann etwas leisten. Er wünscht es von mir. Er erwartet es von mir. Wo führt das hin?

Ich denke, wenn ich einfach fortgehe, ist alles vorbei. Die Probleme wären ganz leicht gelöst. Aber so viel hält mich – die Situation, die persönlichen Beziehungen, die Erwartung in mich. Wenn ich bei ihm bin, ist eine Freude zwischen uns. Wir lachen zusammen. Vielleicht ein kleiner Rausch.

Die Zeit verstreicht, gleichbleibend und eintonig. Der Herbst, verbunden mit sehr viel Arbeit, geht vorbei. Dann gehe ich für Monate weg. Vor meiner Abfahrt – es sind die Tage vor Weihnachten – stehe ich am Auto und er steht oben – schaut lange zu mir herunter. Und ich habe das Empfinden, daß er mich liebt. Nur Momente.

Immer wieder befiel meine Mutter so eine Art Panik. Der Mann, den sie liebte und dessen Gegenliebe sie immer deutlicher zu spüren meinte, durfte nicht ihr Geliebter sein. Nicht einmal in Gedanken. Entgegen jeder Vernunft kreisten ihre Gedanken dennoch ständig immer enger um ihn. Und auch seine Empfindungen drängten immer deutlicher in den Vordergrund. In ganz klaren, realistischen

Momenten war beiden klar, daß sich diese Gefühle über kurz oder lang nicht mehr zurückdrängen lassen würden. Etwas in ihnen suchte jede kleinste Gelegenheit, einander nahe zu sein.

Zugleich aber kämpften sie darum, nicht den Kopf zu verlieren.

Für meine Mutter, die in allen Entscheidungen ihr eigenes Gewissen prüft,anstatt sich auf Gesetze zu verlassen oder Obrigkeiten zu gehorchen, war dieser von außen aufgezwungene Zwiespalt fast unerträglich. In ihrem Tagebuch steht:

Eine lange Zeit geht vorbei. Ich versuche, ihn zur Seite zu legen. Ich muß ihm einen Brief schreiben. Soll ich schreiben: »Lieber ...«?

Und er schreibt wieder: »Liebe ...«

Es ist Ostern. Ich fühle, daß er mich mag. Wir sitzen nahe beieinander. Unsere Hände – für Momente. Kleinigkeiten, die so groß sind, daß man Monate davon träumen kann. Gelingt der Weg zurück in den Alltag?

Die Angst, die maßlos große Angst auf beiden Seiten. Die Angst, bei den ersten unverbindlichen Worten. – Doch wie leicht der Alltag fließt.

Wieder vergehen Monate. Pfingsten. Ein Versuch. Nein, kein Versuch. Man kann Dinge nicht wiederholen. Man will es auch gar nicht, man darf es nicht, man soll es nicht.

Natürlich frage ich mich, was für ein Versuch hier gemeint ist. Aber meine Mutter läßt sich nicht genauer darüber aus. Vermutlich war das Stichwort für sie selbst mit vielen Erinnerungen verknüpft.

Mir fallen viele Möglichkeiten dazu ein. Es könnte ein Versuch gewesen sein, der im Sinne der Kirche eine Versuchung war, also etwas Sündiges. Das könnte schon ein Gedanke gewesen sein. Oder war es ein Fluchtversuch? Versuchter Gesetzesbruch?

Ein Versuch, einander Liebe zu zeigen?

Und danach? Meine Eltern brachten es nicht über sich, einander einfach so aus dem Weg zu gehen. Meine Mutter schrieb:

Ein Sommer. Eine Sehnsucht. Die Sonne ist stärker als der Alltag. Die Sehnsucht soll nicht im Alltag sterben. Ein vages: »Du kommst doch mit?«

»Ich komme!«

Wind – Harmonie, so leicht, soo einfach. Sprechen miteinander – viel Zeit. Ein Nebeneinander, Sichwohlfühlen. Müdigkeit. Händedruck. »Gute Nacht!« Lange Pause.

Ruhe, Erholung, Gedanken ohne Angst, ohne Schmerz. Sehnsucht nach der Arbeit, verbunden mit Sehnsucht nach ihm. Die Einladung zu einem Fest. Ich freue mich, ihn wiederzusehen.

Glocken, Feierlichkeiten, Hektik, Menschenmassen, Tumulte, viele Ansprachen, viele leere Worte, viel Bier, viele Männer. Dazwischen eine Begrüßung. Ein Händedruck, wenig Worte, ein Vergessen im Gewühl.

Es kam nicht irgendwie dazu, daß wir uns küßten. Es war nicht das Ende eines versoffenen Abends. Es war kein verantwortungsloses Tun. Es war Liebe.

Der Mut zur Liebe war stärker als die Welt und die Zeit, die dagegen sind. Eine phantastische Stunde in der Nacht. Eine Welt der Ehrlichkeit und der Harmonie.

Ich glaube, es war Liebe.

Für meine Mutter war dieser erste Kuß etwas so Weltbewegendes, daß sie ein Gedicht dazu schrieb. Vielleicht bewegt es mich deshalb so, weil ich selbst auch Gedichte schreibe. Und auch bei mir sind die Liebesgedichte die besten.

Es gab eine Nacht
in meinem Leben,
da war mehr als Tradition,
Vorurteil und Schrecken.
Ich setzte mich hinweg
über gesellschaftliche Schranken,
durchbrach
zwichenmenschlich aufgebaute Barrieren,
ging durch verschlossene Türen
voll Vertrauen
zu meinem Geheimschlüssel
und fand – ihn.
Überrascht, – gefaßt, –
für einen Moment bereit,
mit mir zu enteilen
in eine wundersame,
nur von uns geschaffene Welt.
Ein Kuß war dann mehr
als eine Berührung:
ein An- und Ineinander –
Füreinander-alles-Sein,
eintretend in ein Weltall,
aufgenommen vom Kosmos,
wohlbehütet im weiten All,
mit allen Möglichkeiten,
Unendlichkeit zu fühlen.
So ein Kuß soll nicht so schnell
– vielleicht meinst DU
gar nicht –
wiederholt werden.

Wenn ich verliebt bin und mein Mädel geküßt habe, dann habe ich nicht das Bedürfnis, ihr am nächsten Tag aus dem Weg gehen zu wollen. Und zu denken, daß ich sie nicht so schnell oder überhaupt nie mehr wieder küssen sollte, würde mir nicht einmal im Traum einfallen. Oder höchstens dann, wenn das mit dem Kuß nicht so toll und nicht so ganz das war, was wir wollten. Vielleicht, weil es eine Bierlaune war oder man einfach bloß angeturnt, eben geil drauf war, so rein körperlich, nichts Tieferes.

Meine Eltern aber haben sich echt geliebt. Sie litten ganz unvorstellbar an dieser Liebe und wahrscheinlich auch an sich selbst. Schließlich ist es nicht so angenehm, wenn man sich selbst eingestehen muß, daß man seine allerbesten, allerwichtigsten Vorsätze nicht einhalten kann. Daß man es einfach nicht schafft, fest zu bleiben.

Ich glaube, es fällt jedem, der einen wirklich wichtigen Vorsatz nicht erfüllen kann, schwer, trotzdem mit sich im Einklang zu sein. Irgendwie bricht man sich selbst dabei die Treue und traut sich anschließend nicht mehr so ganz. Bei meinem Vater hatte der Vorsatz, sich nie mit einer Frau einzulassen, nicht nur mit Treue sich selbst gegenüber zu tun, sondern auch noch mit Treue gegen Gott. Und da war natürlich ganz massiv die Angst vor der alten Geschichte mit der Erbsünde und dem Paradies. Ein Priester kann gar nicht anders denken. Und so war es meinem Vater im Grunde klar, daß er sein ewiges Seelenheil verlieren und zur Strafe von Gott verstoßen würde, wenn er sich mit meiner Mutter einließe.

Daher war es meinen Eltern nicht möglich, sich »am Morgen danach« anzurufen, sich zu verabreden oder einfach bei dem anderen vor der Tür zu stehen und zu klingeln und den Kuß zu wiederholen oder auch mehr. Für sie hatte dieser Kuß so etwas wie ein mittleres Erdbeben ausgelöst, und plötzlich wackelte die Welt unter ihren Füßen.

Die einzige Möglichkeit zu verhindern, daß alles wie ein Kartenhaus einstürzte, war so zu tun, als wäre das, was gewesen war, nicht gewesen bzw. nicht geschehen.

Auch in dieser Situation hatte meine Mutter ihr Tagebuch.

Der Alltag ist minutenschnell wieder da. Wieder diese unendliche Angst davor. Auch diese Angst voreinander. Nahezu die Unfähigkeit, dem anderen in die Augen zu schauen. Die Erkenntnis der Unmöglichkeit des Getanen. Die Angst vor der Situation, die Angst, die Situation zu bewältigen, die Angst auch um den anderen.

Das Unvermögen, darüber zu sprechen. Entschuldigen? Für Liebe entschuldigen? Viel zu großartige Dinge zerreden? Dinge banalisieren? Nein!

Lieber schweigen, vergessen, verdrängen. Weiterleben, nur irgendwie überleben, nichts Verkehrtes tun, nicht daran denken. Der Alltag muß absolut funktionieren. Wir leben in diesem Alltag, wir lieben ihn. Das zwischen uns ... ja, was ist das?

Wir brauchen sehr viel Zeit. Wir dürfen unsere Gedanken und Gefühle nicht überstürzen. Unsere Umwelt läuft ganz normal und wir müssen uns integrieren.

Wir leben so fort.

Ein halbes Jahr, vom Sommer bis Weihnachten, mieden meine Eltern jede Möglichkeit, miteinander erneut in Versuchung zu geraten. Sie bewältigten ihren Schulalltag, funktionierten auf der beruflichen Ebene. Was hinter der Kulisse des Alltäglichen ablief, ging keinen etwas an. Jeder auf seine Weise, kämpften sie darum, das Verbot der Kirche zu respektieren, obwohl zumindest meine Mutter die Berechtigung und den Sinn dieses Verbotes nicht im geringsten anerkannte.

Wieder Weihnachten. Der Alltag funktioniert. Wir haben nie über uns geredet. Wir müßten darüber reden, aber wir haben diese unendliche Angst davor. Gibt es denn eine Lösung?

Es gibt nur einen Verzicht. Wir leben ihn. Ist das so richtig? Ist ein Leben ohne Liebe nicht unendlich tot? Lebt zwischen uns nicht viel zuviel? Sollen wir das sterben lassen? Wir dürfen uns nicht in unserem Verzicht verhärten.

Was geschieht mit der Liebe in uns? Diese Liebe, die seitdem und immer unser Leben und unser Lebensgefühl mitbestimmt, uns irgendwo schweben läßt – und dies fühle ich mit Bestimmtheit – diese Liebe kann doch nicht sterben!

Da meine Mutter keine Chance hatte, ihre seelische Not mit einem anderen Menschen zu teilen, reflektierte und diskutierte sie »die Nacht des Kusses« und den damit verbundenen »Sündenfall« immer wieder mit sich selbst. Für mich liest es sich wie eine Verteidigung oder Rechtfertigung, die sie an meinen Vater richtet, als müßte sie ihm eine Erklärung für ihre Liebe und die gemeinsame Nacht abgeben. Sie habe darum gekämpft, schrieb sie, die Sehnsucht nach ihm zu unterdrücken. Doch sie habe oft verloren. Und:

Ich hatte Angst vor dem, was sein würde, aber ich wußte es nicht zu umgehen. Es kam soviel von dir. Es war so schwer für dich. Es war für dich viel schwerer als für mich. Es ging ja um dein gesamtes Leben. Um deine Ideale und um deine Entscheidungen ... die 20 Jahre zuvor. Ich wollte sie nie kaputtmachen.

Was wollte ich? Eine Sehnsucht nach Partnerschaft, Freundschaft, Liebe ... vielleicht auch nur eine Idee und ein Wunsch?

Wenn du glaubst, daß ich keine Angst hatte in jener Nacht, dann irrst du dich maßlos. Ich hatte soviel Angst, daß ich kaum zu fühlen wagte.

Eines Tages aber kam der Moment, an dem es kein Ausweichen voreinander mehr gab. Meine Eltern traten eine gemeinsame Dienstreise an. Meine Mutter schrieb nicht viel darüber, nur wenige Zeilen. Aber mir sagen sie so viel.

Wir waren uns ganz nahe. Viele Kilometer auf der Autobahn miteinander. Viele Nächte, viele Morgen, unendlich lange Tage. Ein neuer Abschnitt im Leben zwischen dir und mir. Ein wir.

Die Angst vor dem Weiterleben im Alltag wurde geringer. Das zunächst überlegte Versprechen, es bei der einmaligen Sache zu lassen, durchzuhalten, ist nicht möglich.

Ich lese aus diesen Zeilen, daß meine Eltern ihren Widerstand gegen die Liebe zwischen ihnen am Ende eines langen Kampfes aufgegeben hatten. Für mich hat dieses Aufgeben nichts mit Verlieren zu tun. In meinen Augen ist es etwas ganz Großes, weil es eine mutige Entscheidung bedeutet, mit der meine Eltern beweisen, daß sie nicht manipulierbar sind, sondern ihre Eigenverantwortlichkeit ernst nehmen. Von diesem Moment der Entscheidung füreinander handelten sie zwar gegen die Kirche, aber nicht gegen Gott.

Der Gedanke »Komme, was wolle, wir lieben uns!« ist etwas sehr Schönes. Ich erkenne darin, daß meine Mutter meinen Vater mehr geliebt hat als Geld, Sicherheit, Ansehen, Erfolg und ihr gesamtes Lebensumfeld und daß mein Vater meine Mutter wirklich mehr geliebt hat als sein Leben, ja, mehr als sein ewiges Leben nach dem Tod.

Jetzt, nachdem die Würfel gefallen und meine Eltern ein Liebespaar waren, mußte ihre Beziehung noch sorgfältiger geheimgehalten werden als zuvor. Das Tagebuch wurde für meine Mutter immer unverzichtbarer. Sie schrieb:

Es folgen viele Begegnungen und der Alltag läuft wunderbar daneben. Er ist schöner und reicher und lieber geworden. Jetzt sind wir so glücklich, daß wir fähig sind zu denken, zu wirken. Wir vertrauen einander, wir helfen einander. Wie stark sind wir? Gibt es irgendetwas, das stärker ist als Liebe?

Jahre später, als alle Welt erfuhr, daß mein Vater Priester ist, taten alle so, als habe niemand jemals etwas von der Liebe meiner Eltern geahnt. Wahr ist, daß die Familie meines Vaters schon sehr früh wußte, daß er mit meiner Mutter ein Verhältnis hatte.

Es gab da zum Beispiel einen Urlaub, den mein Vater auf Wunsch seiner alten Mutter gemeinsam mit ihr und anderen Familienangehörigen im Süden verbrachte.

Heimlich hatten meine Eltern sich abgesprochen, daß meine Mutter an diesen Urlaubsort nachreisen und dort »zufällig« der Familie meines Vaters begegnen solle.

Meinem Vater lag daran, meiner Mutter seine Familie zu zeigen und auch daran, seine Mutter mit »der Liebe seines Lebens« bekannt zu machen. Daß dies nur unter Vorspiegelung falscher Tatsachen möglich war, bedrückte ihn ebenso wie meine Mutter. Doch anders war es gar nicht möglich. Also blieb keine Wahl.

Das Schönste an der heimlichen Urlaubsplanung war natürlich die kleine Intrige, durch die es sich ganz sicher ergeben würde, daß meine Mutter hin und wieder einmal von der Familie meines Vaters zu einem gemeinsamen Abend eingeladen würde und mein Vater und sie sich nicht nur in aller Heimlichkeit, sondern ganz offiziell sehen könnten.

Meine Mutter, die bis heute für jeden Abenteuerurlaub zu haben ist, überredete eine Freundin, mitzukommen. Von meinem Vater erzählte sie ihr natürlich nichts. Schließlich sollte alles ganz unverfänglich wirken und der Zufall möglichst echt erscheinen.

Zusammen mit dieser Freundin packte sie ihr Zelt ein und reiste meinem Vater nach. Auf dem Zeltplatz der Stadt, in der er ein nobles Appartement mit allem Komfort belegte, mietete sie sich ein Plätzchen unter Pinien am Strand und rollte statt seidener Decken ihren Schlafsack auf einer Luftmatratze aus.

Meiner Mutter machte der Unterschied nichts aus. Ihr hat Luxus noch nie viel bedeutet. Aber wie immer verstand sie meinen Vater und dachte nicht im Traum daran, ihm irgendeinen Vorwurf zu machen.

»Die ganze Familie liebt da das Exquisite«, meinte sie. »Das beste Restaurant am Platz muß es sein und das teuerste. Das ist für sie wirklich ein Kriterium. Die haben so viele Kriegsjahre erlebt. Das kann man nicht vergleichen mit uns Nachkriegsleuten. So viel, wie die gehungert haben. Die Kinder sind ja doch die ersten zehn oder mehr Jahre im Hunger aufgewachsen.«

Kaum hatten meine Mutter und ihre Freundin ihr Zelt aufgebaut, die Luftmatratzen aufgeblasen und die Schlafsäcke ausgerollt, bummelten sie gemeinsam zur Strandpromenade los. Die Freundin meiner Mutter hatte natürlich keine Ahnung, warum meine Mutter es so eilig hatte, ausgerechnet sogleich dorthin zu flanieren. Von meinem Vater und der geheimen Verabredung hatte meine Mutter nichts verraten.

Ohne es zu ahnen, lernte meine Großmutter auf dieser Urlaubsreisc also die Frau kennen, die ihr Sohn liebte und Jahre später ihre Schwiegertochter werden würde.

In ihrer Unbefangenheit fand meine Großmutter meine Mutter sogar sehr sympathisch. Meine Mutter aber gewann sie lieb.

Damals, in diesem Familienurlaub, dessen wahre Bedeutung nur mein Vater und meine Mutter kannten, ahnte meine Großmutter anfangs wahrscheinlich nichts. Ich bin sicher, daß niemand in der Familie ihm zutraute, eine heimliche Geliebte zu haben und den Zölibat zu brechen.

Eines Abends flog das ganze Geheimnis jedoch auf.

Irgendwann im Laufe des Tages hatten meine Eltern Gelegenheit gehabt, sich unbemerkt zu verabreden. Sobald alle anderen zu Bett gegangen wären, wollten sie sich treffen und mit dem Auto meines Vaters irgendwo an den Strand fahren. Da seine Familienangehörigen einen festen Schlaf hatten, durfte mein Vater sicher sein, daß sein Verschwinden unbemerkt bleiben würde. Meine Mutter war niemandem Rechenschaft schuldig. Und so blieben beide die ganze Nacht über am Strand zusammen.

Was meine Mutter nicht bedacht hatte, war, daß ihre Freundin sie vermissen würde. An allen anderen Abenden hatte die Freundin nette Bekanntschaften auf dem Zeltplatz geschlossen, war in Discos versumpft und selbst erst frühmorgens oder später zu ihrem Zelt zurückgekehrt. Stets hatte sie meine Mutter schlafend vorgefunden.

»Willst du dich überhaupt nicht amüsieren?« hatte sie meine Mutter oft gefragt und sich darüber gewundert, daß diese immer nur müde war und von keinem Mann etwas wissen wollte.

Ausgerechnet in dieser Nacht, in der meine Mutter mit meinem Vater unterwegs war, kam die Freundin früher zum Zelt. Als sie sah, daß der Schlafsack meiner Mutter leer und unberührt war, erschrak sie furchtbar und bekam Angst, es könnte meiner Mutter etwas zugestoßen sein. In ihrer Ratlosigkeit eilte sie zu der Familie meines Vaters, um vielleicht dort etwas zu erfahren. Doch alles, was sie erfuhr, war, daß jemand meine Mutter an diesem Abend zufällig auf dem Beifahrersitz neben meinem Vater im Auto zum Strand hinausfahren gesehen hatte.

Eins und eins zusammenzuzählen, war da wohl nicht schwer. Die ganze Nacht saß die Freundin meiner Mutter mit der Familie meines Vaters zusammen. Gesprochen wurde nicht viel. Gedacht wahrscheinlich umso mehr.

Als mein Vater dann am Morgen allein ins Hotel kam, sahen ihn alle sonderbar an. Obwohl alle wußten, daß meine Eltern eine Beziehung zueinander hatten, und annahmen, daß sie zumindest in dieser Nacht am Strand miteinander geschlafen hatten, stellte keiner Fragen. Wahrscheinlich wollte keiner den Schwarzen Peter haben. Warum auch? Wegen einer bösen Vermutung, für die es nicht den geringsten Beweis gab? Schlafende Hunde soll man nicht wecken, und was niemand weiß, macht keinen heiß. Schlaue Sprüche gibt es für alle Lebenslagen. Und umsonst heißen sie ja wohl kaum »Lebensweisheiten«. Man muß kein großartiger Gedankenakrobat sein, um zu erkennen, was weise daran ist, Geheimnisse anderer besser ruhen zu lassen. Die Verwandtschaft meines Vaters hatte diese kleine Schaden-Nutzen-Rechnung jedenfalls schnell aufgemacht und ihre Wahl getroffen.

Ich weiß nicht, was passiert wäre, hätte irgend jemand meinen Vater damals zur Rede gestellt. Vielleicht wäre es ihm ja sogar recht gewesen. Vielleicht hätten er und meine Mutter ihr Doppelleben erleichtert aufgegeben. Damals waren sie beide noch jung genug für einen Neuanfang, selbst in einem anderen Beruf. Es mag sogar sein, daß mein Vater es unbewußt darauf angelegt hatte, daß seine Familie etwas merken und alles aufdecken würde.

Doch seine Familie hielt es mit den Franzosen. »Honi soi, qui mal y pense« – ein Lump, wer sich etwas Schlechtes dabei denkt. Man schwieg.

Auch zu meiner Mutter sagte niemand ein Wort. Zwar beschwerte ihre Freundin sich bitter, daß sie sich die ganze Nacht um die Ohren geschlagen und Sorgen gemacht hatte. Doch meine Mutter beschwichtigte sie mit irgendeiner lapidaren Erklärung in dem Sinne, daß es so schön gewesen sei am Wasser, sie die Zeit vergessen und nicht damit gerechnet habe, daß jemand sie vermissen würde. Natürlich wußte die Freundin, daß jedes Wort eine Ausrede war. Und meine Mutter wußte, daß die Freundin wußte, was meine Mutter wußte. Der Verdacht, der eine ganze Nacht lang unausgesprochen im Raum gestanden hatte, blieb unbenannt.

Einzig der jüngste Bruder meines Vaters machte irgendwann lachend, wie im Scherz, eine Bemerkung meiner Mutter gegenüber: »Rühr' ihn mir ja nicht an, meinen heiligen Bruder!« Damit war dann aber auch alles gesagt.

Jahre später, als nicht nur ich, sondern auch meine Schwester schon geboren war, schrieb meine Mutter einmal einen Brief an die Mutter meines Vaters. Sie hätte so gern offen und ehrlich mit ihr über alles gesprochen. So gern nur ein einziges Mal von dieser Frau ein verständnisvolles, vielleicht sogar verzeihendes oder billigendes Wort gehört.

Meine Mutter war stolz auf uns Kinder. Sie hätte uns dieser Großmutter so gern vorgestellt und ihr gezeigt, daß es nicht nur von ihren anderen Kindern wohlgeratene, liebenswerte Enkel gab, sondern auch von ihrem ältesten Sohn.

Das Geheimnis um die verbotene Liebe zu meinem Vater hat meine Mutter immer dann besonders geschmerzt, wenn es um uns Kinder ging. Es tat ihr weh, uns verheimlichen und verstecken zu müssen.

Wie so oft blieben meiner Mutter nur Träume, Wünsche, Illusionen. Zwischen ihr und ihrer heimlichen Schwiegermutter gab es keine Verbindung. Es gab nur Schweigen. Wie so vieles, konnte meine Mutter ihre Gedanken einzig dem Papier anvertrauen. Sie schrieb einen Brief. Abschicken konnte sie ihn nie. Ich fand ihn in ihrem Tagebuch.

An meine Schwiegermutter!

Als Du mich das erste (zweite, dritte) Mal sahst, habe ich Dir recht gut gefallen – so hatte ich den Eindruck. Wir haben viel zusammen gelacht. Ich wußte damals schon, daß Du die Mutter meines Geliebten bist, – allerdings die Mutter eines Priesters.

Du hast mich nicht als seine Freundin kennengelernt, sondern als lustige, attraktive Frau. Dann merktest Du wohl, daß zwischen Deinem Sohn und mir eine Verbindung bestehen könnte. Nun warst Du – denke ich – auch in einer schwierigen Situation. Du wußtest ja, er durfte mich nicht lieben. Das Schlimmste an diesem Zustand war, daß wir nicht, gar nicht, auch nicht ansatzweise, darüber sprechen konnten.

Ich wollte und möchte Dir sagen, daß ich Dich mag, Deine Art, Deinen Humor, daß ich unendlich gerne mit Dir spreche. Du bist für mich eine Freundin.

Ich bin so glücklich und dankbar, daß ich Deinen Sohn kenne, daß ich ihn auf eine frauliche Art lieben darf – nicht als Konkurrenz zu Deiner Mutterliebe.

Natürlich ist er körperlich Dir näher; aus Deinem Leib wurde er geboren, in Deiner Liebe ist er entstanden, aus Deinem Entschluß, mit einem von Dir geliebten Mann zu-

sammenzusein, durfte er werden. Er ist ein ganz starker, inniger Teil von Dir. In Euren Adern fließt das gleiche Blut. Seine Züge tragen Deine Anlagen. Eure Augen blicken ähnlich, vieles in seiner Mimik erinnert mich an Dich. Er hat von Dir die Ruhe und den Gleichmut, das vernünftige Handeln und den tiefen Hang zur Mystik. Er ist Dein Sohn.

Ich bin nur eine Ergänzung für ihn, ein konträres Wesen. Bin ich für Dich eine Gegnerin, Feindin? Wie würdest Du mich sehen, wenn er eine Frau – mich – haben dürfte?

Es ist das Spiel der Natur, daß ich, als zunächst fremdes Wesen, mit ihm die größte körperliche Nähe erreiche, die größte Lustnähe, eine Liebe zwischen Leidenschaft und Lust.

Ich liebe Dich wie eine Mutter. So geht es mir mit meiner Beziehung zu Dir gut. Aber wie geht es Dir? Wir dürfen nicht, auch nicht ansatzweise, darüber sprechen.

Denkst Du manchmal an die Kinder, die aus unserer Liebe geboren wurden?

Die Kinder, die aus meinem Bauch geboren wurden, sind Deine Enkelkinder! Hier wurde unser beider Blut vereint; sie haben Dein Blut und mein Blut. Sie haben die Synthese, die Dein Sohn und ich in Liebe nie erreichen konnten. Du mit ihm eine Synthese, wir beide, Dein Sohn und ich, eine Antithese, und diese Spannung mündet in die Synthese unserer Kinder.

Du weißt nicht, daß Dein Sohn Kinder hat, und Du weißt nicht, daß Du Enkelkinder hast, und diese Enkelkinder suchen ihre Großmutter. Aber ein mächtiger Mann, der von Liebe redet, dieses Wort aber besser nicht in den Mund nehmen sollte, verbietet ihnen, in Deinem großmütterlichem Schutz Zuflucht zu suchen. Ist er sich dieses Verbrechens an Kindern eigentlich bewußt?

Was soll ich den Kindern antworten, wenn sie nach ihrer Oma fragen?

Ich glaube, meine Schwester und ich haben nie nach dieser Oma gefragt. Die meiste Zeit meines Lebens habe ich nicht einmal daran gedacht, daß es eine solche Oma geben könnte. Die Frage nach unserem unbekannten, geheimnisvollen Vater war wichtiger.

Leider dauerte das erste Glück der Liebe zwischen meinen Eltern nicht ungetrübt an. Der Urlaub und mit ihm die Ausnahmesituation gingen zu Ende. In der heimischen Umgebung, der Enge des Klosterlebens und im gemeinsamen schulischen Alltag begann der Zwang zur Geheimhaltung immer unerträglicher zu werden.

Meine Mutter war eine junge Frau, gerade frisch geschieden. Die Männer guckten nach ihr. So mancher machte ihr Avancen. Meine Mutter hätte leicht eine neue Beziehung eingehen und diese Liebe sorglos genießen können. Sie versuchte es wohl auch hin und wieder. Aber es gelang nicht. Sie liebte meinen Vater. Es durfte nur keiner wissen.

Niemand durfte sich fragen, was denn wohl mit meiner Mutter los sei, daß sie einfach keine Anstalten machte, sich neu zu binden. Gerüchte entstehen schnell. Abgewiesene »Freier« legen gerne Stolperfallen. Nichts von allem durfte passieren.

Wenn meine Mutter ihre Arbeit im Auftrag der katholischen Kirche behalten wollte, mußte es ihr irgendwie gelingen zu leben, als sei es selbstverständlich, daß sie jeder näheren Bekanntschaft aus dem Weg ging und den an ihr interessierten Männern einen »Korb« nach dem anderen gab.

Eine Freundin riet ihr in dieser Zeit: »Du mußt halt so tun, als ob du überhaupt kein Interesse an Männern hättest, so eine echte Emanze eben, die keinen anschaut und keinen will.«

Meine Mutter versuchte es. Sehr überzeugend gelang es ihr wohl nicht, denn es gab immer wieder einen Mann, der sein Glück bei ihr wagte.

»Wenn du nie einen hast«, sagte sie einmal zu mir, »denkt halt jeder, das ist jetzt seine Chance und er wäre der Richtige und probiert es dann auch am liebsten gleich aus.«

Daß die amourösen Angebote, die meine Mutter erhielt, meinen eifersüchtigen Vater nicht kaltließen, kann ich gut verstehen.

Zusätzlich zu diesen Randproblemen kam als Hauptproblem, daß die Last der mit der Geheimhaltung verbundenen Lüge immer schwerer wog. Sowohl mein Vater als auch meine Mutter sind Menschen, denen Wahrhaftigkeit sehr viel bedeutet. Alle Welt zu täuschen, indem sie ein ausschließlich freundschaftliches Interesse aneinander heuchelten, obwohl sie sich leidenschaftlich liebten, wurde von Tag zu Tag mühsamer. In demselben Maße, wie ihre Liebe inniger und umfassender wurde, fiel es ihnen schwerer, Zurückhaltung zu üben. Die Gefahr, entdeckt zu werden, wurde immer größer. Und mit dieser Gefahr auch die Angst vor den Folgen.

In ihrem Tagebuch notierte meine Mutter damals:

Es rinnt die Zeit. Liebe im Alltag. Oft bin ich einsam. Ich möchte dich bei mir haben – aber das ist nicht so. Ich habe dir von dieser Angst vor dem Ende unserer Liebe erzählt. Ich weiß nicht, wann das Ende ist. Ich bekomme dich nur für Momente, nicht für einen Lebensmoment.

Auch mein Vater rang immer wieder um die Erkenntnis, daß seine Liebe zu meiner Mutter vor Gott berechtigt und keine Sünde war, obwohl die Kirche sie verbot. In einer seiner Predigten führte er dazu aus:

»Gott ist menschlicher als wir Menschen. Gott ist freier, ist frei von Zwängen. Er hat die Geduld, die wir so schnell verlieren, gerade, wenn wir uns fromm und damit im Recht vorkommen. Seine Liebe, sein Hoffen und Warten auf jeden läßt eben die Sonne scheinen ...«

In ihrer tiefen Verzweiflung dachte meine Mutter sehr oft an den Tod. Manchmal erschien nur dieser ihr einen Ausweg zu bieten. In ihrem Tagebuch heißt es:

Ich werde fliehen – vor mir und vor Gott, fliehen in eine Illusion, fliehen vor der Liebe, vor dem Leben. Es gibt einen Tod, der mich bezwingen kann, aber es gibt auch den Mut zur Liebe. Ich lebe mit dem Tod und der Liebe. Die Liebe ist etwas, wozu ich fähig bin. Sie zu geben, zu schenken ist schön. Sie zu bekommen ist unendlich. Der Tod ist ständig da, ganz nahe. Ich fühle nicht den Mut zu sterben. Wie kann ich mein Leben, Sterben, Lieben vereinbaren?

Eine Lösung für diese Frage fand meine Mutter nicht. Sie wußte nur, daß sie meinen Vater liebte.

Obwohl mein Vater als Mönch in ein streng geregeltes Klosterleben eingebunden und verpflichtet war, seinem Abt Rechenschaft über sein Tun abzulegen, gelang es meinen Eltern oft, die Kontrolle zu durchbrechen.

Um einander über längere Zeiträume hinweg nahe sein zu können, ohne den geringsten Verdacht zu erregen, arrangierten sie zum Beispiel mehrmals im Jahr gemeinsame Urlaubsreisen mit dem gesamten Lehrerkollegium nebst Familienanhang. Zu anderer Gelegenheit organisierten sie Reisen mit den Eltern der Klosterschüler. Es wurde ein Bus gechartert, Hotelzimmer gemietet, vergnügliche Unterhaltung geplant. Und alsbald ging es mit Abt und Kollegium und Kind und Kegel ins Freizeitvergnügen.

Für meine Eltern hieß dies, tagsüber in aller Offenheit nebeneinander im Bus sitzen zu können, miteinander wandern, essen, schwimmen, lachen zu können, ohne daß irgend jemand daran Anstoß nahm. Nachts aber, wenn alles schlief, huschte mein Vater unbemerkt auf Zehenspitzen über den dämmrigen Hotelflur und zu meiner Mutter ins Bett.

Andere Gelegenheiten, einander zu sehen, ergaben sich, indem mein Vater bei seinem Abt ganz offiziell einen Kurzurlaub etwa übers Wochenende in eine kulturell interessante Stadt anmeldete und in seinem eigenen Auto losfuhr. Daß er meine Mutter an einem bestimmten zuvor vereinbarten Bahnhof abholte und mitnahm, ahnte niemand.

Für meine Mutter waren dies Erlebnisse, die sie in ihrem Tagebuch festhielt, um sie in traurigen Augenblicken nachzulesen und sich mit der Erinnerung zu trösten.

Am Bahnhof, wenn du mich abholst. Im Auto glücklich, allein nebeneinander. Auf vielen Straßen, in den Herbstwäldern. Abends, essen, bummeln, die Hände fest ineinander. Eine Nacht voll Sehnsucht. Ein ganzer Tag mit dir, Kerzen für etwas Transzendentes, Tee, Apfelkuchen, Calvados, Palmenherzen, Friede – und unendliche Liebessehnsucht, aneinanderschmiegen, lachen bis zum Aufwachen, immer lachen.

Anfangs gaben meine Eltern sich redlich Mühe, ihre geheimen Treffen so genau zu planen, daß niemand den geringsten Verdacht schöpfen könnte. Sie fuhren zum Beispiel große Umwege über die geringst befahrenen Landstraßen, mieteten sich nur in den abgelegensten Gasthöfen ein, kontrollierten genau, welche Autos vor der Tür standen und legten sich sogar wortwörtlich eine Erklärung für ihr gemeinsames Auftreten zurecht, falls sie wider Erwarten irgend jemandem in die Arme laufen sollten, der sie kannte.

»Wir haben immer eingeübt«, erzählte meine Mutter mir einmal, »wer von welcher Richtung wann kommen könnte und wie man dann reagieren muß. Wenn es eine Bekannte von mir ist, dann so. Wenn es eine Bekannte von dir ist, dann so. Wenn es aber ein gemeinsamer Bekannter ist, dann natürlich ganz anders. Wenn es ein Kirchlicher ist, wieder anders. Ja, das haben wir uns immer überlegt. Das war sehr anstrengend.«

Erst als sie einmal auf einem Fest, zu dem sie so heimlich wie möglich über die abgelegenste Umgehungsstraßen gefahren waren, einer Verwandten meines Vaters begegneten und diese ihnen verriet, daß sie schon die ganze Zeit im Auto hinter ihnen hergefahren sei, gaben meine Eltern ihre extremen Vorsichtsmaßnahmen auf.

Sie hatten zwar nach wie vor Angst davor, entdeckt zu werden, und riskierten nichts leichtsinnig, gleichzeitig akzeptierten sie ihr Ausgeliefertsein an eine höhere Ordnung.

»Wenn es sein soll, daß dich einer sieht und erkennt, kannst du sowieso nichts machen«, argumentierte meine Mutter. Mein Vater gab ihr recht.

Als einzigen Selbstschutz behielten sie bei, sich hieb- und stichfeste übereinstimmende Erklärungen für ihr Zusammensein zurechtzulegen. Es zeigte sich, daß dies stets genügte.

Wenn der Alltag sie nach einiger miteinander verbrachter Zeit beide wieder einholte und das so schwer auszuhaltende Versteckspiel erneut begann, brach immer wieder die Angst vor dem Ende der Beziehung durch. Während mein Vater damit mehr oder minder stumm zu kämpfen hatte, griff meine Mutter zu ihrem Tagebuch.

Hätte es einen Sinn, schrieb sie, *wenn wir uns unsere Liebe garantieren würden? Die Sehnsucht dürfen wir nicht zu groß werden lassen, damit wir sie noch bewältigen. Ich möchte alles halten. Verlange ich zu viel von ihm? Lösungen, Entschlüsse, Rezepte, Verhaltensvorschläge? Wo sind unsere Grenzen?*

Als es wieder Weihnachten wurde, feierten meine Eltern das Fest und die Nächte der Liebe auf ihre Weise:

Die erste – Wonne, Begeisterung, Fest, Bier, Film, Gesellschaft, Organisation, Heiterkeit, Temperament, duschen, Weichsein.

Die zweite – Zärtlichkeit, Gespräch, Zeit haben, Miteinandersein, begreifen, sprechen.

Die dritte – Harmonie, Einssein, beglücken, träumen, Phantasie haben, glauben, lieben.

Erstmals fand ich im Zusammenhang mit dieser Weihnachtszeit einige Reflektionen über den Zölibat in ihrem Tagebuch:

Wir müssen an das Außerordentliche unserer Situation glauben, so werden wir uns nie verlieren. Durch das Zölibatsgesetz haben wir nicht die Möglichkeit, in einer Familie zu leben. Wir können in der Öffentlichkeit nicht unsere Hände drücken. Wir können in der Gegenwart anderer einander nicht helfen. Helfen und Lieben nur im Geheimen. Weinen und Einsamkeit auf beiden Seiten. Dieser Schmerz darf nicht zur Verzweiflung werden.

Bist du dir bewußt, daß meine Seele oft so sehr leidet, daß ich manchmal meine, ich finde nicht einmal den Mut, dir zu sagen, wie nah ich am Abgrund stehe?

Auch wenn es Menschen gibt, die uns wegen unserer Liebe hassen, – welche Menschen sind dies? Wir dürfen sie nicht hassen, denn würde Gott einen Menschen hassen, es gäbe kein Christentum, dann müßten wir unsere ganze Philosophie aufgeben.

Immer wieder hatten meine Eltern darüber gesprochen, was wäre, wenn meine Mutter schwanger werden würde. Für meinen Vater war es eine Art Lieblingstraum. Ein Kind zu zeugen, Vater zu werden, ein Kind von seinem Fleisch und Blut zu haben, ein Kind der Liebe – er wünschte es sich glühend. Meine Mutter hingegen wollte kein zweites Kind. Sie hatte an ihrem kleinen Sohn aus erster Ehe genug. Allmählich wurde er ein wenig selbständiger, ein wenig pflegeleichter. Es war abzusehen, wann meine Mutter ihr eigenes Leben wieder stärker und unabhängiger ausleben können würde, weil sie auf ein größeres Kind nicht mehr soviel Rücksicht wie auf ein kleines nehmen mußte.

Da mein Vater als Priester unmöglich in eine Apotheke gehen und Kondome oder andere Verhütungsmittel kaufen konnte und es auch undenkbar gewesen wäre, daß er sich etwas aus einem entsprechenden Katalog ins Kloster bestellte, hatte meine Mutter diese Aufgabe übernommen; die Verhütungsmittelindustrie ist ja rege im Erfinden und Entwickeln immer neuer und angeblich immer sicherer Sortimente. Experimentierfreudig, wie meine Mutter nun einmal ist, sammelte sie im Laufe der Zeit eine umfangreiche Ausrüstung in einem Köfferchen an. Wohlverwahrt lag es stets griffbereit, doch vor neugierigen Augen und

Kinderhänden gut geschützt, irgendwo oben auf einem Schrank in ihrem Schlafzimmer und wartete auf seinen Einsatz.

Etwa ein Jahr vor meiner Geburt kamen all die »Verhüterlis«, Zäpfchen und Cremes jedoch zusehends seltener zum Einsatz. Der Herzenswunsch meines Vaters begann, die Gedanken und Gefühle meiner Mutter in die von ihm gewünschte Richtung zu drängen.

Ein Kind, träumte sie nun immer öfter und wurde innerlich ganz weich und zärtlich dabei und stellte sich vor, daß es ja doch etwas Liebes sei, so ein knuddeliges pausbäckiges Lockenköpfchen an die Brust zu drücken. Die Erinnerung an ihre erste Schwangerschaft rückte plötzlich wieder ganz nahe. Sie hatte alles so voller Vorfreude erlebt. Trotz der Studienzeit hatte sie nicht einen Moment Angst davor gehabt, Mutter zu werden. Selbst dann, als das Kind da war, und der Schock des Mutterseins mit all seinen ungeahnten, unbekannten Erwartungen, Pflichten und Ängsten über sie hereingebrochen war, selbst dann hatte sie nicht aufgehört, dieses Kind zu genießen und zu lieben.

Eigentlich, dachte sie und fand immer mehr Gefallen an dieser Vorstellung, könnte ich schon noch mal ein Kind kriegen, eines noch, sein Kind – für ihn.

Mein Vater schmiedete eifrig Pläne. Wenn es ihm je bewußt wurde, wie groß und wie schwer die Aufgabe war, die er meiner Mutter damit zumutete, sein Kind zu bekommen, ohne ihn als Vater nennen und offiziell seine Frau sein zu dürfen, so versteckte er es gut. Seine Erwartungshaltung in meine Mutter als Mensch und in ihre Leistungskraft als »Lastträgerin« war anscheinend unbegrenzt.

So sagte er zum Beispiel: »Wenn das Kind gesund ist, kommst du gut ohne mich zurecht, das weiß ich. Das sehe ich doch an Magnus. Ihr beide schafft das ja auch ohne Vater. Aber eines verspreche ich dir: Sollte das Kind behindert sein, werde ich sofort zu euch kommen und das Kloster verlassen. Ich lasse euch da keinesfalls im Stich.«

Vermutlich hat er sich bei diesem Versprechen sogar großartig gefühlt. Immerhin war er bereit, meiner Mutter im äußersten Ernstfall das »Opfer« zu bringen, ihr beizustehen.

Bei dem Versuch, in die Vorstellungswelt und Gedanken meines Vaters zu schlüpfen, bricht in mir leicht der Sarkasmus durch. Ich bin einfach nicht der Typ, der das Leiden der Welt auf seinen Schultern trägt. Mit diesem Samaritertum habe ich es nicht so. Und mit Opfern schon gar nicht. Ich denke, wenn mein Vater damals die Courage hatte, meine Mutter zu schwängern, obwohl es in seinen eigenen Augen Sünde war und er deswegen Angst vor der Strafe Gottes hatte, dann hätte er auch die Courage haben müssen, zu ihr zu stehen. Und zwar in jedem Fall.

Ich habe einmal von einem anderen Priestervater gehört, daß er sein Amt nicht niederlegte, um die Mutter seiner Kinder zu heiraten, weil er sich sagte: »Wenn Gott wollte, daß ich heirate, würde er mir die Kraft geben, alles zu offenbaren. Da er mir diese Kraft nicht gibt, will er, daß ich im Amt bleibe und schweige.«

Vielleicht gab es in den Überlegungen meines Vaters auch so ein Orakel als sichtbares Zeichen für den Willen Gottes und von oben herab diktierte Entscheidungshilfe. Vielleicht bedeutete für ihn »Kind gesund« gleich Hinweis Kloster und »Kind behindert« gleich Hinweis Welt. Ich weiß es nicht. Mein Vater und ich haben eigentlich nie über die Dinge miteinander gesprochen, die uns beide so ganz tief innen betreffen.

Meine Mutter fragte sich einen Moment lang, wieso mein Vater zwar für ein behindertes Kind bereit schien, sich zuständig zu fühlen und die volle Verantwortung eines Vaters zu übernehmen, nicht aber für ein gesundes. Tiefer gehende Gedanken dazu verbot sie sich. Sie wollte keine Kritik an dem Mann üben, den sie liebte. Was er tat, sollte er aus freien Stücken tun. Und wie immer er sich entscheiden würde, wäre es recht. Niemals wollte meine Mutter die Instanz für ihn sein, die ihn manipulierte.

Trotz der Zuversicht, daß mein Vater versuchen würde, ihr beizustehen, beunruhigte es meine Mutter stark, daß sie dem meinem Vater vorgesetzten Abt und dem Kloster erklären mußte, daß sie ein Kind bekommen würde, ohne verheiratet zu sein. Schließlich durfte sie nicht in Verruf geraten. Eine Mutter, die nicht sagen konnte, von wem sie schwanger war, führte nach Auffassung der Kirche kein gottgefälliges Leben und war daher für eine Klosterschule untragbar.

Sollte der Abt zu dem Schluß kommen, daß meine Mutter entlassen werden müsse, würde auch mein Vater ihn nicht umstimmen können. Sein Gelübde als Mönch verpflichtete ihn zu absolutem Gehorsam.

Andererseits genoß mein Vater bei seinem Abt eine absolut favorisierte Stellung. Beide waren einander menschlich zugetan. Fast konnte man es eine Vater-Sohn-Beziehung nennen. Meine Mutter war sicher, daß der Abt nichts gegen den ausdrücklichen Willen meines Vaters unternehmen würde. Zudem hatte meine Mutter oft die Erfahrung gemacht, daß der Abt zwar zu Kurzschlußhandlungen neigte, die für den Betroffenen eine extreme Härte darstellen konnten, sich aber in einem ausführlichen Gespräch unter vier Augen auch umstimmen und zu Milde bewegen ließ.

In so manchem kritischen Fall, wenn es um einen Schüler ging, hatte meine Mutter den Abt schon zu einer anderen Sichtweise bringen können. Es ist typisch für meine Mutter und ihr Selbstvertrauen, daß sie sicher war, ein Umdenken des Abtes auch für sich selbst erreichen zu können, sollte es einmal hart auf hart kommen. Sie brauchte nur genügend überzeugende Argumente, dann würde es schon gelingen.

Irgendwann kam meiner Mutter als Rettungsanker in den Sinn, daß man ja so tun könne, als sei das neue Kind noch vor der Scheidung in einer schwachen Stunde von ihrem Mann gezeugt worden. Gelegenheit gab es schließlich genug dazu, da er immer noch zu ihr ins Haus kam, um seinen Sohn zu besuchen und seine Schmutzwäsche bei ihr zu waschen. Während die Waschmaschine lief, blieb Zeit genug für den Versuch einer Versöhnung im Bett. Wie leicht konnte daraus ein Kind entstehen!

Nicht, daß meine Mutter die Absicht gehabt hätte, ihren geschiedenen Mann offiziell als meinen Vater zu nennen. Es war wieder einmal die alte Geschichte mit der verbogenen Wahrheit. Meine Mutter würde nicht lügen. Sie würde die Wahrheit sagen. Aber sie würde sie ein wenig passender machen. Dazu genügte es schon, wenn man Gerüchten nicht widersprach.

Ernähren und großziehen – da war sich meine Mutter von Anfang an sicher – könnte sie auch ein zweites Kind, wenn sie ihre Arbeit behielte. Als Kunsterzieherin hatte sie eine geregelte Arbeitszeit und verfügte nicht nur über ein sicheres, sondern auch reichliches Einkommen. Mein Vater, der als Direktor ja zugleich ihr Arbeitgeber und unmittelbarer Vorgesetzter war, stellte sich in beruflicher Hinsicht niemals gegen sie, so daß sie im allgemeinen durchsetzen konnte, was sie plante.

Manchmal erwachte allerdings ein leises Mißtrauen in meiner Mutter, weil ihrem Antrag auf Verbeamtung bisher immer noch nicht stattgegeben worden war, obwohl sie bei ihrer Einstellung in den Schuldienst alle beruflichen Voraussetzungen für eine Übernahme mitbrachte und die verbindliche Zusage des Staates bereits vorlag. Die einzige daran geknüpfte Bedingung war eine durch die private Klosterschule genehmigte zeitweilige Beurlaubung von der Unterrichtspflicht, welche dazu genutzt werden mußte, an einer staatlichen Schule zu unterrichten.

Für meine Mutter stand fest, daß sie unbedingt Beamtin werden wollte. Doch da sie in diesem Fall gezwungen gewesen wäre, die Schule – und meinen Vater – zumindest einige Zeit zu verlassen, drängte sie nicht sonderlich darauf. Es war so schön für sie, mit meinem Vater zusammenzusein. Sie wollte keine Sekunde von ihm getrennt sein. Eine zeitweilige Trennung hätte vielleicht in eine Trennung für immer gemündet. Vielleicht hätte eine Trennung bewirkt, daß mein Vater gelernt hätte, seine Liebessehnsucht wieder in den Griff zu kriegen, und unter seine Beziehung zu meiner Mutter einen Schlußstrich gezogen hätte.

Die Furcht vor einer Trennung und deren Folgen sorgte also dafür, daß meine Mutter die Dinge laufen ließ, wie sie laufen wollten, und keine Nachforschungen anstellte, was aus ihren mehrfach eingereichten Anträgen auf Verbeamtung geworden war. Ihr Vertrauen in meinen Vater und die Unantastbarkeit seiner Macht als Schuldirektor war so groß, daß sie sich blind auf ihn verließ und sich widerstandslos damit begnügte, zwar Angestellte der Kirche, aber nicht beamtet zu sein.

Selbst als sie später erfuhr, daß mein Vater bei diesen Ablehnungen seine Hand im Spiel gehabt hatte, indem er ihre Anträge nicht befürwortete, um eine Trennung zu boykottieren, nahm sie seine kleine Intrige mit Nachsicht und Verständnis auf. Es gab so selten Gelegenheiten, in denen mein Vater meiner Mutter seine Liebe verschlüsselt und deshalb öffentlich beweisen konnte. Sein listiger Trick, sie in seiner Nähe zu behalten, wurde daher von meiner Mutter nur zu gern als Liebe ausgelegt.

Erst Jahre später, als es hart auf hart ging und ihr bisheriges Leben von einem Tag auf den anderen in Trümmern lag, erkannte sie, wie hoffnungslos schwach die Position meines Vaters in Wahrheit gewesen war und wie wichtig die Verbeamtung für sie selbst gewesen wäre, die ihre berufliche und wirtschaftliche Existenz gerettet hätte. Sie arbeitete damals zwar seit knapp 20 Jahren als Kunsterzieherin, aber an einer Privatschule. Da sie nicht beamtet war, galt für sie der Luxus des Staatsdienstes nicht, der ein Anrecht auf Wiedereinstellung garantiert. Für meine Mutter mit ihrem Status als Privatlehrerin gibt es einen solchen Wiedereinstieg bis heute nicht.

Traurig, aber wahr ist, daß auch mein Vater selbst die Unsicherheit seiner beruflichen Situation niemals realisiert hatte. Insofern hat er sich ebenso in Sicherheit gewiegt wie meine Mutter und nicht bewußt leichtfertig gegen sie gehandelt.

Was mich und meinen Start ins Leben betrifft, so manifestierte sich beides durch die Überlegungen meiner Mutter und das Abwägen des Für und Wider immer deutlicher. Und eines Tages stand der entscheidende Satz im Tagebuch meiner Mutter:

Ich denke an das Wagnis, mit dir zu leben – wir haben unsere Beziehung niemandem offenbart. [Doch] Wenn ich deinen Atem spüre und deine Wärme, dann kann ich gar nicht mehr anders. Ich glaube, ich brauche ein Kind.

Am 12. Juli 1976 wurde ich gezeugt. Da meine Mutter das Köfferchen mit den Verhütungsmitteln verwaltete und sehr exakt Buch über ihre Monatsregel führte, weiß sie den Tag oder die Stunde Null meines Lebensbeginns ganz genau.

Ich kenne meine Mutter. Wenn sie zu einem Entschluß gekommen ist, setzt sie durch, was sie will und schafft es, auch wenn sie dabei mit dem Kopf durch die Wand oder gegen alle Welt Sturm laufen muß. Trotzdem bin ich mir nicht sicher, ob sie nicht plötzlich, als es geschehen und meine Existenz belegt war, doch etwas Angst vor dem eigenen Mut bekam. Mit ihrer Entscheidung für mich hatte sie die Liebe zu meinem Vater erst zu einem wahren Abenteuer gemacht. Und wie bei allen Abenteuern war der Ausgang ungewiß.

Natürlich hatte meine Mutter gewußt, worauf sie sich einließ. Sie machte sich von Anfang an nicht die geringsten Illusionen darüber, daß sie allein für mich geradestehen mußte. Trotzdem rätsele ich manchmal, ob sie damals auf ihre Weise nicht auch eine Traumtänzerin war. Ob sie wirklich mit letzter Konsequenz wußte, worauf sie sich bei dem »Abenteuer« mit meinem Vater eingelassen hatte.

Anders als bei manchen Priesterfrauen, die ich kennengelernt habe, hatte meine Mutter niemals Schwierigkeiten mit dem Klosterleben meines Vaters. Sie verzehrte sich nicht vor Sehnsucht, ihn zu jeder Tages- und Nachtzeit um sich haben zu wollen. Sie hat nie ein Hehl daraus gemacht, daß ihr das Klosterleben meines Vaters im Grunde nicht ungelegen kam. Die Erfahrungen, die sie während ihrer kurzen ersten Ehe gemacht hatte, genügten ihr. Sie hatte kein Bedürfnis, eine Neuauflage zu erleben und abermals in die verabscheute Rolle der allein verantwortlichen Hausfrau und Mutter geschoben zu werden.

»Wir Frauen aus dem Matriarchat sind alle stark«, sagte sie schon oft zu mir. »Aber wir sind auch schwach. Wenn wir einen Mann lieben, der dominant ist, dann können wir uns nicht wehren. Dann müssen wir uns unterwerfen. Die Liebe macht, daß wir ihm ausgeliefert sind und abhängig werden. Ich weiß, daß ich da auch nicht anders bin. Daß ich mich auch unterwerfe. Und das will ich nicht. Ich hab mich meinem ersten Mann unterworfen. Und ich habe mich schließlich auch deinem Vater unterworfen. Lieber lebe ich allein.«

Gleichzeitig stellte sie klar: »Wäre das mit dem Geheimhalten nicht gewesen, hätte mir das mit dem Klosterleben alles nichts ausgemacht. Dann hätten wir gewußt, das ist sein Beruf. Und es ist ja ein toller Beruf. Er ist an einer tollen Schule. Da stimmt alles für ihn. Da hat er seine Wohnung oder sein Zimmer, da wird er bekocht und versorgt. Da wird seine Wäsche in Ordnung und alles sauber gehalten. Er bekommt sein Auto gestellt und seinen Urlaub bezahlt. Und wenn wir beide Lust haben, dann ist er bei mir als mein Mann. Und die Kinder kommen ihn besuchen oder unternehmen was mit ihm, wie sie halt wollen.

Damit hätte ich prima leben können. Ich weiß, das hätten wir beide genossen und wären damit glücklich gewesen. Wir hätten gar nicht immer beieinander wohnen und leben wollen.«

Als meine Mutter sich entschloß, meinem Vater das Kind zu schenken, das er sich so innig wünschte, hat sie in gewisser Weise bewiesen, daß sie einem dominanten Mann tatsächlich nicht widerstehen kann und sich seinem Willen irgendwann in der Weise unterordnet, daß sie ihn zu ihrem eigenen macht.

Daß meine Mutter von Anfang an voraussehen konnte, wieviel mehr die Liebe zu einem Priester ihr abverlangen würde als Geheimhaltung, Lügen und der Bruch eines Paragraphen im Kirchengesetz, bezweifle ich. Ganz sicher hatte sie die mehr technischen Folgen ziemlich gut kalkuliert. Sie ist klug und vorausschauend genug, um sich über Absehbares im klaren sein zu können. Und wie ich sie kenne, hatte sie keine Schwierigkeiten, sich darüber hinwegzusetzen und ihre Liebe zu meinem Vater trotz diverser Hürden lebendig zu erhalten.

Dank ihres Selbstvertrauens glaubte sie, stark genug zu sein, alles unter Kontrolle zu haben. Aber sie war es nicht. Die Dinge entwickelten sich ohne ihr Zutun. Sie rissen meine Mutter mit sich in einen Strudel der nicht mehr steuerbaren Ereignisse. Und letztendlich blieb sogar die Liebe auf der Strecke.

Ich frage mich oft, wie genau sie meinen Vater durchschaute. Nahm sie seine innere Zerrissenheit, seine gespaltene Persönlichkeit überhaupt wahr? Verselbständigte sich nicht auch hier vieles, was meine Mutter im Griff zu haben glaubte?

Ich weiß von ihr, daß mein Vater verrückt auf ein Kind war. Er malte es sich in den schönsten Farben aus, ein Kind zu zeugen und sich dann ein Leben lang in dem geheimgehaltenen Gefühl zu sonnen, ein Kind zu haben, in dem ein Teil von ihm weiterleben werde.

Realisierte meine Mutter vor meiner Geburt eigentlich, welche Bedeutung es für meinen Vater wirklich hatte, ein Kind zu haben? Spürte sie, daß er das selbst nicht wußte? Daß es ein Gefühl war, ein Wunsch, ein Traum, aber daß er nicht die geringste Ahnung hatte, was es bedeutet, Vater zu sein? Daß er zwar die Technik beherrschte und ein Kind zeugen konnte, aber überhaupt nicht wußte, wie das geht, wie man das macht, Vater zu sein?

Ganz sicher liebte mein Vater meine Mutter. Und meine Mutter liebte ihn. Aber kannte sie ihn auch? Nahm sie ihn vor meiner Geburt als den Menschen wahr, der er ist?

Ich bin überzeugt, daß sie damals nur einen Teil seiner Persönlichkeit wirklich erkannt hatte und diesen Teil auch bis heute liebt. Es war der Teil, der sich in seinem Berufsleben als Schuldirektor einer bedeutenden Schule zeigte. Der Teil, der ihn als Kopfmenschen und mitreißenden Pädagogen auswies. Der Teil, der vor Kraft und Charme glühte, dem alle Herzen zuflogen.

Daß mein Vater hinter dieser Fassade ein schwacher, ängstlicher und zu keiner eigenen Entscheidung fähiger Mensch war, wußte meine Mutter nicht, als sie beschlossen, ein Kind miteinander zu haben. Sie ahnte es nicht einmal. Und hätte es ihr jemand ins Gesicht gesagt, würde sie es als böse Verleumdung verworfen haben.

Meine Mutter warf es einmal in einem Nebensatz so hin. »Ich war immer überzeugt, daß er der beste Vater sein würde. Er war ein so phantastischer Pädagoge. Er konnte alle Schulkinder begeistern. Er hatte so viel Herz für sie. Er hätte das alles nur übertragen müssen und wäre ein absolut perfekter Vater gewesen.«

Doch mein Vater übertrug nichts davon. Wahrscheinlich konnte er es nicht, weil diese Teile seiner Persönlichkeit auf verschiedene Ebenen fixiert waren.

Der Super-Pädagoge war der Berufsmensch und der seiner Kirche wohlgefällige Priester, in dessen Haut er sich sicher fühlte, weil alles, was er fühlte und tat, erlaubt und somit auf festem Boden war. Der Vater hingegen war sozusagen die sündige Personifizierung des »inneren Schweinehundes«. Verpönt und verboten wie er war, fristete dieser von Gefühlen und Sehnsüchten, Leidenschaften und Lust durchpulste Persönlichkeitsanteil ein Schattendasein hinter den Kulissen des Super-Pädagogen und wagte sich niemals aktiv ins Leben hinaus, denn er litt ja voller Verzweiflung und Minderwertigkeitsgefühlen daran, daß es ihn überhaupt gab.

Wäre es meinem Vater gelungen, die positiven Teile seiner Berufs-Person auf die negativen Teile seiner Sünder-Person zu übertragen, hätte er sich vermutlich sofort zu seiner Liebe, meiner Mutter und mir bekannt und wäre heute ein glücklicher Mann mit einer glücklichen Familie.

Ich selbst sehe heute, daß mein Vater trotz seines Alters und trotz seiner imponierenden Leistungen als Pädagoge in bezug auf sein Familiendasein so ungefähr in der Pubertätskrise steckt. Ich bin glücklich darüber, daß er überhaupt schon so weit fortgeschritten ist und immer öfter Ansätze dazu zeigt, mit seinem eigenen Kopf zu denken und das Ergebnis als seine Meinung auch dann zu vertreten, wenn er damit aneckt.

Vor einiger Zeit zum Beispiel, als das sogenannte »Kruzifixurteil« für Aufregung sorgte, konnte niemand meinen Vater davon abhalten, eine Stellungnahme dazu an die Zeitung zu schicken. Das, was mich so daran freut und auch stolz auf ihn macht, ist, daß meine Mutter den Beitrag abmildern mußte, den mein Vater geschrieben hatte, weil er sonst zu scharf mit der Kirche ins Gericht gegangen wäre.

Und noch etwas habe ich als sehr positiv empfunden. Er hat sie meiner Mutter berichtet und sie hat es mir erzählt, weil sie wußte, wie wichtig die paar Sätze für uns alle sind. Es ging darum, daß mein Vater vor einiger Zeit zu seinem Psychotherapeuten, bei dem er seit mehreren Jahren in Behandlung ist, sagte, er fühle sich oft, als sei er trotz seines Alters in seiner Ursprungsfamilie der jüngste geblieben und müsse sich von allen anderen zeigen lassen, wie man lebt.

Daß mein Vater dies selbst erkennt und sich auch traut, es auszusprechen und Protest darin laut werden zu lassen und in gewisser Weise ja auch Kritik an denen übt, die diesen Zustand mitverursacht haben, ist einfach gut.

Letztlich hat jedoch niemand das Recht, meinem Vater diese deprimierende Bilanz seines Lebens zum Vorwurf zu machen. Er hatte niemals die Chance, sein Leben in eigener Regie zu führen und das daraus zu machen, was er sich wünschte, wovon er träumte, was er erreichen wollte. Und das fing schon in seinem Elternhaus an.

Mein Vater kam als ältester von drei Brüdern auf die Welt. Während der jüngste Bruder ein echtes Nesthäkchen ist, zu dem ein großer Altersunterschied besteht, wurden mein Vater und sein nur knapp ein Jahr jüngerer Bruder stets wie Zwillinge gekleidet und aufeinander eingeschworen.

Auf Kinderfotos aus dieser Zeit, auf denen mein Vater und sein Bruder gemeinsam abgelichtet wurden, erkennt selbst mein Vater sich nicht wieder.

Da vor allem die weibliche Seite der Familie meines Vaters sehr fromm und streng katholisch war, liebäugelte vor allem die Großmutter, aber auch eine seiner Tanten, von Anfang damit, daß einer der beiden Jungen Priester werden und der Familie ein Anrecht auf einen Platz im Himmel erwerben solle.

Bald schon wurde mein Vater dafür vorgesehen. Im Vergleich zu seinem jüngeren Bruder hatte er das sanftere, fügsamere Wesen, neigte früh dazu, Verantwortung für andere zu übernehmen und sich selbst und die eigenen Wünsche hintanzustellen.

Während sein jüngerer Bruder die ganze Familie mit seinen Launen und Krankheiten in Atem hielt, freute sich die Tante daran, meinen damals dreijährigen Vater im Sandkasten Messelesen spielen zu lassen und ihm zu diesem Zweck lange Priestergewänder zu nähen und anzuziehen.

Da ein Junge, der Priester werden soll, natürlich nicht mit »Schmuddelkindern« spielen und draußen herumtoben darf, war mein Vater ein sehr einsames Kind. Nur ein Mädchen aus der Nachbarschaft, dessen Eltern zum Freundeskreis der Familie gehörten, durfte ihn später zum Kindergarten abholen und manchmal besuchen.

So früh wie möglich wurde mein Vater in einer Klosterschule untergebracht, die er, außer an wenigen Ferientagen, nie mehr verlassen sollte.

Als sein Vater aus der Kriegsgefangenschaft heimkehrte, wurde das Priesteramt für meinen Vater unter den Frauen der Familie weniger offenkundig vorgeplant. Zumindest theoretisch gab es für meinen Vater nun die Möglichkeit, nach dem Abitur einen anderen als den geistlichen Weg zu gehen.

Erst heute erkennt er so ganz allmählich, daß er von der Familie so intensiv auf diesen Weg gedrängt und immer als der dafür Auserwählte hochgelobt wurde, daß er letztlich keine andere Wahl hatte, als er vor der Entscheidung stand.

Mit 18 Jahren hatte mein Vater sein Abitur in der Tasche. Die Schulzeit der Nachkriegsjahre war im Vergleich zu heute deutlich kürzer. Man brauchte jede Hand zum Wiederaufbau Deutschlands. Führungskräfte und Wissenschaftler waren besonders gefragt. Daß er studieren werden und Lehrer werden wollte, stand damals für meinen Vater schon fest. Doch auch sein nur ein Jahr jüngerer Bruder wollte studieren und Lehrer werden. Und die Familie war nicht reich.

Vor und während des Krieges war der Vater zwar Beamter und als solcher nicht unvermögend gewesen, zugleich aber war er auch Parteimitglied gewesen. Nach dem Krieg wurde ihm diese Parteizugehörigkeit verübelt, so daß er keine Chance mehr hatte, wieder als Beamter eingestellt zu werden. Während der nachfolgenden langen Arbeitslosigkeit konnte er zeitweilig nicht einmal das Geld für das katholische Internat aufbringen, in dem seine Söhne erzogen wurden. Da man die Intelligenz der Jungen erkannt hatte, behielt man sie um Gotteslohn, also umsonst, dort.

Meinem Vater war klar, daß es den Eltern schwerfallen würde, zwei Söhne gleichzeitig auf die Universität zu schicken und die langen Jahre der Studienzeit zu bewältigen. Ein einzelnes Studium konnte man sich vielleicht noch gerade so vom Munde absparen. Aber ein zweites? Dies wäre allenfalls dann zu leisten, wenn man alles mühsam auf dem Sparbuch angesammelte Geld zusammenkratzte und sich künftig nicht den kleinsten Luxus mehr gönnen würde. Das Schlimmste: der Familienvater würde dafür auf das Motorrad verzichten müssen, das er doch so dringend brauchte und auf das er nun so lange vergeblich gespart hätte.

Ich kann mir gut vorstellen, wie es da unausgesprochen in der Luft stand, was schon so lange immer wieder im stillen Kämmerlein erwünscht und ins Nachtgebet eingeschlossen worden war: würdest du doch Priester werden! Und wie mein Vater die stummen Worte so laut wie Paukenschläge vernahm, weil er wußte, was man von ihm erwartete.

Wenn ich mich gedanklich in diese Diskussion hineinversetze, hätte ich an Stelle meines Vaters ganz sicher gefragt: »Warum ich? Warum nicht er?« Und dabei auf meinen Bruder gezeigt. Schließlich wäre ich der Ältere gewesen, der mit dem Erstrecht auf ein Studium.

Aber mein Vater ist nicht ich. Er wußte, daß es für seinen Bruder nie wirklich zur Debatte gestanden hatte, Geistlicher zu werden. Genau wie mein Vater war er charmant und geistreich. Ihre Vorlieben für Kunst und Musik stimmten überein. Und immer noch sahen sie einander sehr ähnlich. Doch im Unterschied zu meinem Vater wußte sein Bruder, was er wollte und mehr noch, was er nicht wollte. Und es wäre ihm nicht in den Sinn gekommen, sich freiwillig für andere aufzuopfern. Daß er nicht das Zeug zum Priester hatte und niemals von Gott berufen werden würde, sah der berühmte Blinde mit dem Krückstock. Doch einer wie mein Vater, so ein stiller, braver, der immer zuerst an andere und auch dann noch lange, lange nicht an sich selbst dachte, der hatte es schon. Er war der Klerikale. Ihm traute es jeder zu. Und vielleicht traute er es sich damals ja sogar selbst zu.

Ich weiß nicht, wie lange und wie schwer mein Vater mit sich gerungen hat oder ob er überhaupt nicht mit sich gerungen hat, weil ihm die Entscheidung allein deshalb leicht fiel, da er nichts anderes kannte als Klosterleben und immer schon diesen Opferwillen für andere hatte. Tatsache ist, daß er seinen Eltern kurz nach einem schicksalhaften Gespräch die freudige Botschaft übermittelte, daß der Vater sein Erspartes getrost behalten und sich das ersehnte Motorrad kaufen könne. Er werde ins Kloster gehen, Mönch werden und dann auf Kosten der Kirche Lehrer und später Schulleiter an einer großen Schule werden. Für ihn sei also gesorgt. Der Bruder möge in aller Ruhe studieren.

Mit rund 18 Jahren verzichtete mein Vater damals unwiderruflich und auf immer und ewig auf seine Selbstbestimmung, seine Freiheit, auf die Liebe einer Frau – auf alles, was mein eigenes Leben so lebenswert macht.

Ich bin heute ungefähr so alt wie er damals. Ich hatte schon jetzt die Chance, weit mehr Lebenserfahrung zu sammeln als er in seinem ganzen bisherigen Leben. Aber ich würde mir nicht zutrauen, jetzt schon eine Entscheidung zu treffen, die bis an mein Lebensende gelten muß.

Und ich glaube, auch meinem Vater war sie damals nicht zuzutrauen. Er hat es einfach getan. Überspitzt ausgedrückt, geschah es für ein Motorrad. So ganz langsam begreift er es heute selbst. Ich aber kann, seitdem ich die Zusammenhänge begriffen habe, das Samaritertum nicht mehr leiden.

Möglicherweise war mein Vater durch sein von Kind auf klösterlich geprägtes Leben tatsächlich noch weltfremder und unreifer, als offensichtlich ist. Ich gehe davon aus, daß er ein Kind wie einen Selbstläufer ansieht. Wenn es erst einmal da ist, wird es schon seinen Weg machen. Vielleicht hält mein Vater es diesbezüglich ja mit dem Bibelspruch von den »Lilien auf dem Felde«, die sich auch um nichts sorgen und dennoch wunderbar versorgt sind.

Für ihn bedeutete das Zeugen eines Kindes wohl die Verwirklichung von Liebe, Lust und Leidenschaft. Wahrscheinlich sah er darin auch eine romantische Verklärung seiner Liebe zu meiner Mutter, indem aus ihnen beiden ein neues Geschöpf mit Anteilen aus jedem von ihnen hervorging. Durch dieses Kind würde eine sichtbare Spur ihrer Liebe bleiben. Ich gehe sogar so weit, hinter diesem Wunsch nach einem Kind einen weiteren Bibelspruch zu vermuten. Es heißt in der Bibel ja immer wieder einmal: »Und Gott segnete ihre Verbindung mit einem Kind«. Ein Kind wäre demnach für meinen Vater der sichtbare Beweis dafür gewesen, daß Gott ihm die Liebe zu meiner Mutter vergeben hatte. Ja, daß er ihre Verbindung ausdrücklich billigte und sogar segnete und damit als gut und richtig annahm. Auf diese Weise wäre ein Kind ein anderes, viel bedeutsameres »Ego te absolvo«, als es nach einer Beichte hätte erfolgen können. Es wäre die Lossprechung von der Sünde aus Gottes eigenem Ratschluß. Es wäre der Beweis, daß der Zölibat, dem mein Vater unterlag, keine Gültigkeit vor Gott hatte und damit auch keine Gültigkeit für seinen Priester haben mußte.

Wenn ich alle diese Gründe für den Wunsch nach einem Kind werten müßte, würde ich sie als egoistisch einstufen.

Erstaunlich finde ich, wie selbstverständlich meine Mutter den reduzierten Blickwinkel meines Vaters akzeptierte. Sie gab sich ihm hin, um sein Kind zu empfangen. Sie machte ihm mit diesem Kind das Geschenk seines Lebens.

Für sich selbst oder auch für das Kind verlangte sie nichts.

Sie klammerte ihn von jeder Verantwortung und Zuständigkeit vollkommen aus, ohne auch nur den Schatten eines Vorwurfs oder einer Klage zwischen ihnen laut werden zu lassen. Was er tat, fand sie damals total in Ordnung. Einfach deswegen, weil sie ihn liebte.

Nur insgeheim klagte sie und gestand Wünsche ein, die sie niemals auszusprechen wagte. Ich glaube, sie hätte sich lieber die Zunge abgebissen, als meinen Vater damit zu belasten und ihn um irgend etwas zu bitten. In ihrem Tagebuch steht es jedoch ganz offen:

Ich bin zwar gesund, aber es geht mir nicht gut. Mir ist sehr oft übel, und ich muß mich beim Autofahren übergeben. Ich bräuchte so sehr deine Hilfe.

Meine Mutter sehnte sich so danach, daß mein Vater ihr trotz des Zwangs zur Heimlichkeit jeden Tag oder zumindest doch sehr oft kleine Zeichen seiner Liebe und stützenden Nähe gäbe. Sie schrieb es in ihrem Tagebuch auf. Selbst auf dem Papier klingt es für mich, als wäre sie selbst erschrocken darüber, überhaupt etwas zu fordern. Sie hatte offensichtlich große Angst, mein Vater könne ihre Bitten mißverstehen und als unbescheiden oder gefährliche Zumutung ansehen. Und dabei waren ihre Wünsche für eine »normale« Beziehung so selbstverständlich, daß es schmerzt.

Damals war meine Mutter noch ziemlich am Anfang der Schwangerschaft mit mir, aber sie stellte sich schon vor, wie es ihr während und nach meiner Geburt gehen würde. Mir kommt es so vor, als übte sie die Einsamkeit schon ein wenig ein, damit sie sie später, wenn es so weit wäre, besser ertragen könnte.

Wenn alles gutgeht – oder relativ gut –, schrieb sie damals, *dann wünsche ich mir, daß du nach der Geburt unseres Kindes sehr lieb bist – mich nicht besuchen kommst, aber oft anrufst und Geschenke für mich abgibst: einen kleinen Sekt oder kleine Bücher oder ein wenig Schokolade, einen Brief und einmal Blumen.*

Es tut mir weh, dies so zu lesen. Ich fühle mich schrecklich dabei, wenn ich mich in meine Mutter hineinversetze und merke, wie sie innerlich schwach ist und versucht, so tapfer zu sein und als einzige Unterstützung um Kleinigkeiten bittet, so ganz bescheidene Sachen, nur damit sie darin ein bißchen Liebe erkennen kann. In dieser Situation hätte sie meinen Vater bei sich und ganz für sich haben müssen. Statt dessen betont sie, daß sie ja gar nicht von ihm erwartet, er solle zu ihr kommen. Sie stellt ihn ausdrücklich frei von der »Pflicht«, die Mutter seines Kindes und sein Kind zu besuchen. Seine gedankliche Anwesenheit genügte ihr schon. Ein paar billigste Geschenke, die er leicht von seinem Taschengeld als Mönch bezahlen konnte, genügten ihr als Zeichen dafür.

Und dann sagt sie ihm das nicht einmal, sondern schreibt es nur auf und macht das alles mit sich selbst ab, damit sie ihn nur ja nicht überfordert und nichts von ihm verlangt. Nichts für sich und nichts für mich. Nur diese unauffälligen Zeichen, die keinen Verdacht wecken. Wieviel Rücksicht sie aus Liebe zu diesem Mann genommen hat!

Ich kann mir heute nicht vorstellen, daß ich überhaupt Vater werde. Aber wenn ich einmal Vater werde, will ich meinem Kind ein echter Vater sein. Ich denke nicht, daß ich jemals heiraten will. Wenn eine Frau und ich zusammensein wollen, geht das den Staat nichts an. Das ist nur unsere Privatsache. Außerdem will ich dieses »Selbstverständliche« nicht zwischen einer Frau und mir, nicht diese Erwartungshaltung und daß sie mich rund um die Uhr versorgt und bedient und alles für mich macht, was ich auch gut selbst machen könnte. Ich denke, sie ist ein eigener Mensch und ich bin ein eigener Mensch. Und das bleibt auch, wenn man zusammen ist. Sie tut dann ihren Teil, ich tu' meinen Teil. Aber nicht so in diesen Rollen.

Meine Mutter hat zu mir gesagt, wenn mal ein Mädel ein Kind von mir kriegt und wir wollen nicht zusammenbleiben oder sind zu jung, dann soll ich es zu ihr bringen. Sie zieht es schon auf. Das kann ich mir gut vorstellen.

Aber am liebsten wäre es mir natürlich, ich hätte eine Frau, mit der ich mich gut verstehe und mit der ich dann auch lebe. Ich stelle mir vor, daß ich dann nur einen Teilzeitjob nehme, damit ich auch für mein Kind da sein kann. Ich will mein Kind nämlich erleben. Ich will sehen, wie es wächst und dabeisein. Bei allem.

Ein Vater, das ist für mich einer, der einem zeigt, daß man geliebt wird, ganz einfach so, ohne dafür groß Leistung bringen zu müssen.

Wenn mein Kind zur Schule geht und bringt mal schlechte Noten mit nach Hause, dann will ich, daß mein Kind weiß, daß ich es trotzdem liebe. Ich denke mir, daß ich mein Kind dann in den Arm nehme und sage: »Die Lehrer haben zwar gesagt, daß du Scheiße bist. Aber für mich bist du nicht Scheiße. Für mich bist du das Größte und Tollste auf der Welt, und ich hab' dich lieb.« Und dann lachen wir und vergessen den Lehrer und kriegen das schon hin, wir zusammen.

So in der Art hätte ich mir meinen Vater auch immer gewünscht. Aber eigentlich war es schon bei meiner Geburt klar, daß ich so einen nie haben würde. Meine Mutter und später auch ich haben uns Illusionen gemacht.

Die Schwangerschaft setzte meiner Mutter ziemlich zu.

Ich brauche sehr viel Kraft, gestand sie ihrem Tagebuch ein. *Heute war mir den ganzen Tag schlecht. – Kann uns irgend jemand wegen dem, was war und ist, hassen?*

Allein zu sein, während ihr Bauch mit mir darin immer größer wurde, keinen Mann zu haben, der sich in aller Offenheit mit ihr gemeinsam auf das Kind freute – all das wurde meiner Mutter jetzt sehr oft schmerzlich bewußt.

In vielen Stunden des Alleinseins zehrte sie von den Erinnerungen an gemeinsame Tage und Nächte mit meinem Vater. Sie machte sich jedes Wort neu bewußt, das sie miteinander gesprochen hatten. Vor allem die Liebesworte. Sie gaben ihr inmitten der schiefen Blicke und Lästerworte die Sicherheit, zwar allein, aber nicht verlassen zu sein.

Ich denke, schwanger zu sein, macht alle Frauen besonders verletzlich und schutzbedürftig. Vermutlich stammen diese Gefühle noch aus archaischen Zeiten, in denen es für jede werdende Mutter lebenswichtig war, einen Mann zu haben, der zunächst sie selbst und später auch ihr Kind ernährte und umsorgte.

Die wichtigsten Worte meines Vaters waren für meine Mutter damals deshalb diejenigen, die seine Freude über die Schwangerschaft ausdrückten. Einige davon stehen in ihrem Tagebuch. Meine Mutter nannte sie:

Sätze von dir, die mich halten:

Alles hat dieser Sommer erbracht. Mehr als der Frühling, der Sommer versprach: Leuchtende Kuppeln über dem Arno, Lachen am Abend, Kinder am Mittag, Sonntaggabe und -nehmen. Zu den Wurzeln der Strahlen der Sonne wollten wir gehen, Archaia, Land der Berge, des Blaus, der Früchte, der Wärme, des Winters, des Unendlichen, Land der Reine, des Sandes in der Sonne – und in dir, das Wort vom Glück – Woher? Es ist doch zuviel!

Dahinter der harte Felsen, zurück zusammen, hinab in den Urgrund zykladischer Formen, Formen der Mutter, Fragen des Vaters. Betäubt und verzaubert, doch gerufen zu leben und Leben zu geben, das nichts davon weiß.

Mittlerweile war die Schwangerschaft meiner Mutter nicht mehr zu vertuschen. Jeder sah ihren Bauch. Längst hatten meine Eltern sich eine strategische Aufklärung des Lehrerkollegiums und der Bevölkerung ihres kleinen Wohnortes zurechtgelegt. Das Wichtigste war, die Information, daß meine Mutter schwanger war, möglichst schnell in Umlauf zu bringen, damit später niemand sagen könne, sie habe es verheimlichen wollen. Dazu mußte man das Klatschzentrum des Kollegiums aktivieren, und zwar den Bruder meines Vaters mit seiner Familie. Damit nur ja kein Verdacht auf meinen Vater fallen könne, sollte dieser selbst seinen Bruder über die Schwangerschaft meiner Mutter informieren.

Geplant, getan. An einem schönen Morgen ließ mein Vater anläßlich eines persönlichen Gesprächs bei seinem Bruder die Bemerkung fallen: »Weißt du schon, daß die Rosenbaum schwanger ist?« Und dabei tat er, als ginge ihn das gar nichts an.

»Ja, da schau her! »meinte sein Bruder, verzog das Gesicht und grinste. Da er bei meiner Mutter schon ein paarmal »abgeblitzt« war, hatte er sie längst in Verdacht, noch immer ein Verhältnis zu ihrem Ex-Mann zu unterhalten. »Ja, bis die Waschmaschine durchgelaufen ist, kann man schon ein Kind zeugen.«

Wenig später wußten alle, die es wissen sollten, das meine Mutter ein Kind von ihrem Ex-Mann bekam. Die Leute ließen sich gern bluffen. Alte Liebe rostet eben nicht so schnell, dachten sie wohl.

Auch der Abt des Klosters dachte in diese Richtung. Und mein Vater, der es besser wußte, schürte den Verdacht ganz bewußt. Es war leicht, das Geschwätz der Leute aufzugreifen, um den Verdacht nur um so mehr in die gewünschte Richtung zu lenken.

Meine Mutter schwieg zu allem. Solange die Leute sie nicht anfeindeten und den Frieden in ihrem Bauch, meiner Babyhöhle, nicht störten, war ihr alles recht.

In ihrem Tagebuch schrieb sie: *Ich wünsche mir ein aggressionsloses Leben. Ich möchte keinen Kontakt zu Menschen, die mich nicht mögen oder die Gefühle des Unfriedens in mir hervorrufen.*

Manchmal denke ich, daß mein eigenes Bedürfnis nach innerer und äußerer Harmonie in dieser Zeit meines vorgeburtlichen Lebens angelegt wurde.

Um den Frieden ihres Lebens so sicher wie möglich zu erhalten, bediente meine Mutter sich schließlich einer weiteren List. Sie tat sich mit einer bestimmten Verwaltungsangestellten des Klosters zusammen und bat diese, über das Datum der Scheidung nach außen hin Stillschweigen zu bewahren. Dies war im Hinblick auf den Zeitraum meiner Zeugung für das Aufrechterhalten des Gerüchtes über meinen Vater sehr wichtig. Zwar war meine Mutter bereits im April vor meiner Geburt geschieden geworden. Die Scheidung war jedoch erst im Jahr meiner Geburt auf der Lohnsteuerkarte vermerkt und somit offiziell bekannt geworden. Hätte man das tatsächliche Datum erfahren, wäre die Geschichte mit der Waschmaschine wohl weniger glaubhaft gewesen und das Karussell der Vermutungen heiß gelaufen.

Um eine letzte Sicherheit einzubauen, sprach meine Mutter mit ihrem Ex-Mann ab, daß dieser mich nach meiner Geburt beim Standesamt anmelden solle, damit wiederum nach außen der Anschein bestehen bliebe, daß er mein Vater sei.

Daß trotzdem auf meiner Geburtsturkunde »Vater unbekannt« eingetragen wurde, würde niemand vermuten.

Alles in allem kann man sagen, daß ich ein sorgfältig geplantes Kind bin. Und es freut mich noch heute, daß meine Eltern so viel auf sich genommen haben, um mich bekommen zu können. Schade nur, daß mir dies bis vor kurzem nie so bewußt geworden ist!

Als ob ich von diesem Zeitpunkt der Planung an für meine Mutter immer wichtiger wurde und sie alle ihre Gedanken und Gefühle auf mich konzentrierte, ist vor meiner Geburt nur noch einmal von meinem Vater die Rede in ihrem Tagebuch:

Psychisch geht es mir gut. Ich habe kaum Angst, nur die übliche Angst vor der Geburt und ob ich die Belastungen aushalte. Ich weiß, es wird dann kein Vater bei mir sein, um mir bei den größten Schmerzen nahe zu sein.

Mußte sie sich selbst ausdrücklich klar machen und vor Augen führen, daß sie und ich nur uns beide haben würden, wenn es um ihr und mein Leben ging? Ich glaube, meine Mutter schminkte sich mit diesen Sätzen ganz bewußt die letzte Spur der Hoffnung ab, daß mein Vater sie vielleicht doch nicht allein lassen würde.

Vom Kopf her wußte sie selbstverständlich, daß er – ein Priester – unmöglich am Bett einer kreißenden Frau sitzen und ihr die Hand halten könnte, während sie gebärt. Was würden die Ärzte, die Schwestern, die Hebammen denken, wenn sie ihn so an ihrem Bett sitzen sähen? Schließlich würde sie während der Geburt nicht im Sterben liegen und deshalb geistlichen Beistand brauchen. Unter allen anderen Umständen aber würde man einem Priester, diesem heiligen Mann, niemals zumuten, einer so blutigen und möglicherweise sündigen Sache wie einer Geburt beizuwohnen. Und wenn doch – würde man nicht Verdacht schöpfen? Wie, wenn meine Mutter im Schmerz ein verräterisches Wort herausschreien würde? Wenn mein Vater sich bei meinem Anblick nicht zurückhalten könnte? Wenn alles herauskäme?

Meine Mutter hat immer gesagt, daß sie gewußt habe, worauf sie sich einließ, als sie bereit war, meinem Vater das von ihm so sehr gewünschte Kind zu schenken. Sie hatte nicht die Katze im Sack gekauft, sondern von der ersten Sekunde an gewußt, daß der Mann, in den sie sich verliebt hatte, niemals wirklich nur ihr gehören würde. Er war Priester, und sein Amt bzw. seine Arbeit war ihm wichtiger als alles. Wichtiger als meine Mutter und letztlich auch wichtiger als ich und später meine Schwester.

Aber im Herzen ist meine Mutter nicht so kühl und klar wie im Kopf. Im Herzen fühlte sie damals nur die Angst vor der schweren Stunde meiner Geburt und sehnte sich so sehr nach meinem Vater, daß sie die Sehnsucht nur ertrug, indem sie die Selbstverständlichkeit der Einsamkeit in aller Schärfe aussprach und dadurch jedes geringste innere Aufbegehren auszuschließen versuchte.

Der Tag meiner Geburt rückte näher. Es war April. Alles hatte sich feiertäglich herausgeputzt. Der Weiße Sonntag stand bevor. Überall freuten sich die Menschen auf das Fest der ersten heiligen Kommunion. Mein Vater war mit Vorbereitungen ausgelastet. Natürlich wußte er, daß sein Kind bald zur Welt kommen würde. Er war aufgeregt, voller Vorfreude und zugleich auch voller ungewisser Sorge. Die Frage, ob alles gut gehen würde, beschäftigte ihn mit Sicherheit wie jeden anderen werdenden Vater. Doch mein Vater war kein werdender Vater wie jeder andere. Er war ein Priester. Sein Platz war nicht an der Seite seiner Frau. Sein Platz war vor dem Altar. Seine Hände hatten nicht die Hände seiner Frau zu halten, seine Arme nicht ihren Rücken zu stützen. Sie waren dazu bestimmt, den Kelch mit dem Blut Christi zu heben und das Brot als Sinnbild des Leibes Jesu auszuteilen. »Vater« nannten ihn die Menschen, wenn sie zu ihm kamen, denn er war dazu berufen worden, Gottvater auf Erden zu versinnbildlichen. Seinem eigenen Kind Vater zu sein, war ihm verboten.

Meine Mutter war allein.

Wieder greife ich auf die Erinnerungen in ihrem Tagebuch zurück.

Der Bauch war so groß, das Baby war so nahe bei mir. »Es ist reif«, sagte die Hebamme. »Es muß geboren werden.«

Für meine Mutter bedeutete dies, daß sie letzte Vorbereitungen zu treffen hatte. Mein Bruder mußte während ihrer Abwesenheit versorgt werden. Sie brachte ihn zu ihrer Mutter. Dann:

Mittwochmorgen. 7 Uhr. Ich fahre allein in die Klinik.

Im vierten Stock bekomme ich ein Zimmer, zusammen mit fünf anderen Frauen.

Nach der wehenanregenden Infusion meint die Hebamme, das Baby solle an der Fruchtblase kratzen, damit sie springt. – Da, sie springt! Es läuft in Bächen.

Warten bis abends. Eine Spritze – medizinisch im Moment sicher falsch – beruhigt zunächst, so daß ich einschlafe.

Ich ließ mir Zeit, aus der Geborgenheit der Bauchhöhle meiner Mutter ins Leben zu drängen. Vielleicht hielt meine Mutter mich auch unbewußt in sich fest. In ihrem Bauch war ich sicher. Nichts und niemand konnte mir dort etwas anhaben. Vielleicht war ihr Wunsch, mich zu beschützen, so stark, daß er die Wehentätigkeit unterdrückte.

Donnerstagmorgen, schrieb meine Mutter, *die Geburt war noch nicht.*

Zurückgeschickt auf die Station, bekomme ich etwas zu essen – schön. Warten. Geduld haben.

Allein gehe ich mit den technischen Geräten um, die man mir an Bauch und Venen hängt. Stundenlang lese ich den Herzton meines Kindes ab und lausche dem gleichmäßigen Pochen. Wie wird dieses DU in mir sein?

Wird es mein Leben verstehen – ohne Vater? Wird es begreifen, daß sein Vater als katholischer Priester weder heiraten darf noch öffentlich bekennen, daß er zu uns gehört? Daß er keine Zärtlichkeiten austauschen kann, wenn es jemand sehen könnte? Wird es sich damit abfinden, Namen und Beruf seines Vaters nie erfahren zu dürfen?

Was wird es Klassenkameraden, Freunden, Kindern und Großen antworten, wenn diese es nach seinem Vater fragen?

Mein Kind kann keine Antwort erwarten auf Fragen wie: »Mama, wie alt ist er? Hat er einen Beruf? Wann hat er mich zuletzt gesehen? Mag er mich? Warum ist er nicht bei uns? Mochte er mich wenigstens als Baby?« Kein Bild von einem Vater darf sich in seinem Kopf formen. Eine weiße, unbeschriebene Wand muß dort bleiben, ohne verräterisches Zeichen.

Und ich – was werde ich antworten, wenn ich nach dem Vater gefragt werde? Soll ich immer Striche machen? Oder soll ich lieber schreiben: Vater gibt es keinen. Die Kirche hält ihn fest. Sie läßt ihn nicht zu seinem Kind. Wenn er sich bekennt, verliert er schutzlos seine Stelle, seinen Lebensberuf.

Soll ich mir eine Geschichte ausdenken, daß das Kind von John Brown im Urlaub in Kanada zufällig entstand und der Vater anschließend nach Westen davonritt ... eher schon nach Süden. Der Vater ist gefangen in den zölibatären Mauern der »heiligen« Stadt. Dort wird sein Schicksal entschieden, werden seine Gedanken bestimmt und wird von ihm verlangt zu sein, wie es eine sexualfeindliche Macht will.

Denke ich zu hart?

Bilder ziehen durch meinen Kopf: Ein Kinder küssender Papst. Ein Kardinal in den Slums der Armen. Ein Kirchenhilfswerk für die Hungernden.

Wahre Bilder – Scheinbilder? Was soll ich jetzt, in meiner Situation, denn glauben?

Ich, die ich deswegen allein und einsam hier liege, weil Kirchengesetze es dem Vater des ungeborenen Kindes in meinem Leib verbieten, daß er hier bei mir sitzt, meine Hand in dieser schweren Stunde hält, mir hilft und zeigt, daß er mich liebt. Er kann nicht zu mir kommen und gleichzeitig seinen Beruf ausüben.

Wer von diesen mächtigen Kirchenfürsten, die das Zölibatsgesetz erfunden haben, würde dieses Gesetz weiter unterstützen, wenn er nur eine Minute hier an meinem Bett säße und bewußt sehen würde, in welch einsamen Schmerzen ich mich hier quälen muß? Wenn er mein Innerstes sähe, voll Sorgen und Nöte, die sich hinter einer unauffälligen Fassade verbergen müssen. Völlig locker muß ich Fragen beantworten, die mir gestellt werden, auch wenn meine Seele zusammenzuckt.

Ich beginne zu zittern, möchte schreien. Meine Arme rudern in die Höhe. Ich bäume mich auf und schreie, schreie, schreie aus Verzweiflung, Todesangst, Hilflosigkeit, in unendlicher Einsamkeit ...

Welche Verzweiflung muß meine Mutter überkommen haben, daß sie zu schreien begann! Ich kenne sie nur als mutig, stark, tapfer. Sie ist nicht der Typ, der sich gehen läßt. Ehe sie innerlich zusammenbricht, muß – so scheint es mir – die Welt aus den Fugen geraten. In der Stunde meiner Geburt war es offenbar soweit. Ich glaube, da müssen sich die verdrängten Gefühle von Jahren Bahn gebrochen haben.

Zum Glück gibt es in einem Krankenhaus wenigstens Helfer, die einem in solchen Situationen beistehen können. Auch zu meiner Mutter kam jemand. Sie wußte nicht, wer es war. Aber das war in diesem Moment wohl auch weniger wichtig.

Hände streicheln meine Stirn. Kalte Lappen werden um meine Arme gelegt. Starke Finger packen mich und drücken mich wieder in die Kissen zurück.

»Beruhigen Sie sich«, sagt eine freundliche Stimme an meinem Ohr.

Kalte Tücher werden auf meine Stirn gelegt. Ich sinke zurück. Die technische Medizin übernimmt meinen Körper. Sie stimuliert ihn nach Bedarf oder beruhigt, besänftigt. Ich selbst bin nur noch Trägerin eines neuen Menschenwesens, das danach verlangt, geboren zu werden ohne zu fragen, wer seine Eltern sind.

Nicht nur meiner Mutter, auch meinem Vater wurde die Zeit des ungewöhnlich langen Wartens auf meinen Durchbruch ins Leben schwer. Wenn eine Frau, die schon ein erstes Kind geboren hat, mit spürbaren Wehen ins Krankenhaus kommt, rechnet jeder vernünftige Mensch damit, daß die Entbindung innerhalb einiger Stunden erfolgt. Bei meiner Mutter waren mittlerweile Tage daraus geworden. Tage, in denen mein Vater ebenso vollkommen einsam mit seiner Not, Angst und Sorge war wie meine Mutter. Sie waren nur Minuten voneinander getrennt. In Wirklichkeit waren es Welten.

Am Samstag vor dem Sonntag meiner Geburt stellten sich plötzlich ernstliche Komplikationen ein. Meine Mutter schrieb:

Etwas Fruchtwasser verfärbt sich: Infektionsgefahr! Am Abend komme ich wieder in den Kreißsaal. Geburtsvorbereitungen zum zweiten Mal: Einlauf, Weheninfusion.

Ab 23 Uhr schöne, kräftige Wehen. Herztöne des Kindes immer ausgezeichnet.

Wehen alle fünf Minuten bis sechs Uhr früh. Nur mit gezielter Atmung sind die Schmerzen unter Kontrolle zu bringen. Der Muttermund ist weiterhin nur zwei bis vier Zentimeter offen. Übergang zur Hauchatmung, damit die Schmerzen erträglicher werden.

In diesen Stunden des Kampfes hielt mein Vater es endlich nicht mehr aus. Er rief an. Rief an, um meine Mutter zu fragen, wie sie mit der Geburt zurechtkäme. Man brachte ihr das Telefon in den Kreißsaal.

Meine Antworten fallen nur stockend, schrieb meine Mutter dazu in ihrem Tagebuch. *Die stärker werdenden Wehen zwingen mich zu Unterbrechungen. Der Wechsel von Schmerz und Entspannung verlangt von mir volle Konzentration. Die blonde Frau im Bett neben mir stöhnt lauter und lauter – auch meine Schmerzen treten an die Schwelle meiner nervlichen Belastbarkeit. Sie verselbständigen sich und werden stärker als mein Wille. Kein Medikament hilft. Ruhe – woher? Wie entspannen? Ich habe mich den Naturgewalten unterzuordnen, darf nicht Widerstand leisten, muß das Kind wollen, bereit sein, den Bauch zu öffnen, ja zu sagen zum neuen menschlichen Wesen. Die Umgebung verschwimmt. Gestalten können nur mit Mühe unterschieden werden. Das bewußte Wahrnehmungsvermögen läßt rapide nach.*

Ich soll mich nicht sperren, nicht verkrampfen, mich hingeben – leiden – pressen – pressen – pressen. Nur nicht aufgeben!

Ich presse mit Urgewalten: Das Baby ist da.

»Ein Sohn«, sagt die Hebamme.

Geboren am 17. April 1977, um 6.44 Uhr genau. Ein Sohn, ein Priestersohn, ich.

Ein Sohn, schrieb meine Mutter, und ich stelle sie mir vor, wie sie mich zum ersten Mal in den Armen hält und ansieht. *Ein Dunkelhaariger mit blauen Augen. Er schaut um sich. Er ist lieb. Er hat meine Ohren. Ich halte ihn in meinen Armen. Er ist ruhig, so sanft. Ein neuer Mensch! Wir sind so glücklich.*

Vergessen sind die Schwierigkeiten, die sich schon bei der Anmeldung in der Klinik ergaben, als ich nicht wußte, was ich in die Rubrik »Name und Vorname des Vaters« schreiben sollte. Leerräume wollte ich nicht stehenlassen. Das wäre auf den ersten Blick zu auffällig. Striche wirken auch nicht gerade unauffällig. Lieber schreibe ich irgendwelche leeren Worte, wie: »ich möchte hier nichts hinschreiben« – oder: »Vorname: keiner; Nachname: Worte.

Als ich mich zu bewegen begann, fand meine Mutter in die Realität zurück. Sie betrachtete mich genauer, besorgter. Sah ich meinem Vater auch nicht zu ähnlich? Nein, stellte sie fest, mein Gesicht war noch verquollen. Ähnlichkeiten ließen sich da keine erkennen.

Ich betrachte mein frisch geborenes Kind, wie es atmet, wie ihm die dunklen Locken an dem kleinen Schädel kleben. Später bekommt er einen Scheitel, denke ich – verliebt wie jede junge Mutter. Wie er seine kleinen Hände ballt! Machen dies alle Säuglinge, oder ist er schon bereit zum Kampf gegen eine Welt, die ihn nicht will?

Formulare werde ich als seine Mutter ausfüllen müssen, die immer wieder die gleiche Frage nach dem Vater beinhalten. Ich werde sie im Hinblick auf das Amt seines Vaters nicht beantworten können. Nicht nur Fragebögen stehen bedrohlich vor mir, auch vor den Fragen der Ämter fürchte ich mich. Als neue Mutter muß ich schon nach wenigen Wochen zum Jugendamt und mir dort eine eindring-

liche Predigt über mein Versagen anhören. Es wird mir zur Last gelegt, daß ich nicht bereit bin, den Vater des Kindes zu nennen.

Meine Mutter kannte sich sehr genau aus in diesen Dingen. Sie hatte sich eingehend erkundigt. Jeder Säugling mit dem Stempel »Vater unbekannt« wird zum sogenannten Amtspflegling. Das heißt, das Jugendamt hat das Recht und auch die Pflicht, bei Betreuung, Aufenthalt und Erziehung des Kindes mitzureden und »zum Wohl des Kindes« mitzuentscheiden. Der Amtspfleger darf und muß sich jederzeit genauestens über das Kind informieren, und die unverheiratete und skandalöserweise nicht zur Nennung des Vaters bereite Mutter muß Rechenschaft ablegen.

Daneben wird sie in regelmäßigen Abständen bedrängt, den Vater des Kindes preiszugeben. Ja, es wird ihr sogar gedroht, daß man Nachbarn und Bekannte sowie Familienangehörige, später auch das Kind selbst darüber aushorchen werde und müsse, welcher Mann sich öfter in der Nähe der Mutter aufhält und somit der mögliche Vater sein könnte.

Die Mutter eines Priesterkindes sieht sich in dieser Lage quasi den schußbereiten Gewehrläufen von verschiedenen Seiten gegenüber: Erstens die Kirche. Sie attackiert mit Sünde, Strafe, Berufsverbot und dem damit verbundenen sozialen Fall ins Nichts, dem finanziellen Ruin. Zweitens der Staat. Seine Behörden attackieren sie auf der Suche nach dem Vater, den die Mutter verschweigen muß, weil sie sich sonst kirchenrechtlich strafbar macht.

Einen Ausweg gibt es da nicht. Ganz gleich, auf welcher Seite man den Durchbruch versucht. Jeder Weg mündet in die Katastrophe.

Meine Mutter notierte in ihrem Tagebuch:

Zwischen Gewehrläufen ein Kind zu stillen, ist zum Weinen. Dazu kommt die Angst, Ähnlichkeiten des Kindes mit dem Priester könnten den Vater verraten. Entwicklungsschritte des Kinderkörpers werden nicht freudig begrüßt, sondern kritisch und sorgenvoll analysiert. Ein Ohrläppchen ist dann nicht zuckersüß und niedlich, sondern verdächtig ähnlich.

Mein Kind, was bin ich froh, daß du nicht seine blonden Haare geerbt hast! Du wirst aber deine dunklen Locken in die Stirn frisieren müssen, damit keine Parallelen zu der hohen Stirn deines Vaters aufkommen.

Dein Vater wird sich dir über den Hintereingang nähern müssen. Er kann nur kurze Zeit bleiben und muß dann unerkannt wieder verschwinden. Und doch geben mir die Begegnungen mit ihm Kraft für die Zukunft. Die Blicke meiner Umgebung halte ich dann leichter aus.

Schon wenige Minuten nach meiner Geburt kam die erste Zerreißprobe für meine Mutter. Auch dies hielt sie zur Erinnerung in ihrem Tagebuch fest:

»Ich benachrichtige gleich den Vater von der glücklichen Geburt!« dringt der Ruf der Hebamme in meine Überlegungen. »Geben Sie mir die Telefonnummer!«

Nicht aufregen! Welche Nummer sollte ich nennen, ohne ihr einen Schock zu versetzen: doch nicht die des Sekretariats von einem Priester …

Obwohl ich innerlich zittere, versuche ich betont gelassen zu antworten: »Den Anruf braucht es jetzt noch nicht. Sie wissen doch, wie Männer sind, wenn sie Väter werden. Sie betrinken sich in irgendeiner Kneipe und begießen so die Geburt des möglichen Stammhalters.«

Die Hebamme nickt verständnisvoll. Gut, daß die meisten Väter sich so verhalten. Keine weiteren Argumente wurden verlangt.

Am Tag meiner Geburt war Weißer Sonntag. Mein Vater las die Messe. Anschließend besuchte er meine Mutter und mich im Krankenhaus. Da es nach außen hin natürlich nur ein Höflichkeitsbesuch des Arbeitgebers und Kollegen bei einer allgemein beliebten Kollegin war, fiel dieser Besuch sehr förmlich und keinesfalls wie der erste Besuch eines Vaters bei seiner Frau und ihrem ersten gemeinsamen Kind aus.

Der erste Tag nach der Geburt war der einsamste, hielt meine Mutter denn auch in ihrem Tagebuch fest. *An den Nachtkästen der jungen Mütter neben mir standen rote Rosen. Ehemänner drückten ihren Frauen ergriffen die Hand, setzten sich zu ihnen aufs Bett. Die Frauen erzählten ausführlich jede Einzelheit der Geburt, und die Männer knipsten und staunten.*

Ich lag ruhig in meinem Bett, erzählte meine Geschichte diesem Stück Papier – die Einsamkeit war ja nur äußerlich. Es fehlten nur einige vordergründige Zeichen der Zärtlichkeit. Innerlich war ich unendlich reich – sicher genauso reich wie jede Mutter neben mir.

Erst als mein Vater seinen Anstandsbesuch absolviert und seinen Sohn mit eigenen Augen gesehen hatte, durfte meine Großmutter ans Bett ihrer Tochter und ihres Enkelsohnes eilen.

Von meiner Existenz hatte meine Großmutter erstmals durch einen Brief erfahren.

Obwohl meine Mutter so eine enge, gute Beziehung zu ihrem Matriarchat und speziell zu ihrer Mutter hatte, hatte sie nicht gewagt, ihr persönlich ins Gesicht zu sagen, daß sie schwanger sei, aber den Kindesvater nicht nennen könne. Selbst in dieser Familie, in der Beziehungswirrnisse und Seitensprünge nichts Neues waren, war dieses »Vater unbekannt« ein Skandal. Mcine Mutter hatte eine Wahnsinnsangst, verstoßen zu werden. Geschrieben ließ sich die Ungeheuerlichkeit dieser scheinbar unmoralischen Schwangerschaft leichter gestehen. Später haben die beiden Frauen sich dann doch persönlich miteinander ausgesprochen. Trotz aller Empörung und Aufregung verstieß meine Großmutter ihre Tochter nicht. Im Gegenteil, sie hielt zu ihr und half, als niemand mehr half. Bis heute.

In ihrem Tagebuch hielt meine Mutter dazu fest:

Der Blick, der mich traf: »Was für eine Tochter bist du, die ein Kind erwartet, ohne einen Vater vorweisen zu können!«

Mein Zusammensinken auf der elterlichen Couch – geschlagen von den harten Gedanken, die mich hier trafen –, grau vor Übelkeit, müde, einsam, abgespannt.

»Hätte ich denn abtreiben sollen?« rief ich.

Sie wandten sich ab, gaben mir keine Antwort, sagten nichts. Auch dieses Schweigen war eine Antwort.

Es ist typisch für die Frauen aus dem Matriarchat meiner Mutter, daß sie die Dinge nehmen können, wie sie sind und sich damit zu arrangieren verstehen. Als meine Großmutter verstand, daß meine Mutter dieses Kind, mich, wollte und niemals daran dachte abzutreiben, ja, daß ich ein sehr sorgfältig geplantes Wunschkind bin, fand sie sich mit der Tatsache ab und stand meiner Mutter bei.

Sicher ist es ihr nicht leichtgefallen, die Entscheidung meiner Mutter zu respektieren und auf ihre Weise mitzutragen, daß mein Vater unbekannt und unerwähnt zu bleiben hatte. Ich glaube, in der streng katholischen Enge und der von Vorurteilen geprägten Denkweise der Menschen unserer Region war es für meine Großmutter sicher so manches Mal ein Spießrutenlaufen, für die vermeintlich mißratene Tochter einzustehen.

Selbst als eine Schwester meiner Mutter vorwarf: »Mit dir und deiner unklaren Lebensweise kann man sich nicht sehen lassen« und sich demonstrativ von ihr zurückzog, hielt meine Großmutter weiter zu meiner Mutter.

Sie schaffte es, das große Geheimnis ihrer Tochter mitzutragen, ohne es jemals neugierig anzurühren. Nur wer meine Großmutter kennt und weiß, wie gern sie redet und über alles in der Familie informiert ist, kann ermessen, wieviel dieses Schweigen bedeutet.

Was mich betrifft, so hat meine Großmutter mich vom ersten Tag an immer geliebt. Ich glaube, neben meiner Mutter ist sie eine der wichtigsten Personen in meinem Leben. Ich mag und schätze sie sehr.

Wenige Tage nach meiner Geburt kehrte meine Mutter zusammen mit mir aus der Klinik in ihre schöne Wohnung zurück. Ohne Mann war sie in die Klinik gefahren, ohne Mann kehrte sie heim. Niemand sollte in Verdacht geraten, mein Vater zu sein.

Jetzt zeigte sich, wie klug meine Mutter vorgebaut hatte, als sie die Scheidung von ihrem Ex-Mann nicht überall publik gemacht hatte. Jedermann vermutete in ihm meinen Vater. Trotzdem galten meiner Mutter und mir schiefe Blicke.

»Wer ist er denn jetzt, der Vater?« fragten die Nachbarn, als sie in den Kinderwagen schauten, und wandten sich grußlos von meiner Mutter ab, als sie keine Antwort erhielten.

Eine alte Frau rief, als meine Mutter mit mir auf dem Arm im Garten stand, einer anderen von gegenüber aus dem Fenster zu: »Haben Sie schon von der gehört? Die hat ein Kind, und keiner weiß, woher!«

Meine Mutter litt und schwieg. Sie hatte versprochen zu schweigen. Sie hatte versprochen, dies alles aus eigener Kraft durchzustehen. Mein Vater sah zu.

Die Krise oder der erste wirkliche Schock kam, als eine Verwandte meiner Mutter mich zum ersten Mal sah und laut ausrief: »Aber der sieht ja aus wie der Theo.« – Der Bruder meines Vaters.

Meiner Mutter sank das Herz zu Boden vor Schreck, und ihre Tränen mischten sich mit dem Abspülwasser, in dem sie soeben ein paar Tassen abwusch.

Mein Vater, der zum Kaffee zu Besuch gekommen war, rettete die Situation mit einem Schulterzucken und einem Lachen. »Dann war's halt der!« spöttelte er mit der Sicherheit des psychologisch geschulten Kenners der Menschenseele.

Mit keinem Widerspruch oder Protest hätte er den geäußerten Vergleich so nachhaltig ad absurdum führen können wie mit dieser absurden, vollkommen lächerlichen Bekräftigung, die einen so ehrenwerten Mann wie seinen Bruder niemals in ein schiefes Licht rücken konnte. Niemand kam damals auf die Idee, daß auch ein Körnchen Wahrheit hinter der törichten Bemerkung der Verwandten meiner Mutter stecken könne.

In Wahrheit war diese eine Bemerkung einer scharfen Beobachterin für meine Eltern wie ein Stich mitten ins Herz. Sie hatten sich ein Kind als sichtbares Zeichen ihrer Liebe und Zusammengehörigkeit vor Gott gewünscht. Ich war da. Und plötzlich war ich nicht mehr das Sinnbild des höchsten Glücks, sondern das Sinnbild der höchsten Gefahr. Auf meinem Gesicht stand es zu lesen, wer mein Vater ist.

»Wer Augen hat, der sehe. Wer Ohren hat, der höre«, heißt es in der Bibel. Auf einmal wurde es meinen

Eltern bewußt, daß die meisten Menschen nicht nur Augen und Ohren haben, sondern sie auch benutzen. Auf einmal schien es sonnenklar zu sein, daß die Zeit des Versteckspiels mit dem Tag meiner Geburt vorüber wäre.

Weiterhin zusammenbleiben zu wollen, schien Wahnsinn. Einzige Rettung vor dem Offenbarwerden der Sünde schien die Trennung zu bieten. Und zwar die sofortige, die endgültige, die absolute Trennung. Nur mit Mühe hielten sie die Panik zurück, die in ihnen ausbrechen wollte.

Erst viel später konnte meine Mutter die Ereignisse dieser schrecklichen Augenblicke in ihrem Tagebuch festhalten. Es sind ziemlich dürre Worte geworden, wenn ich bedenke, wie weitreichend die Konsequenzen sein sollten. Gerade dieses Dürre aber rührt mich zutiefst an. Es weckt so eindringliche Vorstellungen in mir, als hätte ich meine Eltern unmittelbar vor meinem inneren Auge. Ich sehe sie voreinander stehen. Zu verzweifelt, um einander zu berühren. Zu entsetzt, um zu weinen. Zu erstarrt, um zu etwas anderem fähig zu sein als zu kalten Gedanken und Beschlüssen.

Jetzt sind wir erkannt, schießt es mir durch den Kopf. Jetzt müssen wir uns stellen oder trennen, lese ich in den Aufzeichnungen meiner Mutter.

Trennen, beschließen der Priester und ich. Aufhören mit diesem mörderischen Versteckspiel. Jeder soll wieder frei sein und durchatmen können. Ohne Heimlichkeiten, ohne blödes Angerede und ohne Sticheleien und falsch ausgefüllte Formulare – ohne Furcht vor Verwandten, Behörden und »Mutter Kirche«.

Wir geben uns die Hand. Er geht die Straße entlang. Ich blicke ihm nicht nach. Starr sitze ich im Zimmer und schaue auf unser Kind, das nichts von allem weiß. Der Schmerz der Trennung läßt mich zurücksinken und macht mich handlungsunfähig.

Minuten vergingen, in denen meine Mutter wie gelähmt mit mir dasaß. Sie spürte kaum, daß sie in meine Locken weinte. Sie dachte an mich, an meinen Vater, an sich selbst, an ihre hoffnungslose Liebe und verzweifelte daran, alles auf eine Karte gesetzt und ihren Kampf gegen die Kirche dennoch verloren zu haben.

Wenn der Priester und ich Intaktheit nach außen und Unauffälligkeit über unser inneres Glück und unseren Wunsch nach einem Kind gestellt hätten, dann hätten wir dich, mein Kind, nicht bekommen, dachte sie und schrieb es später auf.

Weder Bruder noch Schwester noch Priestermutter wollten dich. Jetzt, in diesem schrecklichen Moment der Trennung, in dem wir glauben, uns nur noch dadurch retten zu können, daß wir einander aufgeben, wird mir klar, daß dein Vater und ich damit auch kapitulieren vor unserem eigenen Mut, gegen den Strom zu schwimmen. Daß die Kirche es nun doch geschafft hat. Sie hat unser Familienglück zerstört. Sie hat uns auseinandergebracht. Wie schwach wir sind, wie einsam und allein!

In die Tränen der Schwäche und Verzweiflung mischten sich jedoch bald schon zornige Tränen des Aufbegehrens.

Wie kann eine christliche Kirche das Ende einer Liebe fordern? schrie meine Mutter auf dem stummen Papier und nährte damit die gewaltsam gelöschten Flammen des Widerstands neu. *Mit welchem Recht unterscheidet sie zwischen Personen, die lieben dürfen, und solchen, die ohne*

Liebe leben sollen? Wer verteidigt das Grundrecht des einzelnen in dieser Kirche? Wer verteidigt uns, mein Kind?

Zorn wallte in ihr auf. Sie hatten sich nicht aufgegeben, weil die Liebe zwischen ihnen zerstört war. Sie trennten sich nicht aus freien Stücken. Sie liebten einander nach wie vor, stärker, inniger vielleicht als je zuvor. Sie waren überzeugt, Gott habe ihre geheime Ehe gesegnet, indem er ihren Wunsch nach einem Kind erfüllt hatte. Sie waren überglücklich, gegen alle äußeren Widerstände Eltern geworden zu sein und mich zu haben. Sollte alles auf einmal nichts mehr zählen, nur, weil die Kirche es nicht duldete? Wogen denn die Gesetze der Kirche schwerer als die Liebe?

Der Druck der Gedanken und Empfindungen jagte meine Mutter aus ihrem Sessel auf, in dem sie mit mir zusammengesunken war. Sie trat an das Fenster, aus dem sie meinem Vater nachgeschaut hatte, bis die Tränen ihr den Blick versperrt hatten.

In diesem Moment klingelte es an der Haustür. Genau zehn Minuten waren seit dem Abschied für immer vergangen. Meine Mutter wußte sofort, wer draußen stand. Aufspringen, zur Tür laufen, sie aufreißen und meinem Vater in die Arme fallen waren eins. Da standen sie lange und hielten zusammen mit sich selbst auch mich in den Armen.

Es war die einzige Trennung, die meine Eltern jemals versuchten.

Wie damals, als sie sich so große Mühe gegeben hatten, gemeinsame Unternehmungen geheimzuhalten, und doch entdeckt worden waren, gaben sie es an diesem Abend endgültig auf, sich perfekt tarnen und verstecken zu wollen.

»Wenn es einer merken soll, dann merkt er es«, sagten sie. Und dabei überkam sie eine Mattigkeit wie nach einem schwer erfochtenen Sieg.

Eine tiefe Ruhe gab ihnen die Möglichkeit, nach Wochen der Anspannung und angstvoller Erwartung wieder frei durchzuatmen. Sie sahen mich an und erkannten die Synthese ihrer Liebe in mir wieder. Sie konnten einander nicht aufgeben. Sie konnten auch mich nicht aufgeben. Auf unsere ganz spezielle Weise gehörten wir zusammen.

Wenn die Kirche mit ihren absurden Gesetzen etwas dagegen unternehmen wollte, sollte sie es wagen. Man würde sehen, was dann wäre. Alles zu seiner Zeit.

Am 1. Mai meines Geburtsjahres, wenige Wochen nach meiner Geburt, wurde ich von meinem Vater getauft. Es war eine sehr feierliche Handlung. Unsere ganze Verwandtschaft war eingeladen, auch Angehörige von meines Vaters Seite, die gar nicht wußten, daß sie zur Verwandtschaft gehörten. Der Bruder meines Vaters, der ihm von klein auf so ähnlich war und bis heute *das* große Vorbild meines Vaters für ein perfektes weltliches Leben ist, war angeblich nur als besonders netter Arbeitskollege meiner Mutter eingeladen. Selbstverständlich hatte er seine Familie mitgebracht, so daß nicht nur mein heimlicher Onkel, sondern auch meine heimliche Tante und meine heimlichen Cousinen und Cousins dabei waren.

Ein anderer Kollege, den meine Eltern beide besonders schätzen, wurde mein Taufpate. In unserem vaterlosen Haushalt wurde er später eine wichtige männliche Bezugsperson für mich. Daß er uns alle nicht im Stich ließ, als es hart für uns wurde und selbst seine Frau nichts mehr mit uns zu schaffen haben wollte, rechne ich ihm hoch an.

Für meine Eltern war meine Taufe ein süßes und zugleich schmerzliches Ereignis. Wie gern hätten sie sich beide als meine stolzen Eltern präsentiert! Ganz sicher hätten sie am liebsten die ganze Familie meines Vaters eingeladen, vor allem auch seine Mutter, meine Großmutter. Ich kann mir vorstellen, wie glücklich man ist, das erste Kind in die Großfamilie einführen und jedem vorstellen zu können und das Gefühl zu genießen, daß das Kind bewundert und angenommen wird.

Bestimmt hätte meine Mutter meinen Vater am liebsten ihrem Matriarchat als den geheimnisvollen Mann vorgestellt, der bisher nicht genannt werden konnte. Es hätte ihr sicher gutgetan, wenn ihre Mutter sich positiv über den Mann ihrer Wahl geäußert hätte. Statt dessen mußten sie ihre Beziehung strenger geheimhalten denn je. Sie durften niemandem zeigen, wie tief sie einander verbunden waren und wieviel mehr die Taufe des Kindes meiner Mutter für meinen Vater bedeutete als irgendeine andere Taufe, die er bis dahin abgehalten hatte. Nicht einmal durch Blicke oder ein vertrautes Lächeln durften sie sich verraten. Alles mußte so freundschaftlich-neutral wirken, wie es einem Priester anstand.

Ich weiß nicht, ob jemandem die ganz besondere Rührung und Bewegtheit meiner Eltern auffiel. Ich weiß auch nicht, wie mein Vater mit den Gefühlen umging, die ihn bestürmt haben müssen, als er mir, seinem leiblichen Sohn, das Kreuzzeichen Gottes zum Segen auflegte. Ich weiß nicht einmal etwas darüber, wie er an diesem Tag und in den Stunden zuvor oder kurz danach mit dem inneren Konflikt fertig wurde, in dem er sich als Priester und als mein Vater befand. Es ergab sich nie, daß wir darüber sprachen. Im Grunde sind mein Vater und ich einander fremd. Was ich von ihm weiß, weiß ich fast ausschließlich durch den Filter meiner Mutter, die mir von ihm erzählt. Und was er von mir weiß, erfährt auch er meist durch sie.

Aus eigener Kraft Vater und Sohn zu sein, ist uns nicht gelungen.

Lange Zeit, sich im Glück ihrer heimlichen Familie zu sonnen, blieb meinen Eltern freilich nicht. Schon kurze Zeit nach meiner Taufe flog nämlich der Schwindel von der noch bestehenden Ehe meiner Mutter in der Großfamilie auf.

Ausgelöst wurde der Krach durch einen überraschenden Besuch der Schwester ihres Ex-Mannes bei meiner Mutter.

»Ja, seit wann hast du denn zwei Kinder?« rief sie erstaunt, als sie meine Mutter mit mir auf dem Arm antraf. »Warum habt ihr denn überhaupt nichts davon gesagt?«

Meine Mutter hatte keine andere Wahl als zu gestehen, daß ich das Kind eines anderen Mannes bin.

»Habt ihr euch deshalb getrennt?« wollte die Ex-Schwägerin wissen, mit der meine Mutter immer ein ausgesprochen gutes Verhältnis gehabt hatte.

»Nein«, sagte meine Mutter wahrheitsgemäß.

»Willst du den anderen heiraten?« Ihre Ex-Schwägerin wartete gespannt auf Antwort.

Meine Mutter schüttelte den Kopf.

»Ja, dann!« rief ihre Ex-Schwägerin ganz erleichtert. »Dann integriert den Buben doch und gebt den Klaus als Vater an! Das macht doch nichts, wenn man mal ein Kind von einem anderen hat. Deshalb muß man sich doch nicht gleich scheiden lassen! Wozu willst du denn da einen anderen als Vater angeben? Noch dazu, wenn's einer ist, der sowieso nicht zu euch steht und den du gar nicht heiraten willst. Da ist es doch für alle besser, wenn das Kind einen ehrlichen Namen bekommt und eine richtige Familie hat.

Wo ein Kind satt wird, werden auch zwei satt. Das ist doch kein Problem!«

Ja, da war guter Rat teuer. Meine Mutter rief ihren Ex-Mann an. Noch einmal waren sie als Einheit gefragt. Jetzt half kein Versteckspielen und kein Schwindel mehr. Die Scheidung mußte auf den Tisch. Auch, daß es kein Zurück mehr gab. Daß meine Mutter nicht mehr wollte, nicht mehr konnte, einen anderen liebte. Den, dessen Kind sie gerade geboren hatte, den sie aber nicht zu nennen bereit war. Jetzt nicht, auch nicht vor dem Tribunal der Familie, niemals. Endlich war die Wahrheit heraus.

»Es gab einen großen Familienkrach!« sagt mein Mutter. Mehr nicht. Für mich ist es Aussage genug.

Von meinen ersten Kinderjahren habe ich wenig in Erinnerung behalten. Ich besinne mich auf unser Haus mit seinen schönen Parkettfußböden und der Schaukel, die in einem der Türrahmen befestigt war. Auch an ein großes, seltsames, glatt geschliffenes Stück Holzstamm erinnere ich mich, das in einem Zimmer am Boden lag und mich faszinierte, weil er sich so seidig anfühlte. Die Küche fällt mir ein und das Kinderzimmer, das ich mit meinem Bruder teilte. Es war freundlich und hell.

Aus einem Fenster unserer Wohnung konnte man unmittelbar auf die Wohnung meines Vaters blicken. Sie war mit vier Zimmern sehr geräumig und eigentlich nicht für einen Klosterangehörigen vorgesehen. Mein Vater hatte sie seinerzeit nur mit einer List für sich erhalten.

Die Schulsituation von kirchlich geführten Schulen hatte sich im Laufe der Jahre zusehends dahin entwickelt, daß immer mehr weltliche Lehrkräfte eingestellt wurden. Auch unsere Klosterschule bildete da keine Ausnahme. Niemand konnte ausschließen, daß es der Kirchenobrigkeit irgendwann einfiele, meinen Vater als Direktor ablösen zu lassen, um ihn anderweitig einzusetzen. In diesem Falle wäre es durchaus denkbar gewesen, daß ein weltlicher Pädagoge als neuer Direktor der Schule in die engere Auswahl käme und schließlich auch angestellt werden würde.

Da der Abt als Vertreter der obersten Schulinstanz, der Kirche, auch bei einem weltlichen Ersatz unter keinen Umständen davon abgehen würde, daß der Direktor der Schule in unmittelbarer Nähe der Schule wohnhaft sein müsse, war das Kloster gut beraten, eine entsprechende Wohnung rechtzeitig auszubauen und jederzeit einzugsbereit in Ordnung zu halten. Daß eine womöglich jahrelang leerstehende Wohnung diesen Ansprüchen nicht genügen könne, wußte man im Kloster natürlich genau. Was lag also näher, als daß mein Vater als derzeit amtierender Direktor sich quasi opferte und mehr oder minder pro forma in diese Wohnung einzog und dafür sorgte, daß sie ein angenehmes Domizil blieb?

Es ist anzunehmen, daß der Abt recht gut wußte, wie gern mein für seine Freiheitsliebe bekannter Vater die Chance nutzte, die Enge der Klosterzelle gegen eine Mehrzimmerwohnung einzutauschen. Ebenso ist anzunehmen, daß er ihm dieses als harmlos eingestufte Vergnügen gern gönnte.

So kam es also, daß mein Vater trotz seines Klosterstandes für sich ganz allein eine großzügige Vierzimmerwohnung mit einem eigenen Eingang hatte und darin tun und lassen konnte, was ihm gefiel.

»Eine fürstliche Internatswohnung«, nannte meine Mutter sie einmal.

Sie war so groß, daß wir alle bequem darin hätten einziehen und leben können. Eine Familie mit zwei Kindern hätte sich leicht darin einrichten können. Notfalls wäre sogar noch ein weiteres Zimmer aus dem unmittelbar angrenzenden Internatstrakt abzuzweigen gewesen. Dann hätten auch drei Kinder jeweils ein eigenes Zimmer gehabt. Wirklich eine ideale Wohnung. Wir wären gern eingezogen.

Da der Eingangsbereich im Schatten eines dicken Baumes lag und auf einen selten belebten Hinterhof der Klosteranlage hinausführte, fiel ein Besucher, der unbemerkt zu meinem Vater kommen wollte und entsprechend vorsichtig war, so gut wie niemals irgend jemandem auf. Ebensowenig fiel es auf, daß meine Eltern sich von Fenster zu Fenster durch geheime Botschaften verständigten. Wenn meine Mutter meinen Vater sehen wollte, genügte es, ein Licht ins Fenster zu stellen. Sie konnte aber auch ans Fenster treten und ihm persönlich ein Zeichen geben. Wenn sie einander anriefen, konnten sie sich beide mit dem Telefon ans Fenster stellen und einander über die paar Meter Entfernung hinweg dabei anschauen.

Ich glaube, daß ich selbst meinem Vater vom Arm meiner Mutter herunter vor dem Schlafengehen oftmals durch dieses Fenster zuwinkte und ihm eine Kußhand schickte. Und er winkte dann zurück und grüßte mich auch. Selbst wenn uns jemand dabei beobachtet haben würde, hätte sich kaum jemand etwas Schlechtes dabei gedacht. Mein Vater war ein Freund meiner Mutter. Warum sollte er ihr Kind nicht grüßen?

Erstaunlich und zugleich witzig finde ich, daß ich mich an die Anordnung aller Räume unseres Hauses spiegelverkehrt erinnere. Wenn man einem Zeitungsbericht glauben kann, den ich unlängst irgendwo las, dann hängt dieses Phänomen möglicherweise damit zusammen, daß ich Legastheniker bin und die Dinge spontan irgendwie seitenverkehrt wahrnehme. Die frühen Erinnerungen habe ich auf diese Weise vielleicht falsch abgespeichert, während spätere Eindrücke sich mir real eingeprägt haben, weil mir die größere Lebenserfahrung bei der Zu- und Einordnung half. Ein interessanter Aspekt.

Eine Klosterschule hat leider die Eigenart, daß sie wenig Kinder unter dem Einschulungsalter beherbergt. Womit ich ausdrücken will, daß mein Bruder in den ersten Jahren meines Lebens mein einziger Spielkamerad war. Da er drei Jahre älter ist als ich, besuchte er bereits den Kindergarten, während ich noch zu Hause war. So war ich viele Stunden des Tages auf mich selbst gestellt und wartete oft sehnsüchtig darauf, daß Magnus endlich heimkäme. Ich will nicht behaupten, wir hätten uns immer vertragen. Aber ich glaube, wir haben uns recht gern gehabt und wirklich gut verstanden.

Oftmals nahm unsere Mutter uns mehr oder minder heimlich mit in die Schule. Was sollte sie denn auch mit uns zwei Hosenmätzen machen, wenn sie keinen Babysitter für uns hatte? Sie konnte uns doch nicht allein zu Hause lassen.

Während des regulären Unterrichtes befand sich der Arbeitsplatz meiner Mutter im Zeichensaal der Schule. Dieser war in einem frei stehenden Gebäude untergebracht, dessen hohe kassettenverzierte Giebelfront den mißlungenen Versuch einer Anpassung moderner Bauweise an den barocken Baustil der Klosteranlage widerspiegelt. Der überdimensionale Dachboden und der hintere Teil des Gebäudes waren schon recht baufällig und daher ungenutzt. Der noch brauchbare Bauabschnitt war zu einem phantastischen Zeichensaal nebst einem zugehörigen riesigen Lager für alles geworden, was meine Mutter zur Gestaltung ihres Kunstunterrichtes benötigte.

Hier, in diesem Lager, deponierte sie meinen Bruder und mich also, wenn sie gar keine andere Unterbringungsmöglichkeit mehr wußte. Nur durch eine Wand von ihr getrennt, standen oder lagen wir oft, beide entweder schlafend im Kinderwagen oder friedlich spielend in einem Laufgitter, oder lautstark um die Wette brüllend, während unsere gestreßte Mutter ihren Kunstunterricht abzuhalten versuchte.

»Ich stand da manchmal mit dir, mit diesem Säugling, im Arm und habe nicht gewußt, wie ich in die Schule gehen soll!« erzählte sie mir einmal. »Manchmal habe ich dich einfach zu meiner Freundin rübergefahren und habe dich denen einfach ins Bett gelegt. Hab' gesagt: ›Mach, was du willst. Ich habe jetzt Konferenz. Schalt den Fernseher ein oder den Staubsauger, mir Wurst.‹ Manchmal hat sie sich das gefallen lassen. Oder ich habe bei der Nachbarin geläutet und gesagt: ›Mei, tut mir leid, aber können Sie das Kind irgendwohin tun? Da draußen steht meine Klasse, und ich weiß nicht, wohin.‹ Das ist furchtbar, dieses Gefühl! Und dann habe ich euch eben zigmal in den Materialraum, hinten in den Werkraum reingelegt, wenn ich überhaupt niemanden hatte. Und dann, wenn eines von euch dann zu schreien anfing, dann mußte ich einen ganz lauten Unterricht abhalten, damit keiner etwas gehört hat. Und da hinten drinnen immer: ›Äh! Äh! Äh!‹ Und ich: Oh, Gott, im Himmel, was mache ich denn nur?!

Bis das Schreien dann von allein wieder aufgehört hat und alles gut war. Oder es konnte auch sein, daß ihr alle beide gebrüllt habt. Und dann habe ich noch lauter unterrichten müssen.«

Als wir älter und verständiger waren, ließ meine Mutter uns manchmal zwischen den schier unerschöpflichen Schätzen der Materialien des Kunstunterrichts spielen. Ich glaube, kein Kind kann kreativer und faszinierter mit den tollsten Legosteinen bauen und konstruieren als mein Bruder und ich damals mit diesem Allerlei unterschiedlichsten Krimskramses. Wir haben gespielt bis zum Gehtnichtmehr. Für uns war das wirklich wunderschön.

Später, als ich neugieriger wurde und allmählich auch außerhalb unserer vier Wände auf Entdeckungsreise ging, wurde eine schmale Hintergasse der Klosterschulanlage zu meinem Lieblingsspielplatz. Unzählige Male fuhr ich mit meiner Mutter durch diese enge Spielstraße zum Hintereingang des Lehrerzimmers. Während sie sich dort zu Konferenzen oder ähnlichen Besprechungen mit meinem Vater und dem Abt oder dem Kollegium traf, spielte ich draußen dieselben Spielchen mit Steinen und Stöcken, die alle Kinder in diesem Alter irgendwo spielen.

An meinen Vater habe ich in diesen ersten Jahren wohl nicht bewußt gedacht, auch nie groß nach ihm gefragt. Selbstverständlich kannte ich das Wort Vater und hatte auch eine ziemlich konkrete Vorstellung davon. Der Mann, der meinen Bruder besuchte und ziemlich oft mit zu sich nach Hause nahm, das war ein Vater. Meine Mutter und Magnus sagten, es wäre sein Vater. Da Magnus mein Bruder ist und Brüder dieselben Eltern haben, war es logisch für mich, daß der Vater meines Bruders auch mein Vater ist.

Es kam oft vor, daß der Vater von Magnus zu uns kam, um ihn zu besuchen. Da meine Mutter und ihr Ex-Mann sich immer gut verstanden, war es eine angenehme Abwechslung für uns, wenn der Vater kam. Daß er mehr und intensiver mit meinem Bruder spielte als mit mir und meinen Bruder auch oft mit zu sich nach Hause nahm, erklärte ich mir damit, daß ich jünger bin und deshalb für den Vater noch weniger interessant war. Es machte mir nichts aus, bei meiner Mutter zu bleiben, wenn mein Bruder wegfuhr. Es war schön, sie ganz für mich allein zu haben. Als ich älter wurde, durfte ich den Vater manchmal gemeinsam mit Magnus besuchen. Es war also alles in Ordnung und ganz normal für mich.

Ein Mann, der täglich mit uns lebt, gehörte damals ganz einfach nicht zu meiner Familie. Da ich ein solches Zusammenleben nie gekannt hatte und auch kaum Kontakt zu Kindern hatte, kam es mir nicht einmal in den Sinn, daß es so etwas überhaupt geben könnte oder sollte. Meine Familie, das waren meine Mutter, ein Vater, der manchmal auftauchte und dann gern gesehen war, mein Bruder und ich. Aus.

Meinen tatsächlichen Vater kannte ich natürlich auch. Allerdings wußte ich nichts davon, daß er es war. Für mich und alle Welt war dieser kleine, untersetzte Mann, der uns manchmal besuchte und dann auch mit mir gut und freundlich war, nichts weiter als der mit meiner Mutter gut befreundete Direktor der Schule, an der sie arbeitete. Zugleich war er ein Priester und daher irgendwie kein richtiger Mann. Ich weiß nicht, ab wann ich mir darüber Gedanken zu machen begann, doch stand es für mich ohne jeden Zweifel fest, daß ein Mann, der Priester ist, zugleich impotent sein muß und zwar vom Tag der Priesterweihe an. Es war mir klar, daß diese Impotenz unmittelbar mit dem Handauflegen bei der Weihe zusammenhing. Vielleicht stellte ich mir den Zusammenhang zwischen áctio und reactio wie einen Stromstoß vor, der alles unterhalb der Gürtellinie für immer und ewig lahmlegte und jeden Gedanken an eine Frau und an Sex auslöschte.

Wenn ich heute die Fotoalben meiner Mutter durchblättere, stoße ich immer wieder auf Bilder, die meinen Vater zusammen mit mir zeigen. Meist hat er mich auf dem Schoß oder im Arm. Es sind gestellte Fotos. Mein Vater zieht darauf jedesmal ein etwas verlegenes, irgendwie betretenes, unsicheres Gesicht. Eigentlich eher unglücklich. Ich schaue auch nicht sonderlich intelligent.

Auf meine Frage, was sie sich bloß bei diesen blöden Aufnahmen gedacht habe, sagte meine Mutter: »Die habe ich immer für später gemacht. Für später, wenn ich dir alles sagen könnte und du wissen dürftest, wer dein Vater ist. Da wollte ich dann wenigstens die Bilder vorweisen können und sagen können, daß er zwar nicht mit uns zusammensein durfte, aber daß er immer da war und uns geliebt hat. Ganz besonders dich.«

Vielleicht kennen Sie dieses Buch »Ich bin okay, du bist okay«? Ich bekam es einmal von meinem Bruder geschenkt. Darin steht, daß der Mensch in seiner Kindheit praktisch zwei innere Aufzeichnungsbänder hat. Eines kommt von der Mutter, eines vom Vater her. Dieses Bild mit den beiden Bändern im Innern hat bei mir richtiggehend den berühmten »Aha-Effekt« ausgelöst. Es trifft bei mir nämlich auch zu. Das spüre ich sehr deutlich. Dadurch, daß ich in einer Familie ohne konkrete Vaterfigur aufgewachsen bin, war die Mutter-Spule der beiden Bänder in meinem Innern ziemlich übergewichtig geworden. Fast alle Eindrücke, die ich sammeln konnte, hatten irgendwie mit Frauen zu tun.

Ganz sicher waren es keine schlechten oder falschen Eindrücke. Sie waren okay. Sie schadeten mir auch nicht.

Aber irgend etwas in mir lief damit unrund. Mir selbst vollkommen unbewußt, war ich innerlich hungrig auf etwas anderes, etwas, das die andere Seite, das zweite Aufzeichnungsband, in mir füllte. Und so habe ich mich ganz automatisch mehr oder minder stark an die paar Männer, die konkret für mich greifbar waren, geklammert und die Eindrücke, die sie mir brachten oder boten, in mich gesogen.

Ich denke da zum Beispiel an den Vater meines Bruders. Als kleiner Bub hatte ich einen recht guten Kontakt zu ihm. Auch wenn meine Mutter öfter sagte, daß er einen schlechten Einfluß auf meinen Bruder ausübe, wenn dieser länger bei ihm zu Besuch gewesen war, empfand ich den Mann immer als ausgesprochen sympathisch. Er war lustig, blödelte gern herum. Und vor allem war er Musiker. Jazz-Musiker. Er spielte Banjo und gab auch Konzerte. Später war ich manchmal auf seinen Konzerten dabei. In gewisser Weise war er mir durchaus wichtig. Nicht wie ein Vorbild, so weit würde ich nicht gehen wollen. Aber doch als eine konkrete männliche Kontaktperson, an der ich positive Aspekte des Männlichseins wahrnahm und für mich abspeicherte.

Sogar mein Bruder war im Grunde so eine Mann-Figur für mich. Trotz nur drei Jahren Altersunterschieds. Als wir klein waren, habe ich das natürlich kaum reflektiert. Dafür später um so klarer. Obwohl – oder vielleicht auch gerade weil – wir sehr unterschiedlich sind, mögen wir uns sehr.

Mein Bruder ist zum Beispiel ein ausgeprägter Techniker, während ich eher ein philosophischer Typ bin. Zwar habe ich auch einen gewissen Hang zur Technik, und er einen ebensolchen zur Philosophie, aber ich möchte sie lieber anwenden, während er sie lieber konstruiert. Es ist witzig. Zum Teil überschneiden sich unsere Interessen, zum Teil sind sie ganz gegensätzlich. Als wären die Schwerpunkte in der Mischung vertauscht, aus der wir zusammengesetzt sind. Ich zum Beispiel schreibe wahnsinnig gern Musik, möchte aber nicht unbedingt so wahnsinnig gern die ganze Zeit nur immer spielen. Er wiederum schreibt nicht so wahnsinnig gern etwas, spielt aber dafür die ganze Zeit vor sich hin.

Dieser innere Austausch unserer Anlagen und Fähigkeiten im Vergleich untereinander, der zeitweilig auch durchaus konkurrenzartig sein konnte, hat mich stark geprägt. An der Art, wie mein Bruder sein Leben in den Griff bekam, lernte ich, meines in den Griff zu bekommen. Das heißt nicht, daß ich ihn nachahmte und alles machen wollte wie er. Es heißt vielmehr, daß ich an seinem Beispiel mich selbst spiegelte und in der Reflexion dieses Spiegelbildes mein Ich viel leichter wahrnahm, als ich es ohne diesen Blick vermocht hätte.

Wichtig war und ist mir auch mein Taufpate, der mir immer zeigte, daß ein Mann ohne Hemmungen sehr offen und herzlich mit einem kleinen Jungen umgehen kann und ihn einfach nur mögen darf, ohne groß etwas dafür zu fordern. An seinem Verhalten nahm ich oftmals Maß, wenn es um solche Fragen wie Zivilcourage und Freundestreue ging. Nicht zuletzt habe ich an seinem Beispiel erkannt, daß eine Ehe auch dann eine Ehe ist, wenn die Ehepartner konträre Ansichten haben und verschiedene Wege gehen.

Und natürlich mein Vater. Zwar wußte ich als kleiner Bub nicht, daß er mein Vater ist. Aber er war doch regelmäßig in meiner Nähe. Dadurch, daß ich fast immer dabei war, wenn meine Mutter und er sich sahen, war er vielleicht sogar der Mann, den ich am häufigsten erlebte. Seine Prägung, die ich ganz ohne Zweifel sehr intensiv erfahren habe, galt meinem Geist und dessen Fähigkeiten. Was ich an meinem Vater nie wahrnehmen und dadurch für mich ausloten konnte, war alles Körperhafte, alles, was mit zum Ausdruck gebrachten, lebendigen Gefühlen zusammenhing. Es hat lange gedauert, bis ich verstehen konnte, warum.

Nach Feierabend, wenn wir gegessen hatten und gewaschen waren, ließ meine Mutter meist Haushalt Haushalt sein und nahm sich Zeit für uns Kinder. In dieser wunderbaren Stunde vor dem Schlafengehen brachte sie uns das Musizieren bei und legte damit einen Grundstein für unser ganzes Leben, denn weder für meinen Bruder noch für mich wäre ein Leben ohne Musik auch nur annähernd vorstellbar.

Musik hat bei uns eine echte Tradition. Meine Mutter stammt aus einer sehr musikalischen Familie. Schon der Vater meiner Großmutter hatte es immer gehalten, daß zum Beispiel bei Festen wie Geburtstagen innerhalb der Familie von jedem etwas vorgeführt oder aufgesagt oder gesungen wurde. Aber auch an ganz gewöhnlichen Abenden wurde von allen Hausmusik gemacht. Oft kamen Freunde dazu und machten mit. Nichts Klassisches, eher volkstümlich-ländlich. Traditionell eben, zum Teil urbayerisch. Aber nicht dies Lagerfeuerhafte, verkitscht Romantische mit so einem verklärten deutschtümelnden Beigeschmack, wie man es speziell aus der Nazi-Zeit kennt.

Meine Großmutter hat die Familientradition weitergeführt. Meine Mutter hat sie übernommen und an uns Kinder weitergegeben. Mit so einem kleinen Schmunzeln würde ich sagen, sie hat uns Kindern die Musik von klein auf immer sehr nahegelegt. Ja, »nahegelegt« ist vielleicht der humane Ausdruck dafür.

Wenn wir vom Matriarchat zusammen und gut drauf sind, ist unser Lieblingsspiel seit eh und je *»Jeder bringt was«*. So einfach aus dem Stegreif.

Ich erinnere mich zum Beispiel an den 80. Geburtstag meiner Großmutter, an dem mir irgendwer zum ersten Mal im Leben ein Akkordeon in die Hand drückte und ich etwas vorspielen sollte.

»Gut«, sagte ich lachend, »herrlich! Laßt mir wenigstens ein paar Minuten zum Probieren im Zimmer nebenan.« Alles grinste. *»Jeder bringt was«* lebt von Überraschungen und dem Jux des Unvollkommenen.

Ich übte also ein bißchen vor mich hin; immerhin komme ich auf dem Klavier ganz gut zurecht. Dann kam ich heraus, setzte mich und improvisierte eine Viertelstunde auf der Quetschkiste herum. Die Gaudi war groß.

Oder als ich Kindergeburtstag feierte. In einem der Alben meiner Mutter kleben Fotos von meiner Großmutter, die ein Banjo ohne Saiten in der Hand hielt und so perfekt darauf herumgriff, daß jeder zweimal hinschauen muß, ehe er merkt, daß wirklich keine Musik aus dem guten Stück herauskommen konnte. Dabei sang meine Großmutter aus voller Brust irgendeinen Schmalz-Song, daß die Milch im Kuheuter hätte sauer werden können. Und ich begleitete sie auf einer selbstgebastelten E-Gitarre aus Holz – dem Geburtsgeschenk von meinem Bruder –, die mit einem Kabel an einem leeren Limonadenkasten angeschlossen war, welcher einen Verstärker darstellen sollte. Herrlich!

Die Musik mit meiner Mutter war auch so. Einfach aus dem Stegreif. Vollkommen unbeschwert. Ein Spiel, ein tolles, schönes. Mehr nicht, aber auch nicht weniger. Mein Bruder war etwas älter als vier Jahre, als er ein Kindersaxophon bekam und darauf zu blasen anfing. Meine Mutter spielte Gitarre dazu und sang. Ich, damals gerade anderthalb und noch prall im Windellook, bekam Kochlöffel und Töpfe und war Schlagzeuger. Wir fabrizierten ein absolut phantastisches Charivari. Aber wir haben es geliebt und genossen und unser Ensemble im Laufe der Zeit immer reichhaltiger mit Instrumenten ausgestattet.

Im Grunde haben wir mit unseren Hausmusikstunden erst aufgehört, als mein Vater beschlossen hatte, gemeinsam mit uns leben zu wollen. Nach seinem Dafürhalten und für seinen illustren Geschmack war unsere Musik nicht reif genug. Er ertrug sie schlichtweg nicht. Und so verschonten wir ihn damit.

Der Ehrlichkeit halber muß ich ausführen, daß mein Vater durchaus nicht unmusikalisch ist. Im Gegenteil! Seine ganze Familie ist überdurchschnittlich musikalisch.

Der ein Jahr jüngere Bruder meines Vaters, jener Theo, der später Musiklehrer geworden ist und auch immer noch Musiklehrer an der Klosterschule ist, die mein Vater als Direktor leitete, hat zum Beispiel innerhalb eines Jahres so gut Geige spielen gelernt, daß er auf die Musikakademie konnte.

Im Unterschied zu der Musik aus dem Haus meiner Mutter wurde in der Familie meines Vaters jedoch ausschließlich klassische Musik bewundert, unterrichtet, gespielt und gepflegt.

Mal eben so ein Liedchen zur Gitarre frisch zu trällern war zwar bei den »Naturburschen und Mädeln« aus der Familie meiner Mutter an der Tagesordnung, bei den »intellektuellen Bleistifttätern« aus der Familie meines Vaters hingegen absolut nicht drin. Dort durfte es nur etwas Höheres, sozusagen Musik vom Feinsten sein.

Die Musikbewegung der jungen Avantgarde unserer Zeit ist also für das Musikempfinden meines Vaters ungefähr so wertvoll wie die grellen Farbspielereien der Graffiti-Sprayer in U-Bahn-Schächten. Und daß ausgerechnet ich, sein Sohn und der einzige, der die kostbaren Vater-Gene für die Zukunft in Umlauf hält, ein solcher Avantgardist mit umgebaumelter Baßgitarre in einer Band aus langmähnigen Chaoten bin und für ebensolche Chaoten auf Open-air-Bühnen alles aus mir heraushole, was an Musik in mir ist, ist mit Sicherheit einer der schmerzhaften blauen Flecke auf der Seele meines Vaters.

Zum ersten Mal ernsthafter und nachdrücklicher nahegelegt wurde mir die Musik von meiner Mutter, als ich sicher nicht älter als fünf oder sechs Jahre alt war. Eher noch ein bißchen jünger. Ich weiß noch, es fing damit an, daß ich Becken in einer Blaskapelle gespielt habe, in der meine Mutter Flügelhorn blies und mein Bruder an der kleinen Trommel saß. Da war ich noch ziemlich klein, hatte meinen Notenzettel vor mir liegen und machte »Tsching«, »Tsching«.

Ausgerechnet mit diesem Instrument anzufangen, hatte schon System. Man kann nicht sehr viel falsch machen. Man hört es zwar, wenn man nicht im Takt ist, aber man kann sich nicht wie bei einem Blasinstrument vergreifen. Da haust du einfach im richtigen Moment zusammen, und es macht »Tsching!«. Außerdem hatte ich noch einen anderen Musiker neben mir, der nur Becken gespielt hat und nach dem ich mich richten konnte.

Bei unseren Auftritten war ich als Kleinster und Jüngster natürlich immer der Star. Es sieht ja auch putzig aus, wenn da so ein Knirps auf der Bühne steht oder auf der Straße mitmarschiert, wenn es mit Musik durch den Ort geht, und dann immer »Tsching!« und »Tsching!«. Die Leute waren total begeistert. Ich war dann nur immer ganz sauer, wenn am Schluß alle einen Schnaps getrunken haben und ich keinen abkriegte.

Anschließend habe ich für kurze Zeit Trompete gespielt. Aber das hat mir nicht gelegen. Also bin ich auf Horn umgestiegen. Im Englischen heißt es *»French horn«*, auf Deutsch *»Alexanderhorn«* oder auch *»Waldhorn«*. Das habe ich in der Kapelle als einziger gespielt. Angefangen habe ich mit sieben Jahren. Aber nach einiger Zeit Unterricht konnte ich ziemlich bald in der Blaskapelle mitspielen. Aus der Rückschau würde ich behaupten, daß ich mit diesem Instrument meinen größten musikalischen Erfolg aller Zeiten hatte. Ich war damals gerade elf geworden und ging in die fünfte Klasse des Gymnasiums unserer Klosterschule. Irgendwann wurde ein Schülerkonzert in der Aula anberaumt. Für meinen Musiklehrer war das die Gelegenheit, mich mit dem Horn vorzustellen.

»Wir machen was Solistisches zusammen«, meinte er. »Du spielst Horn, und ich begleite dich auf dem Klavier.«

So übten wir also das Stück »Oh, Susanna« ein und trugen es auch tatsächlich miteinander vor. Ein Freund von mir, der damals in meine Klasse ging, hat nach dem Vortrag auf die Uhr geschaut und gestoppt, wieviel Minuten Applaus wir bekamen. Es war der längste Applaus des ganzen Vorspiels. Die Halle hat echt getobt. Das werde ich nie vergessen.

Ungefähr zur gleichen Zeit habe ich begonnen, Geige zu spielen. Ich glaube, das war der Wunsch meines Vaters. Ich bekam Unterricht bei einer sehr guten, engagierten Musiklehrerin, die erst kurze Zeit an unserer Schule war. Sie war zwar von ihrer Ausbildung her »nur« Realschullehrerin, doch weil bei uns zu der Zeit eine Fachkraft fehlte, wurde sie trotzdem am Gymnasium eingestellt. Obwohl sie sehr beliebt und als Geigenlehrerin äußerst befähigt war, verließ sie die Schule zwei Jahre später auf eigenen Wunsch.

Als meine Geigenlehrerin unserer Schule den Rücken kehrte, mußte ich den Unterricht bei ihr beenden. Darüber waren wir beide ziemlich betrübt. Sie hatte große Stücke auf mich gehalten und war überzeugt, daß ich es auf der Geige zu etwas bringen könnte, wenn ich weiterhin so fleißig üben würde wie bisher. Als meine Mutter mir davon erzählte, war ich sehr stolz. Ich glaube aber, daß mein Vater noch stolzer war.

Leider bekam ich nun einen Geigenlehrer, mit dem ich auf keinen gemeinsamen Nenner kommen konnte. Aus heutiger Sicht schätze ich ihn als tüchtigen Handwerker ein. Ein Gespür für Musik aber hatte er nicht. Für mich ist er das Horrorbild des Musikers geworden. Entsprechend schnell legte ich die Geige beiseite und habe auch seither nie mehr Ehrgeiz entwickelt, es nochmals damit zu versuchen.

Mit dem Horn, das ich bis dahin immer noch in der Blaskapelle meiner Mutter geblasen hatte, lief es ähnlich. Da ich die Geige geschmissen hatte und diesbezüglich nicht mehr in die Fußstapfen der Familie meines Vaters treten würde, entwickelte mein Vater den ganz besonderen Ehrgeiz, daß ich es nun wenigstens auf dem Horn zu etwas Rechtem bringen müsse. Die Ausbildung im Rahmen einer Blaskapelle war zu diesem Zweck natürlich nicht nobel genug. Folgerichtig verschaffte mein Vater mir einen »richtigen« Lehrer. Ja, und das war dann – um mit dem von mir sehr bewunderten Frank Zappa zu sprechen, der laut *»The Guardian«* mit seiner Band *The Mothers of Invention* jahrelang die Quintessenz des Grotesken in der Rockmusik verkörperte – *»the end of it all«*.

Diese auch für mich deprimierenden Erfahrungen fielen alle so in die Anfänge der Pubertät, wo man innerlich sowieso so ganz allmählich in den Umbruch kommt. Ich habe dann mit zwölf eine Zeitlang versucht, Schlagzeug zu spielen. Auch Klavier wollte ich kurzzeitig lernen. Daran bin ich sogar ein wenig hängengeblieben und spiele heute noch ab und zu recht gern. Vor einiger Zeit habe ich ein altes *»Stage-Piano«* aus den 70er Jahren aufgegabelt. Das liebe ich. Es ist mit einer natürlichen Klangerzeugung ausgestattet. Das heißt, es ist kein Saiteninstrument wie ein herkömmliches Klavier, sondern es werden kurze Stäbe angeschlagen und mit einem Tonabnehmer abgenommen. Der Klang ist umwerfend.

Den entscheidenden Stein für mich und meine Musik brachte schließlich mein Bruder ins Rollen. Er fing irgendwann an, Baßgitarre zu spielen. Und ein Jahr später ging es damit dann auch bei mir los. Zuerst lieh ich mir ein Instrument aus, und mein Bruder zeigte mir, was er konnte. Schon ziemlich bald wünschte ich mir von meinem Vater einen eigenen Baß zum Geburtstag. Dann nahm ich ein paar Monate regulär Unterricht an der Musikschule. Gitarre kam hinzu. Wenn man Baß lernt, lernt man auch Gitarre. Das Eigentliche, Wesentliche an meiner Musik habe ich mir aber selbst beigebracht.

Irgend jemand zeigt dir einen Akkord. Den spielst du dann. Du kriegst mit, wie Akkorde überhaupt zustande kommen. Das probierst du aus. Und so ganz allmählich wächst du ins Spielen rein. Auch das, was ich an Studiotechnik beherrsche, habe ich überwiegend autodidaktisch gelernt. Vieles habe ich aus Bedienungsanleitungen übernommen. Noch mehr habe ich aufgeschnappt und für mich umgesetzt, wenn ich bei Konzerten den anderen über die Schulter geschaut, Tips erfragt oder mit Freunden diskutiert habe. Wenn du heiß bist auf Information, brauchst du nicht unbedingt eine geregelte Ausbildung. Du verschaffst dir dann von selbst und aus eigenem Antrieb, was du brauchst. Das wiegt meistens mehr als alles, was dir ein Lehrer an irgendeiner Musikschule vorpredigt. Und inzwischen habe ich so einen starken eigenen Stil entwickelt, daß mir eine Musikschule nur noch hinderlich wäre.

Doch zurück zu meinen ersten Schritten!

Mein Bruder wuchs allmählich aus den kurzen Kleinkinderhosen heraus und fing an, über die Schule nachzudenken. Ich hatte mich zu einem strammen Kerlchen entwickelt, das sich mit großem Ernst und Wissensdurst für alles, aber auch alles interessierte. Gewohnt, mich oft allein beschäftigen zu müssen, schuf ich mir meine eigene Gedankenwelt und erstaunte meine Umgebung mit meiner Kreativität und dem Verständnis für Zusammenhänge. Da meine Mutter mich immer ernst nahm und mir auf keine Frage eine Antwort schuldig blieb und diese dann zwar kindgerecht und verständlich, aber durchaus nicht in verniedlichender Babysprache erteilte, fiel ich bald durch einen für mein Alter ungewöhnlich großen Wortschatz auf und wandte auch kompliziertere Redewendungen wie »an und für sich« sinnvoll an. Was meine Mutter entzückte und meinen Vater zu großen Hoffnungen auf sein geistiges Erbe beflügelte, trug mir spätestens ab dem Kindergartenalter oft genug den Vorwurf ein, altklug und vorlaut zu sein.

Vorerst aber war meine Welt noch in Ordnung. Ich hatte meinen Bruder zum Spielgefährten, meine Mutter, meine Großmutter, einige Tanten und Onkel. Meine Mutter war begeistert von ihren »beiden Prinzen«, wie sie uns gern nannte, wenn sie uns mal wieder beschneidert und herausgeputzt hatte. Wir wurden geliebt. Es gab keinen Grund, unglücklich zu sein.

Für meine Mutter bahnte sich indessen eine der einschneidensten Veränderungen ihres Lebens an. Es begann mit einem Abend wie viele andere. Meine Mutter hatte es sich in unserer Wohnung gemütlich gemacht. Irgendwann später würde mein Vater kommen. Sie hatten sich schon nachmittags verabredet.

Hin und wieder warf meine Mutter einen Blick aus dem Fenster zur Wohnung meines Vaters hinüber. Doch drüben blieb alles still. Es machte meiner Mutter nichts aus zu warten. Sie hatte ein gutes Buch, ein Glas Wein, eine Kerze. Die Zeit wurde ihr nicht lang.

Plötzlich, schon spät, läutete das Telefon. Mein Vater. »Ja, komm du doch rüber!« bat er. »Ich kann nicht weg.

Ich muß noch unbedingt auf einen Anruf warten. Und es wird ja immer später. Schade um die schöne Zeit!«

Meine Mutter hatte nur kurz überlegt. Es war Samstag. Am nächsten Morgen konnte sie also lange ausschlafen. Wir Kinder waren auch ruhig. Wir schliefen fest, als sie prüfend zur Zimmertür hereinschaute. »Also gut«, meinte sie. »Ich komme.«

Normalerweise kam mein Vater zu ihr. »Das war unauffälliger«, erklärte meine Mutter. »Bei ihm, da konnte ja immer auch mal der Abt kommen oder wer anderer vom Kloster. Und bei mir, da hatten wir dann ja auch alles. Das war einfach bequemer. Wenn ich mal zu ihm ging, dann nie ohne mein Köfferchen mit der ganzen Empfängnisverhütungsserie. Wie ein Vertreter.« Sie lachte. »Ich habe mir halt immer gedacht: Besser, du hast mehr als zu wenig. Weil, ja, er hat sich ja sowieso um nichts gekümmert. Und an dem Abend, wie es der Zufall will, hatte ich dann alles zu Hause vergessen. Und dann war es der zwölfte Tag. Ich bin dann schon ins Grübeln gekommen. Und dann habe ich gedacht: an und für sich harmlos, weil ich meine Periode sowieso immer zu spät bekomme. Mei, das geht schon. Und dann, am nächsten Tag, da hab ich es schon gemerkt. Es hat alles gespannt. Was heißt schon, ich hab's gewußt? Gewußt habe ich es natürlich nicht. Aber ich habe es doch geahnt und gedacht: Ja, das gibt's doch nicht! Jetzt bist du am Ende schwanger!«

Schon diese Ahnung allein war für meine Mutter der absolute Schock. Zu diesem Zeitpunkt hatte sie nach der Schwangerschaft mit mir zum ersten Mal wieder ein gutes Gefühl für sich selbst entwickelt. Daß ich da war, gab ihr ein stolzes, zufriedenes Gefühl, aber auch das Bewußtsein, das Kapitel Schwangerschaft und Mutterwerden abgeschlossen zu haben. Sie liebt Kinder, sie wurde und ist gern Mutter. Sie bereut nicht im geringsten, uns zu haben.

Aber für die Lebensumstände, in denen sie mit uns lebte, waren zwei Kinder für sie endgültig genug. Oft bewältigte sie die Doppelbelastung als Mutter und berufstätige Frau nur noch mühsam.

Hinzu kam, daß sie sich endlich wieder schlank und begehrenswert fühlte. Es hatte einige Zeit gedauert, bis es ihr gelungen war, den »Gattinnen- und Babyspeck« – wie man es nennt – abzulegen. Jetzt stand sie in den Startlöchern zum Anschlußzug zurück in die Welt. Und dann das!

In heller Aufregung vertraute sie meinem Vater ihre Befürchtungen an. Auch er war ratlos und geschockt. Irgendwie sah er diese Panne aber eher als ihre Schuld an. Schließlich hatte meine Mutter den bewußten Koffer vergessen und war trotzdem mit dem zärtlichen Stündchen einverstanden gewesen. Er als Mann, noch dazu als Klostermann, mußte sich doch wohl nicht zurückhalten, wenn sie als Frau, und schwangerschaftserfahren obendrein, grünes Licht gab! Trotzdem versuchte er, einen kühlen Kopf zu bewahren.

»Jetzt warten wir es erst mal ab!« meinte er. »Noch ist ja nichts raus. Vielleicht ist ja gar nichts. Reg dich nicht auf. Es wird schon nichts sein.«

Es fiel meiner Mutter schwer, ihren Alltag als Lehrerin, Mutter und Hausfrau in gewohnter Zuverlässigkeit, Freundlichkeit und guter Laune abzuleisten. Obwohl sie mit jedem verstreichenden Tag die keimende Schwangerschaft deutlicher zu spüren glaubte, zwang sie sich mühsam, die Wochen abzuwarten, bis sie einen ersten verläßlichen Schwangerschaftstest machen konnte. Schwanger! Jetzt stand es fest.

»Ja, als ich dann wirklich schwanger war«, sagte meine Mutter, »bin ich in die totale Panik geraten. Ich wußte nicht mehr, was ich machen sollte. Hier an der Klosterschule schwanger zu sein, das hatte ich von Anfang an im

Kopf, das konnte ich keinem Menschen mehr zumuten. Da hatte ich mein Kontingent schon total erschöpft. Denen hatte ich schon mit der Schwangerschaft mit dem Thomas zu viel zugemutet. Die ganze Geschichte mit dem Vater, mit der Scheidung, alles, was nicht gestimmt hat, und dann die kleinen Kinder immerzu und keinen, der einem mal etwas abnimmt, mal hilft, mal fragt. Die im Kloster hatten schon so viel mitgemacht durch mich. Es ging einfach nicht, ich konnte nicht noch einmal damit kommen. Der einzige Rat, den ich mir wußte, war, daß ich weg mußte aus dem Haus und irgendwohin abtauchen mit den Kindern, daß keiner einen Skandal daraus machen kann und der Abt stillhält.«

Etwa ein halbes Jahr vorher hatte meine Mutter mit Unterstützung ihrer Mutter ein Grundstück gekauft. Es war wunderschön oberhalb eines Sees in einem soeben erst erschlossenen Baugebiet am Rand eines kleinen Ortes gelegen. Meine Mutter hatte es zu einem glücklichen Preis erhandelt, der wahrscheinlich in unserer Gegend einmalig war. Bauen wollte meine Mutter damals lange noch nicht. Mindestens fünf Jahre hatte sie noch in unserer Klosterwohnung verbringen, Geld ansparen und dann in aller Ruhe planen und schließlich auch bauen wollen.

»In der Not jetzt«, sagte sie, »wußte ich nur den einen Ausweg: du mußt sofort zu bauen anfangen. Da habe ich mir gedacht, am besten reiche ich den Bauantrag und den Plan sofort ein und treibe die Sache dort so schnell voran, wie es nur geht, nur damit wir ein Dach über den Kopf kriegen, egal wie, und wieder ein Zuhause haben.«

Während der Planungsphase kam der Ex-Mann meiner Mutter wie so oft zu Besuch, um seinen Sohn zu sehen und mit meiner Mutter einen Kaffee zu trinken. Da er ebenfalls Architekt ist, zeigte sie ihm ihren Bauplan und bat ihn, verschiedene Details mit ihr durchzusprechen. Er war gern einverstanden und studierte alles genau. »Ja«, sagte er zuletzt, »das ist alles ganz schön. Aber es sind drei Kinderzimmer.«

Wenn meine Mutter heute davon erzählt, kann sie lachen. Damals war ihr eher nach Tränen zumute. Und so kam es, daß ihr Ex-Mann wieder einmal der einzige außer meinem Vater war, der wußte, daß sie schwanger war und auch diesmal keinen Vater für das Kind angeben konnte.

Ihr Ex-Mann benahm sich phantastisch. »Du«, sagte er und legte meiner Mutter den Arm um die Schultern, »komm, ich halte da schon zu dir. Sag einfach, es ist von mir. Mir macht das gar nichts aus. Das geht schon. Mach es so.«

»Aber ich kann trotzdem nicht hier wohnen bleiben«, wandte meine Mutter ein. »Nicht im Kloster. Noch einmal machen die das nicht mit.«

»Dann sagst du einfach, du ziehst zu mir«, schlug er vor und lachte. »Sagst, daß du zu mir ziehst und wir wegen der Kinder wieder zusammenkommen.«

Meine Mutter konnte kaum glauben, daß er sich so schützend vor sie stellen wollte. Sie kannte ihn ja. Sie wußte, daß er immer nur in den Kleinigkeiten des Alltags oft versagte, aber in Stunden der Not wahre Größe zeigen konnte. Trotzdem war sein Angebot so hochherzig, daß es ihr fast den Atem nahm. Als ihr Ex-Mann ging, hatten sie fest miteinander ausgemacht, wie die Sache zu deichseln war.

Je länger meine Mutter über diese Version der Geschichte nachdachte, desto besser fand sie sie. Nicht der frömmste und strengste Abt konnte ihr einen Strick daraus drehen, daß sie von dem Vater ihrer Kinder erneut schwanger geworden war und nun wieder mit ihm eine Familie bilden wollte. Wenn es dann mit der Familie nicht so klappte, wie man sich das erhofft und vorgestellt hatte – nun, dann war der Versuch eben mißlungen.

Auch meinem Vater schien dieser Strohhalm der rettende Balken zu sein, und er war gern bereit, die nötigen Informationen in die gewünschte Richtung zu lenken.

Wie schon während der Schwangerschaft mit mir, beschloß meine Mutter, ihre erneute Schwangerschaft schnell zu melden, damit niemand ihr unterstellen konnte, sie habe alles vertuschen wollen. Um die Peinlichkeit zu mildern, formulierte sie die Mitteilung an den Abt diesmal schriftlich.

Im Wahrheitverbiegen war sie mittlerweile meisterlich gut geworden. So fand sie doppeldeutige Formulierungen, aus denen man herauslesen konnte, was man wollte. Niemals nannte sie den Vater ihrer Kinder konkret beim Namen. Nur soviel, es ginge ihr gut. Sie sei schwanger und werde zum Vater des Kindes zurückziehen und die Familie wieder zusammenbringen.

Um die Mitteilung auch wirklich in die richtigen Kanäle zu lenken, verbreitete mein Vater in seiner klatscherprobten Verwandtschaft, der Klaus – also der Ex-Mann meiner Mutter – komme ja immer noch zum Wäschewaschen und so. Und da war es dann auch schon für alle klar, was passiert war, und jeder schaute meine Mutter mit so einem Augenzwinkern an. Von der Art Wäschewaschen verstand anscheinend jeder etwas.

In einem Atemzug mit der Information an den Abt hatte meine Mutter auch unsere schöne Wohnung gekündigt. Es mußte ja alles zusammenpassen.

Da die ganze säuberlich konstruierte Geschichte mit der Familienzusammenführung und dem Wohnen beim Vater nicht stimmte, bedeutete die Kündigung, daß wir vom Tage des Auszugs an auf der Straße saßen.

Meine Mutter, die bis jetzt so tapfer gewesen war, brach innerlich fast zusammen. Stundenlang kämpfte sie mit sich selbst. Sie hatte die Verantwortung für bald schon drei kleine Kinder. Mein Bruder ging noch nicht einmal zur Schule, ich hattc kcinen Kindergartenplatz, und jetzt der Säugling. Und kein Vater. Wahnsinn, da die Wohnung zu kündigen, ins Ungewisse hinein ein Haus bauen zu wollen, jede Sicherheit aufzugeben und mit vollem Bewußtsein in den vorhersehbaren Untergang hineinzusteuern!

Ihr kam in den Sinn, wie oft sie den Abt hatte umstimmen können, wenn es Schwierigkeiten für andere gegeben hatte. Wenn man nur richtig mit ihm sprach, konnte er oft so einsichtig sein und auch das irgendwann verstehen, was er Stunden zuvor mit aller Kälte und Strenge verworfen hatte. Und war er denn nicht auch Priester? War er denn nicht dazu bestimmt, denen die Hand zu reichen, die in Not geraten sind? Die Aufgabe der Kirche sollte sein, zu retten und zu vergeben, nicht zu strafen und zu zerstören. Vielleicht, wenn sie sich ihm anvertraute, würde er einen Rat wissen?

Wieder schrieb meine Mutter einen Brief. Diesmal jagte ihr Stift nur so über das Papier. Alles stimme nicht, gestand sie. Es gehe ihr nicht gut, sondern dreckig, saudreckig. Sie könne nicht zu dem Vater der Kinder zurück. Sie wisse nicht mehr aus noch ein. Noch in der Nacht legte sie den Brief an die Pforte für den Abt, damit er ihn ganz sicher schnell, persönlich und heimlich erhielte.

Wenn meine Mutter eine rasche Antwort erhofft hatte, mußte sie nun lernen, sich mit Geduld zu wappnen. »Schnell« ist in der Kirche ein Hexenwort. Erst später, als meine Mutter schon keine Reaktion mehr zu erhoffen wagte, traf sie den Abt einmal allein im Schulhausgang. Ihr Herz begann heftiger zu schlagen. Wenn der Abt je sprechen würde, dann jetzt. Voller Angst und Hoffnung blickte sie ihm entgegen und zu ihm auf. Er hatte so ein weiches, mildes Gesicht. Im Grunde war er herzensgut. Strenge setzte er nur künstlich auf, weil er sie mit Kraft verwechselte und Milde als Schwäche verkannte. Wie würde er reagieren?

Der Abt schien zu wachsen, als er meine Mutter erkannte. »So ist das also!« sagte er mit seiner leisen, angenehmen Stimme und blieb nicht einmal stehen, während er sie mit kalten Blicken maß. Er verhielt höchstens etwas den Schritt.

»So ist das also! Aber ich sage dir nur eines: man muß Kinder nicht kriegen!« Und ging, schritt gemessen davon, unberührt, als sei kein Wort zwischen ihnen gefallen.

Mit diesem Brief gab meine Mutter alle Hoffnung auf Hilfe von außen auf.

Für sie stand fest, daß sie nun den Hausbau vorantreiben mußte. Als erstes mußte die Baugenehmigung beantragt werden. Dies war gar nicht so einfach. Behörden haben Zeit, meine Mutter aber hatte keine.

Daß sie ihr Anliegen in seiner ganzen Dringlichkeit schließlich doch glaubhaft machen und die Mühlen der Ämter tatsächlich umgehend in Bewegung zu setzen vermochte, lag vermutlich an der inneren Verfassung meiner Mutter. Es ging ihr furchtbar schlecht. Bei der geringsten Anspannung und Aufregung brach sie in Tränen aus. Kaum saß sie auf dem Bittstellersessel vor dem Schreibtisch der Entscheidungsträger, ging es los. Sie konnte gar nichts dagegen machen. Die Tränen quollen nur so aus ihr heraus. Sie heulte und heulte und heulte.

Irgendwer hielt es nicht aus, sie so verzweifelt zusammenbrechen zu sehen. »Im wievielten Monat sind Sie denn?« fragte er und suchte die Antwort irgendwo in Bauchhöhe, wo man noch nichts sah.

»Im zweiten!« gab meine Mutter schluchzend zurück. »Deshalb pressiert es ja so. Ich habe nicht mehr viel Zeit. Wir brauchen doch ein Dach über dem Kopf.«

Der Mann schien nicht richtig gehört zu haben. »Im zweiten?« fragte er und schwankte zwischen Verständnislosigkeit und Erleichterung. »Aber dann ist doch noch gar nichts zu spät! Bei so etwas macht man doch einen Abbruch!«

Doch meine Mutter wollte keinen Abbruch. Sie wollte eine Wohnung, sonst nichts.

Stundenlang rief sie der Reihe nach unter jeder Telefonnummer von Leuten an, die in der Zeitung ein Inserat aufgegeben und eine Wohnung zu vermieten hatten. Überall bekam sie nur ein Nein. Es genügte, daß meine Mutter sagte, sie habe zwei Kinder, sei schwanger und alleinerziehend. Mit einer derartigen Beschreibung der Familiensituation hat man in unserer Gesellschaft schon verloren. Nicht einmal in den finstersten Löchern wollte man uns haben.

Meine Mutter war total am Boden zerstört. Als letzter Ausweg erschien ihr die Familienberatungsstelle vorstellbar. Es gab eine staatliche und eine kirchliche Einrichtung. Meine Mutter entschied sich für die staatliche. Mit der Kirche hatte sie derzeit nichts am Hut.

Eine nette junge Frau nahm meine Mutter in Empfang. Sie trug eine so freundliche Gleichgültigkeit zur Schau, daß meine Mutter kaum an sich halten konnte. »Haben Sie einen Vater für das Kind?« war neben der Frage: »Und das wievielte uneheliche?« das Wichtigste. Die Beraterin sah kaum auf, als meine Mutter antwortete. »Ich stelle Ihnen die Bescheinigung für den Schwangerschaftsabbruch aus«, sagte sie und lächelte flüchtig von ihren Formularen hoch. »In ein paar Tagen sind sie wieder okay.«

»Ich bin okay«, schrie meine Mutter fast und kramte nach ihrem Paket Taschentücher. »Ich brauche eine Wohnung!«

»Aber Sie haben doch eine Wohnung«, meinte die junge Frau. »Nach dem Abbruch ist doch alles okay. Danach gibt es doch keinen Kündigungsgrund mehr.«

Jetzt war nur noch die Kirchenstelle übrig. Es kostete meine Mutter einige Überwindung, dort vorzusprechen. Sie tat es.

»Schon an der Tür wollten sie wissen: abtreiben oder nicht«, erzählte sie mir irgendwann. »Je nachdem haben sie uns Frauen gleich zu verschiedenen Zimmern geschickt. Ich wollte nicht abtreiben. Entsprechend lau war auch die Beratung, hatte ich den Eindruck. Es gibt gewisse finanzielle Hilfen, hieß es. Aber im Grunde war das alles ein Schmarrn. Ich habe dann ganz fest gesagt, daß ich vor allem eine Wohnung brauche, wenigstens für ein paar Monate, und daß ich erwarte, daß sie mir eine geben können. Ja, hat mir die Frau in der Beratungsstelle gesagt, da gibt es solche Mutter-Kind-Heime, aber da nehmen wir nur Frauen mit einem Kind. Mit drei Kindern gibt es nichts. Ich sollte doch meinen Arbeitgeber fragen, ob er mir eine Dienstwohnung gibt. Und ob ich denn nicht doch lieber einen Schwangerschaftsabbruch machen wollte? Schließlich, mit drei Kindern, ich würde ja jetzt schon sehen, daß ich da keine Chance hätte.«

Der aller-, wirklich allerletzte Ausweg für meine Mutter war jetzt mein Vater. Hatte er damals nicht versprochen, daß er zu ihr stehen würde, wenn ich behindert zur Welt käme? Daß er sie nicht im Stich lassen würde, wenn es gar nicht anders ginge und sie ihn bräuchte? Hatte er nicht immer nach einem Kind verlangt? Hatte er nicht gesagt, er würde es als Segen Gottes ansehen, wenn sie schwanger werden würde? Als Zeichen dafür, daß Gott mit ihnen beiden und unserer verbotenen Familie war?

Meine Mutter hatte nie etwas von meinem Vater verlangt. Sie verlangte auch jetzt nichts von ihm. Sie weinte nicht aus Berechnung, sondern weil die Tränen ganz einfach liefen und ihre Kraft nicht mehr ausreichte, um die Schwäche zu verheimlichen. »Ich habe nichts!« sagte sie und wünschte sich, mein Vater würde sie fester in den Arm nehmen, sie halten, beschützen. »Ich habe keine Wohnung. Es gibt keine für uns. Alles habe ich versucht. Es geht nichts. Und ich weiß nicht – ich kann nicht. Ich kann doch hier nicht bleiben! Was soll ich denn machen, jetzt? Was?«

Mein Vater wandte sich mit einem Ruck von ihr ab, starrte ins Leere, an ihr vorbei. Dann kam es heraus: »Ja, wenn du es nicht schaffst, dann mußt du eben abtreiben!« Und dann ging er. Ließ meine Mutter einfach stehen.

Eine andere Frau wäre jetzt vielleicht endgültig zusammengebrochen, hätte die Abtreibung durchgezogen und fertig. Nicht meine Mutter! In ihr kam jenseits von Angst und Verzweiflung die Entschlossenheit eines in die Enge getriebenen Tieres hoch, das sich in Todesnot selbst dem übermächtigsten Gegner stellt und ihn angreift.

»In mir ist so eine Wut gewesen«, erklärte sie mir. »Ihr könnt mich alle mal, hab ich gedacht. Wenn ich gar nichts hab, gar nichts, und alle sagen, ich muß abtreiben – ja, da bin ich innerlich zum Bären geworden. Und dann hab ich gesagt: Dann mach ich es eben allein, ohne euch alle! Und wenn ich im letzten Loch wohne, und wenn ich weiß Gott was tun muß – ich finde irgendeine Lösung. Ich ziehe jetzt irgendwohin. Wie und wohin, ist mir alles Wurst. Aber irgend etwas kriege ich. Und dann ist mir das Häuschen eingefallen, da am See, das von meiner Mutter. Und das war's dann.«

Meine Großmutter war nicht unbedingt entzückt, als meine Mutter ihr eröffnete, schon wieder schwanger zu sein, von demselben Mann zwar wie zuvor, doch auch diesmal nicht zu benennen. Mindestens ebensowenig begeistert war sie von der Aussicht, ihr Ferienhaus auf unbestimmte Zeit an uns kleine Racker abzugeben.

Bei diesem Ferienhaus handelte es sich um ein landschaftlich zauberhaft, aber fern der erschlossenen Wohngegenden gelegenes Haus im Stil eines festen Jagdhauses. Der Keller und das Erdgeschoß waren aus dicken Bruchsteinen, der Oberstock aus Holz gebaut, und es war mit Klappläden und einem schneesicheren Dach versehen. Zwar bot es schon fließendes Wasser und einigen nachträglich eingebauten sanitären Komfort sowie elektrisches Licht; es verfügte jedoch weder über eine Heizung noch über ein Telefon oder ein Fernsehgerät und dergleichen modernen Schnickschnack mehr.

Bis zur Jugend meiner Großmutter war es das Wohnhaus einer gutsituierten Familie gewesen, deren einziger Sohn während des letzten Weltkrieges bei einem Flugzeugabsturz ums Leben kam. Wie man auf einem der letzten von ihm aufgenommenen Fotos unschwer erkennt, welches immer noch in einem Zimmer hängt, war er ein gut aussehender Mann. So richtig der Typ Mädchenschwarm.

Meine Großmutter war seine Verlobte gewesen. Er war der erste Mann für sie, und sie muß ihn wirklich sehr geliebt haben, denn wenn sie ihre melancholischen Momente hat, schmerzt sein Verlust sie bisweilen heute noch. Vielleicht ist es auch überhaupt ihre Jugend, an die sie dann denkt.

Nach dem Tod der »Schwiegermutter« erbte meine Großmutter das Anwesen in Erbengemeinschaft mit einer anderen Frau, die dem verstorbenen Verlobten meiner

Großmutter ebenfalls nahegestanden hatte. Beide Frauen hielten das Häuschen in Ehren und verbrachten abwechselnd viel Zeit darin.

Da meine Großmutter sich in diesem Haus ihrem toten Verlobten immer besonders nahe gefühlt hat, durfte in ihrem Teil des Hauses kaum etwas verändert werden. Wenn sie kam, schwelgte sie in lieben Gedanken und empfand die Atmosphäre der Wohnräume als eine Frischkur für ihre Erinnerungen. Noch heute ist das Schlafzimmer, das meine Großmutter mit ihrem Verlobten teilte, für jeden anderen tabu. Jedes Möbelstück steht noch so wie damals.

Nicht nur meine Großmutter, auch meine Mutter und wir Kinder lieben dieses Ferienhaus sehr. Mit seinen Rosen- und Clematisspalieren und dem ochsenblutroten Oberstock aus Holz hat es etwas von einem verwunschenen Platz im Niemandsland. Von der halbovalen, verglasten Veranda an der dem Garten zugewandten Hausseite hat man freien Blick über einen Badesee, in dem wir im Sommer gern schwimmen. Da in der Mitte der Glasfläche ein Schiebefenster ist, kann man diesen Blick zu jeder Jahreszeit genießen. Das heißt, man könnte ihn genießen, wenn nicht ein anderer Grundstücksbesitzer vor einiger Zeit eine Hecke und eine Riesenkiefer auf seine Grenze gepflanzt hätte, die mittlerweile weit übermannshoch sind und die Sicht versperren.

Als es nun darum ging, meiner Mutter und uns Kindern das Ferienhaus für Monate zu überlassen, sank meiner Großmutter sichtlich das Herz. Tausend Auflagen machte sie. Dies Zimmer dürfe nicht benutzt werden, jenes nicht berührt, schon gar nichts kaputtgemacht werden. Alles müsse an seinem Platz bleiben. Und schlafen könnten wir drei nur in dem einen Raum, in dem früher das Elternschlafzimmer ihres Verlobten gewesen sei. Aber nur dort und ja nicht in ihrer besonderen Stube.

Meine Mutter war im fünften Monat schwanger. An der rechten Hand hatte sie einen dreijährigen Buben, nämlich mich, an der linken einen sechsjährigen, meinen Bruder. Trotzdem war sie mit allen Auflagen einverstanden. Ich glaube, sie wäre selbst damit einverstanden gewesen, wenn meine Großmutter ihr ein Quartier im Keller des Ferienhauses angeboten hätte.

So war abgemacht, daß wir von dem Tag an, an dem der Schwangerschaftsurlaub meiner Mutter beginnen und sie angeblich zu ihrem Mann zurückziehen würde, ins Haus am See einziehen könnten. Die Möbel meiner Mutter würden überall in der Verwandtschaft untergestellt werden, so daß auch der Umzugswagen regulär bestellt werden konnte und nach außen hin alles seine Richtigkeit hatte. Meiner Mutter fiel ein ganzes Gebirge von der Seele.

Zu der neuerlichen Schwangerschaft verlor meine Großmutter diesmal kaum ein Wort. Sie wußte, daß sie bei meiner Mutter mit Vorwürfen und Fragen nichts ausrichten würde. Schon früher, als junge Frau, hatte meine Mutter zum Beispiel auf Fragen, wohin sie denn gehe, nur geantwortet: »Heute gehe ich nach Süden oder nach Norden, mehr sage ich dazu nicht.«

Daß meine Großmutter die Schwangerschaft und die Lebenslage meiner Mutter auf das entschiedenste mißbilligte, war bekannt. Warum sollte sie sich endlos und letztlich doch ergebnislos wiederholen? Meine Mutter war erwachsen, mußte selbst wissen, was sie wollte.

Einmal nur brachte meine Großmutter zur Sprache, daß auch sie sich eine andere Lösung hätte vorstellen können. »Du hättest das alles nicht mitmachen müssen«, meinte sie. »Du hattest die Wahl.« Meine Mutter wußte, was damit gemeint war. Es hieß: »Du hast es so gewollt, jetzt schau, daß du damit zurechtkommst.« Und es drückte im

Grunde die innere Haltung aus, die alle Frauen aus dem Matriarchat kennzeichnet. Sagst du A, mußt du auch B sagen. Und dann Augen zu und durch.

Doch ganz gleich, wie meine Großmutter denken mochte und wie sie selbst vielleicht entschieden hätte, wäre es ihre Entscheidung gewesen – sie ließ meine Mutter und uns Kinder nicht im Stich. Sie stand nicht pausenlos parat. Sie sagte auch nein, wenn ihr nach Neinsagen zumute war. Aber sie half und zwar mit der größten Selbstverständlichkeit und Liebe. Und die Wunde, die ihre anfängliche Ablehnung meiner Mutter geschlagen hatte, vernarbte über dieser Liebe. Vor allem, nachdem meine Großmutter meiner Mutter gestanden hatte, daß sie lange schon alles geahnt hatte und ihre Tochter in diesem beharrlichen Verschweigen und Geheimhalten verstehen konnte, weil es die einzige Chance war, uns Kindern ein einigermaßen funktionierendes soziales Netz und eine Zukunft zu schaffen.

Die Wunde in der Liebe zu meinem Vater aber schloß sich nicht. Wie ich glaube, bis heute nicht.

»Ich muß gestehen«, gab meine Mutter zu, »daß diese ganzen Antworten auf mein Bitten damals, wo alles nur immer auf die Abtreibung hinauslief und ich doch immer so gehofft habe auf die Menschen, daß alles das wirklich mörderisch für mich war. Bei jedem, mit dem ich geredet habe, dachte ich, dem fällt bestimmt etwas ein. Man kann doch irgendwie helfen. Ich war doch kein Verbrecher. Ich war eine Mutter in Not, die eine Wohnung, ein Dach über dem Kopf brauchte. Aber Hilfe, das stand nie zur Debatte. Es war immer nur dies eine, Abtreibung. Das war menschlich für mich furchtbar. Vor allem, daß er mich darin so verraten hat. Daß ich ihn für die Rettung meiner Kinder – ich kann nicht sagen, meiner Familie – nicht brauchen konnte. Daß er da nicht da war, das nicht konnte, nicht gemacht hat! Er ist ja zu meinen Gegnern übergegangen. Wenn einer so etwas zu mir sagt, daß ich mein Kind umbringen soll, ja, da bekämpft er mich ja. Und ich habe mir damals wirklich geschworen: diese Gegner, die mußt du als erstes vergessen. Ich konnte einfach nicht jeden Tag diskutieren, soll ich oder soll ich nicht. Für mich war der Weg jetzt so: Ich hatte mich entschlossen, mein Kind zu kriegen, auch trotz dieser Feinde. Und wenn er mein Feind sein wollte – ja, was wollte, was sollte ich da noch mit ihm? Dann ist er mir nur Last. Und Lasten hatte ich schon mehr als genug, auch ohne ihn oder gerade deswegen.«

Meine Mutter kannte damals viele Frauen, die abgetrieben haben. Auch später, als sie aktiv in einer Selbsthilfevereinigung katholischer Priester und ihrer Frauen mitwirkte, kamen immer wieder einige zu uns, die ein Kind von einem Priester erwarteten und nicht wußten, was sie machen sollten, oder schon abgetrieben hatten. Es war jedesmal schlimm, wie elend und verwundet diese Frauen waren. Meistens fingen sie schon nach einer halben Stunde an, darüber zu reden, und weinten und konnten damit einfach nicht fertig werden, daß sie ihr eigenes Kind getötet hatten.

Ich selbst denke, eigentlich müßte der Staat, der ja ein unmittelbares Interesse an jedem Kind hat, weil es einmal ein Steuerzahler wird, Situationen schaffen können, daß keine Frau abtreiben muß. Aus sozialen Gründen dürfte es das überhaupt nicht geben. Auch nicht, weil man den Mann nicht ausstehen kann, von dem man ein Kind bekommt. Ein Kind ist immer auch ein Teil von einem selbst. Da fehlt es den Frauen einfach an Selbstbewußtsein. Das müßte man aufbauen und den Frauen dann auch eine Chance geben, daß sie ihr Kind allein großziehen können, ohne zum Sozialfall zu werden. Notfalls ist eine Adoption immer noch besser als eine Abtreibung. Aber davor werden dann solche Hürden aufgebaut, daß die meisten Kinder gar keine Adoptionseltern bekommen, sondern in irgendeinem Heim aufwachsen. Und für viele Frauen ist bei dem Vergleich Heim oder Tod eine Abtreibung immer noch eher zu verantworten.

Wenn meine Mutter sagt, daß sie überzeugt ist, eine Abtreibung wäre das Ende für uns alle gewesen, dann glaube ich ihr das. Einmal hat sie zu mir gesagt: »Thomas, wenn ich damals denen allen gehorcht hätte, das wäre mein persönliches Aus gewesen. Das weiß ich ganz bestimmt, daß ich das nicht überlebt, zumindest seelisch nicht heil überlebt hätte. Ich hätte mir das nie verziehen. Da wäre meine ganze Lebensgrundlage zerbrochen. Da hätte ich alles aufgeben müssen, meine Philosophie, meinen Glauben, alles. Ich meine, es kann solche Situationen geben, wo es sein muß. Ich würde nie sagen, so etwas darf unter keinen Umständen passieren oder muß bestraft werden. Das ist alles Unsinn. Aber ich selbst habe meine Situation niemals so eingestuft, daß ich hätte abtreiben müssen. Ich sah keinen Grund. Der Mann, mit dem ich das Kind hatte, war in Ordnung. Ich hatte schon ein Kind von ihm. Ich liebte den Mann, und ich liebte das Kind. Es gab keinen Anlaß zu sagen, daß ich das zweite Kind nicht lieben würde. Und ich hatte ja auch einen Beruf und genügend Geld. Also, finanziell gab es schon gar keinen Grund für eine Abtreibung. Es war nur die Sache mit der Kirche, daß der Vater eben Priester war. Daß ich den Vater eben nicht nennen durfte. Aber das allein war für mich kein Grund, der Gewicht gehabt hätte. Es gab einfach keinen. Und deswegen – ganz egal, was danach alles passiert ist – bin ich wahnsinnig froh, daß das an mir und uns allen vorübergegangen ist.«

Wir Kinder, mein Bruder und ich, haben von den Schwierigkeiten meiner Mutter damals nur wenig mitbekommen. Für uns war es ein Abenteuer, in dem Ferienhaus zu wohnen.

Im Grunde habe ich nur wenige Erinnerungen an diese Zeit. Vieles weiß ich aus Erzählungen meiner Mutter oder Großmutter. Ich besinne mich, daß ich oft mit einer ganz eigenen inneren Stimmung den rauhen, welligen Außenputz des Erdgeschosses berührt habe und mir vorstellte, es sei so ein Knusper-Knusper-Knäuschen-Haus. Zu dieser Vorstellung trugen mit Sicherheit die wunderschönen hohen Bäume bei, die damals auf dem Gartengrundstück wuchsen und mit ihren langen Zweigen bis auf das Hausdach reichten, wo sie im Seewind knarrten und rieben und so ein herrliches Gruseln in mir weckten. Manchmal versteckte ich mich dann in einer Gruppe von mehreren Bäumen, die so nahe zusammenstanden, daß das Unterholz eine Art Hecke bildete. Dort lag ich und lauschte in die Bäume hoch und den Wolken nach und spielte und sang und träumte, und die Zeit verging unbemerkt.

War der Garten hinter dem Haus unser Tummelfeld, so durften wir doch niemals auf der Hausseite spielen, die an die vorüberführende Straße grenzte. Vor dieser wurden wir von meiner Großmutter stets mit erhobenem Zeigefinger gewarnt, denn nicht genug, daß es sich um eine Durchgangsstraße handelte, auf der oftmals reger Verkehr herrschte. Nein, weiter oben gab es auch ein Wirtshaus. Und in diesem wiederum einen Stammtisch. Und wenn dort so recht feuchtfröhlich getagt worden war, bestand die Gefahr, daß plötzlich ein Auto bei uns durch den Gartenzaun schießen würde. Einmal war es sogar schon vorgekommen. Es hatte ziemlich laut gekracht und war eigentlich schön spannend gewesen, so daß wir Kinder stets erwartungsfroh die Ohren spitzten, wenn draußen wieder einmal so verdächtig Reifen quietschten. Doch nachgeschaut haben wir lieber nicht. Meine Großmutter war eine Respektsperson, der man so schnell nicht zuwiderhandelte.

Eine ihrer ganz besonderen Erziehungsmethoden hatte mit dem »bösen Mann« zu tun. Auf sehr geheimnisvolle Weise tauchte er niemals als ganze Person auf. Es gab jedoch eine Maske mit einem ziemlich grimmig dreinschauenden Gesicht im Haus. Und das sollte er sein, der »böse Mann«. Er hing genau über der Treppe, unter der man in Frankensteins Labor gelangte.

Eigentlich war Frankensteins Labor ein ganz normaler enger Keller, der unmittelbar unter dem vom Erdgeschoß ins Oberstockwerk führenden Treppenhaus im Erdboden verlief. Den Zugang zu diesem Keller hatte der Erbauer mit einer wirklich intelligenten Konstruktion gelöst, und zwar mittels einer Falltür aus einfachem Dielenholz, die genau über der hinunterführenden Kellertreppe angebracht worden war. Selbst wenn ein Kind darauf steht und in den Knien wippt, knirscht und schwankt das vom langen Gebrauch durchgetretene Holz bedenklich. Und schon damals warteten wir Kinder mit schaurig-schöner Spannung darauf, daß es tatsächlich einmal brechen und uns in Frankensteins Labor durchsausen ließe.

Unten im Keller, in Frankensteins Labor, hingen die Ecken voller Spinnweben, und es roch so muffig wie im Grab. Auf den Regalen an den Wänden standen uralte Einweckgläser mit lauter Verdorbenem darin. Mit etwas Phantasie konnte man sich vorstellen, daß es abgeschnittene Finger und künstliche Menschlein waren, die nur darauf warteten, aus einem der Gläser herauszugreifen, sobald der morsche Gummiring reißen sollte. Der einzige Lichtschein, der in den Schacht hereinfiel, war der, den man selbst von oben mitbrachte. Meist war es ziemlich dunkel.

Für mich war es furchtbar spannend, dort hinunterzugehen. Sobald man wieder aus der Tiefe auftauchte und die Falltür schloß, konnte es geschehen, daß man sich an der niedrigen Decke des Treppenhauses den Kopf anstieß. Jammerte man dann, pflegte meine Großmutter zu sagen: »Das war bestimmt der ›böse Mann‹!« Und dabei zeigte sie auf die grimmige Maske an der Wand.

Der Erfolg war, daß sie bei passender Gelegenheit, wenn wir nicht gehorcht hatten oder gar zu wild in ihrem geheiligten Haus herumtobten, nur zu sagen brauchte: »Ja, wenn du so garstig bist, dann holt dich gewiß der ›böse Mann‹« – Schon waren wir brav.

Meiner Mutter waren derartige Sprüche zuwider. Oft war sie ärgerlich auf ihre Mutter, wenn diese uns wieder »gezähmt« hatte. Man könne Kinder nicht erziehen, indem man ihnen Angstbilder eintrichtere, meinte sie und gab sich redlich Mühe, uns den Spuk wieder aus den Köpfen zu vertreiben. So ganz gelungen ist es ihr wohl nicht, sonst hätte ich den ›bösen Mann‹ wohl längst vergessen. Statt dessen blinzele ich ihm immer noch verschwörerisch zu, wenn ich gelegentlich in das Häuschen meiner Großmutter komme.

Vor einiger Zeit, als ich Frankensteins Labor einmal wieder besichtigen wollte, hatte ich ein Erlebnis, das mich spontan an die Kindertage erinnerte. Ich bin zwar nicht durch die windige Falltür gesaust, die mittlerweile durchhängt wie ein Eselsrücken, wohl aber durch mehrere der morschen Treppenstufen durchgebrochen, die in den Keller hinunterführen. Wenn ich mich nicht fast zu Tode dabei erschrocken hätte, hätte ich sicher gelacht, so hämisch schien er mich da anzugrinsen, der »böse Mann« an der Wand.

In meinem ersten eigenen Theaterstück setzte ich diesem »bösen Mann« meiner Kindertage ein Denkmal, indem ich eine der Figuren monologisieren ließ: »Als ich noch zu jung war, um in die Kreise der Männer zu kommen, berichtete mir meine auf ewig zu liebende Mutter, ein Mann würde existieren, der, sollte ich mich ungezogen benehmen, kommen würde, um mich zu strafen. Sie hat nie konkretisieren können, auf welche Weise eine solche Züchtigung vor sich gehen würde, und zudem konnte sie mir keinen Fall schildern, der als Beweis für die Existenz dieses ›Bösen Mannes‹ – denn so nannte sie ihn – zugelassen hätte werden können. Ich lebte in dieser Zeit in einer ewig währenden Unsicherheit, denn die Angst vor den Konsequenzen einer Tat war ebenso stark wie der Trieb, das Unzüchtige zu praktizieren, welches die Alten verteufelten.

Die Einsicht, daß ich von diesem ›Bösen Mann‹ nichts zu befürchten haben konnte, wurde mir im Alter von jugendlichen fünfzehn Jahren geschenkt: Ich konnte mir nicht mehr vorstellen, warum der Mann, der mich für verbotene Taten bestrafen sollte, ein böser Mann sein sollte, denn dies hätte ja beinhaltet, daß der Böse das Böse bekämpft – dann wäre er aber gut. Folglich mußte er das Gute bekämpfen. Folglich tat ich das Gute, das Richtige, und all die, welche mir erzählen wollten, daß ich falsch leben würde, mußten selbst mit Konsequenzen rechnen.«

Am herrlichsten war eindeutig das Baden im See. Hinunter zum Wasser sind es von unserem Häuschen aus höchstens fünf Minuten Fußweg. Seit ich mich erinnern kann, gibt es an unserer Lieblingsbadestelle einen Biergarten mit einem kleinen Zeltplatz unter Bäumen und dem großen Hauptbadesteg. Unweit davon erstreckt sich auch ein schmalerer Bootsanleger. Da er als Privatsteg ausgewiesen ist, wird er von Ortsfremden selten benutzt. Um so lieber ist er uns.

Wasserratten sind wir von klein auf alle. Mein Bruder und ich haben schon früh schwimmen gelernt. Angst im Wasser kannten wir nicht. Deshalb hat meine Großmutter sich auch nie etwas dabei gedacht, wenn sie mit uns beiden auf den See hinausgeschwommen ist, obwohl wir noch so klein waren, daß wir bei jedem Wasserkräuseln wie in einem Wellental schnaufen mußten. Einmal hat sie es dann aber wohl doch etwas übertrieben. Da ist sie mit uns zu einem Floß hinausgeschwommen, das ein gutes Stück vom Ufer entfernt an einer Kette verankert liegt. Es ist mühelos in wenigen Minuten zu erreichen und an Badetagen fast immer von Kindern umlagert. Für uns Knirpse war es trotzdem ziemlich viel. Und meine Großmutter war ja auch nicht mehr die Jüngste. Wenn einer von uns keine Kraft mehr gehabt hätte, wäre es vielleicht tatsächlich kritisch geworden. Das dachte sich jedenfalls meine Mutter, die uns plötzlich dort draußen entdeckte und Todesängste ausstand, bis wir wieder zurück waren. Wenn ich mich recht erinnere, ist sie sogar ins Wasser gesprungen und uns entgegengeschwommen. Nun ja, danach war es erst einmal nichts mehr mit Schwimmen.

Im Grunde war bei uns immer etwas los, das wir Kinder witzig fanden und auch ausnutzten. Entweder haben wir mit meiner Großmutter wahnsinnig viel Blödsinn machen und Spaß haben können, und meine Mutter hat sich darüber aufgeregt. Oder wir haben mit meiner Mutter riesig viel Unsinn angestellt, und meine Großmutter hat sich darüber echauffiert. Langweilig wurde es jedenfalls nie.

Selbst wenn nichts los war, weil es regnete oder später dann auch schneite und wir in den Räumlichkeiten, die wir in Großmutters Ferienhaus nutzen durften, Platzangst bekamen, hat meine Mutter dafür gesorgt, daß wir Plagegeister auf unsere Kosten kamen. An solchen Tagen fuhr sie nämlich mit uns in die Stadt und machte mit uns eines der vielen Museen unsicher. Am liebsten war uns die Glyptothek in München. Da war es schön warm. Da war viel Platz. Wir konnten laufen und rennen und bunte Bilder anschauen und Leute necken und uns auf den Po fallen lassen und über den spiegelblanken Fußboden rutschen. Weil selten Museumsbesucher dort waren, erlaubte meine Mutter sogar, daß wir schrien, und lachten und herumtobten. Wenn der Museumswärter schief guckte oder schimpfte, rasten wir einfach um die nächste Ecke in einen anderen Raum, und meine Mutter tat, als kenne sie uns nicht. Das war auch ein starkes Spiel.

Nur mittags, wenn das Museum geschlossen wurde, war es kritisch. Wenn man zwei Stunden mit zwei Zappelkindern totschlagen muß, mit denen man in kein Lokal gehen, aber auch nicht draußen bleiben will, weil es kalt ist oder junge Hunde regnet, wird einem die Zeit unglaublich lang. Zum Glück entdeckten wir alle irgendwann unsere Liebe zu McDonalds. Ganz egal, ob wir mit unserer wunderbaren Eiswürfel-Cola und einem Hamburger im Auto saßen oder ob wir im Lokal mit Wonne Pommes aus diesen berühmten eckigen Styroporschachteln futterten – mein Bruder und ich fanden es einfach immer stark. Viel besser jedenfalls als früher. So tolle Sachen wie jetzt hatten wir in unserer Wohnung im Kloster nämlich nie gemacht. Dorthin, darin waren wir zwei uns absolut einig, dorthin wollten wir deshalb auch gar nicht mehr zurück.

Für meine Mutter war unsere abenteuerliche Vagabundenzeit weniger spaßig.

Kinder haben wohl immer irgendwie verbundene Augen, wenn sie ihre Eltern sehen, und können deren Leistungen selten ernstlich würdigen. Auch ich habe erst viel später zu begreifen begonnen, welche ungeheure Anstrengung es für meine Mutter erforderte, den Alltag zu bewältigen und uns alle mit Anstand über die Runden zu bringen.

»Im Grunde hatte ich mich von allen getrennt«, sagt sie über die Monate im freiwilligen Exil. »Auch von meinem Priester hatte ich mich getrennt. Ich hatte allen gegenüber so diese Einstellung: der kann mich – und die können mich! Und jetzt beiße ich mich einfach durch. Ich schaffe das jetzt! Dazu brauche ich euch alle nicht, und den Priester schon gar nicht! Daß ich es so radikal gemacht habe, führe ich zwar auch auf mein Temperament zurück, aber anders hätte ich es damals nicht gekonnt.«

Vielleicht trug die lange Zeit der Geheimniskrämerei um ihr Verhältnis zu meinem Vater für meine Mutter jetzt ganz unverhoffte Früchte, indem sie meine Mutter befähigte, eine Scheinwelt zu konstruieren. Das Märchen von der Familienzusammenführung mußte ja mit der Wirklichkeit verzahnt werden, um es glaubhaft zu machen.

Als erstes hatte meine Mutter nach der Kündigung der Klosterwohnung meinen Bruder aus seinem bisherigen Kindergarten herausnehmen müssen, obwohl er kurz vor der Einschulung stand. Niemand hätte ja die Geschichte von unserem Umzug ernst genommen, wäre mein Bruder geblieben. Auch war die Gefahr zu groß, daß er sich einmal verplappern würde und der ganze Schwindel herauskäme.

Um meinem Bruder eine Chance zu geben, noch vor der Einschulung neue Freunde zu gewinnen, mit denen er dann gemeinsam in die erste Klasse käme, beschloß meine Mutter, ihn in einem Kindergarten unweit unseres geplanten Hauses unterzubringen. Nur mit viel Überzeugungsarbeit gelang es ihr, die Leiterin dieses Kindergartens davon zu überzeugen, meinen Bruder aufzunehmen, obwohl die Familie noch nicht in der zugehörigen Gemeinde wohnhaft war. Allein die Aussicht, daß meine Mutter in Kürze mit dem Bau ihres Hauses auf dem bereits erworbenen Grundstück beginnen würde, gab schließlich den Ausschlag. Auch für mich wurde ein Platz reserviert, denn mein dritter Geburtstag stand bevor.

Den neugierigen Kolleginnen und Kollegen an der Klosterschule wurde anschließend weisgemacht, wir wohnten mit dem Vater unter einem Dach, und der geplante Hausbau sei ein Familienunternehmen des glücklich wiedervereinten Ehepaares. Mein Vater, der wußte, daß kein Wort davon stimmte, und der Klosterabt, der durch den Brief meiner Mutter ebenfalls wußte, wo der Hase lang lief, schwiegen.

Jedenfalls gelang es meiner Mutter perfekt, den Anschein aufrechtzuerhalten, daß sie sich über ihre Schwangerschaft freue, recht glücklich darüber sei, wieder mit ihrem Mann zusammenleben zu können, und daß überhaupt alles in bester Ordnung sei. Daß in Wahrheit nichts in Ordnung war, ging ja keinen etwas an.

Die wohl schwierigste Übung für meine Mutter bestand darin, den täglichen Unterricht an der Klosterschule abzuleisten und weder die Schüler und Schülerinnen noch das Kollegium etwas von der Last auf ihrer Seele spüren zu lassen. Da sie stets ein volles Deputat innegehabt und in den vergangenen Jahren oftmals Projekte geleitet hatte, die die reguläre Arbeitszeit weit überschritten, konnte und wollte sie jetzt keinen Dienst nach Vorschrift abhalten. Immer nur Lächeln war angesagt, immer nur Ruhe, auch wenn die Nerven hauchdünn geworden waren.

Trotzdem empfand meine Mutter die Unterrichtsstunden letztlich als Erholung, die sie bewußt für sich selbst auskostete, und aus denen sie auch Kraft schöpfte. Verglichen mit dem Chaos zu Hause, war das Chaos einer quirligen Schulklasse vermutlich wirklich ein Spiel. Zumindest war es überschaubar, und sie konnte ihre pädagogischen Fähigkeiten mit Erfolg anwenden.

Das bleiche Aussehen meiner Mutter, ihre ungewohnte Verletzlichkeit und andere Schwächen wurden allgemein auf die Schwangerschaft zurückgeführt. Daß der tägliche beruflich bedingte Umgang mit meinem Vater für meine Mutter zur Qual geworden war, fiel entweder niemandem auf oder wurde als Launenhaftigkeit abgetan.

Tatsächlich war meine Mutter jedoch zutiefst verletzt und enttäuscht von ihm. Sie fühlte sich von ihm nicht nur im Stich gelassen. Sie fühlte sich angefeindet. Wie keinem anderen hatte sie ihm vertraut. Sie hatte unter schwierigsten Begleitumständen bedingungslos zu ihm gehalten. Sie hatte ihm ein Kind geboren und war erneut von ihm schwanger. Aus Liebe zu ihm hatte sie die schiefen Blicke der Leute ertragen und daß mit dem Finger auf sie gezeigt wurde, die keinen Vater für ihr Kind vorweisen konnte. Sie hatte ihn mit ihrem eigenen Leben geschützt und geschont.

Und dennoch hatte mein Vater sich mit einem einzigen schwerwiegenden Satz, der sie am vernichtendsten von allen getroffen hatte, zu ihrem Gegner erklärt.

Es wäre leichter gewesen, diesen Mann zu verabscheuen, ja, zu hassen, für immer aus ihrem Leben zu streichen. Aber meine Mutter liebte ihn. Sie wußte, daß auch er sie liebte. Daß er zwar in einer unvergleich bequemeren Lebenslage war, aber seelisch nicht weniger litt als sie selbst. Und daß er diese schrecklichen Worte nicht ausgesprochen hatte, weil er es wollte und wirklich aus tiefster Seele für eine Abtreibung plädiert hätte. Sie wußte, daß er es nie von ihr verlangt hätte, wäre er frei in seinen Entscheidungen gewesen. Nein, er hatte es gesagt, weil er nicht der starke, mutige Mann war, für den meine Mutter ihn fälschlicherweise gehalten hatte, sondern weil er schwach war. Vielleicht hatte er sich dazu machen lassen, aber auch er war letztlich Opfer der widrigen äußeren Umstände. Opfer wie meine Mutter selbst. Opfer wie meine damals noch ungeborene Schwester und ich als ihrer beider Kinder.

Von all dieser inneren Zerrissenheit und der Anspannung, die meine Mutter Tag und Nacht beunruhigten und zermürbten und auf bestimmte Weise auch meinen Vater erschütterten und unglücklich machten, durfte das Umfeld nichts merken.

Der Abt, dessen Mißtrauen durch ihren Brief geweckt worden war, schaute mit Argusaugen auf sie und speicherte nun endlich wohl auch so manche Ungereimtheit ab, die ihn Jahre später zwei und zwei addieren ließ. Weder meine Mutter durfte ein anderes Alltagsverhalten gegen meinen Vater an den Tag legen als bisher, noch durfte er selbst sich ihr gegenüber anders verhalten. Nichts durfte auffallen. Niemand hätte doch verstanden, warum sie, die bisher stets ein Herz und eine Seele gewesen waren, einander auf einmal mieden. Sie durften nicht einmal riskieren, weniger konstruktiv zusammenzuarbeiten. Im Gegenteil, alles hatte seinen gewohnten Gang zu gehen, ohne Pardon.

Mancher mag sich fragen, warum meine Mutter in dieser Zeit nicht die einzig erträgliche Konsequenz gezogen und dringendst um ihre immer wieder hinausgezögerte Versetzung an eine andere Schule und damit auch in ein gesichertes Beamtenverhältnis nachgesucht hat. Die Antwort ist schnell gegeben. Sie hatte schon dreimal einen Versetzungsantrag gestellt, der merkwürdigerweise nie angenommen worden war. Die Aussicht, daß es jetzt klappen würde, war gleich Null. Darüber hinaus brauchte meine Mutter die Hilfe ihrer Mutter dringender denn je. Eine Versetzung beispielsweise nach Franken oder Hessen hätte bedeutet, daß diese Unterstützung weggefallen wäre. Und dann?

Wie hätte sie mutterseelenallein mit drei kleinen Kindern ihr Leben in den Griff bekommen sollen? Ohne jede Unterstützung, fern von allem, was ihr lieb war?

Sie würde nicht nur sich selbst isoliert haben. Sie würde vor allem uns Kindern die einzige Chance entzogen haben, unseren Vater, wenn auch nicht als Vater, so doch als Person, kennenlernen und regelmäßig treffen zu können. Darüber hinaus hätte sie ein Kindermädchen einstellen und unsere Erziehung in fremde Hände geben müssen. Letztendlich hätten wir als Familie Unersetzliches eingebüßt. Nein, eine Versetzung war das, was meine Mutter ausgerechnet in diesem Zeitraum am wenigsten brauchen konnte.

Hinzu kam, daß sie die Arbeit an ihrer Schule wirklich liebte. Sie konnte sich im Grunde nicht vorstellen, unter einem anderen Direktor als meinem Vater zu arbeiten. »Ich war so verwöhnt von ihm«, gesteht sie mit diesem verlegenen Lächeln, das sie so jung aussehen läßt. »Diese wahnsinnigen Freiheiten, die ich bei ihm hatte! Die Kunst-Festivals, die wir zusammen arrangiert hatten! Und dann wußte ich ja auch, daß es oft diese schrecklichen Figuren an Gymnasien gibt. Ich habe ja nicht in Wolkenkuckucksheim gelebt. Ich habe ja auch furchtbare Direktoren gekannt, die die Kunsterziehung für den letzten Dreck halten. Und von daher habe ich mir damals gedacht: Mensch, dann lieber so ein Leben. Auch ein kurzes Leben. Irgendwann ist es dann halt vorbei. Aber dann war es wenigstens schön.«

Meine Mutter kämpfte. Jeden Tag stand sie in aller Frühe auf, um meinen Bruder und mich für den Tag herzurichten und anschließend sicher versorgt zu wissen, bis sie wiederkäme. Da das Ferienhaus meiner Großmutter dort liegt, wo Fuchs und Hase einander gute Nacht wünschen, war der tägliche Anfahrtsweg zur Schule weit.

Zum Glück lag der Kindergarten, in dem mein Bruder angemeldet worden war, auf derselben Strecke, so daß meine Mutter ihn im Vorbeifahren dort abliefern konnte. Ich wurde entweder bei dieser oder jener Freundin untergebracht. Oft kam meine Großmutter als Babysitter zu uns heraus. Manchmal war der Materialraum des Zeichensaales an der Klosterschule mein heimliches Quartier. Irgendwie kamen wir immer zurecht.

Doch es war nicht allein die einsame Schwangerschaft mit einem Kind, das außer meiner Mutter keiner wollte. Es war auch nicht der tägliche Kraftakt mit uns zwei lebhaften Buben, die jeden Tag zum Abenteuer erklärten. Es war nicht der Schmerz, von vielen schief angesehen und für eine Schlampe gehalten zu werden. Es war nicht der Schulalltag mit seinem beruflichen Streß und der Kummer wegen meines Vaters. Es war der ganz alltägliche Überlebenskampf vor dem Hintergrund aller anderen bereits aufgezählten »Kriegsschauplätze«, der meine Mutter bis zum Äußersten erschöpfte. Allein schon die Bewältigung so alltäglicher Dinge wie der Notwendigkeit, stets korrekt gekleidet zur Arbeit zu erscheinen, erforderte ein Wunderwerk an Koordination, denn in dem Ferienhaus meiner Großmutter gab es kaum Stauraum in Schränken, keine Waschmaschine, geschweige denn einen Wäschetrockner. Wir lebten aus Koffern, die eine Riesenecke unseres ohnedies zu engen Schlafzimmers einnahmen und mit Bergen von Kleidungsstücken überladen waren. Schmutzwäsche fiel reichlich an. Schließlich waren wir Buben keine Wachspuppen, sondern bestenfalls Erdferkel. So brachte meine Mutter ständig die vollen Wäschekörbe zu meiner Großmutter, wo die Schmutzsachen gewaschen und getrocknet, zum Teil auch gebügelt wurden, und von wo sie anschließend wieder zu uns zurücktransportiert werden mußten.

Mit dem Kochen war es ähnlich kompliziert. Meiner Mutter stand eine Spüle für den Abwasch zur Verfügung, über der aus einem Wasserhahn kaltes Wasser tropfte, sowie ein Elektroherd mit drei Kochplatten und Backofen. Ein kleines Regal für die nötigsten Utensilien vervollständigte die Einrichtung. Alles in allem war es also eine schwere Prüfung, unter diesen Bedingungen regelmäßig für eine ganze Familie kochen zu müssen. Entschädigt wurde meine Mutter allenfalls durch den herrlichen Blick über Garten und See, den wir während des Essens vor dem großen Verandafenster genossen. Das heißt, falls wir Buben es zuließen, daß das Essen genüßlich ablaufen konnte.

Als wirklich dicker Brocken fiel der Hausbau an. Den Bauplan hatte meine Mutter selbst entworfen. Auch die statischen Berechnungen und alle anderen Planungsdetails hatte sie übernommen. Wenn sie Rat brauchte, half ihr Ex-Mann ihr bereitwillig. Selbst mit der Baugenehmigung hatte es schließlich in Windeseile geklappt. Doch wie baut man ein Haus, wenn fast kein Eigenkapital vorhanden ist und auch keine ausreichenden Mittel über die Bank beschafft werden können?

»Eins war klar«, sagt meine Mutter heute.« Der Keller mußte komplett fertig sein, weil man den einfach nicht stückeln kann. Und die Fassade, die man von der Straße her sehen kann, die mußte auch fertig sein. Die mußte ordentlich aussehen. Alles andere dahinter konnte warten. Da konnte ich bauen, wie ich Geld hatte und Zeit.«

Ab Juli des Jahres trat meine Mutter ihren Schwangerschaftsurlaub an. Zusammen mit dem halben Jahr Babyurlaub nach der Entbindung blieb sie nunmehr fast ein Jahr vom Schuldienst befreit. Es sollte eine Zeit der Erholung sein, eine Zeit für Mutter und Kind, sich aneinander zu gewöhnen und in der Familiengeborgenheit Kraft zu tanken. Für meine Mutter wurde es das erste Jahr des Hausplanens und des anschließenden jahrelangen Hausbauens.

»Mein Ziel war, daß ich im September zum nächsten Schuljahresbeginn wieder normal im Schuldienst anfangen konnte«, sagte sie. »In der Zeit vom Juli bis zur Geburt im November und in dem halben Jahr danach mußte das Haus so weit fertig werden, daß wir darin wohnen konnten. Spätestens von dem Tag an, an dem ich wieder arbeitete, brauchte ich irgendein Zuhause, wo ich die Kinder lassen konnte, oder jemand zu ihnen kommen, auf sie aufpassen konnte. Ich wußte nicht wie, aber irgendwie mußte es gehen.«

Allmählich wurde es Herbst. Der Babybauch meiner Mutter wurde hoch und das Kind darin bewegte sich, so daß wir Buben immer wieder staunend die Hand darauf legten.

Die Arbeit an unserem Haus ruhte. Meine Mutter hatte etwas mehr Zeit.

Oft dachte sie an das Kind, das in ihrem Bauch heranwuchs. Ich fand ein Gedicht in ihrem Tagebuch, das gut zu den Gedanken paßt, die meine Mutter damals hegte.

Wenn alle meinen,
du sollst,
du mußt
abtreiben,
dann flüchte dich in die Traumwelt.
Es ist nur dein Kind,
denke: mein Kind.
Nicht von ihm,
nicht gegen sie alle,
nur für dich,
sprich: mich!
Erzähle es niemand,
bevor man es sieht,
denn nur so gehört es
ganz dir,
und niemand stört dich,
denn du kannst nicht erwarten,
daß sie euch willkommen heißen.
Nur das Kind allein will dich,
liebt dich jetzt,
denn es braucht dich.
Aber es wird dich auch nur so lange lieben, wie es dich braucht.

Manchmal malte meine Mutter in diesen Wochen an einem deckenhohen Familienbild, das sie in Freskotechnik auf eine der Wände der Wohnküche im Hauptgeschoß auftrug, wo wir uns nun überwiegend aufhielten, weil der Ofen dort am besten zu beheizen war.

Während sie malte, saß ich gern bei ihr und spielte mit einem Telefon, das niemals angeschlossen worden war. Trotzdem hatte ich jahrelang vergessen, daß meine Mutter das Bild gemalt hat. Es ist eine der wenigen ihrer Arbeiten, die ich wirklich liebe.

Vielleicht hat mich das Bild so beeindruckt, weil es eine komplette Familie darstellt. Vor allem der Vater steht mir sofort vor Augen, wenn ich daran denke. Er ist großgewachsen, schmal, sehr dunkel in tiefen Ombrafarben gemalt und trägt einen schwarzen Zylinder. Hinter ihm drängt der Abendnebel heran und schiebt sich zum Teil schon um den Vater herum, so daß die Umrisse des Mantels verwischt sind.

Vor dem Vater steht eine junge Frau mit langen dunklen Locken und Rosen im Haar. Sie ist mit einem tief dekolletierten Dirndl mit einem Schnürmieder bekleidet und sieht sehr anmutig aus. Obwohl sie sich ein wenig an die Brust des Vaters anlehnt, gibt es seltsamerweise keine echte Beziehung zwischen ihnen. Er schaut über sie hinweg und schiebt die Hände in die Manteltaschen, anstatt ihr den Arm umzulegen. Seitlich von den Eltern kniet ein recht unscheinbares, dunkelhaariges Mädel mit einer Duttfrisur. Von dieser Person erkennt man nicht allzuviel. Mir ist sie im Grunde auch nie recht aufgefallen. Der Vordergrund des Bildes hat mich immer weit stärker interessiert. Der Vordergrund wird nämlich von einem Kind eingenommen, das wie ein Wickelkind in einer Art Kokon steckt. Aus dem Kopf dieses Kindes wächst ein Baum.

Das Ganze hat nichts Horrormäßiges. Für mich sieht es wunderschön aus. Der Baum umschließt den Kopf des Kindes in einer weichen, sanften Rundung. Die braunen Wurzeln schieben sich nach allen Seiten in den grünen Rasenhintergrund. Sie sehen wie lange Locken aus. Aus der Rundung schiebt sich der Baumstamm. Es ist noch ein junger Baum, wie man unschwer an der grünen Rinde und den zarten Ästen erkennt. Seine Krone ist voll weißer Blüten, fast wie Baumwollblüten oder eine Schneewolke.

Als kleiner Bub habe ich mir bei diesem Bild sicher gar nichts gedacht. Vermutlich haben mir die Farben gefallen. Sie gefallen mir ja immer noch. Später, als ich mich längst nicht mehr erinnerte, daß meine Mutter es gemalt hat, stellte ich Zusammenhänge zwischen den gemalten Personen und meiner eigenen Familie her.

Der Vater war mein Vater. Dadurch, daß die gemalte Figur so halb im Nebel verschwindet, hatte ich immer das Gefühl, daß dieser Vater ebenso schwer zu sehen und anzufassen ist wie meiner, der ja auch sehr geheimnisvoll-nebelhaft für mich blieb. Die Frau mit den Blumen war meine Mutter. Das kniende Kind sah ich als meine Schwester an, die zu der Zeit, als das Bild entstand, noch nicht geboren war. Das Kind mit dem Baum war ich. Ich stellte mir vor, wie ich da im grünen Rasen liege und der Baum sprießt aus meinem Körper und umschließt meinen Kopf wie eine ganz besondere Mütze. Es war ein tolles, irres Gefühl.

Heute weiß ich, daß meine Mutter eine Allegorie auf das Leben oder den Kreislauf des Jahres dargestellt hat. Das Kind mit dem Baum stellt den Frühling und das aufkeimende Leben dar. Die junge Frau mit den Rosen soll der Sommer des Lebens in seiner ganzen Pracht und Freude sein. Die kniende Frau stellt den Herbst dar. Der Mann ist der Winter und trägt deshalb ein schwarzes Gewand mit einem Zylinder, weil er den Tod oder vielleicht eher den Bestattungsunternehmer versinnbildlicht. Der Nebel im Hintergrund soll die Auflösung des Lebens ins Nichts bedeuten.

Ich muß gestehen, meine Deutung des Bildes gefällt mir besser als das, was meine Mutter sich dabei gedacht hat!

Als das Bild fertig gemalt war, ging die Schwangerschaftszeit meiner Mutter zu Ende. Es war düster und kalt geworden in unserem Ferienhaus. Der kleine Ofen kam kaum gegen die hereinbrechende Winterkälte an. Jetzt war der vom See heraufsteigende Wind mit seinen Nebelfeldern unwirtlich und rauh und der Garten unter den hohen knarrenden Bäumen eher unheimlich als verlockend.

Meine Mutter begann sich in dem einsam gelegenen Haus immer mehr zu ängstigen.

In ihrem Tagebuch schrieb sie:

Allein im Bett. Die dunkle Holztäfelung zwischen den Dachbalken schaut bedrohlich zu mir herunter. Warum bin ich wach geworden? Da wieder – ein Zittern in meinem Bauch. Jetzt, schon, zwei Tage vor dem Geburtstermin? Wieder ein Ziehen.

Schweiß tritt mir auf die Stirn. Sollten mitten in der Nacht die Wehen einsetzen? Jetzt, wo ich allein im Zimmer liege, ohne Telefon, ohne Beistand, ohne Gefährten, ohne den Mann und Priester, der der Vater meines ungeborenen Kindes ist?

Die ganze Schicksalhaftigkeit meines Daseins tritt mir wieder vor Augen. Durch die Dunkelheit isoliert, fühle ich die Einsamkeit wie ein Würgen am Hals. Werde ich jetzt völlig allein dieses Kind gebären müssen? Es in Laken packen, nähren und wärmen müssen?

Wieder dieses Ziehen in der Bauchdecke. Wenn ich nur den Morgen noch erlebe… Es ist verantwortungslos, hier so allein unmittelbar vor der Geburt zu liegen. Doch ich war ja so froh, überhaupt eine Bleibe und Zuflucht gefunden zu haben, nachdem ich niemandem verständlich machen durfte, daß das Kind in meinem Bauch das Kind eines Priesters ist.

Wie Schatten tanzen in dieser dunklen Nacht die letzten Wochen und Monate vor meinen Augen hin und her. Müde, erschöpft, übel, schwanger …

Wieder ein Ziehen im Bauch. Naß vor Angst ist meine Stirn. Starr, wie gelähmt, bleibe ich im Bett liegen und harre des anbrechenden Morgens.

Im Morgengrauen des Tages, der auf diese angstvolle Nacht folgte, hatte meine Mutter einen Entschluß gefaßt. Sie kleidete meinen Bruder und mich rasch an, packte die notwendigsten Dinge für uns ein, nahm ihr eigenes Köfferchen, das sie schon vor einiger Zeit für die Klinik vorbereitet hatte, und brachte uns zu meiner Großmutter.

»Ist es schon so weit?« fragte diese besorgt.

Meine Mutter erwiderte nicht viel. Sie hatte schon zwei Kinder geboren. Sie wußte, wie es ist, wenn man Wehen hat. Und sie wußte auch, daß sie keine weitere Nacht mehr allein in dem abgelegenen Ferienhäuschen verbringen konnte. Ohne Telefon im Haus war sie ja nicht einmal in der Lage, einen Notarzt anrufen zu können.

»Soll ich dich begleiten?« wollte meine Großmutter wissen.

Meine Mutter schüttelte den Kopf. »Bleib bei den Kindern«, bat sie. »Ich komme schon zurecht.«

Die Wehen waren zwar deutlich zu spüren. Sie kamen schon in mehr oder minder regelmäßigen Abständen. Aber so stark, daß die Geburt in kürzester Zeit zu erwarten gewesen wäre, waren sie nicht. Mühsam schob meine Mutter sich hinter das Lenkrad. Ihr Bauch war so dick, daß sie den Sitz weit zurückgeschoben hatte. Sie reichte kaum noch mit den Zehen an die Pedalen. Der ziehende Schmerz in ihrem Rücken wurde stärker, während sie den Gang einlegte und den Wagen ruckend anrollen ließ. Wir Kinder winkten ihr zusammen mit meiner Großmutter nach. Hinter der ersten Wegbiegung war meine Mutter allein. Wenn der Druck in ihrem Bauch so stark wurde, als hätte man einen Fußball steinhart aufgepumpt, legte sie eine Hand auf die unter dem Brustbein am höchsten hervorgewölbte Stelle. Erst wenn die Wehe nachließ, griff sie wieder mit beiden Händen ins Lenkrad. Der Weg bis zur Klinik fiel ihr schwer. Aber sie schaffte es.

In ihrem Tagebuch hielt meine Mutter damals fest:

Bei Sonnenaufgang fahre ich zur Entbindungsklinik und suche einen Parkplatz, auf dem keine Parkuhr steht. Mindestens fünf Tage muß ich hier stehen. Eine Geburt kann nicht in der üblichen Parkdauer von zehn bis zwanzig Minuten abgehandelt werden. Den Krankenhauskoffer nehme ich mit in die Klinik. Die Babytragetasche, die ich auf dem Rücksitz deponiert habe, brauche ich jetzt noch nicht.

Kalt läuft es mir über den Rücken, als ich auf die Klinikpforte zugehe. Hier geriet ich vor einigen Wochen bei der Anmeldung in die schon bekannte, aber nicht minder peinliche Situation, daß ich zum zweiten Mal weder einen Vater des Kindes noch einen Ehemann nennen konnte. Diesmal schreibe ich keine Worthülsen, sondern ziehe gerade Striche über den Raum, der auf dem Formular für den Namen des Vaters vorgesehen ist.

Diesmal kommt kein Kommentar der Frau, die die Aufnahmeformalitäten erledigt. Ich darf in die Klinik hinein, um die Wehen prüfen zu lassen.

Das Ergebnis: sie sind zu schwach. Die Schwester will mich wieder nach Hause schicken. Sie ahnt ja nicht, daß ich kein Zuhause habe. Ich kämpfe um mein Hierbleiben – gebe Übelkeit, Schwäche, Verzweiflung an. Endlich wird mir gestattet, die Nacht im Klinikbett zu verbringen.

Im Nebenbett liegt eine hübsche, blonde Frau, und an ihrem Bettrand sitzt ein dunkelhaariger werdender Vater, der ihre Hände hält, den schwangeren Bauch streichelt, bei Wehen mitleidet und ganz für seine Frau da ist.

Ich liege allein.

Hoffentlich bleiben meine Wehen, versuche ich auf meinen Bauch einzureden. Hoffentlich muß ich nicht wieder zurück in mein verlassenes Verließ.

Ich versuche mich auf mich zu konzentrieren, auf das, was mich erwartet.

Ich träume, eine lange Schlange von Kardinälen und Bischöfen stünde an meinem Bett. Einer nach dem anderen tritt an meine Seite, beugt sich mit diesem typischen Lächeln zu mir nieder und ich kann ihn fragen: »Bist du es, der will, daß dieses Kind in meinem Bauch keinen Vater haben darf?«

Wir schauen uns in die Augen, und er zeigt mir durch die Intensität seines Blickes: »Ich bin es nicht!«. Doch seine Lippen öffnen sich und heraus kommen die Worte: »Die Kirche sagt ...«

Ich träume, die Kirche persönlich säße an meinem Bett, eine Art Papst, eine übermächtige weiße Figur in blendenden Gewändern mit goldberingten Fingern, aristokratischen Gesichtszügen und majestätischen Bewegungen. Diese riesige Figur setzt sich nicht. Sie bleibt zwei Meter von meinem Bett entfernt aufrecht stehen. »Bist du es, Mu ...« Mutter Kirche möchte ich sagen. Doch das Wort Mutter bleibt mir im Halse stecken. Eine Mutter verkörpert diese Gestalt an meinem Bett ganz und gar nicht.

Eine Mutter wäre eine Person, die spürt, was ihr Kind bewegt, was es leidet, empfindet. Eine Mutter würde ihr Kind mit zärtlichem Herzen und Händen halten, es streicheln, trösten, wärmen und beschützen.

Ist es ein Vertreter der Kirche der Männer, der da an meinem Bett steht? Der Erste von Hundertschaften von Kardinälen und Bischöfen und der Bataillone von Priestern?

Die Frage, die ich allen anderen gestellt habe, will nicht über meine Lippen, denn dieses Gegenüber ist nicht bereit, eine Frage von mir, einer schwangeren Frau mit dem Kind eines Priesters im Bauch, anzunehmen.

Ich hoffe, wenigstens den hoch erhobenen Blick der Augen zu fangen. Ich möchte mein Fühlen durch meine Augen vermitteln. Doch er blickt über mich, schaut mich nicht an und da – er wendet sich ab, geht vorbei, schlägt mit jedem Schritt eine schmerzliche Distanz zwischen uns beide. Mit dem Rücken zur Wand schreitet er weiter und weiter – Schritt für Schritt.

Ich möchte schreien: »Bleib doch, laß uns wenigstens anfangen zu reden!«

Die Schritte hämmern durch den Saal. Schlag. Schlag. Schlag. Weiter, weiter, weiter ...

Wenn ich nicht sofort anfange zu schreien, zu rufen, wird er weitergehen, weg von mir. Er wird meine Stimme nicht mehr hören. Ich werde ihn nicht mehr erreichen. Schlag. Schlag. Schritt. Schritt. Schritt. Ferner. Unerreichbar.

Wir müßten miteinander sprechen. Aber die Chance ist vorbei. Weg. Fort. Kontaktlos. Allein. Ich erreiche ihn nicht mehr.

»Haltet ihn, haltet ihn!« rufe ich mit letzter Kraft. »Wir haben nicht miteinander gesprochen. Er hat mich nicht gesehen.«

»Niemand ist da«, sagt jemand und drückt meine Hand. »Sie haben geträumt. Glauben Sie mir, da ist keine weiße Gestalt im Raum.«

Ich atme auf.

Die Aufregung des Traumes hatte bewirkt, daß die Wehentätigkeit angeregt wurde. Niemand schickte meine Mutter in ihr unwirtliches Domizil zurück. Sie durfte bleiben, wurde umsorgt und betreut. Als die Wehen vielversprechend stark geworden waren, wurde sie in den Kreißsaal geschoben.

Wie schon bei meiner Geburt war meine Mutter allein in ihren Schmerzen. Manchmal hielt die Hebamme tröstend ihre Hand. Eine Krankenschwester wischte ihr den Schweiß von der Stirn. Wie die Ausschläge eines Erdbebens auf einem Seismographen zeichneten sich die Spitzen der Wehen auf dem Papier des Wehenschreibers ab.

Diesmal rief mein Vater nicht zwischendurch an, um sich zu erkundigen, wie weit die Geburt fortgeschritten sei, wie es meiner Mutter ginge, ob alles in Ordnung sei mit seinem Kind. Doch irgendwann vergaß meine Mutter selbst diesen Schmerz. Das Kind in ihrem Bauch verlangte, geboren zu werden. Und dann war meine Schwester da.

Meine Schwester erhielt den Namen Gabriele Claudia Doris Viktoria. Zu jedem dieser Namen gibt es eine kleine Anekdote. Meine Großmutter wüßte sie bestimmt. Ich habe nur die Geschichte des Rufnamens Gabriele behalten, weil sie so witzig ist.

Schon meine Großmutter und dann wieder meine Mutter sollten Gabriele heißen. Daß dann jeweils eine Gisela daraus wurde, hängt mit der Freude über ihre Geburt zusammen. Meine Großmutter war das sechste oder achte Kind ihrer Eltern, und zu der damaligen Zeit war es noch weniger selbstverständlich als heute, daß eine Entbindung komplikationslos verläuft und das Kind nicht mehr ganz so junger Eltern gesund geboren wurde. Vermutlich hatte mein Urgroßvater begründete Angst, seine Frau könne im

Kindbett sterben und ihn mit den kleinen Kindern allein lassen. Als er erfuhr, daß er sich keine Sorgen mehr zu machen brauchte, weil Mutter und Kind wohlauf waren, eilte er voller Freude und Erleichterung sofort los, um sein Kind beim Standesamt anzumelden. Zur Stärkung und um das Kind gebührend zu begießen, kehrte er zuvor jedoch in der Kneipe vor dem Standesamt ein.

Ganz sicher gab es dort genügend Freunde, die mit ihm auf das Wohl von Mutter und Kind anstießen. Als mein Urgroßvater wieder herauskam, hatte er jedenfalls den Namen, auf den er seine Tochter anmelden sollte, total vergessen. Er konnte sich nur noch daran erinnern, daß er mit »G« anfing. Zusammen mit dem Standesbeamten ging er nun alle Namen durch, die im Register der zulässigen Namen verzeichnet waren. Bei »Gisela« klickte es in seinem Kopf. Und so bekam meine Großmutter ihren Namen.

Als meine Mutter geboren wurde, wiederholte sich das Spiel. Nur mit dem einen Unterschied, daß mein Großvater sich für den Namen Gisela entschied, weil er sich daran erinnerte, daß seine Schwiegermutter so hieß und sein Kind irgendwie nach ihr benannt werden sollte.

Bei meiner Schwester gab es keinen Vater, der sein Kind auf dem Standesamt anmelden wollte. Noch weniger gab es einen, der sich vor Glück und Freude über ihre Geburt betrunken hätte. Folglich gab es auch keinen, der ihr einen falschen Namen geben konnte. Und so kam es, daß meine Schwester den schon so lange von den Frauen ihres Matriarchats auf der Liste der beliebtesten Mädchennamen angekreuzten Namen tatsächlich erhielt und Gabriele genannt wurde.

Anders als bei meiner Namenswahl, hatte mein Vater an diesem Namen nicht den geringsten Anteil. Das einzige, was er für sich verbuchen kann, ist die Tatsache, daß meine Schwester getauft wurde.

Meine Mutter hatte keine Anstalten getroffen, meine Schwester taufen zu lassen. Die allgemeine Ablehnung, die sie und mit ihr das ungeborene Kind getroffen hatte, saß tief in ihr fest. Meine Schwester taufen zu lassen, obwohl man im Namen der Kirche auf Abtreibung gedrungen hatte, erschien ihr eine Farce.

In diesem Punkt hatte sie die Rechnung jedoch ohne meinen Vater gemacht. Zwar hätte er es durchaus fertiggebracht, sein Kind abtreiben zu lassen. Er brachte es auch fertig, sein Kind zu verleugnen. Es ungetauft zu lassen, schaffte er hingegen nicht. Da mußte der Form und dem Gebot seiner Kirche Genüge getan werden. »Also, so geht das nicht!« tönte er folglich im Brustton der Empörung. »Das Kind muß getauft werden!«

Daß er der Vater sei und in dieser Angelegenheit ein Wörtchen mitzureden habe, brachte er klugerweise in diesem Gespräch nur sekundär vor. Er kannte meine Mutter. Sie war bis zum äußersten gereizt. In dieser Verfassung mußte er ihren Trotz und jeden Widerstand einkalkulieren. Sie wäre jederzeit imstande gewesen, die von ihm gewünschte Taufe entschieden zu verweigern. Daher hatte er sich ein Druckmittel zurechtgelegt, von dem er sicher wußte, daß es wirksam wäre: die Schule. Immerhin war es eine Klosterschule. Wer dort arbeiten wollte, hatte die Spielregeln der katholischen Kirche zu beachten.

Als erstes schob mein Vater die Kolleginnen und Kollegen vor. Sie könnten protestieren, wenn meine Mutter ihr Kind nicht taufen ließe, und einwenden, daß sie mit einer solchen »Ketzerin« nicht arbeiten wollten. Auch gäbe es da ja einen gewissen Arbeitsvertrag und das Arbeitsgericht. Ob meine Mutter denn bedacht habe, daß es ein Kündigungsgrund sei, wenn sie ihr Kind ungetauft ließe? Ob sie es denn wirklich darauf ankommen lassen wolle, den Abt endgültig zu verstimmen? Immerhin habe sie seine Großmut mit der Scheidung und der ersten Schwangerschaft schon arg strapaziert. Er, mein Vater, habe sie immer für einen verständigen Menschen gehalten. Es könne doch nicht möglich sein, daß er sich so in ihr getäuscht habe und sie wirklich aus gekränkter Eitelkeit heraus das Risiko eingehen werde, jetzt noch auf die Straße gesetzt zu werden! Wenn sie dies gewollt habe, warum dann all die Umstände und Verdunkelungsmanöver?

Nicht zuletzt aber verwies mein Vater auf die Verantwortung, die meine Mutter ihrem Kind gegenüber habe. Es sei verwerflich, gab er tadelnd zu bedenken, daß sie ihre eigene Streitsache zu der des unschuldigen Kindes erhebe. Der Zorn, den meine Mutter gegen die Kirche hege, gehe ihr Kind nichts an. Und daher habe sie kein Recht, dem Kind den Segen Gottes vorzuenthalten, indem sie ihm die Taufe verweigere.

Wie zu erwarten gewesen war, gab meine Mutter nach. Das einzige Zugeständnis an sich selbst war, daß sie die Taufe nicht in unserer Gegend abhalten wollte. Niemand von all denen, die die Geburt des Kindes hatten verhindern wollen, sollte die Gelegenheit erhalten, bei der Taufe dabeizusein und dabei die skandalöse Entdeckung zu machen, daß meine Mutter keineswegs wieder mit ihrem Ex-Mann zusammenlebte, sondern alles nur erfunden hatte, um »ihre eigene Schande« zu vertuschen. Jeder Berührungspunkt mit den Klosterleuten sollte vermieden werden.

Alles, was meine Mutter wollte, war, ihre Ruhe zu haben und offiziell nachweisen zu können: das Kind ist getauft. Wo die Taufe stattfinden und von wem sie vorgenommen würde, war ihr damals völlig gleichgültig.

Zu dieser Zeit hatte meine Mutter eine gute Freundin im Rheinland, die mit einem evangelischen Pfarrer verheiratet war. Ihr schrieb sie nun einen Brief, in dem sie ihre Situation als Mutter eines Kindes, dessen Vater sie nicht nennen durfte, und die Angst vor einer möglichen Entlassung aus dem Schuldienst offen darlegte. Den Namen meines Vaters verriet sie nicht. Abschließend fragte sie die Freundin, ob ihr Mann nicht einen katholischen Geistlichen kenne, der bereit sei, meine Schwester in seiner Gemeinde zu taufen.

Die Freundin meiner Mutter beriet sich eingehend mit ihrem Mann. Sie kannten einen Priester, der als Krankenhauspfarrer tätig war. Er taufte viele Babys, die in der von ihm betreuten Klinik zur Welt kamen. Eine Taufe mehr oder weniger würde da kaum auffallen.

Tatsächlich gelang es den Freunden meiner Mutter, den Krankenhauspfarrer davon zu überzeugen, daß er ein gutes Werk an einem unschuldigen Kind tun würde, wenn er meine Schwester taufte. Damit alles seine Richtigkeit hatte, erklärten sich die Freunde als Taufpaten bereit. Ein baldiger Termin wurde ausgemacht. Man fuhr ins Rheinland. Und ruck, zuck, war meine kleine Schwester im allerengsten Kreis getauft.

Mein und meiner kleinen Schwester Vater, der es sich allen Verboten seiner Kirche zum Trotz nicht hatte nehmen lassen, meine Taufe noch selbst zu zelebrieren, war diesmal nicht dabei.

Die anschließende Tauffeier wurde in Großmutters Ferienhaus ausgerichtet. Hier, wo wir die Monate bis zur Geburt meiner Schwester gelebt hatten, sollte das Kapitel dieser dramatischen Schwangerschaft im Leben meiner Mutter seinen Abschluß finden.

Von Anfang an war meine Schwester ein hundertprozentiges Mama-Kind. Zwar kann man eine gewisse äußere Familienähnlichkeikeit mit meinem Vater nicht verleugnen, doch innerlich war meine Schwester ausschließlich auf meine Mutter fixiert. Sie ertrug es kaum, von ihr getrennt zu sein. Möglicherweise hatte meine Schwester unbewußt den Eindruck, daß ihr von jedem anderen Menschen Gefahr droht. Es heißt ja, daß Embryos die Stimmungen ihrer Mutter sehr genau wahrnehmen und diese Wahrnehmungen zu ersten vorgeburtlichen Lebenserfahrungen werden. In diesem Fall könnte es sein, daß meine Schwester instinktiv wußte, daß nur meine Mutter sie gewollt hatte. Wenn es so wäre, könnte ich mir in etwa erklären, warum sie jedesmal einen Panikanfall bekam, wenn sie einmal ohne meine Mutter auskommen mußte.

Als wir klein waren, begriff ich davon natürlich nichts. Ich registrierte nur, daß meine Mutter ständig dieses Baby herumschleppte, das noch überhaupt nichts konnte und nicht einmal Zähne hatte. Wahrscheinlich verstand ich nicht, was meine Mutter an meiner Schwester fand. Doch jetzt war sie einmal da, jetzt mußten wir sie auch behalten. In dieser Beziehung konnte ich schon als kleiner Bub sehr pragmatisch denken und handeln.

Da ich damals gerade in den Kindergarten und mein Bruder in die erste Grundschulklasse gekommen war, hatten wie beide an unserer kleinen Schwester ziemlich wenig Interesse. In unserer neuen Umgebung gab es Spannenderes zu erleben. Ich kann nicht sagen, daß ich der Kindergartenzeit entgegengefiebert habe. Ich war immer gern zu Hause und konnte mich auch gut mit meiner eigenen Phantasie beschäftigen. Mein Bruder war mir im Grunde als Spielkamerad genug. Trotzdem fand ich es spannend, plötzlich Kinder um mich zu haben, die ungefähr so alt waren wie ich. Bald schon hatte ich sogar zwei

Freunde gefunden. An die Namen erinnere ich mich nicht mehr, nur an die Gesichter. Der eine sah ziemlich komisch aus. Er hatte eine hochgezogene Oberlippe und eine dicke Brille. Keiner wollte so recht mit ihm spielen. Der andere benahm sich merkwürdig. Wahrscheinlich war er geistig nicht ganz auf der Höhe. Heute würde ich sagen, die beiden waren Außenseiter. Aber wir haben uns gut vertragen. Es war nicht traumhaft, aber ich fand es schön, mit ihnen zu spielen.

Ein Psychologe würde in der Auswahl dieser Freunde mit Sicherheit fündig werden und tiefschürfende Erkenntnisse über meine Seelenstruktur gewinnen. Ich selbst denke mir, daß es gute Gründe gab, mich ausgerechnet mit den Randfiguren meiner Kindergartengruppe zusammenzutun. Der Hauptgrund war vermutlich der, daß die beiden Außenseiter toleranter waren als die in der Gruppe besser integrierten Kinder.

Ähnlich wie sie selbst, unterschied auch ich mich von den anderen. Am auffälligsten war mit Sicherheit meine Sprache und Ausdrucksweise. Weniger bayerisch, dafür mehr Vokabeln – letztlich genügt dies schon, Kindern, die mit einem anderen Wortschatz groß geworden sind, suspekt zu erscheinen und von ihnen ausgegrenzt zu werden. Hinzu kam, daß ich noch nie der Sportlichste war und kein sonderliches Interesse für Fußball oder Raufspiele entwickelte. Aus meiner Sicht war es also kein Wunder, daß ich in der großen Gruppe weniger Begeisterung auslöste und mich daher automatisch eher den beiden Buben anschloß, die mir spontan mit größerer Offenheit entgegenkamen und mich gern als Freund haben wollten.

Für meine Mutter bedeutete es eine echte Erleichterung, meinen Bruder und mich für bestimmte feste Stunden außer Haus und in guten Händen zu wissen. Auch ohne uns Buben ständig im Schlepptau zu führen, war sie mit meiner Schwester völlig ausgelastet. Die Nachwirkungen der Schwangerschaft setzten ihr ebenso zu wie die alltäglichen Sorgen und die Angst vor unserer doch recht ungewissen Zukunft. Gleichzeitig mußte sie sich um unser Haus kümmern.

Meine Schwester war im November zur Welt gekommen. Jetzt, wo das Baby da war, hatte meine Mutter es doppelt so eilig. Es erschien ihr unvorstellbar, die Zeit bis zur Fertigstellung des Hauses mit einem Säugling in dem zugigen, schlecht zu heizenden und von der Außenwelt quasi abgeschnittenen Ferienhaus meiner Großmutter verbringen zu müssen. Der Winter hatte Einzug gehalten. Im ganzen Haus gab es keinen einzigen konstant warmen Raum, in dem man einen Säugling wickeln und baden konnte. Das Baby würde sich vermutlich zu Tode erkälten. Falls Not am Mann wäre, müßte man kilometerweit bis zu einer Telefonzelle fahren. Dringender denn je brauchten wir jetzt ein richtiges Zuhause.

Dies sah auch meine Großmutter ein. Obwohl sie über die zweite Schwangerschaft meiner Mutter von meinem geheimnisvollen Vater absolut nicht begeistert gewesen war und bis zuletzt mit ihrer Meinung darüber nicht hinter dem Berg gehalten hatte, bot sie nun an, daß wir alle zu ihr kommen sollten. Vielleicht stimmte sie die Adventszeit versöhnlicher. Möglicherweise wurde ihr ganz plötzlich bewußt, daß sie mit ihrer Ablehnung der Schwangerschaft meiner Mutter auch nicht anders gehandelt hatte, als die Menschen zur Zeit Josefs und Marias, indem sie uns nicht bei sich aufgenommen, sondern uns einen Stall, sprich ihr Ferienhaus, als Unterschlupf geboten hatte. Bei einer so religiösen Frau wie meiner Großmutter wäre dies kein allzu abwegiger Gedanke.

Ganz sicher aber war meine Großmutter vom ersten Blick an in meine Schwester vernarrt. Unvermittelt schien ihr bewußt zu werden, daß sie dieses Enkelkind beinahe niemals gehabt hätte. Ja, daß sie und ihr ablehnendes Verhalten gegenüber meiner Mutter um ein Haar mit dazu beigetragen hätte, meiner Schwester das Recht auf Leben abzusprechen. Eine gute Portion Gewissensbisse, vor allem aber alle Freude und Liebe, die sie bisher zurückgedrängt hatte, weil sie auf meine Mutter zornig war, brach jetzt aus meiner Großmutter heraus und wandte sich meiner Schwester zu.

Vermutlich fühlte meine Schwester dies auch sofort, denn neben meiner Mutter wurde meine Großmutter der einzige Mensch, zu dem sie spontan Vertrauen faßte und in dessen Gegenwart sie den Verlustschmerz während der Stunden, in denen meine Mutter abwesend sein mußte, zumindest leidlich ertrug.

Zu diesem Zeitpunkt hatten die Bemühungen meiner Mutter um die Erteilung einer Bauerlaubnis endlich gefruchtet. Mit dem Erhalt des begehrten roten Punktes war der Startschuß gefallen. Und meine Mutter verlor keine Minute.

Noch von der Frauenklinik aus, in der meine Schwester geboren wurde, leitete sie alles Nötige in die Wege, um unser Grundstück für den Bau vermessen zu lassen. Am Tage der Entlassung sollte der Termin vor Ort stattfinden. Trotz schneidender Kälte fuhr meine Mutter zu den Vermessungstechnikern hinaus. Erst vor fünf Tagen hatte sie entbunden. Sie fühlte sich schwach. Am liebsten hätte sie sich an einen Kachelofen gekuschelt und sich verwöhnen lassen. Statt dessen zog sie die Kapuze ihres Winterparka enger um das Gesicht und stemmte sich gegen den Wind.

Während meine Schwester in ihrer Tragetasche auf dem Autorücksitz lag, setzte meine Mutter zusammen mit den Leuten vom Bauamt die Grenzsteine und Pflöcke für die Umrißlinien unseres Hauses. Innerhalb dieser Linien würde bald schon die Grube für den Keller ausgebaggert werden. Draußen fror es. Von der freien Acker- und Wiesenfläche am Rand des neuen Baugebietes pfiff der Wind herüber. Der steile Hang unseres Grundstücks und das Grüppchen kahler Bäume in einer Ecke sahen trostlos aus. Doch vor den Augen meiner Mutter stand dort schon unser Haus.

Wenn meine Mutter sagt, daß sie unser Haus mit eigenen Händen erbaut hat, so ist es wahr. Trotz Schwangerschaft, trotz der Geburt meiner Schwester, trotz drei Kleinkindern, trotz Berufstätigkeit – trotz allem legte meine Mutter selbst Hand an unser Haus. Und wenn sie behauptet, jeden einzelnen Stein zu kennen, aus dem es gebaut wurde, ist auch das wahr. Es gibt Wände an unserem Haus, die so abenteuerlich wie ein Flickenteppich aussehen. Ziegelsteine aller Größen, Formen und Arten, selbst Bruchstücke kleinster Reste wurden hier verarbeitet. Manche so schief und krumm, daß es ein Wunder zu sein scheint, daß sie zusammenhalten. Und immer sehe ich meine Mutter davor stehen, Mörtel anrühren, die Maurerkelle schwingen und Stein um Stein in immer neue Kleckse grauen Mörtels drücken, Reihe um Reihe.

Manchmal sprangen ihr Freunde zur Seite. Freundinnen packten mit an. Das Matriarchat bewies einmal mehr seine Tragfähigkeit. Stein für Stein, Zementsack um Zementsack, Balken für Balken kam das Baumaterial zusammen. Wenn auch unter Entbehrungen und Aufbietung aller Kräfte, aber es entstand – das, was unser Zuhause werden sollte.

Mein Vater saß indessen sicher und gut versorgt in seinem Kloster. Für seine Bequemlichkeit, sein leibliches Wohl und seine Sicherheit wurde alles getan.

Die Hierarchie des Klosterlebens unterscheidet streng zwischen einfachen Klosterbrüdern, den Fratres, als Zuständige fürs Grobe, und den Herren Patres als Crème de la crème der geistigen Führungs- und Eliteschicht. Mein Vater zählte zu der letzteren. Selbst irgendeine grobe körperliche Arbeit zu tun, hatte er nicht nötig. Für ihn stand das Essen fertig auf dem Tisch und beileibe kein schlechtes. Für ihn war die Wohnung bereit. Sein Auto stand zur Verfügung. Nichts blieb zu wünschen.

Seine Angehörigen bewunderten und verehrten ihn als von Gott berufen und sonnten sich in der Gewißheit, sich durch ihn einen warmen Platz im Himmel erworben zu haben. Beliebt und angesehen stand er seiner Schule vor und genoß die Macht seiner Position als Priester und Schuldirektor. Sein geistlicher Vorgesetzter, der Abt, war ihm zugetan und sah in ihm einen väterlichen Freund. Falls er etwas von dem zweiten Gesicht meines Vaters hinter der Maske des Priesters wahrnahm, so drückte er wohlwollend beide Augen zu und verzieh als Sünder dem Sünder.

Wie es hinter der Maske tatsächlich aussah, kann ich nur raten. »Er litt«, sagt meine Mutter. Ich versuche, ihr zu glauben.

Doch ich greife vor. Kehren wir zu der Zeit des Baubeginns zurück!

Die ersten Wochen nach der Geburt meiner Schwester, Weihnachten und Fastnacht gingen vorüber. Der Winter schmolz mit dem letzten Schnee. Es wurde März. Kaum war der Boden aufgetaut, trieb meine Mutter den ruhenden Bau unseres Hauses endgültig voran. Als erstes wurde die Baugrube innerhalb der Begrenzungspflöcke ausgebaggert. Genau, wie meine Mutter es seit Monaten geplant hatte, mußte der Keller unter dem gesamten Haus in einem Stück fertiggestellt werden.

»Ich habe die Baugenehmigung für das komplette Haus«, sagte meine Mutter. »Der Plan, alles ist da. Nur kein Geld. Wir müssen Stück für Stück bauen, wie wir Material einkaufen können. Das wichtigste ist der Keller. Dann die Giebelfront, damit es vom Tal herauf ordentlich aussieht und die Leute sich nicht beschweren. Hintenheraus kann es aussehen, wie es mag. Da sieht es keiner und geht auch niemand etwas an. Dann die Zimmer nach und nach, damit wir auch gleich etwas vermieten können. Wir werden jeden Pfennig brauchen.«

Vom ersten Spatenstich an schuftete meine Mutter täglich am Bau. Ihre Energie spornte die wenigen Bauarbeiter, die wir uns leisten konnten, zu doppelter Einsatzfreude an. Hier baggerte ein Helfer eine Stunde länger als bezahlt die Baugrube aus, dort zog ein anderer für ein Vergelt's Gott eine Mauersteinreihe mehr hoch. Die schon erwähnten Freunde, wie etwa mein Taufpate und seine Frau, packten mit an. Eine Freundin meiner Mutter war fast jeden Tag mit ihr draußen und war sich für keine Arbeit zu schade. Der Bau wuchs.

Meine Mutter hatte geplant, daß wir zum Schulbeginn im September in unseren eigenen vier Wänden wohnen sollten. Doch trotz aller Anstrengungen zeichnete sich ab, daß die wenigen Monate seit März nicht ausreichten, den zuerst hochgezogenen Giebelteil des Hauses rechtzeitig bezugsfertig zu machen. Meine Mutter stand unter enormem Druck.

Seit Weihnachten wohnten wir nun schon alle zusammen mit meiner Großmutter in deren nicht sonderlich geräumiger Wohnung. Ohne Zweifel war es bei ihr besser für uns als in ihrem Ferienhaus. Trotzdem gingen wir einander allmählich stark auf die Nerven. Sowohl meine Mutter als auch meine Großmutter schätzen ihre Freiheit über alle Maßen. Mit uns drei quirligen Kindern auf beengtem Raum zu leben, war alles andere als der Inbegriff der Unabhängigkeit. Allein die Notwendigkeit, ständig aufeinander Rücksicht zu nehmen, weil beispielsweise jemand schlief, irgendeinem die Musik zu laut oder zu leise war, wir Kinder diese oder jene Fernsehsendung nicht sehen sollten, die meine Großmutter gern anzuschauen wünschte, und was der Dinge mehr sind, die in einem Vielpersonenhaushalt zu Konflikten führen können, wurde von den beiden Frauen als zunehmend einschränkender empfunden. Immer wieder kamen sie einander auch als Mütter in die Quere, wenn es um die Erziehung von uns Kindern ging. Ja selbst die lapidaren Dinge des Alltags wie Putz-, Wasch-, Aufräum- oder Küchenarbeiten boten immer öfter Anlaß zu mehr oder minder gut unterdrückten Seufzern und schroffen Worten. Bei allem guten Willen, die Situation war ausgereizt.

Meine Mutter schuftete wie besessen, gönnte sich kaum eine Mittagspause. Die Arbeit schritt ihr nicht schnell genug voran. Sie wußte, daß sie nicht noch mehr aus der Zeit herausholen konnte, die sie am Bau verbrachte. Ihre Leistungsfähigkeit war am Ende. Mehr ging nicht. Aber es reichte nicht. Die Angst saß ihr im Nacken, daß sie ihre selbst gesetzte Frist für den Einzug im September nicht einhalten könnte.

Fest stand, daß sie nie wieder soviel Zeit für den Bau aufwenden können würde wie jetzt, in ihrem Mutterschaftsurlaub. Sobald der Schulbetrieb wieder begonnen hätte, würde sie täglich zehn bis zwölf Stunden unterrichten. Wenn sie es also in den nächsten Wochen nicht bewältigte, uns ein eigenes Dach über dem Kopf zu schaffen, würde es voraussichtlich bis zum nächsten Frühjahr nicht klappen. Das hieße, entweder weitere Monate bei meiner Großmutter oder zurück ins Ferienhaus. Beides war Chaos.

Die einzige Möglichkeit, den Bau schneller voranzutreiben, bestand darin, die durch das ständige Hin- und Herfahren zwischen Bau, Kindergarten und Wohnung entstehenden Zeitverluste zu vermeiden. Aber wie?

Im August, nach nur knapp einem halben Jahr Bauzeit, hatte meine Mutter einen Entschluß gefaßt. Für das Giebelstück des Hauses hatten wir soeben Richtfest gefeiert. Auf dem Dach wehten die bunten Bänder des Richtbäumchens im Wind.

Bis zur Fertigstellung würde noch einige Zeit vergehen. Doch die Küche unseres Hauses war so weit trocken, daß es durchaus möglich schien, sie zu bewohnen.

Natürlich war meiner Mutter klar, daß sie bei dem aktuellen Zustand des Hauses von den zuständigen Baubehörden niemals eine Aufenthaltsgenehmigung bekommen würde. Aber sie wäre nicht meine Mutter gewesen, wenn sie etwas auf die Meinung von Behörden sowie Vorschriften oder Paragraphen gegeben hätte. Heimlichkeiten war sie mittlerweile auch gewohnt. Was stand also dagegen, es einfach zu wagen und einzuziehen?

Da wir Kinder während der Stunden, die meine Mutter als Bauarbeiterin verbrachte, zumindest bei schönem Wetter immer mitgekommen waren und überall auf dem Grundstück herumtollten, dachte sich niemand etwas dabei, als wir ein paar Matratzen, einen kleinen Elektrokocher und allerlei Kisten und Kästen in den Keller brachten. Warum sollte es nicht glaubhaft wirken, daß wir Kinder dort unten unseren Mittagsschlaf abhalten und ab und zu eine kleine Mahlzeit einnehmen würden? Auf die Idee, daß meine Mutter mit diesem Matratzenlager unwiderruflich in unser Haus einzog, kam niemand.

Wir Kinder genossen das neue Spiel. Alle auf engstem Raum in einem gemeinsamen Zimmer, ja, sogar in einem gemeinsamen Bett zu schlafen, gehörte mittlerweile wie selbstverständlich zu unserem Leben. Auch die Kofferwirtschaft kannten wir. So wohnlich wie bei meiner Großmutter war es zwar nicht, doch dafür war es unser Haus. Die stolze Freude unserer Mutter übertrug sich auf uns. Wir fühlten uns wie die Könige in unserer ersten Nacht daheim.

Meine Mutter nennt das, was für die kommenden zwei Jahre über uns alle hereinbrach, den »Todesstoß«. Er traf sie aus einer Ecke, aus der sie ihn am wenigsten erwartet hatte. Ausgerechnet der verläßlichste Freund, den sie bisher in allen Lebenskrisen gehabt hatte, zog gegen sie zu Felde: ihr Ex-Ehemann. Es ging ihm um meinen Bruder.

Sieben Jahre lang hatte sein Vater keine Anstalten getroffen, ihn zu sich zu holen. Auf einmal war es das Ziel seines Lebens. Warum? Es hatte sich herausgestellt, daß er mit seiner zweiten Frau, die zehn Jahre jünger ist als meine Mutter, keine Kinder haben konnte. Als es keinen Zweifel mehr gab, daß sie niemals schwanger werden konnte, besann man sich in der Familie plötzlich auf meinen Bruder. Da sein Vater der einzige Sohn der Familie ist, ist mein Bruder der einzige Sproß, der den Namen weitertragen kann. Auf ein solches Kind verzichtet man doch nicht! Die Großmutter drängte besonders. Sie wollte nicht sterben, ohne einen Erben.

»Auf einmal haben sich alle erinnert«, sagte meine Mutter. »Wenn der arme Kerl jetzt keine Kinder mehr kriegen kann – ja, er hat doch schon eins. Man braucht sich das jetzt nur im Alter von sieben Jahren zu holen, und dann ist alles in Ordnung. Wahnsinn! Ich meine, ich weiß nicht, was das für Vorstellungen sind! Die sieben Jahre, da hat er weiß Gott was getrieben. Da hat er den Buben nicht brauchen können. Und dann wieder abholen, nach sieben Jahren. Wahrscheinlich hat er sich gedacht, mit acht Jahren, da können Kinder notfalls allein leben. Es gibt viele Ehen, da müssen die Kinder sich mit acht Jahren selbst aus dem Kühlschrank versorgen und zur Schule gehen und sich den Wecker stellen. Das ist dann eigentlich alles nicht mehr so schlimm. Da kann man ruhig ein Kind nehmen, auch wenn man nicht die eigene Mutter ist.«

Unter normalen Umständen hätte der Ex-Mann meiner Mutter kaum eine Chance gehabt, ihr meinen Bruder wegzunehmen. Dadurch, daß wir in unser unfertiges Haus eingezogen waren, in dem wir offiziell nicht wohnen durften, hatte meine Mutter jedoch keinen festen Wohnsitz und war angreifbar geworden.

Nach einiger Zeit des Geplänkels zwischen meiner Mutter und ihrem Ex-Mann stellte dieser an einem Freitagvormittag den Antrag auf alleiniges Sorgerecht und das damit verbundene Aufenthaltsbestimmungsrecht für seinen Sohn. Von einer Minute zur anderen war die Maschinerie des Fürsorgestaates ins Rollen gebracht.

Schon am Nachmittag desselben Freitags kam eine Frau aus dem Jugendamt zu unserer Baustelle. Aufmerksam schaute sie sich überall um. Wir Kinder wuselten herum und spielten. Überall standen und lagen Gerätschaften, Baumaterialien. Meine Mutter war kaum weniger schmutzig von der Arbeit als wir vom Spielen im Baugrund. »Wer sind Sie?« fragte sie die ungebeten aufgetauchte Besucherin. »Suchen Sie jemanden?«

»Ja«, gab die Frau zurück und setzte eine halb verlegene, halb strenge Miene auf. »Entschuldigen Sie, ich bin vom Jugendamt und habe den Auftrag, nach Ihren Kindern zu schauen.«

Meine Mutter versuchte, ihr Erschrecken zu verbergen. »Schauen Sie nur«, meinte sie und zeigte zu uns hinüber.

»Da sind sie. Es ist hier noch ein bißchen wüst. Wie auf jeder Baustelle halt. Aber das wird schon noch.«

Die Frau nickte. Sie nahm auf einem Steinepaket Platz und blickte meine Mutter nachdenklich an. »Wir haben auch mal gebaut«, sagte sie. »Ich verstehe Sie sehr gut. Aber ich habe eine sofortige Vollzugsanweisung bei mir.«

»Heißt das, Sie wollen den Buben mitnehmen?« fragte meine Mutter entsetzt und blickte sich nach meinem Bruder um.

»Ja.« Doch die Frau schüttelte den Kopf dabei. »Ich habe Anweisung, nicht nur Ihren Sohn aus erster Ehe umgehend mitzunehmen, sondern eventuell die beiden anderen auch, um sie in ein Kinderheim einzuweisen.«

Meine Mutter konnte vor Schreck kein Wort herausbringen.

»Aber machen Sie sich keine Sorgen«, sagte die Frau und legte meiner Mutter beruhigend die Hand auf den Arm. »Ich nehme die Kinder nicht mit. Ich kann Sie mit dieser Situation hier wirklich gut verstehen. Wenn ich das alles hier so sehe, da brauchen Sie mir gar nichts zu erzählen. Das hat nichts mit Vernachlässigung zu tun. Das ist einfach ganz normal, wenn man baut. Und das werde ich auch in meinem Bericht schreiben.«

Meine Mutter wollte schon aufatmen, weil sie dachte, daß sie es mit diesem einen Gespräch geschafft hätte und uns Kinder behalten könnte. Da schaute die Frau sie noch einmal an und sagte, daß sie sich nicht zu sicher fühlen solle. Sie selbst sei nur eine Vertretung für die Frau, die normalerweise zuständig sei. Und es könne durchaus sein, daß die bei einem neuen Termin alles ganz anders bewerten würde. Wenn sie meiner Mutter einen guten Rat geben dürfe, dann solle sie versuchen, zumindest vorübergehend woanders mit uns zu wohnen.

Wie zu erwarten, gab sich der Vater meines Bruders mit dieser Entscheidung des Jugendamtes nicht zufrieden. Er wollte seinen Sohn. Etwas anderes zählte damals nicht für ihn. Sofort, als er die Nachricht bekam, daß man ihm seinen Sohn nicht aushändigen könne, weil dieser bei der Mutter verblieben sei, erklärte er, daß er den Jungen dann eben von der Polizei abholen lassen werde. Er werde keinesfalls zulassen, daß sein Sohn in einem solchen Loch und unter diesen asozialen Verhältnissen hausen und aufwachsen müsse. Notfalls werde er vor Gericht ziehen und klagen.

»Die Sache ging also weiter«, erzählte mir meine Mutter. »Um der Polizei zu entkommen, die sicher weniger verständnisvoll reagiert hätte als die nette Frau vom Jugendamt, haben wir damals blitzschnell die Koffer gepackt und sind zu meiner besten Freundin gezogen. So hatten wir bei ihr unseren festen Wohnsitz, und man konnte uns für den Moment nichts anhaben.«

Ein paar Tage ging alles gut. Wir schliefen tatsächlich bei der Freundin meiner Mutter und hatten dort unseren angeblichen Wohnsitz. Doch der Ex-Mann meiner Mutter unterwühlte unser Leben wie ein Maulwurf. Wir wußten, es würde nicht lange dauern, bis er wieder an die Oberfläche käme, um uns erneut zu piesacken. Das Schlimme war nur, meine Mutter hatte keine Zeit, auf den nächsten Streich zu warten. Trotz aller Not mußte die Arbeit an unserem Bau weitergehen.

Klammheimlich packte sie also unsere Koffer, zog mit uns in einer Nacht-und-Nebel-Aktion bei ihrer Freundin aus und in unsere eigenen vier Wände wieder ein.

Damit niemand Verdacht schöpfen konnte und die mittlerweile hellhörig gewordenen Nachbarn nicht auf den Gedanken kämen, uns beim Jugendamt anzuschwärzen, stiegen wir jeden Abend bei Einbruch der Dunkelheit mit einem kleinen Köfferchen in unser Auto und fuhren los. Sobald die Nacht hereingebrochen war – es wurde ja nun schon früh dunkel –, kehrten wir leise hintenherum in unser Haus zurück und legten uns in der Küche zu Bett. Morgens mußten wir so tun, als wären wir immer schon vor dem ersten Hahnenschrei auf die Baustelle zurückgekehrt und längst bei der Arbeit, wenn andere Leute sich noch in den Federn räkelten. Es war furchtbar!

Dadurch, daß der Ex-Mann meiner Mutter Dauergast auf dem Jugendamt war und die Herzen der dort beschäftigten Frauen mit seinen blauen Augen und viel Lausbubencharme im Sturm eroberte, hatte meine Mutter mit ständigen Überraschungsbesuchen zu rechnen.

Schon nach dem ersten »Überfall« hatte sie meinem Bruder und mir so gut es ging erklärt, welches Spiel mit uns getrieben wurde. Wir wußten, daß wir uns gut zu benehmen hatten, wenn wieder einmal eine Frau vom Jugendamt zu uns käme. Wir wußten auch, daß wir kein Wort davon verraten durften, in unserem Haus zu schlafen und zu wohnen. Die Vorstellung, meiner Mutter weggenommen zu werden und in ein Heim zu lauter fremden Leuten zu müssen, beeindruckte uns nachhaltig.

Wenn mein Bruder damals eine Fremde auf unsere Baustelle kommen sah, verkroch er sich sofort irgendwo möglichst tief unter einem Holzstapel.

Ich als der Jüngere, der die Tragweite der ganzen Angelegenheit wohl doch noch nicht so durchschaute, verspürte weniger den Drang zur Flucht. Mit der mir eigenen Beredtheit versuchte ich vielmehr, Informationen aus jeder der Frauen herauszuquetschen und brachte sie mit meinen unzähligen Warum-Fragen wohl auch oft genug aus dem Konzept.

Wann immer meine Mutter Zeit auf der Baustelle verbrachte, waren auch wir Kinder irgendwo in der Nähe. Für uns war der Bauplatz der aufregendste Abenteuerspielplatz der Welt. Daß er zugleich auch ziemlich gefährlich war, mußte ich eines Nachmittags sehr schmerzhaft erfahren. Aus irgendeinem Grund glitt ich nämlich aus und stürzte in die Baugrube, mit dem Gesicht direkt auf einen stählernen Gitterrost.

Als meine Mutter voller Entsetzen zu mir herunterschlitterte und mich aufhob, zeichnete sich das Gitter als blutiges Muster auf meiner Wange ab. Zu allem Unglück war die Wunde von dicken Splittern und Krusten rostigen Metalls verunreinigt. Es war klar, daß ich dringend ärztliche Hilfe brauchte. Die Gefahr, eine Blutvergiftung zu riskieren oder womöglich für immer entstellt zu bleiben, war nicht zu verantworten.

In diesem Moment ließ meine Mutter erstmals alle Hoffnung fahren. Jetzt ist alles aus, dachte sie. Jetzt kommt alles heraus. Jetzt erfahren sie, daß wir wieder hier leben. Jetzt nehmen sie mir die Kinder weg.

Am liebsten hätte sie uns alle gepackt und wäre weit gefahren. Statt dessen lächelte sie mir aufmunternd zu, als wäre alles in bester Ordnung. »Wir fahren zum Arzt«, sagte sie. »Du brauchst keine Angst zu haben. Er tut dir bestimmt nicht sehr weh. Das wird schon wieder.«

Vorsichtig setzte sie mich ins Auto. »Der Arzt fragt dich bestimmt, wie das passiert ist«, meinte sie. »Du darfst ihm nichts verraten, hörst du. Du mußt jetzt mein ganz großer Bub sein, Thomas. Keiner darf etwas erfahren. Sonst kommt die Frau vom Jugendamt und nimmt dich mir weg.«

Ich glaube, ich nickte nur. Ich hatte ja oft genug miterlebt, daß irgendeine Frau kam und uns mitnehmen wollte. Die Angst davor begleitete uns ständig.

Die Freundin meiner Mutter, die ihr wie so oft auch an diesem Tag bei der Bauarbeit zur Hand gegangen war, stand geschockt neben dem Auto. »Nimm du den Magnus und die Gabriele«, rief meine Mutter ihr zu. »Ich komme mit dem Thomas zurück, so schnell ich kann.«

Ich weiß nicht mehr, ob ich viel geweint habe oder große Schmerzen hatte. Auch an die Behandlung bei unserem Arzt erinnere ich mich nicht. Nicht einmal daran, wie es mir später mit der doch recht auffälligen Wunde erging. Alles, worauf ich mich glasklar besinne, ist die Unterredung mit dem Arzt.

Natürlich fragte er mich: »Wie ist das denn passiert?«

Meine Mutter und ich hatten nichts abgesprochen. Was sollte ich antworten?

Einen Moment sah ich sie hilfesuchend an. Sie war blaß. Ich spürte genau, daß sie Angst hatte. In diesem Moment lief ich innerlich zu Höchstform auf. »Ja«, fing ich an zu erzählen, »das war im Wald. Wir sind da spazieren gegangen. Da lag dann so eine Wurzel. Über die bin ich gefallen. Genau in die vielen Äste, die überall waren. Und da ist es dann passiert.«

Meine Mutter hielt den Atem an. Äste, die wie ein Gitter auf dem Waldboden herumlagen und schneidend scharfe Abdrücke hinterließen – war das nicht zu abenteuerlich?

Doch der Arzt verzog keine Miene. »So, so«, meinte er und sah keinen von uns an, weil er scheinbar eifrig an einem Rezept für mich schrieb. »Beim nächsten Mal, wenn du wieder in den Wald gehst, paßt du dann aber besser auf.«

So klein wie ich war, war mir doch bewußt, daß meine Geschichte vom Waldspaziergang uns gerettet hatte. Den Blick, den meine Mutter mir dafür zuwarf, werde ich nie vergessen.

Mittlerweile hatte der Schulalltag für meine Mutter längst wieder begonnen. Da sie das Geld dringend brauchte, konnte sie es sich nicht leisten, nur ein halbes Deputat anzunehmen, sondern hatte die volle Stundenanzahl übernommen. Um uns Kinder nicht länger als unbedingt nötig unter fremder Aufsicht zu lassen und abends noch Zeit zu haben, an unserem Haus weiterzubauen, hatte sie einen Leistungskurs der Schüler übernommen. Damit verbunden war ein, wie sie sagt, »mörderischer« Stundenplan. Fast jeden Tag unterrichtete sie zehn bis zwölf Stunden und überging meist auch noch die Mittagspause.

»Da wurde es mir schon oft schlecht«, gesteht sie heute ein. »So mittags, da wurde es mir wirklich schwarz vor den Augen. Da hab ich mir manchmal gedacht: Jetzt haut's dich irgendwann um. Das alles war mir im Grunde wirklich zu anstrengend. Aber was sollte ich denn machen?«

Zu Hause warteten nicht nur drei hungrige Kindermünder, die sie mit ihrem Einkommen zu stopfen hatte. Zu Hause wartete vor allem ein Rohbau, dessen Fertigstellung im Schneckentempo voranging. Jeden Nachmittag oder Abend, wenn ihre Kolleginnen und Kollegen abgespannt nach Hause kamen und alle Viere von sich streckten und mein Vater sich in seine ruhige Wohnung zu einem Glas Wein zurückzog, hieß es für meine Mutter: rein in Stiefel und Arbeitsklamotten und mauern, zimmern, Rohre schrauben, Steine schleppen, Balken tragen, Zement anrühren, Treppen bauen. Ganz gleich, wie müde und geschafft sie von der Schule heimkam – erst nach mindestens zwei Stunden Bauarbeiten täglich erlaubte sie sich ihren Feierabend.

Glücklicherweise hatte unsere Großmutter sich bereit erklärt, uns Kinder zweimal in der Woche zu sich zu nehmen. Obwohl meine Mutter auf diese Weise wieder mehr

Zeit auf der Straße verlor, da sie uns sowohl in aller Frühe als auch abends durch die Gegend fahren mußte, war sie ihrer Mutter unendlich dankbar für die Erleichterung. Es war ja nicht allein, daß sie uns betreute und versorgte. Es war zusätzlich der nicht zu unterschätzende Nebeneffekt, daß zwei Tage ohne uns Kinder für meine Mutter das Glück bedeuteten, zweimal wöchentlich nach Feierabend eine saubere, aufgeräumte Wohnung vorzufinden.

»Das ist nicht so einfach«, meinte sie, »wenn man den ganzen Tag so viel gearbeitet hat, und man kommt abends in den Wahnsinn heim. Jeder muß doch irgendwann auch mal eine Ruhepause einlegen. Meine fand immer an diesen beiden Tagen statt. Es war einfach himmlisch. Wenn ich zu Hause alles fertig hatte, konnte ich die Kinder holen und bei mir ins Bett legen und aus.«

Gerade weil der Hausbau und der Alltag mit uns drei Kleinkindern so ungemein kräftezehrend verlief, genoß meine Mutter die Schulstunden als Erholung vom Familienalltag. Sie boten ihr Ablenkung, Erfolgserlebnisse und vermittelten ihr das Gefühl, anerkannt zu sein. Die Art meiner Mutter, alle Menschen unabhängig von ihrem Alter ernst zu nehmen und als vollwertig zu behandeln, bewirkte, daß ihre Schülerinnen und Schüler geschlossen hinter ihr standen.

Darüber hinaus aber war meine Mutter endlich wieder mit meinem Vater zusammen. Für ihn war ihre Rückkehr wie die Rettung vor der ewigen Verdammnis. Er strahlte, glühte förmlich vor kaum zu verbergendem Glück. Und täglich eroberte er ihr Herz ein wenig mehr zurück.

»Er war unwahrscheinlich nett zu mir«, beschrieb meine Mutter die Zeit mit ihm. »Und er hat für mich, was die Schule anging – und das war immerhin mein Beruf, meine Arbeit, die ich wirklich geliebt habe –, er hat einfach alles getan, um mir jede Kleinigkeit zu erleichtern und schön zu machen. Durch seine Großzügigkeit und Unterstützung konnte ich mich an seiner Schule mehr als verwirklichen. Selbst gegen den Abt, der mir seit der Sache mit dem Brief mit heimlicher Abneigung begegnete und oftmals etwas gegen meine Pläne für den Kunstunterricht einzuwenden wußte, stand er mir bei. Es war sein Anteil an meinem Glücklichsein. Der einzige, den er offiziell dazu beitragen konnte.«

Wie redlich mein Vater sich bemühte, konnte man mehrere Jahre lang zum Beispiel an einer Gruppe lebensgroßer Betonfiguren ablesen, die meine Mutter ohne Rücksicht auf Zeit und Kosten mit einem ihrer Leistungskurse der Fachrichtung Kunst geformt und anschließend auf dem englischen Rasen vor einem der Schulgebäude plaziert hatte. Auch eine meterlange Wand im Schulinnern, die wunderschön mit einem Mosaik aus selbst gestalteten und gebrannten Kacheln dekoriert war, gehörte zu den Vorzeige-Ergebnissen des Kunstunterrichts meiner Mutter. Hin und wieder hatte sie zusammen mit den Internatsschülerinnen und -schülern bis in die Nacht hinein an dieser Wand gespachtelt und gefliest. Nie hatte mein Vater ihr deswegen einen Vorwurf gemacht. Im Gegenteil, wenn der Abt zu murren begann, daß die seinem Kloster zur Obhut anvertrauten Kinder nachts schlafen und keinen Kunstunterricht haben sollten, hielt mein Vater ihm entgegen, daß Kunst seit eh und je eines der Herzensanliegen der Kirche gewesen sei. Man brauche doch nur an Rom mit seinen unvergeßlichen Kunstschätzen zu denken, die alle irgendwann zu Ehren Gottes erschaffen wurden. Diesem Anspruch im Kloster nachzueifern, könne doch nicht verwerflich sein. Stets gab der Abt nach. Nicht ein einziges Projekt meiner Mutter wurde je von ihm gestoppt.

Das Zusammensein mit meinem Vater in der alten Clique des Kollegiums, die schulischen Planungen und Veranstaltungen ließen ihn in den Augen meiner Mutter wieder in dem Licht erscheinen, in dem sie ihn liebte und rückhaltlos bewunderte.

»Er ist ein toller Mann für die schönen Tage!« stellte sie fest. Und so, wie sie vor einiger Zeit akzeptiert hatte, für ein großes Glück an seiner Seite mit einem Verzicht auf jede Sicherheit und Dauer zu bezahlen, so nahm sie jetzt hin, daß mein Vater ihr dieses große Glück nur in guten Zeiten bieten konnte.

In den Jahren, die meine Mutter meinen Vater kannte, hatte sie manchmal auch andere Männer kennengelernt. Der eine oder andere von ihnen war ihr Freund geworden und hatte ihr mehr bedeutet. Hätte sie einen Mann gesucht und gewollt, der zupacken konnte und tatkräftig an ihrer Sicherheit, ihrer Bequemlichkeit, ihrem sozialen Status mitwirkte, wäre es sicher kein Problem gewesen, jemanden zu finden, der zu ihr gepaßt hätte. Doch zu guter Letzt blieb immer mein Vater quasi als Sieger übrig.

In demselben Maße, wie er meine Mutter für sich zurückeroberte, begann er nun endlich auch Anteil an meiner Schwester zu nehmen. Sein Lieblingskind blieb zwar ich, das konnte und kann er bis heute nicht verleugnen, doch ganz langsam sickerte es in sein Bewußtsein, daß er auch eine Tochter hatte.

Er erlebte sie seltener als damals mich, weil wir nicht mehr in der Klosterwohnung wohnten und er nicht mehr so selbstverständlich wie früher bei uns ein- und ausgehen konnte. Wenn er jetzt kam, hatte sein Besuch offizielleren Charakter. Auch konnte er sich nicht mehr wie seinerzeit heimlich über den Klosterhof davonstehlen und zu meiner Mutter kommen, um erst im Morgengrauen wieder in seine Wohnung zurückzuschleichen.

Meist kam er nun zum Mittagessen oder Kaffee zu uns heraus, blieb hin und wieder einmal bis zum Abend und kehrte dann in sein Kloster zurück. Die Unbeschwertheit des Kommens und Gehens, die darüber entscheidet, ob man Familienmitglied oder Gast im Hause ist, war unwiederbringlich dahin.

Wohl in dieser Zeit bürgerte es sich ein, daß mein Vater unsere Entwicklung hauptsächlich durch den Filter der Wahrnehmungen meiner Mutter miterlebte. Was sie ihm von uns erzählte, wußte er. Die Art ihrer Schilderung und ihre Interpretation der Fakten prägte seine Meinung. Was meine Mutter für sich behielt, erfuhr er nie. Fotos von uns ersetzten ihm unseren tatsächlichen Anblick.

Als wäre dies allein nicht schon Abstrich genug, wählte er unter der Vielzahl der ihm angebotenen Fotos nicht etwa diejenigen aus, die wirklich typisch für uns gewesen wären. Nein, er bevorzugte solche mit jenem süßlichen Touch des lächelnden Jesus-Kindes auf dem Arm der heiligen Mutter, den man von Andachtsbildchen her so gut kennt. Mit diesen Kitschfotos schmückte er seine Wände, vergaß jedoch niemals, Besuchern gegenüber zu betonen, daß es sich lediglich um die Kinder der Kunstlehrerin handle.

Daß vor allem ich auf einigen seiner Lieblingsfotos reichlich beschränkt wirke, entsprach wohl seiner Auffassung von lieb, brav, anhänglich und folgsam und kam damit seinem Wunschkind sehr nahe. Ich glaube, so träumte mein Vater sich in die Hochglanzaufnahmen von uns, den Hochglanzkindern, hinein, die wir sein sollten, damit er sie lieben konnte. Daß wir dem Klischee nicht entsprachen, merkte er erst viel später, um nicht zu sagen, viel zu spät.

Vielleicht lag es daran, daß meine Schwester ein Mädchen ist und dadurch für meinen Vater das ihm »verbotene Geschlecht« verkörperte, daß er zu ihr niemals eine vergleichbare innere Bindung aufbauen konnte wie zu mir. Wo er mir gegenüber von Anfang an Wert darauf legte, daß ein Vertrauensverhältnis aufgebaut wurde und er in meinem Leben präsent war, hielt er zu meiner Schwester eine scheue, unbehagliche innere und äußere Distanz.

Zu den großen Festtagen des Jahres pflegte er stets recht üppige Geschenke zu machen. Als wir älter wurden, durften wir uns etwas wünschen, und wenn es irgendwie realisierbar war, wurde unser Wunsch erfüllt.

In Ermangelung eines anderen Mediums fand die Liebe meines Vaters ihren stärksten Ausdruck über den Geldbeutel. Doch selbst hier machte er deutlich Unterschiede zwischen meiner Schwester und mir. Immer war mein Geschenk üppiger, teurer und durchaus auch persönlicher als das ihre. Ja nicht nur das, er fuhr mit mir sogar in Urlaub. Mindestens einmal war ich zwei Wochen lang mit ihm allein unterwegs, noch ehe ich wußte, daß er mein Vater ist. Mit meiner Schwester auch nur einen Tag allein wegzufahren, wäre ihm nie in den Sinn gekommen.

Als meine Schwester älter wurde, registrierte sie diesen Unterschied ganz klar. Nicht nur das, irgendwann klagte sie ihre Gleichberechtigung ein. Zunächst mit Hilfe unserer Mutter, später im Schutz des Telefons, ganz zuletzt auch Auge in Auge warf sie meinem Vater vor, sie stets hintanzustellen und ungerecht zu behandeln. Vielleicht trägt sie ja das Erbe der Power-Frauen ihres Matriarchats in sich, daß sie so energisch auf ihre Rechte zu pochen begann. Tatsache ist, daß mein Vater sich heute zumindest bemüht, sie ernst zu nehmen und zu lieben. Daß die Hand, mit der er mir Geschenke austeilt, immer noch die vom Herzen kommende ist, wird wohl dennoch so bleiben. Und ich müßte lügen, wollte ich behaupten, darüber unglücklich zu sein.

Das Chaos unseres Lebens begann sich allmählich in ein geordnetes Chaos zu wandeln. Meine Mutter hatte alles erreicht, was sie sich vorgenommen hatte. Sie hatte ein Zuhause für uns gebaut, sie arbeitete und verdiente gutes Geld, ihre Beziehung zu meinem Vater belebte sich wieder, selbst das Geschwätz der Leute konnte uns nichts mehr anhaben. Ich glaube, meine Mutter und mit ihr auch wir Kinder wären damals wirklich glücklich gewesen, wenn die Sache mit ihrem Ex-Mann nicht gewesen wäre. Er gab den Kampf um seinen Sohn einfach nicht auf.

Immer wieder wurde er im Jugendamt vorstellig. »Wissen Sie, ich will doch nur das Beste für mein Kind!« Vielleicht wollte er es ja tatsächlich. Aber ob er und mein Bruder unter »das Beste« dasselbe verstanden, ist zumindest sehr fraglich.

Ich erinnere mich sehr genau daran, wie oft mein Bruder in dieser Zeit unter einem Wechselbad der Gefühle und Alpträumen litt und geradezu menschenscheu wurde. Kein Wunder, denn für meine Mutter und uns Kinder brachte dieser grausame Elternkrieg ständig neue Begutachtungen mit sich. Wir mußten zum Jugendamt, zum Familiengericht, zum Jugendamt – die Termine rissen nicht ab.

»Und dann immer diese drei kleinen Kinder«, seufzte meine Mutter. »Jeder war dreckig oder hatte ein Loch irgendwo und mußte doch immer einen guten Eindruck machen. Ach, das war der Wahnsinn!«

In ihrer Verzweiflung ging sie dazu über, uns und auch sich selbst für jeden Gerichtsbesuch neu einzukleiden. Lachend erzählte sie mir: »Ehe wieder irgend etwas nicht paßte oder Löcher oder Flecken hatte, hab ich mir gedacht, kaufe ich für jedes Kind einfach neue Hosen, einen neuen Pulli und für mich ein Kleid. Nichts Teures, so für zwanzig Mark. Hauptsache, es fällt nicht unangenehm auf.«

Um jedes Risiko auszuschließen, daß wir uns in letzter Sekunde doch wieder schmutzig machen könnten, zog sie uns die neuen Kleider immer erst vor dem Gericht im Auto oder in der Damentoilette an.

»Zieh du mal drei kleine Kinder an!« meinte sie, als ich bei ihrer Erzählung verwundert die Augenbrauen hochzog. »Bist du mit einem beschäftigt, sitzen die beiden anderen schon wieder in der Marmelade. Da kommst du wirklich in Versuchung, alle nacheinander fertigzumachen und dann irgendwo anzubinden. Gerade euch Buben! Ich hab oft gar nicht gewußt, wo ich anfangen soll. Dein Bruder war sowieso immer so ein Unglücksrabe und riß sich alles über den Leib. Und du warst ständig irgendwo unter einem Tisch und öfter auf den Knien als auf den Füßen. Ich war am Verzweifeln.«

Stand dann endlich die Sozialarbeiterin vor uns, die wir säuberlich gestriegelt und geputzt erwartet hatten, bekam meine Mutter Ratschläge wie diesen: »Sie müssen heiraten, gute Frau, egal wen. Sie brauchen eine ordentliche Familie. Das muß stimmen für die Kinder. Jetzt strengen Sie sich doch mal an! Sie werden doch wohl noch einen Mann finden!«

Was sollte man darauf erwidern!?

Als meine Mutter Nachricht erhielt, daß eine Frau, die wir bisher noch gar nicht kannten, als Hauptgutachterin des Familiengerichtes einen ganzen Tag mit uns verbringen sollte, bekam sie ernstlich Angst. Von diesem Gutachten würde der Ausgang des Sorgerechtsstreites abhängen und zugleich auch, ob meine Schwester und ich in ein Heim gegeben würden.

»Wenn sie mir wieder so eine Schnepfe schicken, die von nichts eine Ahnung hat, ist alles verloren«, sagte meine Mutter zu meinem Vater. »Komm doch du heraus zu uns! Ich stehe das allein nicht durch. Ich ertrage das jetzt nicht, wenn die mir Fragen stellen und mich zermürben wollen. Du mußt gar nichts sagen. Es genügt mir, wenn du nur da bist.«

Doch mein Vater schüttelte den Kopf. Wie meine Mutter sich das vorstelle? Sie wisse doch, daß er ihr öffentlich nicht beistehen könne. »Ich habe dich als starke Frau kennengelernt. Du hast immer gesagt, du schaffst es. Dann mußt du es jetzt auch schaffen. Ich kann dir dabei nicht helfen.«

An seiner Statt versuchte mein Patenonkel, meine Mutter zu beruhigen. »Wenn du mich brauchst, rufst du einfach an. Meine Frau und ich kommen dann gleich. Das kriegen wir schon miteinander hin.«

So gestärkt, öffnete meine Mutter der Frau vom Jugendamt schließlich die Haustür. Schon auf den ersten Blick erkannte meine Mutter: Mit der kann ich reden. Das ist keine, die erst in ihrem schlauen Buch nachschlägt und dann die Seite 145 oder 156 abliest, wenn sie etwas entscheiden soll. Ermutigt bot sie ihr Platz an.

Die Gutachterin hatte meiner Mutter kaum erklärt, daß sie Juristin und Gerichtsmedizinerin sei, als meine Schwester zu brüllen begann. Wir Kinder hatten alle drei die Windpocken. Wir sahen aus wie die Streuselkuchen. Zu allem Unglück hatte meine Schwester auch noch eine Pilzinfektion am Po, die juckte und näßte, so daß sie keine Windel oder Hose anziehen konnte.

»Entschuldigen Sie«, bat meine Mutter und sprang auf. »Ich muß die Kleine holen, sonst macht sie ins Bett.«

Der Po meiner Schwester war rot wie eine Paviansbacke. Du meine Güte, dachte meine Mutter und bekam ein flaues Gefühl, wenn die Frau da unten jetzt keine Ahnung von Kindern hat, wird sie denken, so ein roter Po, das ist doch nicht normal. Da läuft doch etwas schief.

Am liebsten hätte sie meiner Schwester wenigstens eine Windel umgelegt. Doch eine Pilzinfektion muß an der Luft abtrocknen, wenn sie abheilen soll. Mit dem Mut der Verzweiflung nahm meine Mutter meine Schwester hoch und setzte sie so weit wie möglich von der Gutachterin entfernt »unten ohne« an den Tisch.

»Das ist meine Gabriele«, stellte sie sie vor. »Sie ist ein bißchen krank.«

Die Frau lachte verständnisvoll. »Ich habe selbst drei kleine Kinder. Sie müssen mir da gar nichts erzählen. Lassen Sie die Kleine ruhig 'rumkrabbeln. Ich würde lieber mal mit Ihren Buben reden.«

Mein Bruder hatte sich, wie immer in solchen Situationen, zuhinterst unter der Eckbank verkrochen, wo er vor jedem Zugriff sicher war. Ich hatte versucht, ihm nachzurobben, paßte aber nicht unter die Bank. Nur widerstrebend krabbelten wir beide aus unserem Versteck, als meine Mutter rief. Mit hängenden Köpfen stellten wir uns auf. Vermutlich hätten wir geschwiegen wie die Stockfische, wenn die Frau nicht so witzige, spannende Spielchen mit uns gemacht hätte.

Als die Gutachterin sich verabschiedete, hatte meine Mutter zum ersten Mal in ihrem zwei Jahre andauernden Kampf um uns Kinder das sichere Gefühl, eine Verbündete gewonnen zu haben. Sie hatte sich nicht geirrt.

Mittlerweile waren zwei Zimmer unseres Hauses so weit bewohnbar, daß wir die nötigsten Möbel und persönlichen Dinge darin unterbringen konnten. In einem der Räume befand sich unsere Wohnküche. In dem anderen schliefen wir alle zusammen auf Matratzen, die zu ebener Erde für uns ausgelegt waren. Da die Heizung noch nicht optimal funktionierte und meine Mutter auch die Kosten für

Brennmaterial scheute, die sie anderweitig sinnvoller in den Bau stecken konnte, lagen die Matratzen eng zusammen. Wenn uns kalt wurde, rückten wir einfach näher aneinander und hielten uns gegenseitig warm.

Statt Schränken gab es vorerst überwiegend offene Regale, die leicht an den noch unvergipsten Wänden zu montieren waren. Auch unsere Kleidungsstücke waren darin untergebracht. Säuberlich zusammengefaltet und übersichtlich eingeordnet waren sie für meine Mutter, bei der immer alles im Eiltempo ablaufen mußte, jederzeit am schnellsten griffbereit.

Ich erinnere mich nur an einen einzigen Tag, an dem uns gerade diese Kombination aus unkonventioneller Lebensweise und Hektik in größte Bedrängnis gebracht hat. An diesem Tag aber stand uns der entscheidende Termin im Familiengericht bevor, von dem es abhing, ob wir eine endgültige Aufenthaltsgenehmigung für unser Haus bekommen würden und meine Mutter uns Kinder behalten konnte.

Meine Mutter hatte vor Aufregung zittrige Hände. Mühsam versuchte sie, Ruhe zu bewahren. Trotzdem spürten wir Kinder ihre Nervosität und übernahmen sie automatisch. Wir zappelten und foppten uns gegenseitig, während meine Mutter einen nach dem anderen anzuziehen versuchte.

Es war so ein wichtiger Tag! Entsprechend ordentlich und adrett sollten wir angezogen sein. Dreimal versuchte meine Mutter ihr Glück. Beim ersten Mal spuckte meine Schwester ein Bäuerchen auf ihre frische Bluse, während mein Bruder sich mit der neuen Hose auf ein Nutellabrot setzte und ich mit meinem Pulli an einer Latte hängenblieb, bis die Maschen Fäden zogen. Da waren unsere wunderbaren neuen Sachen, mit denen wir das Gericht beeindrucken sollten, reif für den Waschkorb.

Meine Mutter verzweifelte fast. Hemden, Hosen, T-Shirts, Sweatshirts – was sie auch herausriß und uns überzog, stets entdeckte sie doch wieder ein Loch, einen Fleck, einen Riß. »Ich hab' euch alles wieder ausgezogen, etwas anderes aus den Regalen rausgerissen und angezogen und wieder ausgezogen und auf den Boden geschmissen und das nächste Teil und wieder von vorn.« Wenn sie heute von dieser Katatstrophe spricht, kann sie das Lachen kaum zurückhalten. Damals stand sie kurz vor dem Herzinfarkt. »Bis ich euch alle schließlich möglichst in Weiß und Rosa und Himmelblau fertig hatte, war ich naß geschwitzt, und die Wohnung sah aus, als wäre der Blitz hineingefahren. Aber egal, Hauptsache, ihr habt einen guten Eindruck gemacht. Was du sagst und wie du bist, das ist vor dem Familiengericht alles Wurst. Der Eindruck, der ist das wichtigste.«

Diesen Tip hatte ihr jene Freundin aus dem Rheinland gegeben, die meiner Mutter schon bei der Taufe meiner Schwester geholfen hatte. Als Psychotherapeutin hatte sie reichlich Erfahrung mit Sozialarbeitern und dem Familiengericht und wußte, worauf es ankam.

Immer wieder hatte sie zu meiner Mutter gesagt: »Es ist völlig gleich, wie die Kinder sind. Die Wäsche muß gebügelt im Schrank liegen. Das ist *das* Kriterium für die Sozialarbeiter. Die schauen die Wohnung an, wie das Geschirr und die Wäsche aussieht, ob die Betten glattgestrichen wurden, wie stehen die Schuhe. Und danach wirst du beurteilt. Ob die Kinder geistig verwirrt und körperlich daneben oder verhaltensgestört sind, interessiert die nicht. Ordnung, das ist es. Daran wirst du gemessen.«

Als meine Mutter uns drei endlich paradefertig hatte, war sie mit den Nerven fast am Ende. Meine Schwester mußte sie glücklicherweise nicht zu unserem Gerichtstermin mitbringen. Da hatte sich die Richterin erbarmt und gemeint, es genüge, wenn wir zwei Buben vorgeführt würden. Meine Mutter lieferte meine Schwester also bei ihrer besten Freundin ab, der Monika, und brauste dann mit uns weiter zum Gerichtstermin.

Ziemlich nervös, aber immer noch vorzeigbar standen wir schließlich vor der Richterin. »Ja«, meinte diese und schaute abwechselnd uns Kinder und meine Mutter an, »wie ist denn die ganze Situation mit dem Haus inzwischen?«

»Ganz prima!« gab meine Mutter in ihrem ergebensten Tonfall zurück. »Wir haben alles ganz gut geschafft. Das Dach ist gedeckt. Wir haben jetzt zwei Zimmer. Alles super!«

Die Richterin hörte meine Mutter freundlich an. »Ja, wenn das alles so schön geworden ist mit dem Haus, dann gucke ich mir das doch gleich mal an.«

Meine Mutter traf fast der Schlag vor Schreck. Zu Hause lagen alle Kleider auf dem Boden. Die Betten waren nicht gemacht. Nichts war aufgeräumt.

Wenn die jetzt kommt, dachte sie, ist alles zu spät. Aber natürlich durfte sie sich nichts anmerken lassen.

»Das geht schon«, sagte sie daher so begeistert wie möglich. »Es ist nur so – ich habe noch ein Kind bei meiner Freundin gelassen. Das müßte ich zuerst abholen, weil meine Freundin gleich weg muß. Ich könnte ja das Kind abholen und wieder hierher zurückkommen. Dann könnten Sie in Ihrem Wagen hinter mir herfahren. In einer Stunde wäre ich wieder hier.«

»Gut«, meinte die Richterin.

Die Gedanken meiner Mutter überschlugen sich. Irgendwie mußte sie es bewerkstelligen, daß ihre Wohnung in Ordnung sein würde, wenn sie zusammen mit der Richterin dort ankäme. So schnell ihr Auto es zuließ, raste sie zu ihrer Freundin.

»Monika, du mußt mir helfen!« rief sie ihr zu, während sie meine Schwester zu uns Jungen auf den Rücksitz stopfte. »Setz dich in dein Auto, fahr zu mir, räum das Haus auf! Ich sehe zu, daß ich Zeit gewinne.«

Ihre Freundin begriff sofort. Sie ließ alles stehen und liegen und sauste zu uns nach Hause. Meine Mutter hingegen, die sonst gern einen heißen Reifen fährt, schlich zum Familiengericht zurück.

Die Richterin wartete schon. Sie mußte sich jedoch noch länger mit Geduld wappnen. Meine Mutter ging zuerst noch einmal mit meinem Bruder zur Toilette. Da für uns bei derlei Anlässen normalerweise kollektives Pinkeln angesagt war, weil der, der jetzt noch nicht mußte, demnächst ja müssen könnte, wollte ich auch gleich mitlaufen. Aber sie nahm mich nicht mit, was ich mit wütendem Protest quittierte. Die gute Frau Richterin sah natürlich ein, daß Kinder nun mal Kinder sind, und bezähmte das Trommeln ihrer lackierten Fingernägel auf dem Lenkrad, bis meine Mutter ein paar Minuten später auch mit mir zu dem bewußten Örtchen eilte.

Endlich ging es los. Die Richterin lächelte verständnisvoll, als der Wagen meiner Mutter nicht ansprang. Sie lächelte auch, als meine Mutter im Sonntagsfahrertempo durchstartete und anschließend minutenlang hinter einem Moped hertuckerte. Als meiner Mutter kaum zehn Kilometer hinter dem Familiengericht der Sprit ausging, lächelte die Richterin allerdings nur noch mit zusammengebissenen Zähnen. Meine Mutter winkte ihr über den Rückspiegel zu.

Dann Blinker raus und ran an die Tankstelle. Typisch Frau, fingerte meine Mutter an dem Tankdeckel herum, der scheinbar klemmte, und schaffte es anschließend absolut nicht, eigenhändig den Tankstutzen einzuführen. Gekonnt verlegen jettete sie los, um den Tankwart zu suchen, der zwar soeben an der Kasse stand und einen Kunden bediente, von meiner Mutter aber trotzdem erst nach längerem Suchen entdeckt wurde. Eifrig auf ihn einredend, gelang es ihr, ihn dazu zu bewegen, ihr beim Tanken zu helfen.

»Spinnst du heute?« fragte er sie beiläufig, weil er noch nie erlebt hatte, daß meine Mutter nicht wußte, wie sie den Benzinschlauch führen sollte. Doch meine Mutter grinste nur. Für zehn gewonnene Minuten hätte sie an diesem Tag viel auf sich genommen.

Als die beiden Autos endlich vor unserer Baustelle zum Stehen kamen, hatte meine Mutter für eine knapp halbstündige Strecke über eine Stunde gebraucht.

»Da sind wir schon!« strahlte sie und schob der Richterin ein Brett herüber, damit deren schwarze Lederpumps mit Stöckelabsatz nicht allzu arg in Mitleidenschaft gezogen würden.

Genau in diesem Moment flog die Haustür auf und die Freundin meiner Mutter trat heraus. »Da bist du ja! Ich bin gerade eben gekommen, um zu schauen, wie es dir und den Kindern geht!« rief sie und umarmte meine Mutter mit Bussi links und Bussi rechts, wobei sie ihr zuflüsterte: »Alles okay drinnen.«

Meiner Mutter fiel ein Stein vom Herzen. Mit dem unbeschwertesten Lächeln der Welt bat sie die Richterin in unseren wunderbar aufgeräumten, sauber gewischten Bauabschnitt, führte ihr die blütenweiß bezogenen Betten und die perfekt sortierten Kleiderregale in unserem Schlafzimmer sowie die liebevoll arrangierten Wiesenblumen auf dem Sofatisch in der Wohnküche vor, vergaß auch nicht, beiläufig die ordentlich ausgerichteten Schuhe vorzuzeigen und schließlich einen Kaffee aus einer blitzblank gespülten Tasse anzubieten, die in einem vorbildlich eingeräumten Küchenschrank stand.

Die Richterin war beeindruckt! »Mhm,« meinte sie und schlürfte leise an dem zu heißen Kaffee, »es ist zwar noch nicht alles fertig. Das kann man ja wirklich nicht bestreiten. Aber es ist doch alles sehr liebevoll und ordentlich gemacht. Und die Kinder sehen ja auch gesund und ordentlich aus. Also, ich denke, das paßt schon. Das kann ich vertreten.«

Geschafft! Geschafft! konnte meine Mutter nur denken. Der Kampf um uns war endgültig gewonnen.

Die nächsten Jahre liefen vergleichsweise ruhig dahin. Meine Mutter stand morgens um fünf Uhr auf. Anschließend brachte sie uns Kinder in den Kindergarten und zur Schule bzw. zu meiner Großmutter. Ab acht Uhr unterrichtete sie bis etwa nachmittags um fünf. Leistungskurse, Werkkurse, Filmkurse, jede Stunde dreißig Schülerinnen und Schüler. Danach mauerte sie zwei bis drei Stunden. Und abends fiel sie todmüde ins Bett.

Um den Leistungsdruck auszuhalten, hatte sie sich eine kleine Strategie ausgedacht. Der erste Teil bestand darin, sich Zeit für sich selbst zu nehmen. Jeden Tag fünf Minuten.

»In denen habe ich gemacht, was ich wollte«, sagt sie schmunzelnd, wenn sie heute daran denkt. »Dann bin ich nach der Schule irgendwohin gefahren, vielleicht in die Stadt, und habe mir gesagt: Die nächsten fünf Minuten gehören ganz dir! Manchmal bin ich einen Feinkostladen reingegangen und habe mir Hühnersalat gekauft und so getan, als wäre die ganze Welt wunderbar. Das habe ich mir immer mehr so angewöhnt, daß ich gezielte Pausen eingelegt habe. In denen habe ich mir gesagt: nichts und gar nichts! Du schaust nicht hin, ob da was liegt. Du schaust nicht nach, was da geschieht. Das ist jetzt ganz deine Zeit. Jetzt entspannst du dich!«

Der zweite Teil ihrer Strategie bestand darin, daß sie abends als erste zu Bett ging. »Ich hatte dann einfach keine Nerven mehr«, gibt sie zu. »Ich dachte mir immer: bevor ich abends 'rumhaue. – Es gibt viele Eltern, die nur, weil sie erschöpft sind, den Kindern ein paar Watschen geben und mit dem Erziehen anfangen, nachts um zehn. Was ein völliger Schmarrn ist! Das weiß man als Pädagoge, man darf nie erziehen, wenn man selbst schlecht drauf ist. Auch, wenn es dringend notwendig ist – du mußt das Erziehen immer verschieben, bis es dir gut geht. Und deshalb war für mich ganz klar, daß es keinen Sinn hat, wenn ich abends anfange: Und du räumst jetzt auf! Und du machst das! Und du tust das! – Dann sind wir alle Nervenbündel. Also legst du dich ins Bett, mit einem schönen Buch. Man muß auch die eigenen Grenzen genau sehen und dann sagen: Egal, wie der Zustand ist, jetzt höre ich auf und bringe mich zur Ruhe.«

Wir Kinder liebten diese Stunde vor dem Zubettgehen ganz besonders. Wir wußten, die Mama ist da. Wenn wir Hilfe gebraucht hätten, wäre sie gekommen. Also haben wir in aller Ruhe unseren Spaß gehabt. Wir haben gemalt oder gekocht, Spiele gemacht. Und irgendwann, wenn wir müde wurden, sind wir dann nacheinander auch zu Bett gegangen und haben gekuschelt. Morgens schlug meine Mutter dann zwar oft die Hände über dem Kopf zusammen, weil wir so ziemlich alles auf den Kopf gestellt hatten und die Küche wie ein Schlachtfeld aussah. Aber Krach gab es deswegen kaum.

»Seit ich mich dazu durchgerungen hatte, daß ich auch dann zu Bett gehen darf, wenn ich zuvor die Kinder und die Wohnung nicht perfekt hergerichtet habe, gab es bei uns kaum noch Konflikte«, sagt auch meine Mutter. »Abends bequem zu liegen, zu lesen, meine Gedanken ganz für mich zu haben – das war so entspannend, daß ich am Morgen leicht mit dem Alltag fertig werden konnte.«

Seit meine Eltern einander wieder näher gekommen waren, raffte mein Vater sich hin und wieder auf, meiner Mutter in seiner Freizeit an unserem Bau zu helfen. Er war nicht ungeschickt. Wenn er wollte, konnte er durchaus etwas zustande bringen. Ich denke an den Briefkasten vor dem Haus oder ein ganz bestimmtes Kellerregal oder auch an die Gartenlaube zum Beispiel.

Das Fatale war im Grunde nur, daß mein Vater zu dieser Arbeit keine Lust hatte. Es war für ihn so eine niedere Arbeit. Er hat das wirklich so gesehen. Schließlich ist er ein Pater, etwas Höheres also als Normalsterbliche. Bauarbeiten sind nichts für Patres. Dafür gibt es im Kloster die Niederen, die Fratres, die einfachen Mönche. Die machen sich die Hände schmutzig. Aber doch ein Pater nicht!

Wie sieht denn das aus, wenn man Blutblasen und Schwielen an den Händen hat und abgerissene Fingernägel und soll dann den Kelch mit dem Blut Christi heben und die Hostie an die Gemeinde austeilen!

Vermutlich überwand mein Vater sich zu diesem elenden Hausbau nur deshalb, weil er darin einen Teil der Strafe Gottes akzeptierte, die wegen der sündigen Liebe zu meiner Mutter über ihn gekommen war. Indem er mauerte und Steine schleppte, absolvierte er also Bußübungen. Daß er dabei nicht fröhlich pfeifend gute Laune ausstrahlte, sondern mürrisch und streitsüchtig auf die erstbeste Gelegenheit lauerte, alles hinzuschmeißen, konnte man ihm folglich nicht verdenken.

Der Widerwille, mit dem er an diese Arbeit heranging, führte oft zu Mißerfolgen. Einmal zum Beispiel sollte mein Vater die Kellertreppe einbauen. »Aber da ging's ihm so schlecht!« erinnert sich meine Mutter.« Da hat er alles falsch gemacht. Die Höhen haben nicht gestimmt. Die Stufen lagen schief. Und dann mußten wir alles wieder abreißen. Es war unmöglich!«

Ein andermal war er nicht von dem Gedanken abzubringen, daß wir dringend eine Dunstabzugshaube in der Küche brauchen. Meine Mutter redete mit Engelszungen. Sie hatte ein Fenster; wozu brauchte sie einen künstlichen Abzug? Außerdem hatte sie die Küchenwand über den Hängeschränken erst vor kurzem verschalt. Sie war stolz auf diese Arbeit. Sie war ihr perfekt gelungen. Wenn die Haube eingebaut würde, müßte alles wieder abgerissen werden.

Kein Argument zog. Mein Vater setzte seinen Kopf durch. Er wollte eine Dunstabzugshaube haben. Das hatte man jetzt so. Das mußte man haben.

Er kaufte die Haube, natürlich für teures Geld. Nur was teuer ist, kann gut sein. Dann riß er die Verschalung ab. Der Abzugsschlauch mußte verlegt werden.

»Anselm, nein!« schrie meine Mutter. »Nicht dieses Brett, bitte! Das ist das Schönste in der ganzen Küche. Es fehlt doch überall, wo du hinschaust. Da, die Eckbank, die Füße, das bricht alles weg.«

Es war schon passiert. Meine Mutter brach zusammen. »Ich kann nicht mehr!« schrie sie. »Ich kann nicht mehr!« Aber sie konnte. Und als es meinem Vater mißlang, das Brett über den Schränken wieder anzumontieren, konnte sie auch das. Wie immer.

»Er wollte die Dinge so gern verbessern«, so nimmt meine Mutter meinen Vater noch heute in Schutz. »Er sah so viele Kleinigkeiten überall am Haus, die nicht so ganz stimmten. Dinge, von denen ich von Anfang an wußte: das wird jetzt nicht so ganz. Ich hatte einfach nicht die Zeit, auch nicht das Geld, alles sofort perfekt zu machen. Die Teile, die riß er dann ab und wollte sie neu machen. Das ging teilweise so weit, daß er sich aufregte, weil eine Schraube angeblich falsch reingedreht war. Aber zum Neu- und Bessermachen kam es nie. Er hat einfach immer gearbeitet, wie er Latein macht. Genauso sehe ich das. Bei der lateinischen Sprache, da muß man so fitzeln, so im Kleinen denken. Und so macht er sein Leben auch. Er fitzelt an den Endungen herum und dabei stimmt der ganze Satzbau nicht. Und dann wundert er sich, wenn nichts Sinnvolles herauskommt.«

Meine Schwester, die das handwerkliche und planerische Talent meiner Mutter geerbt hat, sieht es noch drastischer: »Wenn mein Vater ein Haus bauen würde, würde er zuerst einmal ein Kellerregal bauen, damit er das dann schon mal für die Sachen hat, die er in den Keller reintun will, wenn er einen Keller hat. Und wenn er ein Zimmer bauen würde, dann würde er zuerst mit dem Dach anfangen, damit der Boden, den er später einmal verlegen will, nicht naß wird, wenn er die Wände mauert.«

Ich muß lachen, wenn ich mich daran erinnere, wie mein Vater einmal eine Säge für 1600 DM gekauft hat, damit er die Dielen für den Fußboden in meinem Zimmer zurechtschneiden konnte. Meine Mutter und ich hatten in allen anderen bis dahin fertigen Zimmern die Dielen auch gesägt, ohne diese viel zu teure Wahnsinnsmaschine. Keiner brauchte und keiner wollte sie. Nur er!

»Was meint ihr, was das für eine tolle Sache ist!« sagte er begeistert. »Da kann man gleich ganz anders arbeiten. Ihr werdet sehen, sogar sperrige Dinge!«

Kaum nahmen wir ihn beim Wort und erwarteten, daß er nun tatsächlich all die Bretter sägte, die überall an den Wänden als Verschalungen gebraucht wurden, hatte er die Säge einfach satt. Ganz plötzlich war das gute Stück wieder verkauft, und die angefangenen Verschalungen blieben liegen.

Aber so war mein Vater in vielen Dingen: etwas anfangen, sich überschätzen, hinschmeißen, Frust. Und schuld waren immer die anderen. Im Zweifelsfall meine Mutter.

Im Sommer 1983 hatten wir endlich die ersehnte Wohnerlaubnis für unser neues Haus bekommen. Im September wurde ich eingeschult und ging kurz darauf zu den Ministranten.

Gleich am ersten Schultag lernte ich Muckel kennen, der eigentlich Martin heißt und für die nächsten zehn Jahre mein einziger guter Freund bleiben sollte. An diesem ersten Tag war ich pünktlich zum Unterricht erschienen. Erwartungsvoll nahm ich an einem der Schultische Platz, doch niemand wollte sich neben mich setzen. Ich versuchte, mir nichts von meiner Enttäuschung anmerken zu lassen.

Der Unterricht hatte schon begonnen, als Muckel ins Klassenzimmer hereinplatzte. Ich glaube, das Zu-spät-zum-Unterricht Kommen war von Anfang an sein Markenzeichen. Wir kannten uns bereits flüchtig aus dem Kindergarten. Gute Erinnerungen verband ich jedoch nicht mit ihm. Er war immer derjenige, der Mädchen an den Haaren zog und ihnen Sand in die Augen rieb – auch darin ist er bis heute derselbe geblieben –, und ich der, der solche Spielchen nicht leiden konnte.

Ich weiß noch, mein erster Gedanke bei seinem Anblick war: Oh, Gott, der! Denn da es nur neben mir noch einen freien Platz gab, war mir sofort klar, was geschehen mußte. Tatsächlich, Muckel wurde angewiesen, sich zu mir zu setzen. Mit schiefen Blicken sahen wir uns an.

Freunde wurden wir eigentlich erst nach einer denkwürdigen Schlägerei, der ersten meines Lebens. Es ging um die folgenschwere Frage, ob eins mal eins nun eins oder zwei ist. Nebenbei bemerkt, ich war für eins … Wir schlugen uns die ganze Pause durch und waren noch tagelang danach nicht miteinander einig, wer denn nun recht hätte. Ich glaube, Muckels Vater löste das Rätsel zuletzt mit einem Machtwort. Irgendwann danach waren wir auf einmal Freunde.

Ich habe Muckel nie gefragt, ob ich in der Folgezeit sein bester Freund war. Wahrscheinlich hatte ich Angst, er würde nein sagen und unsere schöne Beziehung einen Knacks bekommen. Mein bester Freund war er auf jeden Fall und nicht nur solange, bis ich andere Freunde fand.

Er wohnte nicht weit von uns, so daß wir uns häufig nach der Schule verabredeten. In unserem Garten waren wir die Helden. In den vielen halbfertigen Winkeln unseres Hauses ließ es sich herrlich spielen. »Räuber« war unser absolutes Lieblingsspiel.

Wir schlüpften an der schrägen Bauseite unter einer der aus Galoppsteinen aufgemauerten Stützen des Balkons hindurch. Ein paar geduckte Schritte, dann gelangten wir durch eine niedrige Luke in unsere Räuberhöhle. Sie war ein herrlich dämmriger Winkel mit unordentlichen Häuflein aus Kies und Schotterresten. Ihr Holzdach war zünftig mit dick verstaubten Spinnweben verhangen, in denen dürre Gras- und Strohhalme baumelten. Selbst einen Notausgang gab es. Er mündete unmittelbar unter dem Gitterrost vor unserer Haustür. Wenn man das Gitter anstemmte, konnte man sich mit eingezogenem Bauch hinauswinden. Kein Räuber kann jemals räubermäßiger gehaust haben als wir dort unten.

Aber was wäre ein Räuber ohne Überfälle auf einen Schatz! Unser Schatz wurde zwar nie gehoben, gleichwohl waren wir überzeugt, daß er in einem Hügel unter dem dicksten Baum unseres Gartens vergraben läge. Abwechselnd waren bald Muckel, bald ich Verteidiger oder Eroberer des Schatzhügels. Mit Degen und Gewehren aus Holzstöcken zogen wir gegeneinander ins Feld. Beim Räuberschmaus versöhnten wir uns wieder.

Muckel und ich, das war eine Freundschaft ohne viel Worte. Vom Weltraum bis zum Mittelalter gab es nichts, was wir nicht durchspielt und für uns neu entdeckt hätten. Selbst eine Mondrakete stand uns zur Verfügung. Für Leute, die nichts davon verstehen, sah sie aus wie ein uralter, dicker Nadelbaum mit einer kindergroßen Höhle im Stamm. Doch wenn wir beide darin saßen, fauchte der heiße Ofen und trug uns mitten ins Universum hinein.

Muckel war der erste, mit dem ich über meinen unbekannten Vater sprach. Er hatte mich gefragt, warum mein Vater nie bei uns sei und wo er denn überhaupt sei. In mir wirbelte alles durcheinander: das Verbot, mit irgend jemandem außerhalb der Familie über meinen Vater zu sprechen, die Peinlichkeit, nicht zu wissen, wer der eigene Vater ist, die Sehnsucht, all das, was ich ja selbst nicht verstand, mit einem Freund teilen zu können. Muckel war dieser Freund. Ich vertraute ihm. Nein, ich brachte es nicht über mich, ihm die alte Geschichte mit dem Vater meines Bruders aufzutischen oder eine andere, ebenso phantastische Antwort zu erfinden.

»Mein Vater ist Arzt«, sagte ich. »Er ist in Rom. Er kann nicht kommen. Aber wenn ich neun bin, sehe ich ihn. Meine Mutter hat es versprochen.«

»In Rom?« sagte Muckel erstaunt. »So weit, das ist ja blöd.«

Wir redeten noch ein bißchen über das Für und Wider, einen Vater zu haben, der immer da ist, und kamen zu dem Schluß, daß dies manchmal ganz schön doof sein konnte, trotzdem aber immer noch besser ist, als nie einen zu haben. Dann überlegten wir, wie wir beiden Räuber meinen Vater aus Rom entführen und in unserer Räuberhöhle verstecken könnten, bis Gras über die Sache gewachsen wäre. Die Sache scheiterte, weil Muckels Mutter anrief und sagte, ihr Sohn solle zum Abendessen kommen.

»Was habt ihr denn da auf dem Hügel geredet?« fragte meine Mutter später, als ich ihr gute Nacht sagte.

»Ach, nur so halt«, gab ich zurück und rollte mich in die Decke. Mutter müssen schließlich nicht alles wissen.

Bei Muckel zu Hause fand ich das Bild der heilen Familie, wie es mir in all den späteren Jahren als Wunschtraum durch den Sinn gaukelte. Die Mutter, die für die Kinder und den Haushalt zuständig war wie meine eigene. Der Vater, der abends von der Arbeit kam und Zeit für seine Frau und Kinder hatte, nach dem Essen oder sonntags manchmal ein Nickerchen auf dem Sofa machte und auf alle Fragen eine Antwort hatte. Das gemeinsame Essen in der Stube. Der warme Tonfall der Stimmen. Und über allem diese ruhige Gelassenheit, die sich entfaltet, wenn etwas Dauer hat.

Ganz sicher trug Muckel dazu bei, daß mir die Gegenwart damals wichtiger war als das Phantom meines geheimnisvollen Vaters. Über dem Lachen, Toben und Spielen mit meinem Freund vergaß ich die Ungereimtheiten der Erwachsenenwelt. Ja, ich vergaß irgendwann sogar die ständigen Fragen an meine Mutter und Großmutter. Mein Vater war als unbekannte Größe zwar nicht vergessen, aber ich hatte aufgehört, den weißen Fleck seiner Person farbig ausfüllen zu wollen, und statt dessen gelernt, seine Dauerabwesenheit als Normalität zu sehen.

Seit Muckel und ich über meinen Vater gesprochen hatten und er mein größtes Geheimnis kannte, war ich mir ganz sicher, daß ich Muckels bester Freund sein wollte. Es bereitete mir mehr Mühe denn je zu verkraften, daß er nicht nur mich, sondern viele Freunde hatte. Immer war da die Angst, er könne einen anderen besser finden als mich, sich von mir abwenden, mich irgendwann links liegenlassen.

Natürlich kannte ich andere Jungen. Aber keiner von ihnen war wie Muckel.

Wenn er keine Zeit oder auch keine Lust hatte, mit mir zu spielen, saß ich daher meistens allein herum und versuchte so zu tun, als machte mir das Alleinsein nichts aus. In Wirklichkeit empfand ich es schmerzlich. Am liebsten hätte ich jeden Tag mit Muckel gespielt.

Er war mein Freund. Er verstand, wie es ist, wenn man einen Vater hat, der in Rom sein muß und nicht kommen kann. Wir redeten sehr selten darüber. Aber zu wissen, daß er es wußte, verband uns fester. Anders als für die anderen, die manchmal spotteten: »Äh, der hat ja nicht mal einen Vater!« spielte es für Muckel keine Rolle, ob ich einen Vater hatte oder nicht. Er mochte nicht meine Familie, er mochte mich. Und er akzeptierte mich.

Akzeptanz! Das ist immer ein schwieriges Kapitel für mich gewesen. Ich werde toleriert – schon lange. Selbst als Kind kam es nur selten vor, daß Gleichaltrige auf der Straße etwas zu mir sagten, was ich als verletzend empfand. Aber akzeptiert? Ich werde nicht akzeptiert. Nicht als Ganzheit, als Ich aus Körper, Seele, Geist – ganz ich. Vielleicht bilde ich mir alles nur ein. Doch es scheint sich immer mehr zu bewahrheiten, was ich instinktiv schon als Kind befürchtet habe: daß mein Geist liebenswert geworden ist und auch tatsächlich geliebt wird, mein Körper jedoch keine oder nur geringe Akzeptanz findet. So bleibt es nicht aus, daß ich immer mehr in die Rolle des unverstandenen Genies verfalle, auf die ich zwar durchaus ein wenig stolz bin, aber doch gern im Tausch verzichtete, wenn ich dafür von anderen Menschen etwas mehr Liebe erfahren würde.

Schon als Kind habe ich diese Diskrepanz zwischen Geist und Körper gespürt, ohne sie benennen zu können. Der Alltag bewies, daß mir mein Körper vielfach im Weg stand. Mein Geist hingegen niemals.

Nehmen wir zum Beispiel meinen Vater. In allen Jahren meiner Kindheit, in denen ich nicht wußte, wer mein Vater ist, hatte mein Vater für mich keinen Körper. Er war nur Geist. Wenn ich Kontakt zu ihm aufnehmen wollte, konnte einzig mein Geist dies tun. In meinen Träumen, wenn mein Körper als schlafende Hülle auf dem Bett zurückblieb, trat ich diese Geistreisen zu meinem Vater an.

Später, als ich meinen Vater leibhaftig kannte und erlebte, mußte sich mein Körper verstecken, wenn ich in die Klosterwohnung schleichen wollte, denn er ist sichtbar, und niemand durfte mich sehen. Wie oft wünschte ich mir, aus meiner Haut aussteigen zu können oder eine Tarnkappe zu besitzen, um als unsichtbares Geistwesen zu meinem Vater zu huschen.

Stets war mein Körper hinderlich. Mein Geist hingegen war niemals hinderlich. Er mußte sich niemals verstecken. Im Gegenteil, je geistreicher ich war, desto mehr liebte mein Vater mich und desto besser gelang es ihm zu akzeptieren, daß auch mein Geist auf dieser Welt nun einmal einen Körper braucht, um zu sein.

Mit Muckel war es anders. Mit ihm war ich nie nur Geist oder nur Körper, sondern immer ganz ich. Akzeptanz, ja, das war es. Muckel akzeptierte mich.

Ich glaube, er ahnt bis heute nicht, wie wichtig er deshalb für mich war.

Mein neunter Geburtstag kam. Ich erinnere mich nicht, daß er anders gefeiert wurde als jeder unserer Kindergeburtstage. Wie immer hatte meine Mutter ein großes Kinderfest mit Kuchen, Kakao und Spielen arrangiert und alle meine Schulkameraden dazu eingeladen. Die Großfamilie mit Paten und engen Freunden meiner Mutter war für den Abend geladen. An diesem Zeremoniell änderte sich erst etwas, als mein Bruder auf die Frage, was er sich denn diesmal zum Geburtstag wünsche, antwortete: »Keine Party!«

Das einzig Ungewöhnliche an diesem Tag war ein Brief. Er lag unübersehbar auf meinem festlich mit einem Wiesenblumenkränzchen dekorierten Teller.

»Von wem?« fragte ich und drehte das Couvert ohne Briefmarke, auf dem nur mein Name als einzige Adresse stand, neugierig und unschlüssig zugleich herum.

»Schau halt nach!« meinte meine Mutter und hatte so ein seltsames Leuchten in den Augen.

Es war ein Brief von meinem Vater. Das erste echte, greifbare Lebenszeichen von ihm an mich. Es waren nur wenige Zeilen, zwei Tage vor meinem Geburtstag mit Schreibmaschine getippt und von Hand unterschrieben.

»Lies doch!« sagte meine Mutter ungeduldig lächelnd.

Ich las:

15. April 1986

Lieber Thomas!

Nun sind es schon neun Jahre, seit Du auf der Welt bist.

Die Mamma und auch ich, Dein Papa, wir haben uns an jenem Sonntag sehr gefreut, als Du geboren wurdest. Die Jahre des Kindergartens sind vorbei, Du mußt Dich jetzt mit den Aufgaben der Schule plagen.

Die Mamma erzählt mir, daß Du Dich sehr anstrengst und daß Du besonders in der Mathematik sehr gut bist. Das freut mich.

Auch wenn Du manchmal enttäuscht bist – laß nur nicht nach. Du mit Deinem Verstand wirst alle Aufgaben der Schule schaffen.

Besonders glücklich bin ich, daß, wie die Mamma erzählt, Du die Musik so gern hast. Ich glaube ja auch, daß dies eine besonders schöne Sache ist.

Also, zu Deinem Geburtstag wünsche ich Dir alles Gute. Der liebe Gott soll Dich beschützen und Dir helfen, daß Du Dir Deine Wünsche erfüllen kannst.

Liebe Grüße

Dein Papa

Ich saß da mit diesem Brief in der Hand, schaute meine Mutter an, den Brief an, hatte ein irgendwie andächtiges Gefühl und wußte doch nichts Rechtes mit allem anzufangen. Mein Vater, mein Papa, hatte mir geschrieben. Er hatte mir gesagt, daß er sich über meine Geburt gefreut habe und stolz auf meine guten Leistungen sei.

»Freust du dich?« fragte meine Mutter mit feuchten Augen.

»Ja«, sagte ich. »Klar! Toll, daß er mir geschrieben hat!« Ich hätte eigentlich Luftsprünge machen sollen. Endlich hatte ich ein Lebenszeichen von ihm. Endlich wußte ich, daß er mich zwar nicht persönlich kannte, aber alles von mir erfuhr und mich liebte, mein Papa. Aber etwas in mir war seltsam still und kalt. Ich hielt es nicht mehr länger an dem Tisch mit den schön verpackten Geburtstagsgeschenken für mich aus.

»Den hebe ich mir auf, daß ich ihn immer wieder ansehen kann!« rief ich und lief los, um in meinem Zimmer nach einem Ordner zu suchen, in dem ich den kostbaren Brief meines Vaters aufbewahren wollte.

Erst als ich das Papier knickte und lochte, fiel mir auf, daß ich meinem Vater gar nicht antworten konnte. Es fehlte ja die Adresse.

Wenn ich heute die spärlichen Zeilen meines Vaters überfliege, fällt mir vor allem eines auf: die Vorsichtsmaßnahme der Lüge, die darin steckt.

Damit nur ja keiner eine Spur aufnehmen könne, falls der Brief in unberufene Hände fiele, hatte mein Vater die Schreibmaschine benutzt. So würde niemand ihn an der Handschrift erkennen. Ohne Absenderangabe, ohne Poststempel, auf neutralem Papier, womöglich ohne Fingerabdrücke – ein Detektiv würde meinem Vater Respekt aussprechen.

Und dann dieser Vater selbst, der mir ein Lebenszeichen vermittelte, als sei er tatsächlich weit, weit entfernt – im heiligen Rom, wie meine Mutter erklärt hatte. Der so tat, als habe er mich noch niemals im Leben gesehen. Als wisse er nur aus dem Munde meiner Mutter über mich Bescheid. Und als habe ihm meine Mutter nichts anderes, sondern nur über meine schulischen Leistungen und meine Musikalität berichtet. Und dabei war dieser Vater nur wenige Kilometer von mir entfernt zu Hause, sah mich fast täglich, hatte mich sogar selbst getauft, kannte mich und interessierte sich aus ganz eigenem Antrieb für nichts weiter als nur für meine Klassenarbeitsnoten und Zeugnisse, kurz – für die Qualität meines Geistes.

Damals, als Bub, ging mir das alles nicht auf. Da war der Brief wie eine Reliquie, so kostbar. »Sehe ich ihn jetzt dann bald?« fragte ich meine Mutter und konnte das Wort »Papa« nicht über die Lippen bringen. »Kommt er jetzt her?«

»Sei nicht so ungeduldig«, gab meine Mutter zurück. »Erst mal hast du ja einen schönen Brief von ihm bekommen.«

Fragen und Bohren nützte nichts. Das kannte ich. Auch hörte ich draußen die Geburtstagsgäste kommen. Mit Hallo flog schon die Haustür auf. Das Fest begann. Was kümmerte mich jetzt mein Vater?

Mein neunter Geburtstag lag Monate zurück, als meine Mutter mir eines Abends mitteilte, daß wir beide übers Wochenende einen Ausflug machen würden. Dies kam bei uns öfter vor, ja, ich verreise bis heute gern einmal mit meiner Mutter allein. »Wohin fahren wir?« fragte ich.

»Überraschung!« gab sie zurück.

Ich verdrehte die Augen. Dachte: jetzt spinnt sie, sagt nicht mal mehr, wohin wir fahren, total beknackt!

»Kann ich auch mit?« rief meine Schwester.

Meine Mutter schüttelte den Kopf, lächelte ihr zu. »Der Magnus geht zu seinem Vater und du zur Oma. Sie freut sich schon. Mit dir mache ich ein andermal etwas.«

Schmollend zog meine Schwester ab. Sie platzte jedesmal fast vor Eifersucht, wenn meine Mutter irgendwas ohne sie tat.

Am nächsten Morgen waren wir in aller Frühe startbereit. Die Morgennebel waberten noch von den Seeniederungen über die Straßen hinauf. Ich war verschlafen und mürrisch. Es regte mich auf, daß meine Mutter so ein Geheimnis um unseren Zielort machte. Normalerweise hätte ich die Fahrt genossen. Diesmal lehnte ich träge auf dem Beifahrersitz und würdigte die vorbeiziehende Landschaft kaum eines Blickes.

»Kannst du dir überhaupt nicht denken, wohin wir fahren?« fragte meine Mutter irgendwann. Es muß etwas in ihrem Tonfall gelegen haben, denn plötzlich kam mir in den Sinn: »Zu meinem Vater?«

»Mhm!« stimmte meine Mutter nur zu und schaute mich kurz an. »Hab' ich dir doch versprochen. Wenn du neun bist, weißt du noch?«

Natürlich wußte ich es noch! Ich war wie elektrisiert. »Und wo?« drängte ich. »In München?«

Wir bogen in Richtung München Hauptbahnhof ab. »Du siehst es ja dann!« sagte meine Mutter.

Schon wieder diese Geheimniskrämerei! Ich bekam fast zuviel. Aber ich beherrschte mich. An der Ecke am Hauptbahnhof sah ich unseren Direktor stehen. Er winkte, als meine Mutter auf ihn zufuhr. Lachte.

»Nehmen wir den etwa mit?« fragte ich.

Meine Mutter lachte. Blöd, fand ich. »Genau«, sagte sie. »Er muß schon mit dabeisein, dort dann.«

Also gut. Ich fand mich damit ab. Es war ja nicht das erste Mal, daß wir diesen Freund meiner Mutter irgendwo unterwegs aufgelesen oder getroffen und dann ein paar Tage irgendwo zusammen verbracht hatten. Natürlich mußte ich jetzt meinen bequemen Platz auf dem Beifahrersitz räumen und auf die Rückbank umziehen. Ein weiterer Punkt, der mich ärgerte. Meine Mutter hatte gesagt, wir beide würden zusammen wegfahren und meinen Vater sehen. Und jetzt war dieser Freund von ihr dabei und störte. Die beiden vorn fingen an, sich etwas zu erzählen. Manchmal lachten sie. Ich schlief ein.

Ich erwachte, weil unser Auto hielt. Das fehlende Brummen des Motors hatte mich geweckt. »Ausgeschlafen?« Meine Mutter zog mich an einer Hand aus dem Auto heraus.

Wir standen vor einer riesigen gotischen Kirche. Ihr Turm bohrte sich in schwindelnder Höhe in den Himmel. »Das Ulmer Münster, die größte gotische Pfarrkirche in

Deutschland«, erklärte mein mir damals noch unbekannter Vater, den ich in der Freizeit nicht bei seinem offiziellen Namen »Pater Anselm« nennen mußte, sondern mit »Anselm« ansprechen durfte, wie auch meine Mutter es tat. »Es wurde in mehreren großen Bauabschnitten vom zweiten Drittel des 14. Jahrhunderts an gebaut und mit dem letzten Abschnitt des Turms Ende des 19. Jahrhunderts vollendet.«

Mein Vater kennt sich bestens aus mit derlei Fakten und Daten. Einmal hatte er sich nur deshalb überwunden, mit mir eine Burgruine in Südtirol zu besuchen, weil es dort eine Kapelle gibt, in der die erste Darstellung eines echt bayerischen Knödels zu bewundern ist. Auch als wir nun durch das Ulmer Münster schritten, wußte er von jedem Kreuzrippengewölbe, jedem Fensterbild und jeder Skulptur etwas zu berichten. Erinnern kann ich mich nur an die Jammergestalt des »Schmerzensmannes« am Hauptportal und an eine recht verworrene Geschichte mit Zwergen und Kobolden, die alle etwas mit dem Flüßchen Lau zu tun hatten, welches in Ulm in die schöne blaue Donau fließt.

Endlich hatte mein Vater seinen Kulturbedarf jedoch gestillt, und wir konnten daran denken, auch den Körper zu seinem Recht kommen zu lassen. Ich hatte Hunger wie ein Bär! In einer kleinen Pension unweit des Münsters bekam ich die erste schwäbische Flädlesuppe meines Lebens und aß gleich drei Portionen. Die in Streifen geschnittenen Pfannkuchen waren wirklich lecker.

Es war mir schon vorher aufgefallen, doch während und nach dem Essen strahlten sich meine Mutter und ihr Freund immer öfter an. Sie kamen mir vor wie zu Weihnachten, wenn alle ihre Geschenke auspacken und innerlich wachsweich sind. Beschränkt wie ich war, kam mir trotzdem nicht der geringste Verdacht.

Es war spät geworden. »Bist du schon müde?« fragte meine Mutter. Ich nickte.

»Wir können ja oben noch eine Runde Skat spielen«, meinte ihr Freund.

Einen Augenblick wunderte ich mich, daß wir ein Zimmer zusammen haben würden. Aber sogleich kam es mir selbstverständlich vor. Wenn meine Mutter und wir Kinder verreisten, hatten wir ja nie jeder ein Zimmer für sich gehabt, und auch zu Hause schliefen wir alle zusammen in einem Zimmer. Warum also sollte jetzt nicht auch Anselm bei uns im Zimmer schlafen?

Die Pensionswirtin überreichte uns den Zimmerschlüssel. Wir hatten ein Doppelzimmer mit einem kleinen Beistellbett für Kinder. Als wir unsere Reisetaschen abgestellt hatten, nahm meine Mutter am Kopfende ihres Bettes Platz. Anselm setzte sich in die Mitte seines Bettes. Ich setzte mich ans Fußende zu meiner Mutter. »Skat?« fragte Anselm und zog die Spielkarten aus seiner Tasche.

Ich zögerte. Mir war nicht nach Kartenspielen. Herausfordernd sah ich meine Mutter an. »Ja, wer ist es denn jetzt eigentlich?«

Sie wußte sofort, was ich meinte. Wieder dieses Strahlen auf ihrem Gesicht.

»Ja«, sagte sie und zeigte auf Anselm. »Er!«

Anselm? Ich begriff nichts. Mein Verstand weigerte sich. Alle Gedanken waren total blockiert. Einen Moment später begannen sie zu rasen. Irgendeinen Reim mußte ich mir machen.

»Ja«, brachte ich schließlich heraus, »aber das geht ja nicht. Er darf doch nicht – der ist doch Pfarrer, ein Priester kann gar nicht ...« Und dabei hatte ich diese Szene vor Augen, die ich mit Muckel nach dem Ministrantenunterricht bekichert hatte, wie nämlich einer, der Priester werden will, alles unter eine Guillotine legen muß und weg damit.

»Doch, doch!« sagte meine Mutter und strahlte noch mehr. Und wie ich zu Anselm hinüberschaute, strahlte und nickte dieser auch. »Ja, doch!«

Also mußte es stimmen.

Wenn meine Eltern erwartet hatten, daß ich meinem Vater nun freudig um den Hals fallen und vor Glück in Tränen ausbrechen würde, hatten sie sich getäuscht.

Abgesehen davon, daß ich schon als Bub eher spröde und unbeholfen in derlei Gefühlsdingen war, kam ich mir in diesen Sekunden vor wie einer, der aus höchster Höhe platt auf den Rücken geknallt ist und nach Luft zum Überleben schnappt.

Anselm – mein Vater! Nichts mehr mit Sean Connery, nichts mehr mit berühmtem Arzt, nichts mehr mit diesem coolen, gelassenen Superman, von dem ich geträumt hatte. Statt dessen unser kleiner Pfarrer-Freund, den ich ewig kannte, der keine Kinder haben durfte und dann doch eins hatte, und zwar mich.

»Freust du dich denn gar nicht?« fragte meine Mutter irgendwann mit diesem Glücksgesicht, und mein Vater sah mich auch so an, als würde ihm das Leuchten gleich zu den Ohren herausfunken.

Da sagte ich: »Na ja, gut!« Und nach einer Pause: »Wenn er's jetzt halt ist.« Ich versuchte ein Lächeln. Jetzt wußte ich also, wer mein Vater ist.

Der Schock, die Konfrontation mit allem bisher Geglaubten und Gelernten, die Einsicht, die Ergebung in die Tatsachen – das Ganze hatte nicht länger als fünf, höchstens zehn Minuten gedauert.

»Wie ist es jetzt mit einer Runde Skat?« fragte mein Vater. Und dann spielten wir stundenlang. Wahrscheinlich, weil man beim Skatspielen an nichts anderes denken muß.

Nicht zu wissen, wer mein Vater ist, war schlimm. Es hatte mich immer wieder beschäftigt. Ich hatte gefragt ohne Ende. Ich hatte meine Mutter und Großmutter damit genervt. Es hatte mir eine Zeitlang bei Gleichaltrigen Schwierigkeiten eingetragen, bis ihnen das Foppen langweilig wurde und sie sich ein neues Opfer suchten.

Zu wissen, daß Anselm mein Vater ist, war auch schlimm. Man könnte es folgendermaßen umschreiben: Jemand wird blind geboren und erhält mit neun Jahren sein Augenlicht wieder, wird dafür aber lebenslänglich taubstumm.

Mit anderen Worten, mein Problem hatte sich nicht gebessert, es hatte sich nur gewandelt.

Ich war Ministrant und in der katholischen Religion bewandert genug, um zu begreifen, daß Anselm im Sinne seiner Kirche eine schwere Sünde begangen hatte, als er meine Schwester und mich zeugte. Mir war auch klar, daß er dafür bestraft werden und aus dem Kloster verstoßen und arbeitslos würde, wenn jemals heraus käme, daß er unser Vater ist. Ebenso war mir klar, daß meine Mutter dann auch bestraft und entlassen werden würde. Doch nicht nur das. Ich wußte absolut, daß meine Schwester und ich ins Kinderheim kommen würden, wenn meine Mutter kein Geld mehr hätte, unser Haus oder eine andere Wohnung zu bezahlen. Jugendamt, Familiengericht, Angst – die Erfahrungen meiner frühen Kinderzeit hatte sich tief in mir eingebrannt.

Ich verstand zutiefst, daß meine Eltern mir zugetraut hatten, mir ein Geheimnis anvertrauen zu können, welches die Ehre und die Sicherheit meiner ganzen Familie umschloß. Kein Sterbenswort durfte jemals verraten werden. Ich wollte sie nicht enttäuschen. Aber ich war erst neun!

Wer Kinder kennt, weiß, wie spontan sie nicht nur handeln, sondern auch plappern und schwatzen und wie wichtig es für sie ist, Freunde zu haben, mit denen sie über gewisse Zeitspannen hinweg alles teilen und sich nicht im geringsten von der Gruppe unterscheiden wollen. Mit dem Wissen, wer mein Vater ist, fiel für mich dieses Kindverhalten flach. Ich durfte nicht mehr spontan alles heraussprudeln, was mir auf der Zunge lag. Ich mußte meine Geheimnisse für mich behalten. Ich mußte dafür sorgen, daß keiner zuviel von mir wußte.

Die Gruppe, die für Kinder oft ebenso bedeutsam ist wie die eigene Familie, kam für mich nicht in Frage, denn die Gruppe bedeutete Vertraulichkeit. Vertraulichkeit wiederum bedeutete Gefahr.

Daß nicht nur ich mich ausgrenzen mußte, sondern für mein Anderssein auch von den anderen ausgegrenzt wurde, schmerzte gleichermaßen. Um damit umgehen zu können, mich trotzdem mögen und akzeptieren zu können, mußte ich ganz bewußt eigene Denkstrukturen, eigene, selbst gefundene Wertmaßstäbe entwickeln und auch dann nach ihnen leben, wenn alle anderen dies für falsch oder schlecht erklärten. Heute kann ich sagen, daß ich mein Anderssein gut für mich finde und sogar stolz darauf bin. Für mich als Kind aber war es hart.

Letztlich hatte ich immer zwei Lebensebenen. Die eine, die alle sehen durften, die aber nicht wirklich stimmte. Die andere, die nur meine Mutter, mein Vater und ich sehen durften, die aber auch nicht wirklich stimmte. Überall war ich ein Wanderer zwischen den Welten, war ich einer, der vorgab zu sein, was er nicht war. So wurde ich einer, der zuletzt selbst nicht wußte, wer er ist, und fast sterben mußte, um sich endlich zu finden.

Vielleicht war es mir als Kind gar nicht bewußt, doch das Geheimnis meiner Eltern hing wie ein Damoklesschwert über mir. Bei der geringsten falschen Bewegung, dem geringsten falschen Wort konnte es durch meine Schuld auf mich und uns alle heruntersausen.

Niemals durfte ich zu meinem Vater in aller Öffentlichkeit auch nur das geringste Zeichen unserer Beziehung sichtbar werden lassen. Wenn er mir als Schuldirektor begegnete oder in meiner Klasse unterrichtete, mußte ich mir eher die Zunge abbeißen, als ein vertrauliches Wort herauszulassen. Weder wenn ich stolz noch wenn ich wütend auf ihn war, weder wenn die anderen über ihn lästerten, noch wenn sie ihn bewunderten, durfte ich spüren lassen, wie nahe wir einander stehen.

Wenn die anderen Kinder meinen Vater zu allen möglichen Gelegenheiten umringten und seine Hände ergriffen, durfte mich weder die Eifersucht überkommen, noch war es mir gestattet, meinem Stolz auf ihn nachzugeben und laut zu verkünden: »Schaut her, das ist mein Vater, meiner ganz allein.« Weit eher war es angebracht, mich zurückzuhalten, Distanz zu wahren und ihm so interessiert oder mäßig desinteressiert zu begegnen, wie alle Kinder den erwachsenen Freunden und Freundinnen ihrer Eltern zu begegnen pflegen.

Und gleiches galt auch, wenn ich Kummer hatte und die tatkräftige Unterstützung meines Vaters gebraucht hätte. Ich war der, der keinen Vater hatte, ja, der nicht einmal wußte, wer sein Vater ist. Dabei hatte es zu bleiben.

Wenn er sonntags in der Kirche sein Amt ausübte und im Glanz seiner kirchlichen Gewänder die heilige Handlung am Altar vornahm, schlug mir vielleicht das Herz vor Stolz, daß er mein Vater ist. Aber niemand durfte es mir ansehen. Noch weniger durfte man auch nur ahnen, daß ich bei seinem Anblick ein schlechtes Gewissen hatte, weil er Priester und zugleich mein Vater war. Daß ich mit dem, was ich bisher über Gott und Kirche gelernt hatte, in schwerste Konflikte gestürzt war, wenn ich ihn vor dem Altar sah und wußte, er hat gesündigt und nicht bereut und ist nicht würdig, die heilige Messe zu zelebrieren.

Ich hatte keine Menschenseele, mit der ich sprechen konnte. Alles war zu vertuschen, zu verdrängen, fröhlich zu überspielen, am besten ganz zu vergessen, und wenn schon nicht zu vergessen, so doch vorzugeben, es vergessen zu haben, bis ich selbst daran glaubte, daß es vergessen sei. Aber etwas in mir vergaß es nicht und schickte das, was doch vergessen sein sollte, immer wieder an die Oberfläche meines Fühlens und Denkens. Wie Moorblasen stieg es auf, düster, schwer. Grüblerisch, verschlossen und ernst wurde ich darüber, zu ernst vielleicht.

»Mein großer, vernünftiger Bub«, lobte mich meine Mutter und übertrug mir, dem Jüngeren, wenn sie außer Haus mußte, die Aufsicht und Verantwortung über meinen drei Jahre älteren Bruder und meine drei Jahre jüngere Schwester.

Es hob mein Selbstbewußtsein, die Macht zu haben, ihnen ihre albernen Spielchen zu verbieten und sie zu mahnen, nicht so doof herumzuhopsen und zu toben und wie die Affen im Urwald zu kreischen. Doch ein Teil in mir sehnte sich auch danach, diese Macht abzustreifen und statt dessen mitzutoben, mitzukreischen, ganz einfach Kind zu sein wie sie.

Was, wenn ich es getan hätte? Ich hätte versagt – in den Augen meiner Mutter, in den Augen meines Vaters und letztlich in meinen eigenen auch. Man setzte unkindliche Erwartungen in mich und weil ich diejenigen liebte, die es taten, tat ich es auch. Es wurde Alltag, mich zu fordern, und schließlich Alltag, mich zu überfordern. Ich merkte es kaum.

Immer hatte ich mich zu kontrollieren, zu beherrschen, meine Gefühle im Griff zu haben, meine Gedanken zu sortieren, nichts Unbedachtes zu sagen, zu tun, nicht vorschnell zu handeln. Ich erinnere mich nur an ein einziges Mal, bei dem ich dem Überdruck der Gefühle nicht standhielt. Es war nicht sehr lange, nachdem meine Eltern sich mir anvertraut hatten. Meine Mutter, meine Schwester und ich waren bei meinem Vater zu Besuch. Alles war freundschaftlich, unverfänglich, cool abgelaufen. Den ganzen Nachmittag hatte ich dieses vertrauliche Blinzeln in den Augen gehabt und innerlich so ein großes Freuen. Ich wußte, daß er mein Vater ist, und meine Schwester wußte es noch nicht und würde es auch noch lange nicht erfahren. Es war etwas ganz Besonderes, es zu wissen. Ich konnte es wie ein starkes Band zwischen meinen Eltern und mir fühlen. Es verband uns so stark, daß ich es kaum ertragen konnte, unser Geheimnis bei mir zu behalten und gleichmütig zu erscheinen. Vor allem beim Abschied nicht. So riß ich mich los, als meine Mutter und meine Schwester ins Auto steigen wollten, rannte in die Wohnung zurück auf meinen Vater zu, warf die Arme um ihn und flüsterte ihm ins Ohr: »Papa!«

Ich weiß nicht mehr, ob meine Eltern mich für dieses verräterisch-leichtsinnige Verhalten getadelt haben. Wahrscheinlich nicht, es gab ja keine Zeugen. Daß ich es stets im Gedächtnis behalten habe, liegt wohl an der für mich höchst ungewöhnlichen, vollkommen atypischen Szene, für die ich mich normalerweise geniert haben würde. Zum anderen aber ist es eine der wenigen Gelegenheiten gewesen, bei denen ich meinen Vater als »Papa« und nicht bloß als Anselm, den Freund meiner Mutter, der mich gezeugt hat, verinnerlichte.

In den nachfolgenden Jahren versuchten wir alle, trotz der uns auferlegten Beschränkungen so intensiv wie möglich als Familie zu leben. Daß mein Vater uns oft besuchte, um meine »arme, alleinstehende« Mutter zu unterstützen und sich auch der »vaterlosen« Kinder anzunehmen, war mittlerweile im Kloster zur Selbstverständlichkeit geworden. Immerhin war es ein wahres Werk christlicher Nächstenliebe und stand einem Priester gut an. Was sich hinter unseren eigenen vier Wänden abspielte, blieb geheim.

In Krisenzeiten schaffte es meine Mutter sogar, meinem Vater für Stunden wie einem ganz normalen Alltagsvater die Aufsicht und Verantwortung für uns Kinder zu übertragen. Einmal war meine Schwester wegen einer Fischvergiftung ins Krankenhaus eingeliefert worden. Es ging ihr sehr schlecht. Sie hatte hohes Fieber und regte sich entsetzlich auf, sobald meine Mutter nicht bei ihr sein konnte. Da meine Mutter arbeitete, konnte sie es nicht ermöglichen, ununterbrochen bei ihr zu sitzen. Also bat sie meinen Vater, der seinen freien Tag hatte, seine Tochter zu besuchen und bei ihr zu bleiben, bis meine Mutter schließlich käme.

»Gib acht, daß sie heute nicht gebadet wird«, schärfte meine Mutter ihm ein.

»Sie hat so hohes Fieber. Es ist unverantwortlich, wenn sie badet. Du weißt, als sie kürzlich schon einmal in der Klinik war, ist sie mit einem anderen Kind zusammen gebadet worden, das eine ansteckende Krankheit hatte, und wir haben ewig Angst gehabt. Wenn das jetzt noch einmal passiert, steckt sie sich vielleicht an, und wer weiß, ob sie das überlebt. Sie ist ja schon so krank genug. Wenn die Schwester kommt und sie baden will, mußt du ihr sagen, das willst du nicht.«

Mein Vater nickte. »Ja, ja. Ich werde schon achtgeben auf sie. Es wird schon nichts geschehen.«

Meine Mutter fuhr also zur Arbeit, mein Vater zu meiner Schwester.

Meine Schwester war damals sieben oder acht Jahre alt. Klein und spitznasig lag sie in dem großen Klinikbett. Sie war zu schwach und fiebrig zum Reden. So setzte sich mein Vater mit einem Buch zu ihr ans Bett und las, während sie schlief.

Als die Krankenschwester kam und in der typisch munteren Klinikweise meinte: »So, jetzt wollen wir das Kind einmal baden. Es ist ja so verschwitzt«, stand mein Vater brav auf und brachte kein einziges Widerwort heraus. Er versuchte nicht einmal, etwas einzuwenden.

»Ich will aber nicht baden«, rief meine Schwester sehr kläglich und sah meinen Vater hilfesuchend an. »Bitte, ich will im Bett bleiben.«

Er schüttelte den Kopf und nickte gleichzeitig der Krankenschwester zu, die sich um das zappelnde Kind bemühte. »Jetzt sei halt vernünftig, Gabriele. Wenn die Schwester das jetzt sagt, dann wird es schon so sein. Du mußt dich ja waschen. Kannst doch nicht schmutzig bleiben.«

Meine Schwester kam also in die Badewanne und wurde in dem heißen Wasser immer matter und matter und bekam danach auch tatsächlich so hohes Fieber, daß alle Angst um ihr Leben hatten.

Ganz sicher hatte mein Vater die Mahnung meiner Mutter noch im Ohr gehabt. Ganz sicher hatte er nicht die Absicht, gegen den ausdrücklichen Wunsch meiner Mutter zu handeln. Noch weniger hatte er bewußt riskiert, daß meine Schwester lebensgefährlich erkrankt. Doch für ihn war die Krankenschwester *die* Autoritätsperson. Da setzte in seinem Kopf der Kloster-Automatismus ein. Wenn der Abt als der Ranghöhere etwas sagt, ist das Gesetz. Dagegen gibt es keine Auflehnung. Als Mönch hast du ewigen Gehorsam geschworen. Ganz gleich, ob neben dir jemand krepiert, wenn der Abt nein sagt, dann darfst du nicht helfen. Der gesunde Menschenverstand wird völlig ausgeschaltet, und du handelst wie eine Marionette und tust, was gefordert wird.

In diesem Punkt sind meine Mutter und mein Vater wie Feuer und Wasser.

Wenn eine Autoritätsperson etwas sagt, stellt meine Mutter innerlich die Stacheln auf. Da stellt sie pausenlos alles in Frage. Anders als mein Vater, der fast ausschließlich fremdbestimmt handelte, denkt sie bei allem, was ihr abverlangt wird, erst zehnmal nach und überlegt es nochmals und abermals und handelt in fünfzig Prozent der Fälle konträr. Im Gegensatz zu meinem Vater, der als Klostermann nur Befehlsempfänger war und jeden Fehler einer höheren Instanz in die Schuhe schieben konnte, steht meine Mutter dann aber auch zu ihrer Entscheidung und trägt die Konsequenzen, selbst wenn es hart auf hart geht.

Die Einsicht, daß sie als Mutter seiner Kinder für meinen Vater eine geringer anzusehende Autoritätsperson war als eine beliebig austauschbare Krankenschwester, die ihren Dienst mehr oder minder routinemäßig erledigte und sich vielleicht nicht einmal darüber informiert hatte, ob meine Schwester an diesem Tag gebadet werden durfte oder nicht, traf meine Mutter hart. Es war ja nicht das erste Mal, daß sie den Eindruck gewinnen mußte, außerhalb der Schule und ihres Lehrerinnenberufs im Ansehen meines Vaters nicht sonderlich hoch zu stehen. Immer wieder nahm er sich heraus, zu nörgeln, zu tadeln und zu kritisieren. Sie habe uns falsch erzogen, sie gehe mit schlechtem Beispiel voran, sie sei zu lasch mit uns, was die schulischen Leistungen betreffe; sie habe das Haus falsch gebaut, sie habe jene Schraube krumm hereingedreht und diesen Stein schief gesetzt. Obwohl er selbst sich doch überhaupt nicht einbrachte und bekanntlich nur derjenige war, der nichts tat, nichts kaputtmachte, spielte er sich auf, als habe er alles anders und besser gewußt und glasklar vorhergesehen und sei ja nur deshalb daran gehindert, sein Allwissen und Können einzusetzen, weil er im Kloster lebte.

Nichts konnte er wirklich anerkennen oder loben. Und egal, wie sehr man sich mühte, ihm zu gefallen, stets blieb der schale Geschmack zurück, in seinen Augen versagt, ihn zutiefst enttäuscht zu haben und seinen Ansprüchen nicht zu genügen.

Manchmal sagte meine Mutter zu ihm: »Du, ich zieh' sofort in das wunderbare Haus ein, das du uns baust. Mit allen Kindern bin ich da, auf der Stelle. Du brauchst bloß einmal zu winken, und wir wohnen dort.«

Aber nie hat mein Vater sie in den Arm genommen und gesagt: »Gut, ich schau', daß ihr ein Haus oder eine Wohnung habt, und ich übernehme das, ich zahle die Miete und alles.« Nun, er hatte als Mönch nur ein Taschengeld. Seine Einkünfte als Direktor fielen dem Kloster zu, weil er sich ja zu ewiger Armut verpflichtet hatte. Aber wenn mein Vater wirklich gewollt hätte und bereit gewesen wäre, für uns geradezustehen, hätte er mit seiner Mutter sprechen können. Ich bin überzeugt, es hätte eine Möglichkeit gegeben, uns zumindest zu unterstützen und auf diese Weise einen Teil der Verantwortung für uns als seine Familie zu übernehmen.

Statt dessen blieb mein Vater meiner Mutter und uns in »Gewitterzeiten« einfach fern. Warum sollte er sich mit einer schmollenden Frau herumärgern? Er hatte ihr nie versprochen, sie »in guten und in bösen Tagen zu lieben, zu ehren« und ihr die Treue zu halten, »bis daß der Tod uns scheidet«. Ganz im Gegenteil, er hatte meine Mutter als starke Frau für schöne, zärtliche Stunden auserkoren. Damit war sie einverstanden gewesen. Wo also war der

Grund, daß es jetzt eine Beziehung auch für die miesen Zeiten des Alltags sein sollte?

Hatte meine Mutter ihm dann wieder verziehen und sich in der Schule den Balsam seiner Anerkennung auf die verletzte Seele streichen lassen, tauchte mein Vater offiziell wieder als guter Geist der Kirche bei uns auf und machte es wie die Sonnenuhr mit den heit'ren Stunden.

So lange es meiner Mutter gutging, nahm sie diese innere Haltung meines Vaters fraglos hin. »Ich hatte ihn ja so angenommen, wie er war«, sagte sie. »Ich wußte, er ist Priester, er wird dir nie gehören. Ich habe mich trotzdem für ihn entschieden. Niemand hat mich gezwungen, ja zu ihm zu sagen. Ich habe immer gewußt, wie es kommen wird. Ich konnte ihm keinen Vorwurf machen, daß alles so gekommen war. Er hatte mir nie etwas anderes versprochen.«

Daß meine Mutter zusammenbrach, habe ich nur einmal erlebt. Damals hatte sie die Grippe. Tagelang lag sie fiebernd und unfähig zu arbeiten im Bett. Wir Kinder behalfen uns selbst, so gut wir konnten. Wir waren daran gewöhnt, uns selbst etwas zu kochen oder morgens allein aufzustehen, um rechtzeitig zur Schule zu kommen.

Eines Nachmittags aber kam eine Glaslieferung für die Fenster an dem neu angebauten Teil unseres Hauses. Meine Mutter war allein zu Hause. Mühsam schleppte sie sich heraus und wies den Lieferanten an, die Scheiben an der Hauswand abzustellen. Normalerweise standen sie dort sicher. Doch in dieser Nacht kam Sturm auf. Wütend heulte er um die Ecken und rüttelte an allem, was nicht niet- und nagelfest war. Trotz des Fiebers schreckte meine Mutter aus dem Schlaf auf.

Jetzt schlägt der Wind dir das ganze Glas zusammen, dachte sie und quälte sich aus dem Bett, auf die Füße. Du mußt aufstehen, mußt rausgehen, mußt den Lichtschalter finden, das Glas reinräumen in den Schuppen.

Sie fieberte so stark, daß sie sich nicht besinnen konnte, wo der Lichtschalter war. Aufgeregt tastete sie die Wände ab, ehe sie ihn fand. Mit nackten Füßen stieg sie in die klammen Gummistiefel, warf ihren Mantel über und schleppte trotz ihrer Erschöpfung die schweren Glasscheiben eine nach der anderen in Sicherheit.

»Das sind so Momente«, sagte sie einmal zu mir, »da habe ich mir gewünscht, wenn ich doch eine zweite Person hätte, eine, die einfach da ist, die so ganz selbstverständlich sagt: Geh', das mache ich!«

Aber eine solche Person war mein Vater nicht.

In den Urlaubswochen schafften es meine Eltern immer sehr listenreich, sich miteinander zu treffen. Für meine Mutter war Urlaub allenfalls eine Frage des Geldes und der Zeit. Für meinen Vater hingegen war eine Urlaubsreise stets eine Frage der Gnade, denn nur mit dem Wohlwollen und der Erlaubnis seines Abtes durfte er das Kloster verlassen. So galt es, jedesmal ein kompliziertes Gebilde aus nachprüfbaren Alibi-Aufenthalten zu konstruieren. Meist gab mein Vater vor, zusammen mit seiner alten Mutter verreisen zu wollen und anschließend auf dem Rückweg ins Kloster einige der Bildung und seiner Aufgabe als Direktor dienende Umwege über diesen oder jenen Ort als Zwischenstation einzuschieben.

Hatte der Abt zugestimmt, spielten Zeit und Kosten für meinen Vater keine Rolle mehr. Wenn es um ihre Söhne geht, ist Mutter Kirche nicht kleinlich.

Griechenland, Italien – das Mittelmeer als Wiege der Kultur war stets eine Reise wert. Niemand konnte es meiner Mutter als Bildhauerin, Architektin und Kunsterzieherin verdenken, wenn auch sie sich in der Toscana, in Rom, in Venedig oder in den Labyrinthen des Minotaurus bilden wollte. Daß man sich traf – mein Gott, die Welt ist klein.

Auf manchen Urlaubsreisen trafen wir meinen Vater nur für einige Tage oder sogar noch flüchtiger. Dann war er in einem noblen Hotel einquartiert, wo er nur vorfuhr und schon sprang ein Hotelboy heran, um ihm den Wagen in die Garage zu bringen, und ein anderer, um sein Gepäck zu tragen. Wie im Kloster war dort für alles gesorgt, mein Vater brauchte sich nur noch zu amüsieren.

Andere Fahrten waren von vornherein so angelegt, daß wir eine Woche oder zehn Tage miteinander verbringen würden. Im Süden war das Wetter regensicher, so daß wir unseren stets schwindsüchtigen Geldbeutel schonen und zelten konnten.

In den ersten Jahren fuhren meine Mutter mit uns Kindern und mein Vater getrennt und selbstverständlich auch zeitversetzt los und trafen uns dann »ganz zufällig« und freudig überrascht auf einem vorher genau bestimmten Zeltplatz. Konsequent wurde darauf geachtet, daß unsere Zelte niemals auf benachbarten Parzellen aufgeschlagen waren. Meist lagen so viele Baumreihen, Zelte und Wohnwagen zwischen uns, daß mein Vater an einem und wir am anderen Ende des Platzes campierten. Wir konnten ja niemals sicher sein, daß nicht irgend jemand, den meine Eltern kannten, sich ebenfalls zu einem Urlaub auf unserem Zeltplatz angesiedelt hatte.

Wie immer wurde schon im Vorfeld der Urlaubsplanungen geübt, was wer wann wem wie zu sagen und zu erklären hätte, sollte man eine Bekannte meiner Mutter oder jemandem aus dem Umfeld meines Vaters treffen. Hatten früher meine Eltern nur sich selbst alles zurechtgelegt, wurden nun auch wir Kinder instruiert und mußten die

Dialoge in unserem Teil des geheimen Familiendrehbuchs zuverlässig auswendig lernen. Es mußte gewährleistet sein, daß wir auch überraschend die passenden Antworten parat hatten und uns nicht in Widersprüche verstrickten. Für meine Eltern war es vermutlich weniger angenehm, doch wir Kinder fanden bald Gefallen an diesen Verschwörungen und genossen das Detektivspielen, wenn Neuankömmlinge auf dem Zeltplatz auftauchten.

Weniger spaßig als die äußeren Umstände unseres Urlaubs war leider mein Vater selbst. Meine Mutter hatte ihn zwar stets in die Urlaubsplanung miteinbezogen, so daß er jederzeit seine Einwände oder Bedenken geltend machen konnte, doch Beschwerden legte er immer erst am Urlaubsort ein, wenn nichts mehr zu ändern war.

Ich erinnere mich an einen Urlaub auf Sardinien, wo wir eigentlich eine Radrundreise machen wollten und alle unsere Fahrräder mitgenommen hatten. Erst als wir auf dem Zeltplatz waren, stellte mein Vater klar, daß er auf den engen, gewundenen sardischen Straßen um keinen Preis der Welt radeln wollte. »Um Gottes willen, die Kondition haben wir ja gar nicht!« klagte er. Und: »Es gibt doch nicht einmal die mindesten Radwege!«

Das Ende vom Lied war, daß wir den ganzen Urlaub auf dem Campingplatz verbrachten und überall zu Fuß hingingen oder mit dem Bus fuhren. Es war herrlich, so unmittelbar am Meer. Wir haben gebadet, bis wir fast Schwimmhäute zwischen den Zehen hatten. Aber wir hatten andere Pläne gehabt, andere Ziele, andere Wünsche. Und ganz sicher wären wir nicht nach Sardinien, sondern irgendwohin gefahren, wo eine Radtour möglich gewesen wäre, hätte mein Vater rechtzeitig Einspruch erhoben.

Oder unser unsäglicher Nordseeurlaub! Zusammen mit meiner Mutter hatte ich schon öfter Reisen ins Ungewisse unternommen. Nie werde ich unseren Abstecher nach

London vergessen, wo wir den ganzen Tag mit dem Stadtplan in der Hand von einer Sehenswürdigkeit zur anderen zogen und auf dem Bahnhof übernachteten. Wegen der Kälte liefen wir ständig in die Toilettenräume, um uns aus den Handtrockenapparaten heiße Luft unter den Pullover pusten zu lassen.

Wir waren so happy, so übermütig und jenseits von jeder Konvention.

Gerade das abenteuerliche Ins-Blaue-Fahren lieben wir – außer meinem Vater – alle sehr. Aus Rücksicht auf ihn und mit dem Wunsch, er möge an diesem Urlaub ebenso großen Gefallen finden wie wir, hatten wir uns für unseren Nordseeurlaub auf einen Kompromiß eingelassen und zumindest soviel vorgeplant, daß wir wußten, wir wollen die Inseln rund um Norderney unsicher machen. Von Insel zu Insel sollte es mit dem Schiff gehen, übernachten wollten wir in einer Jugendherberge, in der wir festes Quartier gebucht hatten.

Mein Vater war einverstanden. Die Nordsee, Inselurlaub, das konnte er sich gut vorstellen.

Wie geplant, brachen wir nachts mit dem Zug auf, setzten dann mit der ersten Fähre über nach Norderney, fuhren vom dortigen Hafen aus ein Stück mit dem Bus und mußten anschließend etwa eine Dreiviertelstunde bis zu unserer Jugendherberge laufen. Jeder von uns hatte eine kleine Reisetasche dabei und nur das Nötigste eingepackt: Waschzeug, Unterwäsche, eine Jeans zum Wechseln, Socken, ein paar T-Shirts, eine Jacke, sollte es regnen. Mehr nicht.

Mein Vater hatte zwei Koffer und eine Fototasche dabei.

Von Anfang an hatte meine Mutter zu ihm gesagt: »Anselm, das geht nicht. Du kannst soviel Gepäck einfach nicht schleppen.«

Aber er: »Das geht schon. Was soll der Abt denken, wenn ich mit so wenigen Sachen in Urlaub fahre?«

Wir stiegen also aus dem Bus aus, in den mein Vater mit seinem Riesengepäck schon fast nicht hineingekommen war. Mein Bruder, meine Schwester und ich marschierten frohen Mutes davon. Unsere Taschen spürten wir kaum. Aber immer, wenn wir uns umdrehten, war mein Vater mit den beiden »Bleisärgen« in den Händen und der Fototasche um den Hals ein Stück weiter zurückgefallen. Es war schrecklich. Er tat uns leid. Zugleich aber waren wir sauer und ärgerlich, weil er sich diese Quälerei selbst zuzuschreiben hatte, im Grunde aber uns dafür verantwortlich machte. Wir mußten nur seine Duldermiene sehen, um ohne Worte zu wissen, woran wir mit ihm waren. Wir ahnten schon, daß uns dieser Zwiespalt der Gefühle den ganzen Urlaub vermiesen würde.

An einem der nächsten Tage fuhren wir vom Hafen einer anderen Insel aus mit einer wunderschönen Schmalspureisenbahn in die Stadtmitte hinein. Mein Vater freute sich auf einen Besuch im Schiffahrtsmuseum. Die alten Handelsschiffe und Segler und vor allem die Gallionsfiguren beeindruckten auch uns. Aber anschließend hatten wir Hunger. Da um die Ecke gleich ein Supermarkt war, kauften wir uns ein paar Dosen Bohneneintopf und einen frischen Hefezopf, setzten uns damit an den Kanal und ließen es uns schmecken. Nur mein Vater nicht. Ich glaube, er hat sich entweder so sehr für uns geschämt, wie wir da saßen und kalten Eintopf primitiv aus der Dose löffelten, oder er hat sich geekelt. Vielleicht auch beides. Jedenfalls sonderte er sich von uns ab, als würde er uns nicht kennen, und setzte sich in eines der Straßencafés, bis wir mit unserer Mahlzeit fertig waren.

Das Unerträglichste an solchen Situationen war für mich immer, daß mein Vater sich nicht wirklich beschwerte. Er setzte so einen Hundeblick auf. Der ging mir direkt unter die Haut. Ich hätte ausrasten können. Wenn dieser Mann doch einmal klar und deutlich gesagt hätte: »Das will ich nicht, so kann ich nicht verreisen!«

Wir hätten nichts über ihn hinweg geplant, wir hätten uns arrangiert, irgendwie. Aber er hat nie etwas dafür getan, daß es nach seinen Vorstellungen lief. Er hat uns machen lassen, was wir für nötig hielten, und hat es dann mit diesem leidenden Ausdruck hingenommen und uns ein schlechtes Gewissen aufgezwungen, obwohl wir nichts getan hatten, was dazu berechtigte.

Manchmal habe ich es in diesem Urlaub nur ausgehalten, weil ich mir ein Fahrrad gemietet hatte und drauflosgefahren bin. Am Deich entlang, hab' ich einfach die Arme ausgebreitet und mich freihändig, ohne zu treten, vom Wind tragen lassen. Stundenlang hätte ich so fahren können, schwerelos, mühelos, mit nichts um die Ohren als nur diesen Wind.

Wieder zu Hause, holte uns alle der Alltag schnell ein. Immer noch war ich mit Muckel befreundet und verbrachte den größten Teil meiner Freizeit mit ihm.

Seinetwegen machte mir sogar die Schule Spaß. Es war schön zu wissen, daß wir uns dort wiedertrafen, nebeneinandersitzen, herumblödeln und lachen würden.

Ich besinne mich gut auf einen Lehrer, den ich in diesen Jahren sehr gern hatte. Wenngleich auch er mich mochte, hatte er es nicht immer ganz leicht mit mir.

Einmal, in der Adventszeit, hatten wir aus Lebkuchen einen Zug gebastelt. Bei dieser Gelegenheit passierte, was ich bis heute nicht ertragen kann: ich wurde benachteiligt. Die anderen hatten entweder mehr Lebkuchenplatten für einen längeren Zug oder mehr Zuckerguß. Auf jeden Fall regte ich mich sehr darüber auf.

Normalerweise hätte ich mich zur Strafe sofort unter das Waschbecken neben dem Lehrerpult setzen müssen. Dort kamen die Bösen immer hin. Seit ich jedoch einmal an diesem Schandplatz gewesen und so unglücklich wieder herausgekrabbelt war, daß mein Lehrer mir mit seinem Stuhl mitten ins Gesicht rollte, bevorzugte er andere Strafen. Diesmal verbot er mir, einen Film anzuschauen, den alle anderen in der Aula ansehen durften. Ich wurde so wütend, daß der gute Mann sich nicht mehr anders zu helfen wußte, als mich zu packen, um mich vor die Tür zu stellen. Beim Wollen blieb es, denn wenn ich mich ungerecht behandelt fühle, raste ich aus. Ich tobte und trommelte mit den Fäusten auf die Brust meines Lehrers ein und schrie: »Ich gehe nicht raus! Ich gehe nicht raus!« Worauf mein Lehrer mich trotz meines wilden Protestes und des johlenden Gelächters der anderen kurzerhand über seinen Rücken warf und vor die Türe trug.

Ein andermal, auch in der Weihnachtszeit, hatte einer unserer Mitschüler ein Keyboard mitgebracht, dem er einen solchen Sound entlockte, daß es einem die Hosen auszog. Nur unser Lehrer fand es schön. Damit es noch schöner würde, sollte jeder von uns ein Lied vortragen. Da mein Bruder damals bereits längere Zeit in einem Schulchor war, hatte er mir beigebracht, vollmundig und mit gut gestützter Stimme zu singen. Als die Reihe an mir war, trat ich also vor. Doch anstatt wie die anderen die Melodie von »Kling Glöckchen« oder »Vom Himmel hoch« als Sprechgesang daherzubrummeln, versuchte ich wie ein Opernsänger zu schmettern. Die Klasse lag brüllend vor Vergnügen über den Bänken. Ich rannte wie Goofy, wenn er im Film die Beschleunigung bekommt, zur Tür hinaus, aus dem Schulhaus fort und quer über den Hof davon. Und dabei sind mir vor Scham und Wut die Tränen nur so aus den Augen gesprungen. Mein Lehrer, ein ziemlich stämmiger, beleibter Mann, raste mit wackelndem Bauch winkend und rufend hinter mir her.

Es war die sechste Stunde gewesen, und meine Mutter war gekommen, um mich mit dem Auto abzuholen. Soeben bog sie auf den Parkplatz ein. Da sah sie mich weinend, von meinem scheinbar wütend die Fäuste schüttelnden Lehrer verfolgt, aus dem Schulhaus sausen. Den Rest mag jeder sich denken. Meinem Lehrer fiel es jedenfalls äußerst schwer, meiner Mutter plausibel zu machen, was geschehen war. Mir hingegen ist seine Versicherung, daß es ja im Prinzip ganz toll gewesen sei, wie ich gesungen hätte, die Klasse aber noch nicht reif genug sei, meinen Vortrag zu verstehen, zu einer der ganz wichtigen Schlußfolgerungen fürs Leben geworden.

Sie machte mir Mut, mir eine eigene Meinung zu bilden und auch dazu zu stehen sowie Dinge zu tun, die mir wichtig waren, auch wenn keiner begriff, was daran wichtig sein könnte. Ich dachte an sie, wenn ich mit meiner Musik auf der Bühne stand und das Lampenfieber über mich kam. Sie gab mir Kraft, mich auch dann zu mir zu bekennen, wenn mich keiner verstand oder verstehen wollte. Sie veranlaßte mich, meinen eigenen Weg zu gehen und zu akzeptieren, daß vielleicht niemand mitkam. Vor allem aber bewirkte sie, daß ich das Lachen der anderen nicht immer sofort als Beleidigung begriff, sondern die Schwäche dahinter erkennen konnte. So wurde der Schmerz des Ausgelachtwerdens erträglicher, ja immer öfter lachte ich mit und lachte die Lacher aus.

Dennoch sind mir diese scheinbar so witzigen Episoden meiner Schulzeit weniger wegen der klugen Lehre in Erinnerung geblieben, die ich letztendlich daraus zog, sondern weit eher wegen des für mich Atypischen und als solches auch Beschämenden der unkontrolliert aus mir herausbrechenden Emotionen.

Auf den ersten Blick mag es erscheinen, als sei ich nervlich nicht sonderlich belastbar gewesen, so daß ich schon bei Nichtigkeiten durchdrehte. Tatsache ist, daß ich bereits extrem belastet war. Die Schulsituation brachte das Faß zum Überlaufen, so daß sich meine innere Anspannung explosionsartig entlud.

Die nachfolgende Erfahrung, daß ich dafür Strafe und Spott erntete, entsprach genau meiner inneren Erwartungshaltung, welche durch die Warnung meiner Eltern, unser Geheimnis zu wahren, weil Verrat härteste Strafe nach sich zöge, erzeugt worden war.

Für mich als Kind war das Wahren dieses Geheimnisses nur im Extrem oder gar nicht durchzuhalten. Da es bei Strafe niemanden etwas anging, wie es in mir aussah, mußte ich nach außen ein ganz anderer sein als innen. Um dies zu bewerkstelligen, mußte ich mich ständig kontrollieren, jede kindhafte Spontaneität ablegen, mich aus der unbeschwerten Albernheit der anderen abgrenzen, eine unkindliche Ernsthaftigkeit entwickeln.

Genau das gelang mir in den beiden Schulstreß-Situationen jedoch nicht. Indem ich weinte, tobte und schrie, legte ich meine innersten Empfindungen bloß. Hohn und Spott folgten. Scham, Enttäuschung und Wut brannten sich auf der Seele ein. Ich legte keinen Wert darauf, weitere ähnliche Erfahrungen zu sammeln. Die logische Konsequenz war, daß ich mich künftig noch besser nach außen hin abschottete. Wenn man Leben als eine Öllampe interpretiert, dann schraubte ich den Docht als meinen Körper immer niedriger herunter und reduzierte durch die mangelnde Zufuhr an Aktivierungsenergie mich selbst auf äußerste Sparflamme.

In einem Brief aus dieser Zeit schrieb ich einmal:

Kürzlich hatte ich einen Schultest, und der Lehrer fragte nach meinem Vater. Da wurde ich sehr aufgeregt, denn mein Vater ist von Beruf Priester, aber meine Mutter hat mir verboten, etwas darüber zu sagen. Ich wußte nicht, was ich antworten sollte.

Ganz schnell überlegte ich und sagte dann, mein Vater sei Arzt.

Da wollte der Lehrer auch noch wissen, wo. Mir wurde ganz schwindelig, dann sagte ich: in Köln.

Hoffentlich fragte er da nicht nach! Hoffentlich habe ich meine Antworten richtig gesagt! Ich will meinem Vater keinen Ärger machen.

Bei dem folgenden Test war ich so aufgeregt, daß ich lauter Blödsinn schrieb. Jetzt glaubt der Lehrer, ich sei dumm. Das geht doch nicht, daß ein Junge soviel lügen muß!

Der Hintergrund dieses Briefes war, daß ich einen Aufnahmetest für eine andere Schule hatte ablegen müssen. Gleich zu Beginn hatte der Psychologe nach dem Namen und dem Beruf meines Vaters gefragt. Ich wußte nicht, was ich antworten sollte und log ihm etwas von den Halbwahrheiten vor, die ich preisgeben durfte. Der Psychologe schrieb alles auf, und da stand meine Lüge schwarz auf weiß. Am schlimmsten war die Frage des Psychologen, wer mich abholen käme. Draußen stand mein Vater! Aber das durfte ich nicht sagen. Also sagte ich, ein Freund meiner Mutter.

Der Psychologe schaute mich an, als wisse er alles.

Anschließend war ich tagelang krank vor innerer Verstörtheit, Angst, etwas falsch gemacht zu haben, als Lügner entlarvt zu werden, ins Heim zu kommen. Es war furchtbar!

Ich wurde ein ziemlich komischer Typ. Aus heutiger Sicht finde ich es in Ordnung, wie ich damals war, denn nur, weil ich der war, der ich war, bin ich heute der, der ich bin. Aber heute immer noch zu sein wie damals, fände ich schrecklich.

Gut, ich habe Musik gemacht und später auch in einer eigenen Band gespielt. Aber sonst? Es gab fast nichts, womit ich mich aktiv am Leben beteiligte.

Muckel war da völlig anders. Um ihn herum pulsierte alles. Er stand immer im Mittelpunkt, auch bei den Mädels. An eines erinnere ich mich. Sie hatte einen russisch klingenden Namen. Wir nannten sie nur »Borschtenkopf«. Ein nettes Mädel. Sie war Muckels erste Liebe, die erste mit Doktorspielchen.

Nur mich ergriff der Rummel um Muckel innerlich nicht. Es war manchmal nett, mit dabeizusein, mich gehenzulassen, dummes Zeug zu reden, das mir keiner nachtrug, weil es schon vergessen war, noch ehe ich es ganz ausgesprochen hatte. Später kam es vor, daß ich gezielt darauf aus war, mich mit irgend jemandem verbal anzulegen und ihm ohne Schnörkel und Verzierung zu sagen, wie blöd er ist. Die innere Erleichterung, den anderen hart getroffen zu haben, tat mir in solchen Momenten gut. Meist aber habe ich Karten gespielt. In jeder Pause, während des Unterrichts unter der Bank. Immer. Wenn der Lehrer fünf Minuten zu spät kam, haben wir fünf Minuten Karten gespielt. Karten zu spielen hieß, im Denken weitgehend blockiert zu sein. Zum Kartenspielen brauchst du eine Handvoll Gehirnzellen. Den Rest kannst du energiesparend in Dauertiefschlaf versetzen. Vermutlich war dieser Dauertiefschlaf damals meine Art von Überlebenstraining.

Zu Hause hatte ich genug damit zu tun, meiner Mutter beim Hausbau zur Hand zu gehen. Zeitweilig schwänzte ich tagelang die Schule. Statt dessen mauerte ich die Wände meines eigenen Zimmers und baute Fenster ein, oder ich verlegte Dielenbretter als Fußboden. Zugleich begann ich, mich für unser so ewig nicht fertig werdendes Haus im Stil des Änder-Hauses aus der »Unendlichen Geschichte« von Michael Ende zu schämen, und quälte mich damit ab, nur ja niemanden aus meiner Klasse in die Nähe kommen zu lassen. Das Haus und unsere oder meine Probleme damit waren so anders als die der anderen. Diese dachten vielleicht darüber nach, was sie am nächsten Tag anziehen würden, aber doch nicht, ob ihr Haus stehenbleiben würde. Bei uns hingegen war es an der Tagesordnung, daß mal wieder eine Treppe nicht intakt war, weil ein Brett durchgebrochen war, oder eine Türfüllung herunterkrachte oder die Dichtung an irgendeinem Fenster herausfiel oder ein Rohr leck war.

Mit wem hätte ich denn darüber reden können, daß wir kein Geld hatten, um uns eine zweite Stahltreppe im Haus leisten zu können? Oder darüber, daß der Boden in allen Zimmern so uneben war, daß man kaum Dielen darauf verlegen konnte. Oder darüber vielleicht, daß bei uns eine Mieterin auszog, nachdem sie im Bad alle Fliesen rausgerissen und uns eine Ruine hinterlassen hatte, in der die Klospülung mit einem Stöckchen ausgelöst werden mußte.

Wahrscheinlich genetisch bedingt, zugleich auch, weil ich unregelmäßig und oftmals nur Fast-food-Mahlzeiten aß, wuchs ich stärker in die Breite als in die Höhe. Auch dies trug nicht dazu bei, daß ich mich in dem von mir äußerlich sichtbaren Teil meiner selbst wohler fühlte.

Die einzig mögliche Flucht aus meinem eingeschränkten äußeren Leben führte in die Freiheit des inneren, in das des Geistes. Nicht zuletzt mein Vater trug dazu bei, daß mir diese Freiheit erstrebenswert wurde, denn sie war die einzige Freiheit, die wir beide für uns hatten.

Ich glaube, niemand weiß, wie sehr ich diesen Mann mochte. Wieviel es mir bedeutete, auch von ihm gemocht und anerkannt zu werden. Wie sehr ich ihn brauchte und oft bitter vermißte. Und wie ich die seltenen Gelegenheiten auskostete, mit ihm zusammenzusein. Wir hatten immer nur so wenig Zeit füreinander.

Ich weiß nicht, ob er selbst je erkannte, wie wichtig es mir war, ihm nah zu sein und wie intensiv ich versuchte, eine Brücke zu ihm zu schlagen, Räumliches zu überwinden, gemeinsame Ebenen zu entwickeln. Es gelang uns nicht, Gefühle auszudrücken, die zwischen uns waren. Nur über Fakten konnten wir reden. Das war einfacher, unverfänglicher, nicht verboten, kein Geheimnis. Worüber wir diskutierten, konnte jeder mitanhören. Unsere Empfindungen hingegen waren tabu. Sie mußten verschlossen werden, damit niemand sie entdeckte. Also verschlossen wir sie auch vor dem anderen und sogar vor uns selbst.

Eine Ebene zwischen Fakten und Gefühl war das Spiel. Niemand konnte etwas dagegen einwenden, wenn ein Priester und ein Junge miteinander spielten und dabei ihren Spaß hatten. Eines unserer Lieblingsspiele war Skat, wobei es uns einen besonderen Kick gab, daß meine Mutter ständig vergeblich versuchte, es zu lernen. Vor allem mir gab es das phantastische Gefühl, ihr überlegen zu sein.

Mit größter Begeisterung aber spielten mein Vater und ich Schach. Wir spielten unermüdlich. Es war ein Kräftemessen zwischen uns. Ich spürte, daß mein Vater mich ernst nahm. Er ließ mich nicht gewinnen, indem er absichtlich falsche Züge durchführte. Trotzdem spürte ich seinen Stolz, wenn ich gewann. So spornte es mich an zu siegen. Besser zu sein als mein Vater war Ehrgeiz pur für mich.

Um ehrlich zu sein, dieser Ehrgeiz erfuhr im Laufe der Zeit durchaus einen Strukturwandel. Als ich jünger war, liebte ich Schach, weil mein Vater mich liebte, wenn ich gewann. Später liebte ich Schach, weil ich mich liebte, wenn ich gewann. Ich wollte siegen, um mir selbst zu beweisen, daß ich besser war als er.

Mein Vater hatte alles im Leben falsch gemacht, was man nur falsch machen kann, wenn man glücklich sein will. Als eine der Hauptursachen stellte ich fest, daß er immer den Leidensweg wählte, wenn er die Wahl hatte zu kämpfen. Ich nenne es mal Samariter-Effekt, dieses Leiden und Zurückstecken. Und genau den wollte ich für mich nicht. Ich wollte nicht zurückstecken, ich wollte gewinnen.

Zeit seines Lebens hatte mein Vater es mit dem Bibelwort »Wer sich erniedrigt, der soll erhöht werden« gehalten. Stets hatte er Dank und Lob für sein Leiden erwartet. Erhalten hatte er nichts. Ich wollte es eher mit einem anderen Merksatz halten. »Hilf dir selbst, so hilft dir Gott« paßt besser zu mir. Also griff ich meinen Vater auf dem Schachbrett an. Ich wollte den Sieg und das Glück.

Mir selbst zu beweisen, daß ich meine Sache besser machte als mein Vater, hatte so eine innere Magie. Die nämlich, daß ich dann nicht nur im Spiel, sondern auch im echten Leben besser und somit glücklicher sein würde. Ein Sieg über meinen Vater hatte daher eine Art Beruhigungsfunktion. Es gab mir die Illusion: Ich bin nicht der gleiche Arsch. Ich bin kein Verlierer, ich bin ein Gewinner.

Diese tiefere Bedeutung des Schachspielens für mich hat mein Vater sicher so nicht registriert. Und selbst wenn er es doch durchschaut hätte, hätten wir nie darüber gesprochen. Es ging dabei ja um Gefühl, um ein Tabu.

Irgendwann trat das Schachspiel hinter das Spielen mit Worten zurück. Wir hatten unsere gemeinsame Freude an den Kapriolen der deutschen Sprache entdeckt. So konnten wir uns zum Beispiel darüber aufregen, daß der der Umgangssprache entlehnte Fragepartikel *was* die vielschichtigen Ersatzworte in der Hochsprache abgelöst hat und dazu beiträgt, auch das Schriftdeutsche immer umgangsprachlicher zu verwässern.

Es war immer wie geistiges Bodybuilding, aus dem wir beide mit dem befriedigenden Bewußtsein hervorgingen, einander so richtig gefordert und zumindest ein Remis geboten zu haben. Wütend und dann verbal auch aggressiv stimmte es mich immer, wenn mir in solchen Diskussionen auffiel, wie ungewöhnlich schwer sich mein Vater damit tat, konkrete Aussagen zu machen oder sich eine eigene Meinung zu bilden, die er energisch vertreten sollte. So war seine Lieblingsform der Verneinung stets »Ja, aber ...« und die Darlegung seiner eigenen Meinung stets eine Wiedergabe der allgemeinen Meinung bezüglich einer bestimmten Angelegenheit. Da er ein blendender Rhetoriker ist, liefert er jedesmal ein hervorragendes Referat darüber ab, wie dieser oder jener über das denkt, was jener oder dieser denkt. Nur seine eigene, seine aus ihm selbst heraus entwickelte ganz persönliche Meinung, die gab er nicht preis, sofern er denn überhaupt eine hatte oder zu haben wagte.

Mir selbst liegt so etwas nicht. Ich habe nur meine eigene Meinung. Nur über mich und mein Denken kann ich etwas Konkretes aussagen. Insofern kann ein Gespräch für mich immer nur eine Konfrontation der eigenen Meinung mit der eigenen Meinung eines anderen sein. Ein Anstoß, die eigene Meinung nochmals zu überdenken und zu prüfen, inwiefern sie mit den Argumenten anderer übereinstimmt. Ohne eigene Meinung kann man nichts über die Meinung eines anderen aussagen. Nur die Meinungen anderer miteinander zu vergleichen, ohne zugleich auch die eigene mit der anderer zu spiegeln, ist sinnlos.

Es hat Jahre gedauert, bis mein Vater und ich uns in dieser Frage der eigenen Meinung einander annähern konnten. Ich brauchte lange, um zu begreifen, daß mein Vater die Lehren seiner Jugend nicht einfach abschütteln konnte, nicht einfach aufhören konnte, sein Ich unter den Scheffel der Kirche zu stellen. Nicht minder lange dauerte es zu erkennen, wie dankbar ich meinem damaligen Lehrer sein muß, der mir Mut zu mir selbst vermittelte. Ohne diesen Mut zur eigenen Meinung hätte ich nie begonnen, stolz auf meinen Vater zu sein, der mir trotz seines ewigen »Ja, aber« die Freiheit ließ, selbst zu denken, und heute trotz seines Alters darum kämpft, sich endlich selbst zu finden.

Von mir völlig unbemerkt, spitzte sich indessen die Lage für meine Eltern immer mehr zu. Wohl ausgelöst durch die zweite dubiose Schwangerschaft meiner Mutter, ihre alsbald als bloße Schutzbehauptung enttarnte Behauptung, zu ihrem Ex-Mann zurückkehren zu wollen, um die Familie zusammenzuführen, und ihr fatales Briefgeständnis dem Abt gegenüber, wie schlecht es ihr in Wahrheit ergehe, war dieser mißtrauisch geworden und schmiedete heimlich Pläne, wie er sie aus dem Leben meines Vaters ausradieren könne.

Die Freundschaft meiner Eltern war bekannt. Getreu dem Motto »Was du öffentlich tust, fällt keinem auf« hatten sie ihre wechselseitige Sympathie nie getarnt oder verleugnet. Trotzdem mußte man schon mit Scheuklappen einhergehen, um nicht zu bemerken, daß Freundschaft hier nicht alles war.

»Liebe«, sagte einmal ein bekannter Kirchenkritiker, »kann nicht verboten werden. Jeder Priester liebt. Jeder Priester hat auch eine Sexualität. Verboten ist nur die Ausübung der Liebe in Form von Sexualität.«

Insofern war dem Abt sehr wohl bewußt, daß mein Vater meine Mutter liebte.

Offensichtlich war wohl auch, daß diese Liebe nicht unerwidert blieb. Unklar war nur, wie weit diese Liebe »rein«, also erlaubt bzw. mit Lust ausgeübt und folglich unerlaubt war. Der Abt war nie dabei, wenn meine Eltern die Grenzen der erlaubten Liebe überschritten. Auch andere Zeugen gab es nicht. Nur Indizien, diese aber reichlich.

Da war zum einen die Ähnlichkeit von uns Kindern mit unserem Vater, die ja bereits bei meiner Geburt aufgefallen war und an meiner Schwester noch eindeutiger abzulesen ist. Da war das hartnäckige Schweigen meiner Mutter. Sie verriet den Vater ihrer Kinder nicht, um keinen Preis, sehr wohl aber lag auf der Hand, daß wir beide denselben Vater hatten. Einen Mann, mit dem man zwei Kinder hatte, als unbedeutende Zufallsbekanntschaft zu bewerten, kam als unwahrscheinlich nicht in Betracht. Also mußte es jemand sein, der meiner Mutter viel bedeutete. Wenn er ihr viel bedeutete, würde sie ihn sehen wollen. Und da ergab sich dann als weiteres Indiz die Tatsache, daß der einzige Mann, den meine Mutter oft und regelmäßig auch privat sah, mein Vater war.

Selbst ein Abt, der wie die berühmten drei tibetischen Affen nichts sehen, nichts hören, nichts sagen wollte, konnte nicht umhin, den einzig logischen Schluß zu ziehen.

Warum er dennoch jahrelang schwieg und schwieg, wird wohl niemand erfahren. Als einzige Erklärung gibt es einen Brief, den er später, als es längst zum offenen Eklat gekommen war, als Freund dem Freund vertraulich unter dem Siegel der Verschwiegenheit schrieb. Aus diesen Zeilen sprechen Zuneigung, Verständnis, Mitgefühl und zugleich die Hoffnung, daß mein Vater sich dessen bewußt sein möge, daß ein Abenteuer nun mal ein Abenteuer zu bleiben habe, und daß er gehorsam im Sinne der Kirche von meiner Mutter Abstand nehmen werde.

Warum der Abt letztendlich sein Schweigen dann doch gebrochen hat, ist hingegen weniger rätselhaft. Es ging um Macht. Und zwar um die Macht, die Souveränität und letzte Entscheidungsgewalt sowohl innerhalb der Rangordnung der Klosterhierachie als auch außerhalb des Klosters in der Klosterschule, deren Direktor mein Vater war. Oberste Instanz beider Einrichtungen war der Abt. Als Mönch wie auch als Direktor der Klosterschule schuldete mein Vater ihm absoluten Gehorsam.

Fakt ist, daß mein Vater dieser Gehorsamspflicht in keiner Weise mehr nachkam. Als Mönch hatte er jedes Gelübde gebrochen, das es zu brechen gab, und sich jede erdenkliche Freiheit herausgenommen. Lange schon nahm er es mit der Wahrheit nicht mehr so genau. Lange schon hielt er es nicht mehr so ganz mit der lebenslang gelobten Armut. Lange schon wohnte er nicht mehr in einer Klosterzelle. Lange schon nahm er an keiner morgendlichen Andacht oder Messe und keiner klösterlichen Feier mehr teil, sondern schlief sich aus, ehe er zum Unterricht ging, und drückte sich um die Klosterpflichten herum, wo er nur konnte. Lange schon hatte er heimlich eine Geliebte, sogar Kinder. Lange schon lebte er in Sünde und bereute nicht.

Fakt ist jedoch auch, daß die Strafe für diese vielfache Verletzung der Gelübde und Gehorsamspflicht nicht deshalb erfolgte, weil mein Vater sich trotz seiner göttlichen Berufung in den Priesterstand als Mensch und schwacher Sünder gezeigt hatte. Nein, die Strafe brach über ihn herein, als er seinem Abt den Gehorsam in der weltlichen Frage der Souveränität der Schulleitung verweigerte.

Auslöser des ganzen Eklats war die Bestimmung der Nachfolge auf dem Posten des stellvertretenden Direktors der Schule. Mein Vater und mit ihm die Mehrheit des Kollegiums plädierten für einen jungen dynamischen Lehrer, der engagiert, pädagogisch befähigt und als Kollege allseits beliebt und anerkannt war. Der Abt, der in dem immer mehr erstarkenden Kollegium und dessen enge Bindung an meinen Vater eine Gefahr für seine eigene Machtposition erkannte, sprach sich für einen anderen Lehrer als Nachfolger des aus Altersgründen ausscheidenden Konrektors aus. Mit dieser Wahl, die in einer Minderheit des Kollegiums durchaus Anklang fand, hoffte er ein auf sich selbst ausgerichtetes Gegengewicht zu der starken Mehrheit hinter meinem Vater zu schaffen.

Anders als erwartet, gab mein Vater diesmal nicht klein bei. Vielleicht hatte ihn die jahrelange fast absolute Macht als Direktor übermütig gemacht. Vielleicht glaubte er, den Abt zum Rückzug bewegen zu können, wenn er fest blieb. Vielleicht verschätzte er sich auch in der Solidarität und Freundschaft des Abtes.

Mit dem, was kam, rechnete er jedenfalls ganz sicher nicht. Der Abt, der jünger war als mein Vater und in diesem immer einen Freund, eine Vaterfigur, geschätzt hatte, dieser Abt bewies Härte.

Vor dem Hintergrund, daß er von meiner Mutter und der verbotenen Liebesbeziehung wußte, packte er meinen Vater an der verletzlichsten Stelle, an der jeder Widerstand im Keim ersticken mußte. Knallhart formulierte er es aus. Mein Vater solle für ein Jahr quasi in Erholung gehen und äußerlich wie innerlich Abstand gewinnen. In diesem Jahr solle er seine privaten Dinge regeln und ohne Pardon zum Klosterleben zurückkehren. Als geläuterter Mensch werde er anschließend auf seinen alten Posten als Direktor zurückkehren, zugleich aber wieder enger in den Konvent eingebunden sein. So werde er künftig kein Auto mehr zu seiner freien Verfügung haben und erneut in einer Klosterzelle wohnen.

Auch sei es selbstverständlich, daß er das Klosterleben wieder ernst nehme und sich nicht mehr länger um seine Bestimmung als Priester herummanövriere. Als Nachfolger für den vakanten Posten aber werde selbstverständlich der bestimmt, den der Abt wünschte.

Monatelang wogte der Kampf zwischen dem Abt und meinem Vater auf und ab. Ständig wurde mein Vater zu seinem Vorgesetzten zitiert. Kein Tag verging, an dem er nicht unter Druck gesetzt wurde, sich zu entscheiden, wohin er während des Jahres der befohlenen Erholungszeit gehen werde. Nichts, was mein Vater einwandte, fruchtete. Der Abt blieb unerbittlich wie ein Henker. Und mein Vater kam immer mehr in Not.

Auch meine Mutter wurde nicht länger verschont. Ihre Entlassung aus dem Schuldienst, die als endgültiger Verlust des Berufes zu erwarten war, da keine Verbeamtung erfolgt war, und der damit verbundene finanzielle Ruin standen klar im Raum.

Zu Weihnachten war alles so unerträglich geworden, daß meine Eltern beschlossen, heimlich zu verschwinden und Schule Schule sein zu lassen. Als es galt, brachten sie den letzten Schritt nicht über sich. Mein Vater hatte ja die Schulleitung. Meine Mutter führte einen Leistungskurs kurz vor dem Abitur. Beide wollten ihre Schülerinnen und Schüler, auch die Eltern und das Kollegium nicht im Stich lassen.

»Das kann man keinem antun, einfach so abzuhauen«, sagte meine Mutter. »Und dann haben wir gemeint, wenn es irgendwie geht, machen wir unsere Arbeit hier anständig zu Ende. Aber es war teilweise sehr, sehr schlimm. Psychisch fast unerträglich. Ganz plötzlich kamen viele böse Briefe, und der Druck aus dem Konvent wurde massiv. Ja, und dann haben wir es irgendwie doch durchgehalten bis Pfingsten.«

Mein Vater geriet in eine Agonie der Verzweiflung. An diesem Punkt, als ihm all das entglitt, was sein Leben trotz aller Einschränkungen durch die Kirche lebenswert gemacht, wofür er gekämpft hatte, ja, wofür er im Alter von achtzehn Jahren seinen Körper quasi abgetötet und auf eine eigene Familie verzichtet hatte, alles, wofür er seit dem Tag, an dem er seine Gelübde brach und meine Mutter liebte, den Verlust an Selbstachtung und die Angst vor der Strafe Gottes hingenommen hatte – an diesem Punkt, als es nichts mehr zu verlieren gab, schrie mein Vater es seinem Abt entgegen: »Dann gehe ich! Ich heirate die Mutter meiner Kinder!«

Nicht die Liebe zu uns war es, die ihn nach Jahren zu seiner heimlichen Familie stehen und sich zu ihr bekennen ließ. Nicht die Sehnsucht war es, endlich mit uns leben zu können. Es war nicht einmal das Bedürfnis, endlich reinen Tisch zu machen und ein ehrliches Leben zu beginnen. Nein, mein Vater entschied sich, die Kirche im Stich zu lassen, weil er sich von ihr im Stich gelassen fühlte. Es war seine einzige Möglichkeit der Gegenwehr und Rache. Wir – meine Mutter, meine Schwester und ich – waren für ihn leider nicht der endlich erkannte Sinn seines Lebens. Wie mir scheint, waren wir für ihn lediglich das Mittel zum Zweck. Ein willkommenes Mittel vielleicht, eines, das die Perspektive einer Alternative und die Chance eines Neuanfangs bot. Aber nicht mehr. Der Schmerz dieser Erkenntnis sitzt tief in mir.

Für meine Mutter war der sich aufschaukelnde Konflikt zwischen dem Abt und meinem Vater der absolute Schock. Mit allem hatte sie gerechnet: daß ihre heimliche Beziehung auffliegen könnte, daß sie selbst entlassen werden würde, daß mein Vater sich unter dem Druck der Kirche von ihr trennen würde. Aber niemals hatte sie damit gerechnet, daß die berufliche Position meines Vaters gefährdet sein könnte.

»Er hatte alle Fäden in der Hand«, meinte sie. »Er hatte das Kollegium hinter sich. Man könnte sagen, er hatte die Macht und das Volk. Wir waren eine irre tolle Clique an der Schule. Wir haben uns wirklich geliebt, die ganzen Lehrkräfte untereinander. Wir sind miteinander in Urlaub gefahren, noch in dem Winter, in dem der ganze Krach sich immer stärker anbahnte, zum Skifahren. Und der Abt war eigentlich auch immer dabei. Er ist so ein lieber, weicher. Aber er hat sich selbst einfach nie in den Griff bekommen. Er hat immer gedacht, er muß hart sein und die Linie halten. Aber *das* – nie hätte ich das gedacht.«

Daß mein Vater in seinem Frust und aus verletzter Eitelkeit ernsthaft erwog, dem Kloster den Rücken zuzukehren, um für immer zu uns zu kommen und sie zu heiraten, erfuhr meine Mutter nicht etwa von ihm, sondern von einer Freundin, mit der mein Vater sich während der Monate der Unentschlossenheit einmal ausgesprochen hatte.

»Ich glaube«, hatte diese damals zu ihm und später auch zu meiner Mutter gesagt, »ich glaube, die Gisela weiß gar nicht, was du da vorhast.«

Und so war es.

Mein Vater hatte die Niederlegung seines Amtes als Direktor in derselben Weise geregelt, wie er alles mit seinem Beruf Zusammenhängende regelte und zu regeln wünschte: allein. Zwar hatte er meiner Mutter die Problematik geschildert und sich bei ihr ausgeweint, er hatte ihr auch seine Ängste und inneren Nöte anvertraut. Dennoch stellte er sie letztlich vor vollendete Tatsachen, indem er ihr mitteilte, daß er aus dem Kloster austreten und zu uns ziehen werde.

Er sagte nur: »Ich komme!« Damit war für ihn der Fall erledigt. In dem selbstverständlichen Egoismus seines geistlichen Standes fiel ihm gar nicht ein, daß er meine Mutter wohl zuerst fragen müsse, ob sie nach all den Jahren des Einzelkampfes überhaupt und speziell ihn heiraten wollte. Für ihn gab es nicht den geringsten Zweifel, daß er und die Ehe mit ihm das Endziel all ihrer Wünsche und Träume sei.

Mein Vater war Mönch. Er hatte jahrzehntelang im Kloster gelebt und niemals andere Bedürfnisse berücksichtigen müssen als seine eigenen und diejenigen seines Gottes. Zwischen*menschliche* Beziehungen und Gefühle waren als weltlicher Ballast verpönt. Seine auf Gott gerichtete Seele durfte sich damit nicht belasten und war auch nicht dazu erzogen, es zu tun. Im Gegenteil, der Lebensraum meines Vaters war nicht die Welt, sondern das Kloster. Eine Einrichtung, deren Bezeichnung aus dem Lateinischen abgeleitet wurde und übersetzt »abgeschlossener Raum« bedeutet. Was besagt, daß die Mauern des Klosters eine Oase des Göttlichen umschließen und die Welt ausgrenzen.

Hinter diesen Mauern war mein Vater zu keiner Zeit gezwungen gewesen, sich um irgend etwas Weltliches zu sorgen. Für ihn war alles Lebensnotwendige geregelt. Anders als Normalsterbliche, die ihr »Brot im Schweiße ihres Angesichtes« erst verdienen müssen, ehe sie es essen können, lebte mein Vater als von Gott berufener Priester von der paradiesische Zustände imitierenden, allumfassenden Fürsorge der Kirche. Die einzige »irdische« Auflage, die er zum Verbleib in diesem Kunst-Paradies erfüllen mußte, war, jede Frau als Sinnbild der alttestamentarischen Eva zu meiden und sich nicht zum Genuß des bewußten »Apfels vom Baum der Erkenntnis« verführen zu lassen.

Nun, da der Sündenfall geschehen war und die Kirche meinem Vater den Abt als Erzengel mit dem Flammenschwert gesandt hatte, um ihn aus dem Mini-Paradies des Klosters zu vertreiben, rechnete mein Vater als das Selbstverständlichste überhaupt: auf die offenen Arme seiner »Eva«.

Als er meiner Mutter seinen Entschluß mitteilte, sie zu heiraten, war es Weihnachten geworden. Trotz der sich dramatisch zuspitzenden Ereignisse war sie total überrascht. Sie wußte nicht, sollte sie sich nun freuen oder die Hände ringen. Im Grunde war sie nie darauf aus gewesen, meinen Vater jemals zu heiraten. Sie liebte ihn. Sie wollte nach Belieben öffentlich mit ihm zusammensein und ihre Liebe zeigen dürfen. Sie sehnte sich danach, die Lüge ihres Lebens beenden zu können, ohne sinnbildlich dafür gesteinigt zu werden, einen Priester zu lieben. Aber heiraten?

»Ich habe mir schon große Sorgen gemacht«, gestand meine Mutter mir ein. »Ich habe mir schon gedacht: Gott, jetzt ist er der Vater! Jetzt kommt er raus und zu uns. Wie wird das alles?«

Aber es gab kein Zurück. Die Dinge hatten ihre Eigendynamik entwickelt.

Das Unheil über ihren Köpfen hatte sich massiv zusammengebraut. Wenn sie es durchstehen sollten, dann nur Rücken an Rücken. Niemals hätte meine Mutter meinen Vater im Stich gelassen. Wie gesagt, sie liebte ihn. Und wenn jemand verstand, was in ihm vorging, dann sie.

Zwei Tage, ehe der Skandal publik wurde, daß der allseits bekannte und beliebte Pater Anselm ein gefallener Priester ist, der heimlich Frau und Kinder hat und heiraten wird, informierten meine Eltern die nächsten Verwandten und Bekannten, Freundinnen und Freunde sowie das Kollegium, die Elternschaft und ihre Schülerinnen und Schüler in einem persönlichen Brief.

Die Erfahrung aus ähnlichen Ereignissen lehrt, daß die Abtrünnigkeit eines Priesters in der Öffentlichkeit immer noch dem Sturz eines gefallenen Engels gleichkommt und die Presse auf den Plan ruft. Daher waren meine Eltern darauf gefaßt, der halben Welt Rede und Antwort stehen zu müssen. Doch niemand, der uns wohlgesonnen war, sollte diese Geschichte aus der Zeitung erfahren müssen.

Während meine Mutter ihre persönliche Lage zum Anlaß nahm, ihre eigenen Eindrücke, Erfahrungen und Gefühle zu beschreiben, sowie ein kämpferisches Plädoyer gegen den Zölibat zu halten, in welchem sie um ein vorurteilsfreies Darüber-Nachdenken warb, schrieb mein Vater in einem sehr typischen Mix aus Festigkeit und Verzagtheit:

Ich werde als Schulleiter und aus der Gemeinschaft der Mitbrüder […] ausscheiden. 21 Jahre eine Schule geführt zu haben, kann genug sein. […] Gleichzeitig will ich mich jetzt auch offen zu Entscheidungen bekennen, die vor Jahren gefallen sind und zu denen ich auch heute noch stehe: Ich werde die Mutter unserer Kinder Thomas und Gabriele […] nicht allein lassen.

[…] Daß Sie für meinen Entschluß Verständnis aufbringen, kann ich kaum verlangen; wenn Sie ihn – vielleicht auch nur schweigend – respektieren, handeln Sie in dem Geist, den ich in diesem Haus zu vermitteln versucht habe.

Die Bombe war geplatzt.

Mir selbst blieb nicht einmal Zeit, Muckel Nachricht über die Veränderungen bei uns zu übermitteln, obwohl es mir sehr wichtig gewesen wäre, es ihm persönlich zu sagen. Ich war rund zwölf Jahre alt. Muckel war mein bester oder eigentlich mein einziger wirklicher Freund. Mir lag daran, ihn nicht zu verlieren. Nicht wegen dieser Sache, an der ich selbst unschuldig war. Mitgefangen, mitgehangen – gut, es ging um meine Eltern, und ich stand zu ihnen. Ihre Geschichte war meine Geschichte. Trotzdem war mir bang, wenn ich an Muckel dachte. Ich wußte ja sehr gut, daß das nunmehr gelüftete Geheimnis meiner Eltern dazu angetan war, einen Skandal auszulösen. Nicht umsonst hatte ich durch mein jahrelanges Schweigen sowohl meine Eltern als auch meine Schwester und mich geschützt. Wie würde Muckel damit umgehen? Ich wollte dabei sein, wenn er es erfuhr, wollte sein Gesicht sehen, zumindest seine Stimme hören. Wenn ich es ihm unter vier Augen sagte, würde er es vielleicht besser verstehen, so hoffte ich, und nicht den Überbringer schlechter Nachrichten verurteilen statt die Nachricht selbst. – Aber es klappte nicht. Meine Eltern wurden angerufen und telefonierten selbst. Ich hatte keine Chance, den Apparat auch nur eine Minute lang zu benutzen.

In einer Nacht- und Nebelaktion räumten wir die Wohnung meines Vaters aus und retteten einige seiner wertvollsten Erinnerungsstücke vor dem Zugriff der Kirche. Meist Bücher, ein paar Kleinmöbel, persönliche Nichtigkeiten, an denen er hing, einige Kleidungsstücke – mehr besaß er nach über zwanzigjähriger Berufstätigkeit nicht.

Noch in der Frühe des Tages, an dem das Ausscheiden meiner Eltern aus dem Klosterkonvent und Schuldienst und die Gründe, die dazu geführt hatten, offiziell bekannt gegeben wurden, brachen wir nach Südtirol auf. Keinem von uns war danach zumute, uns ausgerechnet in dieser Stunde der tiefsten Depression an den Pranger der Presse zu stellen und öffentlich Spießruten zu laufen.

Schon längere Zeit besaßen meine Eltern in Südtirol ein dreihundert Jahre altes Haus mit einem schönen Grundstück, das sie erwerben konnten, als meine Mutter einmal eine kleine Erbschaft gemacht hatte. Schmal, fünf Stockwerke hoch, steht es oberhalb eines Tales an einem steilen Hang, auf dem meine Mutter eigenhändig mit uns Kindern einen Weinberg anlegte. Da es unweit einen wunderschönen Badestrand an einem See gibt, nutzten wir das Haus vor allem in der warmen Jahreszeit oft und gern als Ferienhaus.

Nach und nach hatten meine Eltern sich darin eingerichtet. Nach bewährtem Muster gingen sie dabei Raum für Raum vor. Der erste wurde als gemeinsames Schlafzimmer mit einem Matratzenlager ausstaffiert. Die Matratzen sammelte meine Mutter überall im Freundes- und Bekanntenkreis zusammen. Als sie für jeden von uns eine hatte, schnürte sie einen Tisch mit den Beinen nach oben auf ihren Dachgepäckträger, packte die Matratzen nebst unseren Surfbrettern dazwischen und startete durch in Richtung Südtirol. Der Grenzer bekam vor Staunen den Mund kaum zu, als er die hochgetürmte Fracht auf dem überladenen Auto sah, aber er winkte meine Mutter durch. Der Anfang unseres Einzuges war gemacht.

Das Haus wunderschön zu nennen, wäre sicher übertrieben. Dazu ist es zu sehr heruntergekommen. Doch die Bausubstanz ist gut und wer ein Auge dafür hat, erkennt, daß es schön werden könnte, wenn man Geld hineinsteckte.

In Persien gibt es ein Sprichwort, welches besagt, »Geld ist wie Schmutz auf der Hand, es kommt und geht«. Sollten wir also irgendwann sehr schmutzige Hände haben, werden wir sie gewiß am liebsten in unserem Ferienhaus waschen. Bis dahin genießen wir den schon heute herrlichen, vor allem unverbaubaren Ausblick. Und wenn mein Vater in seinem hauseigenen Weinberg steht, die Reben hochbindet und in Erwartung des Weines von einem wohlgefüllten Keller träumt, in dem der gute Tropfen vieler Jahrgänge reifen soll, fehlt nur noch ein roter Sonnenuntergang, damit es romantisch wird.

Nach »der Vertreibung aus dem Paradies« waren wir hier nun erstmals offiziell und in allen Ehren als Familie zusammen. Hätte mich jemand danach gefragt, hätte ich ungeniert sagen können: »Das ist mein Vater.« Ein eigenartiges Gefühl! Ich weiß nicht, wie meine Schwester es empfand, die ja in diesen heißen Juni- und Julitagen erst erfahren hatte, daß der nette Pater Anselm nicht erst seit jetzt, sondern immer schon unser Vater war. Sie war damals so extrem auf meine Mutter fixiert, daß wir über die übliche Geschwisterrangelei hinaus kaum eine Beziehung zueinander aufbauen, geschweige denn ernsthaft miteinander reden konnten. Ich aber erlebte diese Tage als irgendwie unwirklich.

Einesteils wurde mir ständig deutlicher bewußt, daß das Versteckspielen, die Heimlichkeiten und halbherzigen Lügen endlich vorbei waren. Es erleichterte mich ungemein. Zugleich bedrückte mich die Ungewißheit, was mich nach der Rückkehr zu Hause erwarten würde. Was hatten die Zeitungen über uns geschrieben? Wie hatten sie uns dargestellt? Was würde Muckel, was die anderen in der Schule sagen? Würden sie mich anpöbeln? Meine Eltern schlecht machen? Wie würden die Lehrer reagieren? Wie die Eltern meiner Freunde? Würde man uns meiden, mit dem Finger auf uns zeigen? Und wie würden wir leben, jetzt, da beide Eltern keine Arbeit mehr hatten und kein Geld verdienten?

Mein Vater war nicht mehr jung. Würde er überhaupt jemals wieder eine Arbeit bekommen? Würde das Jugendamt erneut auf der Matte stehen? Ginge es für meine Schwester und mich demnächst wieder um Heimerziehung oder nicht? Damit das Durcheinander meiner Gefühle vollkommen wurde, spürte ich in mir eine irrwitzige Erwartung und Hoffnung, nun endlich eine ebenso wunderbare Familie mit einem immer greifbaren, immer ansprechbaren, immer vorzeigbaren Papa zu bekommen wie Muckel.

Und bei allem kein Darüberreden! Es war grausam. Nur Verdrängen half.

Ganz sicher sprachen meine Eltern miteinander über die doch ungewisse Zukunft. Es mußten ja Pläne geschmiedet werden, wie die Zeit der Arbeitslosigkeit genutzt und überbrückt werden könnte, wie die Familie finanziell über Wasser gehalten werden sollte. Immerhin waren wir zusammen mit meinem Bruder aus erster Ehe eine fünfköpfige Familie. Von irgend etwas mußten wir leben. Auch die baldige Hochzeit war sicher ein Thema. Nicht zuletzt sahen meine Eltern wohl ängstlich der Reaktion ihrer jeweiligen Familie entgegen. Wie würde meine Mutter in ihrem geliebten Matriarchat empfangen werden? Was stand meinem Vater von seinen Angehörigen bevor?

Doch wann immer sie grübelten und planten – es geschah nicht vor uns Kindern. Ich nehme an, meine Mutter wollte uns schonen, uns nicht zusätzlich mit ihren Erwachsenensorgen belasten. Vielleicht ahnte sie auch, daß diese Südtiroler Tage unseres Familienlebens nicht nur die ersten waren, sondern für lange Zeit die letzten sein würden, die nur uns gehörten. Es würde zu ihr passen, uns diese Tage als seelische Wegzehrung zu gönnen. Und doch, wieviel leichter wäre mir zumute gewesen, hätten wir unsere Karten offen auf den Tisch gelegt und miteinander geredet, von mir aus die Nächte durch bis zum Morgen! Immerhin war ich kein Kind mehr. Ich hätte alles verstanden. Mehr noch, es hätte mir das Gefühl gegeben, daß wir tatsächlich eine Familie waren.

Wie meine Eltern vorausgesehen hatten, erwartete uns bei unserer Heimkehr die entfesselte Presse der deutschen Nation. Kein Tag verging ohne mindestens ein Interview. Fotokameras, Tonbänder, Journalisten – unser Haus wimmelte von ihnen. Ständig läutete das Telefon. Termine jagten Termine. Zusätzlich trafen jeden Morgen Stapel von Briefen ein. Ehemalige Schülerinnen und Schüler, aber auch Freundinnen und Freunde, Bekannte, Kolleginnen und Kollegen, Priester aus den unterschiedlichsten Kirchenhierarchien – mit Geliebter, Ehefrau oder ohne –, alle Welt bekundete meinen Eltern ihre Zustimmung und drückte gleichzeitig ihre Empörung und ihr Bedauern über die Art und Weise aus, wie von der Kirche mit uns verfahren worden war. Immer wieder wurde meinen Eltern versichert, daß man sich an den Abt, den Konvent und die Kirche wenden und dort Protest einlegen werde. Wer es irgend ermöglichen konnte, kam selbst bei uns vorbei, um ein persönliches Wort des Mitgefühls und der Solidarität auszusprechen.

Meine Großmutter als die wichtigste Vertreterin des Matriarchats erklärte, sie und auch meine Tante, die Schwester meiner Mutter, habe schon längst etwas geahnt. Es sei mit der Zeit doch recht offenkundig gewesen, wer mein Vater ist. Sie beide hätten meine Mutter und die Geheimnistuerei recht gut verstanden und sich im Geheimen mit ihr gesorgt. Jetzt begrüßten sie, daß alles seinen rechten Gang ging. Mein Vater wurde mit mehr oder weniger offenen Armen als Schwiegersohn willkommen geheißen.

Für meine Eltern war diese Welle der Sympathie Balsam auf ihre Wunden. In jeder freien Minute saßen sie mit den Stapeln von Briefen beisammen, lasen einander besondere Stellen vor, verfaßten Antwortbriefe und nahmen schriftlich Stellung zu der Flut von Leserbriefen in allen möglichen Zeitungen, lachten und diskutierten. Es sah aus, als sei der Schmerz um das Verlorene hinter die Freude über den öffentlichen Zuspruch zurückgewichen.

»Die ersten Wochen waren wirklich schön«, erinnert sich meine Mutter. »Auch war sehr schön, daß der Anselm endlich einmal bei uns war. Und dann hatten wir ja beide frei. Er war arbeitslos, ich auch. Zunächst war das gar nicht schlecht. Da sind wir manchmal Weißwurst essen gegangen am Nachmittag oder haben eine kleine Reise gemacht. Da waren wir richtig glücklich.«

Ich selbst erfuhr in meinem eigenen Umfeld wenig Resonanz. Meinen Mitschülerinnen und Mitschülern, selbst Muckel, war die Tatsache, daß mein Vater Priester ist, ziemlich egal. Wenn für sie etwas Interessantes daran war, dann allenfalls, daß ich jetzt einen Vater hatte.

»Daß du jetzt weißt, wer er ist, und er jetzt zu euch kommt, ist schon große Klasse«. Muckel sprach aus, was alle dachten. »Ob der jetzt Priester oder Metzger ist, kann dir doch am Arsch vorbeigehen. Ich finde sowieso, die sollen alle endlich heiraten und Kinder kriegen dürfen. Der ganze Zölibat ist doch pervers.«

Auch von Muckels Eltern kam nie ein ungutes Wort. Sie gingen mit mir und meiner Familie um wie mit jeder anderen. Ich war ihnen willkommen wie immer. Muckel blieb mein Freund.

Meine Lehrer verhielten sich dezent zurückhaltend. Sie waren wohl der Auffassung, daß dies alles eher die Geschichte meiner Eltern als meine eigene sei, und wollten sich nicht in etwas einmischen, was sie nichts anging. Ob ich jetzt mit Nachnamen wie mein Vater oder wie meine Mutter hieß, spielte für meine schulischen Leistungen keine Rolle.

Schmerzlich empfand ich, daß sich mein Patenonkel, der uns in so mancher brenzligen Situation beigestanden hatte und regelmäßig zu uns zu Besuch gekommen war, in der Folgezeit seltener blicken ließ. Seine Frau, die Mitglied in irgendeinem »Betkreis Maria-sonst-noch-was« ist, widersetzte sich wegen der sündigen Beziehung meiner Eltern. Glücklicherweise gelang es ihr nicht, meinen Patenonkel gänzlich von uns fernzuhalten. Wenn es hart für uns wurde, war er immer noch zur Stelle und nahm seine Patenschaft für mich ernst, auch gegen den ausdrücklichen Wunsch seiner Frau. Dies rechne ich ihm hoch an.

Die einzigen Anfeindungen, denen wir ganz massiv ausgesetzt waren, gingen von den Klosterleuten und den Angehörigen meines Vaters aus. Wenngleich seine Mutter und seine Brüder seit Jahren wußten, daß zwischen ihrem »heiligen« Sohn und meiner Mutter etwas im Schwange war, ja, obwohl mein Vater deswegen ernstlich von ihnen zur Rede gestellt und gemahnt worden war, von seiner unheiligen Mesalliance abzulassen, gaben sie jetzt vor, aus allen Wolken zu fallen. Vehement lehnten sie jeden weiteren Kontakt zu meinem Vater ab und weigerten sich, meine Mutter oder uns Kinder in ihren Familienbund aufzunehmen.

Meiner Schwester und mir machte diese Ablehnung wenig aus. Wir hatten diese Großmutter nie gekannt und den uns bekannten Bruder meines Vaters mitsamt Frau und Kindern nie sonderlich geschätzt. So spürten wir die uns entgegenschlagende Verachtung und Abwertung zwar und empörten uns darüber, weil sie uns als Beweis pharisäerhafter Selbstüberschätzung erschien, doch die damit verbundenen Gefühle waren eher theoretisch. Meine Eltern hingegen litten schwer unter dieser Ablehnung und Diskriminierung.

In der Klosterschule hatten sich die Gegebenheiten fast umgehend mit dem Ausscheiden meiner Eltern verändert. Meine Mutter wurde quasi ausgelöscht, indem man die an sie erinnernden Arbeiten, wie beispielsweise die lebensgroßen Plastiken, die sie mit ihrem letzten Leistungskurs zum Abitur angefertigt hatte, trotz massiver Schülerproteste abriß und zerstörte. Die Position meines Vaters wurde umgehend neu besetzt, ebenso die seines Stellvertreters. Seine Wohnung wurde als Direktorenwohnung belegt. Die Namen meiner Eltern durften nicht mehr erwähnt werden. Am liebsten hätte man sie sogar aus den Annalen der Schule herausgelöscht. Nichts sollte mehr an sie erinnern. Im Gedächtnis und in den Gefühlen der Menschen waren meine Eltern jedoch nicht so einfach auszuradieren. Selbst dem Abt gelang es nicht. Er wurde krank und blieb bis heute ein Schatten seiner selbst.

Mit all diesen Unruhen und Veränderungen vergingen die ersten sechs Wochen nach der Stunde Null. Meine Eltern wollten heiraten. Da meine Mutter rechtmäßig geschieden und ihre erste Ehe kirchlich annulliert worden war, hätten meine Eltern kirchlich getraut werden können, wäre mein Vater mit einer sogenannten Dispens des Papstes in den Laienstand zurückversetzt und damit von seiner Zölibatspflicht befreit worden. Eine derartige Heiratserlaubnis, die sich allgemein unter dem Begriff *Laisierung* eingebürgert hat, erhielt mein Vater jedoch nicht.

Da meine Mutter schon vor dem Bruch mit der Kirche als Mitglied einer gegen den Zölibat antretenden Frauenselbsthilfegruppe aktiv war und in der Folgezeit immer öfter Ratsuchende bei uns anklopften oder anriefen, blieb es nicht aus, daß ich mich mit den Einzelheiten der kanonischen Gesetzgebung bezüglich des Zölibates und der Eheschließung meiner Eltern befaßte. Um begreiflich zu machen, wie diffizil die Machtausübung der Kirche praktiziert wird und welche Auswirkungen sie auf meine Eltern und mich hatten, möchte ich versuchen, die Bedeutung der Zölibatsdispens in stark vereinfachter Form zu erklären.

Das Kirchengesetz verpflichtet seine Gläubigen, wie das Staatsgesetz seine Bürger, zu rechtskonformem Verhalten. Rechtswidriges Verhalten ist bei Strafe verboten. Ein Recht auf die Erlaubnis, das Recht zu brechen, gibt es nicht. Insofern gibt es kein Recht auf Dispens als Befreiung von der Pflicht zum Zölibat.

Nun ist aber die Kirche in erster Linie Gottes »Staat auf Erden«. Und vor Gott ist nichts unmöglich, auch die Erfüllung unrechtmäßiger Wünsche nicht. Was er schenken und gewähren will, liegt in seiner Gnade.

Da sich der Papst und seine Kirche als Stellvertreter Gottes auf Erden begreifen, räumt seine Heiligkeit nach Gottes Vorbild manchen Bittstellern manchmal die Gnade gewisser Vergünstigungen ein. Dazu gehört auch die Gnade der Zölibatsdispens. Freilich bedeutet die Möglichkeit einer solchen Gnade nicht, daß die Kirche sie jedem zubilligen muß. Abgesehen von den detailliert offenzulegenden Gründen, die einen Priester bewegen mögen, um Dispens zu bitten, muß die Bitte selbst »im Geiste der Demut« vorgebracht werden. Ob sie gewährt wird, liegt dann allein im Ermessen bzw. der Gnade des Papstes.

Erwirkt ein Priester tatsächlich ein Ende der Zölibatspflicht durch Dispens, wird er in den Laienstand zurückversetzt. Ein laisierter Priester bleibt Priester vor Gott ein Leben lang. Vor den Menschen bleibt er es nicht, denn die Kirche verbietet ihm, seine Weihegewalt auszuüben und nimmt ihm das zugehörige Priesteramt nebst allen Aufgaben und Vollmachten. Aus diesem Grund wird ein laisierter Priester wie ein kirchlicher Laie, das heißt, wie ein »normaler« Christ, behandelt und auf Wunsch auch kirchlich getraut.

Da die Dispens ein Geheimnis bleiben muß, vor allem vor der Kirchengemeinde, der der Priester vor seiner Laisierung als Pfarrer diente, wird der Vermerk über die Trauung nur im diözesanen Geheimarchiv vorgenommen und das Kind eines Priesters in verklausulierter Geheimniskrämerei in den Taufbüchern eingetragen. Sollte man einmal eines dieser Dokumente benötigen, muß zuerst der zuständige Ordinarius um Erlaubnis gebeten werden, welcher dann entsprechend genau vorgeschriebenen Normen des kanonischen Gesetzes zu verfahren hat. In vielen Fällen gestattet die Kirche nicht einmal, Trauzeugen zu der Trauung eines laisierten Priesters einzuladen, so daß mangels Gästen keine Hochzeitsfeier begangen werden kann. In den meisten Fällen ist es auch unerwünscht, daß die Braut im Brautkleid erscheint.

Als besondere Auflage weist die Kirche ihren abtrünnigen Sohn an, nur ja nicht zum Ärgernis in der Gemeinde zu werden, sondern möglichst irgendwohin zu ziehen, wo niemand etwas von seiner Priesterweihe weiß, und sich am besten nie mehr im Umkreis seiner ehemaligen Kirche aufzuhalten. Die Aufhebung eines solchen Aufenthaltsverbotes kann nur der zuständige kirchliche Ordinarius verfügen. Voraussetzung dafür wäre allerdings, daß der Ex-Priester kein schlechtes Licht auf die Kirche wirft und niemand an ihm und seinem weltlichen Leben Anstoß nimmt.

Gelingt es einem Priester nicht, Dispens zu erwirken und er heiratet trotzdem, lebt er laut Kanonischem Gesetz dauerhaft im Stand der Sünde, so daß er nicht mehr würdig zum Dienst am Altar ist und ihm die Amtsausübung verboten wird. Da er ohne Heiratserlaubnis des Papstes keine Frau haben darf, kann er konsequenterweise nicht kirchlich getraut werden, um für sich und seine Familie den Segen Gottes zu erwirken.

Nur wenn man sich bewußt macht, daß jeder Priester ein strenggläubiger Katholik ist und sich auf ewig als von Gott berufen fühlt, kann man ermessen, welche ungeheuerliche Strafe das Verbot des Ehesegens darstellt. Auch wenn man vom Verstand her klar erkennt, daß der Zölibat eine willkürliche Gesetzgebung der Kirche ist, die nichts mit Gottes Willen gemein hat, bleibt der äußere Schein, bleibt das öffentliche Stigma, bleibt der Schmerz des Verstoßenwerdens vom Tisch des Herrn.

Auch mein Vater wurde durch die Verweigerung der Zölibatsdispens als Dauersünder abgestempelt und meine Mutter selbstverständlich mit ihm. Trotzdem wollten sie heiraten.

Die Organisation der Hochzeitsfeierlichkeiten übernahm meine Mutter. Sie lud die Gäste ein, reservierte ein Restaurat zum gemeinsamen Mittagessen. Da die Presse und das Fernsehen nicht locker ließen, sondern auf Fotorecht und Dreherlaubnis drängten, verkaufte meine Mutter ihre Hochzeitsstory für ein paar tausend Mark an *Spiegel TV* und das *Bayerische Fernsehen.* Beide Sendeanstalten erhielten Drehverbot für die privaten Feierlichkeiten auf dem Standesamt und dem anschließenden Weißwürstelessen in einem Restaurant. Zum Ausgleich dafür wurde ihnen gestattet, im Anschluß an die standesamtliche Trauung vor dem Standesamt und später in einer bestimmten Kirche zu filmen, in der meine Eltern einige intime Festminuten im engsten Kreis arrangieren wollten.

Um diese Kirchc zu finden, war meine Mutter tagelang in der Gegend umhergefahren. Es sollte eine dieser prunkvollen Barockkirchen sein, deren Eingangsbereich durch ein hohes schmiedeeisernes Trenngitter von dem eigentlichen Kirchenschiff abgeteilt ist.

Um diese Wahl zu verstehen, muß man die Vorliebe meiner Mutter für Mystisches kennen. In ihrer Vorstellung stellte das verschlossene Trenngitter ein Symbol für die Tür dar, welche die Kirche in Form der Kündigung und Eheverweigerung vor meinen Eltern verschlossen hatte. Dieser Gedanke sollte sichtbar werden, indem meine Eltern mit ihren Gästen hinter dem verschlossenen Gitter Aufstellung nehmen und in einem feierlich vorgetragenen Lied sinnbildlich vergebens um Einlaß bitten würden. Diese Szene sollte vom Fernsehen übertragen werden und um die Welt gehen.

Am Hochzeitstag verlief alles wie geplant. Aufgrund der Einbindung meiner Mutter in die Selbsthilfegruppe der vom Zölibat betroffenen Frauen waren Freundinnen und Freunde aus ganz Deutschland angereist. Feierlich wurde die standesamtliche Trauung vollzogen. Anschließend einige Minuten Filmarbeiten mit dem Fernsehen, dann saßen alle zusammen beim Weißwürstelessen und stießen miteinander auf das Glück des frischgebackenen Ehepaares an. Nach dem letzten Espresso brach man auf, um zur Kirche zu fahren.

Als der Autokonvoi auf dem Kirchplatz vorfuhr, standen dort schon die Übertragungswagen der beiden Fernsehanstalten bereit. Strahlend trat der verantwortliche Regisseur auf meine Eltern zu. Freudig erregt teilte er ihnen mit, daß er ein ganz besonderes Geschenk für sie habe. Er habe nämlich den Pfarrer der Kirche bewogen, meinen Eltern und der ganzen Hochzeitsgesellschaft das hohe Trenngitter aufzusperren, so daß alle feierlich in die

Kirche einziehen und vor den Altar treten könnten. Um die ganze Zeremonie optimal »in den Kasten zu bekommen«, seien die Kameras und Scheinwerfer bereits postiert. Nur eine kurze Tonprobe und das zugehörige Verkabeln der Redner sei noch erforderlich, dann könne es losgehen.

Meine Mutter war sprachlos. Ihr ganzer wunderbar ausgetüftelter Plan war zunichte gemacht. Nichts mehr mit verschlossener Tür und Mystik. Nichts mehr mit Symbolik und Theaterdonner. Aber gut, in die Kirche einzuziehen hatte auch seinen besonderen Reiz. Vielleicht sollte es ja ein Zeichen sein? Vielleicht lenkte jemand die Hand des Zufalls, um der starren Unversöhnlichkeit der Kirche die Zustimmung Gottes zu dem Bund meiner Eltern sichtbar entgegenzuhalten?

Gerührt und angespannt zugleich traten meine Eltern die ersten Schritte vor, hinein ins Kirchenschiff. Hinter ihnen gingen wir Kinder, hinter uns reihten sich die Hochzeitsgäste auf.

Die Fernsehkameras surrten kaum merklich. Die Scheinwerfer ließen die Farben der Deckenfresken sowie das Gold und Alabasterweiß der Putti und Heiligenfiguren leuchten. Meine Eltern schritten Arm in Arm dem Altar entgegen. Ich sah die Rührung in ihren Gesichtern und erkannte an der angespannten Blässe meines Vaters, was in ihm vorging.

Eine erregte Feierlichkeit hatte von uns allen Besitz ergriffen, während uns der Pfarrer, der das Trenngitter mit einem Riesenschlüssel geöffnet hatte, freundlich lächelnd entgegenschaute.

In diesem Moment stieß eines der Priesterkinder bei einem ungeschickten Schritt gegen eine große weiße Kugel mit der Aufschrift »Zölibat«, die wie das Bleigewicht eines Sträflings mit einer schwarzen Kette an dem Fußgelenk eines anderen Priesterkindes befestigt war. Eine Freundin meiner Mutter hatte diese Kugel als Zeichen des Protestes mitgebracht und den Kindern zum Spielen gegeben.

Die Kugel sehen, die Aufschrift lesen, aufschreien, auf uns zurennen, in plötzlich rasender Wut seinen Schlüssel und einen Stock gegen uns schwenken und mit überschnappender Stimme »Was macht ihr hier? Hinaus aus dieser Kirche!« brüllen waren für den Pfarrer eins.

Der ganze Festzug geriet durcheinander. Alles redete, gestikulierte. Wir Kinder stoben verstört auseinander. Meine Mutter weinte. Mein Vater rang um Fassung. Der Pfarrer tobte. Immer wieder versuchte er, eine Hand vor eine der laufenden Kameras zu drücken. Der Trauzeuge meiner Eltern rief immer wieder: »Warum schmeißen Sie uns raus? Was haben wir getan?« Mein Vater begann, aus Tilmann Mosers »Gottesvergiftung« über die Verfremdung der Sexualität und die Angst vor Gott zu lesen. Und die Kameraleute filmten und filmten.

Für das Fernsehen waren die fertig gedrehten Filmstreifen ein willkommenes Fressen. Je dramatischer, desto besser entsprach der Beitrag dem gängigen Nachrichtenslogan »Only bad news are good news«. In diesem Sinne waren es prächtige Eindrücke, die dem Publikum serviert werden konnten.

Da heftige Proteste der Kirchenobrigkeit vorhersehbar waren, sobald der Pfarrer seinem Ordinarius Mitteilung von der skandalösen Entweihung seines Gotteshauses durch demonstrierende Zölibatsgegner gemacht haben würde, liefen die Fernsehleute zur Höchstform auf. Die Hochzeit meiner Eltern hatte an einem Samstag stattgefunden. Folglich konnte keine gerichtliche Maßnahme vor Montag durchgesetzt werden. In einem Wettlauf gegen die Zeit galt es, sofort einen Sendeplatz zu ergattern und mit der Ausstrahlung einer einstweiligen Verfügung der Kirche zuvorzukommen.

Während das *Bayerische Fernsehen* in den Mühlen seiner Bürokratie stecken blieb und die Filmaufnahmen bis heute in irgendeinem Archiv bunkert, schaffte *Spiegel TV* es problemlos, die tatsächlich erfolgte einstweilige Verfügung der Kirche auszutricksen und den Beitrag über die Hochzeit meiner Eltern noch am selben Abend auszustrahlen. Damit hatte Deutschland seinen Kirchenskandal.

Später, als meine Mutter sich mit einer Redakteurin des *Bayerischen Fernsehen* über die turbulente Hochzeitsszene austauschte, erfuhr sie, daß der Pfarrer, der die Hochzeitsgesellschaft so vehement aus der Kirche hinausgejagt hatte, der Meinung gewesen sei, der Aufmarsch mit der Zölibatskugel habe ihm persönlich gegolten und das Fernsehen habe ihn bewußt hereingelegt. Da meine Eltern nicht wie Braut und Bräutigam gekleidet gewesen waren, hatte er nicht realisiert, daß es sich bei ihnen um eine echte Hochzeit handelte, sondern angenommen, Opfer einer Anti-Zölibats-Kampagne geworden zu sein. Er hatte befürchtet, man habe herausgefunden, daß er eine heimliche Geliebte hatte, und wolle deswegen gegen ihn demonstrieren. Hätte er verstanden, was wirklich vor sich ging, würde er wohl ganz anders gehandelt und jeden Skandal vermieden haben. Ohne die Angst vor dem Outen seiner eigenen Heimlichkeiten hätte er meine Eltern unterstützt, nicht vertrieben.

Die Zeit verging. Schleichend, aber unaufhaltsam flachte das öffentliche Interesse an der Geschichte meiner Eltern ab. Statt weiterhin Zuspruch und Ablenkung von außen zu erfahren, wurden meine Eltern von ihrem so ganz veränderten Alltag überrollt.

Obwohl mcin Vater, der aufgrund seiner beruflichen Position immer inmitten einer großen Schar auf ihn bezogener Menschen gestanden und gerade dies sehr geliebt hatte, sich intensiv wünschte, nicht zu vereinsamen, sondern mitten ins Leben hineinzutauchen, schaffte er es nicht, die ihm wichtigen Menschen an sich zu binden, sie einfach wieder zu sich einzuladen und in Kontakt zu bleiben, oder von sich aus auf irgend jemanden zuzugehen und neue Beziehungen zu knüpfen. Letztlich saß er wie gelähmt zu Hause und sah uns anderen zu, die wir rings um ihn herum in einer Weise lebten, die für ihn beängstigend unbekannt und nicht nachvollziehbar war.

Heute begreife ich, daß mein Vater die zu einer Kontaktpflege erforderliche innere Einstellung nicht nur nicht aufbrachte, sondern auch gar nicht aufbringen konnte. Immer wieder muß ich mir selbst klar machen: er ist Mönch gewesen. Er hat in einem Kloster gelebt. Er hat zwar als Direktor einer großen Schule gearbeitet und als solcher weltliche Beziehungen gehabt, doch persönliche, auf ihn als Ich-Mensch bezogene Kontakt aus eigenem Antrieb zu suchen und zu pflegen, hat er nicht gelernt. Im Gegenteil, er hat ausdrücklich gelernt, dies zu unterlassen, indem er sich als Ich-Person abtötete und sich statt dessen verpflichtete, alles Sinnen und Trachten einzig auf Gott zu richten. Mein Vater sollte nicht Mensch unter Menschen sein. Er sollte Werkzeug Gottes sein. Mensch war er nur insofern, als er den Körper eines Menschen brauchte, um seine auf Gott gerichtete Seele zu tragen. Wenn andere von außen auf ihn zukamen, dann deshalb, weil mein Vater als Priester die Messe zelebrierte oder irgendeine andere kirchliche Amtshandlung vornahm, wie etwa diejenige, im Auftrag der Kirche eine kircheneigene Schule zu leiten. Als Priester hatte man ihn verehrt. Als Mensch hatte man ihn ignoriert. Und mein Vater hatte die aus beidem resultierende erbarmungslose Einsamkeit demütig als gottgewollt akzeptiert.

Mein Vater hatte geheiratet. Er war vor seiner Kirche in Ungnade gefallen. Man hatte ihm verboten, weiterhin im Dienst der Kirche zu arbeiten. Doch innerlich war mein Vater Priester und wird dies wohl auch bis zu seinem letzten Tage bleiben. Wie sollte er sich allein durch das Tragen eines Eherings auf einmal um hundertachtzig Grad drehen?

Meine Mutter trug, ohne es zu wollen, mit ihrer dynamischen Lebensweise dazu bei, daß mein Vater immer mehr an sich und der Welt verzweifelte. Während er, der vor wenigen Wochen noch hundertprozentig erfolgreich im Berufsleben gestanden hatte, diesem Berufsleben nachtrauerte und teils aufgrund seines Alters – immerhin war er über fünfzig –, teils aufgrund seiner Kontaktschwierigkeiten und Lebensangst nicht die geringste Perspektive mehr sah, schulte meine Mutter auf Staatskosten zur Altenpflegerin um. Obwohl auch sie die Schule vermißte und nichts lieber gewesen wäre als Kunsterzieherin wie bisher, versuchte sie aus den Scherben ihres Lebens eine neue Vase zu kitten.

Die ehrenamtliche Tätigkeit in der Selbsthilfegruppe der vom Zölibat betroffenen Frauen gab ihr Mut und Kraft, über den Tellerrand ihres eigenen Daseins hinauszuschauen. Mit geradezu leidenschaftlichem Engagement setzte sie sich für die Abschaffung des Pflichtzölibates ein. Immer wieder wurde sie als Gast in verschiedenste Fernseh- und Rundfunksendungen zum Thema Kirche eingeladen. Die unterschiedlichsten Zeitungen und Zeitschriften klopften ständig bei ihr um eine Stellungnahme an. Schließlich erwuchs aus dem einen Engagement ein weiteres. Meine Mutter ging zu »Grüns« in die Partei und machte Karriere bis hinauf zur Landtagskandidatur.

In demselben Maße, wie meine Mutter sich aufrappelte und ein neues Leben startete, versank mein Vater in Selbstmitleid und Selbstaufgabe. Anstatt die Zeit der Arbeitslosigkeit zu nutzen, die Ärmel aufzukrempeln und unser immer noch im individuellen Chaos kollabierendes Haus auf Vordermann zu bringen, lamentierte er sinnlos herum. Ich weiß, daß er während seiner Klosterzeit einmal einen Schiffsrumpf besaß, den er wie beim Modellbau zusammenpuzzlen mußte. Es ist am Ende nichts aus dem ganzen Unternehmen geworden, weil er sich kaum darum gekümmert und sehr schnell das Interesse an der Sache verloren hat. Aber wenn er sich damit befaßt hat, hat alles geklappt und gepaßt. Es war nicht etwa so, daß jedes Brett einen halben Meter zu weit herausstand. Er konnte arbeiten, wenn er wollte. Auch wenn ich an Südtirol und unser Ferienhaus denke, sehe ich meinen Vater dort werkeln und gute Arbeit hinlegen. Er hat zum Beispiel den ganzen Fußboden dort selbst verlegt.

Daß er es bei uns im Haus angeblich nie konnte, hat aus meiner Sicht etwas mit dem Unterschied zwischen Vergnügen und Pflicht zu tun. Im Urlaub an unserem Ferienhaus zu arbeiten, war Vergnügen, Hobby sozusagen. Da wußte er, es dauert maximal ein paar Tage, dann stemme ich höchstens wieder einen Bleistift und bin der noble Pater Anselm, den jeder von hinten und von vorne bedient, weil Priester nun mal bedient werden müssen.

Bei uns im Haus zu arbeiten, war Pflicht. Nicht nur das, es war auch kein Ende abzusehen. Und Pflicht ist nun mal kein Zuckerschlecken, schon gar nicht, wenn man mindestens vier Hände haben sollte, um ihr zu genügen.

Damit will ich nicht ausdrücken, daß mein Vater kein Pflichtgefühl hätte. In seinem Beruf war er sogar ein ausgesprochen pflichtbewußter, absolut gewissenhafter und zuverlässiger Mann. Als Direktor und Pädagogen kann man sich nichts Besseres erträumen.

Das Fatale daran war jedoch, daß mein Vater so ganz andere Pflichten als wir gewöhnt war und auch nicht in der Lage war, so schnell umzudenken, umzulernen, anders zu leben. Er war nicht daran gewöhnt, sich selbst zu disziplinieren und einen individuellen Plan auszuarbeiten, der unter Umständen täglich neu geordnet werden mußte. Er brauchte etwas Übersichtliches, verbindlich Geregeltes, und vor allem einen Boß. Allerdings nicht irgendeinen, sondern einen unfehlbaren, papstanalogen, der ihm die immer richtige Anweisung gäbe und ihm zu guter Letzt auch die Verantwortung abnähme, wenn etwas schiefgehen sollte.

Meine Mutter, die ihm manchmal gern gesagt hätte, was so dringend getan werden mußte, war diese Autorität für meinen Vater nicht. Wenn sie zu ihm gegangen wäre und hätte ihm aufgetragen: »Anselm, du fährst morgen in das und das Geschäft und kaufst ein Dachfenster und baust es ein!«, hätte er nur mürrisch zurückgefragt: »Was soll denn das jetzt?« Daß er bereitwillig und deutlich spürbar auch gern sofort einverstanden gewesen wäre, kann ich mir nicht vorstellen.

Im Grunde hat mein Vater wohl diese typisch negative innere Einstellung aller Priester und der ganzen katholischen Kirche gegenüber Frauen. Damit ist er schließlich aufgewachsen. Zwar glaube ich, daß er meine Mutter liebt und auch respektiert. Aber ein ziemlich großer Prozentsatz seines Wesens hält Frauen eben immer noch für die schlechtere Hälfte der Menschheit. Und weil das so ist, kann er – vielleicht sogar unbewußt – auch meiner Mutter gegenüber nicht hundertprozentig positiv eingestellt sein. Zumindest war sie für ihn nie ähnlich bedeutsam und kompetent wie die Kirche, der Konvent oder der Abt.

Einen Ersatz für alle die verlorenen lebensbestimmenden Dinge seines Daseins konnten wir meinem Vater nicht bieten. Er andererseits konnte sich nicht mit den für uns lebensbestimmenden Dingen arrangieren. So hörten, aber verstanden wir nicht, wenn er sich aufgebracht zum Beispiel darüber beklagte, daß er kein eigenes Zimmer hatte. Wo war das Problem? Er hätte eines an- oder aus- oder umbauen können, ebenso wie ich damals eines anbaute. Wir hätten ihm alle gern geholfen. Aber Maurerarbeit war nicht das, was meinem Vater vorschwebte.

Er beschwerte sich auch darüber, daß sich im Schlafzimmer meiner Mutter kein großes Fenster befand und behauptete, daß er es deswegen in diesem Raum nicht aushalten könne. Er hätte nur losfahren, ein Fenster einkaufen und einbauen müssen. Niemand hätte etwas dagegen gehabt. Im Gegenteil, wir hätten uns gefreut. Warum griff er nicht einfach zu Hammer und Nagel oder Schrauben und Eisenträger, wenn ihm eine Treppenstufe zu laut knarrte oder zu wacklig erschien?

Freunde von uns meinten einmal, mein Vater habe sich in unserem Haushalt nicht wohlfühlen können. Er sei nun einmal ein Klostermensch gewesen, der jeden Tag seine Ordnung gehabt und auch gebraucht habe und nach Bedarf in seiner stillen Kammer in Meditationen versunken sei. Meine Mutter, sagten sie, hätte sich dessen bewußter sein und mehr Rücksicht auf meinen Vater nehmen müssen.

Hätte sie nach der Ehe mehr auf Ordnung und Regelmäßigkeit geachtet, sich ehefrauenmäßiger benommen und meinen Vater langsam in das ihm trotz seiner Berufstätigkeit als Direktor unbekannte Leben »der Welt draußen« eingeführt, wäre dies angebrachter gewesen, als ihrer eigenen Wege zu gehen und zu sagen: »Du bist erwachsen, ich bin erwachsen.«

Für mich sind derlei Äußerungen einfach Unsinn. Mein Vater hat meine Mutter gekannt, er hat unser Haus gekannt, seine Kinder gekannt. Gerade wegen ihrer ausgeprägten Individualität und Unabhängigkeit hatte er sich in meine Mutter verliebt. Als er sich entschloß, mit uns leben zu wollen, hat er die Katze nicht im Sack gekauft. Er wußte, worauf er sich einließ. Und es hat ihn niemand gezwungen, mit uns zu leben.

Etwas besser wurde es, als mein Vater einen zwar kleinen, aber immerhin einen Job in einem Verlag erhielt. Er lebte richtiggehend auf. Zwar saß er nun überwiegend am Computer und korrigierte Satz- und Druckfehler statt Diktat- und Aufsatzfehler, doch die Ablenkung tat ihm gut. Nicht zuletzt genoß er auch das erste nicht nur selbstverdiente, sondern tatsächlich in seinen eigenen Geldbeutel fließende Honorar seines Lebens. Wir faßten alle wieder Mut.

Ich glaube, in dieser Zeit lernten meine Schwester und ich endlich die Mutter und die Schwester meines Vaters kennen. Sie luden uns tatsächlich zum Essen ein. Einmal wurde nur mir mit meinem Vater und ein andermal zusätzlich zu uns beiden auch meiner Schwester diese unverhoffte Ehre zuteil. Zwar wäre es aus meiner Sicht fair gewesen, bei der zweiten Einladung mich nicht, sondern nur meine Schwester und meinen Vater einzuladen, doch allein der Gedanke wäre absurd gewesen. In der Familie meines Vaters hätte man niemals eine Tochter einem Sohn vorgezogen bzw. sie diesem auch nur gleich gestellt.

Wie meine Schwester unsere Einladung erlebt hat, kann ich nicht sagen. Ich selbst fand unsere Begegnung – abgesehen davon, daß meine Großmutter paniertes Hirn verspeiste – ganz amüsant. Es vermittelte mir zumindest einen optischen Eindruck dieses genetischen Erbanteils in mir.

Gesprochen haben wir fast nichts. Es kamen höchstens Fragen auf wie: »Läuft es gut in der Schule?« Oder: »Hast du ein gutes Zeugnis? Lernst du auch immer recht brav?« Etwas Persönliches oder eine richtig gute allgemein gehaltene Konversation wurde gar nicht erst versucht. Es war eben ein Anstandsbesuch, mehr nicht. Alle Beteiligten atmeten auf, als es vorüber war.

Für mich ist die Erinnerung an dieses Essen insofern bemerkenswert, als es das erste und zugleich letzte Mal war, daß ich meine Großmutter väterlicherseits lebend sah. Mein nächster Besuch bei ihr fand an ihrem Grab statt, als sie beerdigt wurde. Zu diesem Anlaß hatte meine Mutter uns Kinder und sich selbst bei der Familie meines Vaters eingeladen. Immerhin war die Verstorbene ihre Schwiegermutter und unsere Großmutter. Auch wenn die Großfamilie uns nicht eines Blickes mit der Kehrseite würdigte, hatten wir ein Recht darauf, zwischen den zahlreichen Trauergästen zu stehen.

Meine Mutter trauerte ehrlich um diese Frau, deren unverbrüchliche Ablehnung sie stets schmerzlich bedauert hatte. Sie war immer überzeugt, daß sie sich gut verstanden und gern gehabt hätten, gäbe es keinen Zölibat um des Himmelreiches willen. Meine Schwester und ich standen diesem Tod eher unbeteiligt gegenüber. Wir betrachteten verstohlen, wer um uns herumstand. Mein Vater fiel uns zuallererst auf. Er hatte so gezweifelt, ob es opportun wäre, uns zu einer solchen Familienfeier mitzunehmen, oder ob wir damit nicht all die vor den Kopf stoßen würden, die ohnehin schon genug zu leiden hatten. Jetzt waren wir da, und er stand kopfhängerisch wie ein armer Sünder da und schien Angst zu haben, im nächstbesten Moment wie ein streunender Köter weggejagt zu werden.

Für mich faszinierend war die Reaktion der Großfamilie, alles Leute, die von uns überwiegend aus der Zeitung wußten und uns jetzt offen entgegenkamen, uns freundlich begrüßten und unser Zusammensein als Familie absolut in Ordnung fanden.

Ähnliche Erfahrungen hatte ich in meinen eigenen Kreisen gemacht. Irgendwann, wenn man sich kennenlernt und über die eigene Familie redet, ist es ja immer soweit. Dann sage ich so halb ironisch, halb ernst: »Ja, also irgendwann mußte die Frage ja mal kommen. Mein Vater ist katholischer Pfarrer. Nicht lachen! Nicht staunen, keine großen Augen machen. Dies ist eine Information. Also keine Verlegenheit, keine Schuldgefühle. Er ist einfach nur katholischer Pfarrer. Ende der Durchsage.«

Darüber zu reden, ist ungefähr, als würdest du an irgendeiner Maschine stehen und in Charlie-Chaplin-Manier unablässig denselben Handgriff wiederholen. Irgendwann denkst du, jetzt drehe ich die Hand um und mache die Bewegung ein bißchen anders. Für mich hat das etwas leicht Witziges. Das baue ich gern in ein Gespräch ein, und im Prinzip mag ich es auch, wenn die Leute dann sagen: »Uih! Echt?« Nicht weil es mir so einen Kick als Angeber gäbe. Nein, es ist eher so ein Gefühl, als würde ich sagen: »Ja, ihr träumt alle davon, daß ihr die Zeitmaschine erfindet. Und ich bin jetzt gerade damit zurückgekommen aus dem Jahr 23.000. Und bin jetzt gelandet. Und da, wo ich herkomme, ist es ganz selbstverständlich, daß mein Vater Priester ist.«

Recht betrachtet sind die einzigen, die sich heute noch bis zum Herzinfarkt über den Sündenfall meiner Eltern aufregen, wohl nur mein Vater selbst, sein frommer Bruder, der Abt im Kloster und der Papst.

Jede Woche, die wir miteinander lebten, begannen wir mit der Hoffnung, es schaffen und eine richtige Familie werden zu können. Doch es ging nicht.

Wir waren alle nicht an ein Zusammenleben mit einem Mann gewöhnt.

Meine Mutter entdeckte, daß sie allmählich wieder zur treusorgenden Ehe- und Hausfrau »verkam«, die immer öfter mit ihren eigenen Vorstellungen, Wünschen an das Leben und auch ihren elementarsten Bedürfnissen ins Hintertreffen geriet.

Mein Vater entdeckte, daß die Frau, die er geheiratet hatte, keineswegs die »reiche Frau« war, für die er meine Mutter immer gehalten hatte. Seine Vorstellungen von einem angemessenen Leben lagen weit über dem, was meine Mutter ihm zu bieten imstande war.

Meine Schwester entdeckte, daß ihr Vater sich nicht besonders viel aus ihr machte und erwiderte seine Gleichgültigkeit von Herzen. Ich entdeckte, daß mein Vater alles andere, aber kein Vater nach meinem Herzen war.

Mein Bruder entdeckte, daß mein Vater ein Machtproblem hatte. Immer versuchte er, Magnus zu erziehen. Einmal, als dieser nicht gehorchte, warf mein Vater ihn auf den Boden, so daß er auf den Rücken fiel.

Ein paar Tage danach lag ein förmlicher Brief aus dem Büro des Vaters von Magnus im Postkasten. Darin stand, mein Vater möge es doch unterlassen, meinen Bruder körperlich zu züchtigen, sonst müßte der Vater meines Bruders in Zukunft mittels Rechtsschritten gegen meinen Vater vorgehen. Ich hatte den Eindruck, daß dieser Brief meinen Vater dann doch sehr besänftigte, so daß er nie mehr versuchte, handgreiflich gegen meinen Bruder zu werden. Ich glaube, wäre ich der Vater von Magnus gewesen, ich hätte auch nicht anders gehandelt. Wie meine eigene innere Haltung zu diesem Vorfall war, erkennt man leicht daran, wie schadenfroh ich mich gemeinsam mit meinem Bruder darüber amüsierte, daß die Sekretärin seines Vaters diesen Brief mit großem Vergnügen getippt hatte.

Unter dem Druck der Beziehungskrise nahm meine Mutter das Schicksal und die Erfahrungen der anderen Frauen in ihrer Selbsthilfegruppe genauer unter die Lupe. Dabei stellte sie fest, daß mein Vater und die Schwierigkeiten, die sie beide miteinander hatten, kein Sonderfall waren. Oft kam sie von Zusammenkünften zurück und setzte sich anschließend mit meinem Vater auseinander, der ihr auch sehr gut zuhörte. Trotzdem stritten sie immer öfter und erbitterter. Es kam vor, daß er ihr voller Verzweiflung und hilfloser Wut die Bibel oder Kreuze nachschmiß, als müsse er damit Satan persönlich austreiben.

Wenn wir ihn anschließend sahen, lehnte er meist mit hängenden Schultern in seinem roten, bis zum Bauch offenen Morgenmantel an irgendeinem Schrank in der Küche, den Kopf mit heruntergezogenen Mundwinkeln gesenkt, und konnte keinem von uns mehr ins Gesicht sehen.

In dieser Zeit habe ich oft gedacht, daß mein Vater sein Leben mit uns als eine gerechte Strafe für die Sünde angesehen hat, meine Mutter geliebt und Kinder gezeugt zu haben, obwohl er ein zölibatäres Leben versprochen hatte. In seinen Augen war es damals ganz sicher eine verdiente und auch angemessene Strafe, die die Kirche über ihn verhängt hatte. Mit uns trotz aller Härten und Schwierigkeiten auszuhalten, uns nicht im Stich zu lassen und beispielsweise in den Konvent zurückzukehren, leistete er vermutlich als Sühneopfer. Wahrscheinlich hat ihn die Angst vor dem strafenden Gott, an den er glaubt, so manches Mal geschüttelt. Glücklich war er jedenfalls nicht.

In den seltenen guten Stunden, die wir seit seinem Einzug miteinander hatten, diskutierten wir oft über unsere unterschiedlichen Einstellungen zur Kirche. Ich erinnere mich, daß ich eigens, um besser argumentieren zu können und meinem Vater gewachsen zu sein, einen Bibelkurs an der Schule besuchte. Es war mir unendlich wichtig, einmal etwas zu haben, bei dem wir nicht in verschiedenen Welten lebten.

Mein Vater hörte sich meine oft krausen Meinungen jedesmal erstaunlich ruhig an. Zugleich ging er aber auch immer ebenso erstaunlich wenig auf mich ein. Heute weiß ich, daß mein Vater für kein Geld der Welt missionarischen Eifer an den Tag legen würde. Nicht einen jungen Menschen bewegte er während seiner gesamten Priesterzeit persönlich dazu, in einen Kirchenorden einzutreten oder Pfarrer zu werden. Er riet nicht zu, aber auch nicht ab. Er vertraute auf die Vorsehung.

Wenn ich philosophierte und debattierte, brachte mein Vater schlicht kein einziges Argument ein, keines dafür und keines dagegen. Er hatte seine Meinung, die er mir nicht aufdrängte, von der er sich aber auch nicht im geringsten abbringen ließ. Nichts konnte ihn überzeugen. Kein Trumpf stach. Er lächelte meist nur milde und ließ mich meinen Weg zu Gott selbst herausfinden. Manchmal dachte ich allerdings, daß mein Vater selbst nicht wisse, wohin der Weg führte.

In meinen Augen ist die Kirche heute ein seltsames Gebilde aus Schwächen, Aberglauben, Dauerherrschaft, Lug und Trug. Das hat nicht mehr viel mit Glauben zu tun. Der Glaube ist nur ein Deckmantel. In Wahrheit geht es um Macht und Geld. Früher, als Bub, habe ich das alles nicht begriffen. Ich habe vielmehr ernsthaft darüber nachgedacht, Pfarrer zu werden, weil ich das Ministrantsein so schön fand. Wenn dieser Zölibat und der Absolutheitsanspruch auf die eine einzige Wahrheit und den einen einzigen rechten Glauben nicht wären, könnte ich mich sogar ernsthaft dafür erwärmen.

Die guten Stunden mit meinem Vater wurden jedoch immer seltener, bis sie schließlich fast ganz verschwanden. Immer öfter entzog er sich mir und uns allen.

Nachts strich er ruhelos durch Küche und Wohnzimmer. Sein Stöhnen, Seufzen und halblautes Murmeln raubte jedem den Schlaf. Immer auf und ab und ab und auf, hin und her. Manchmal stieß oder schlug er gegen Möbelstücke. Dazwischen kreischte mein Papagei, der unter seinem Tuch im Vogelbauer aufgewacht war. Vor allem an den großen kirchlichen Feiertagen war es kaum auszuhalten.

Weihnachten, Ostern, Pfingsten, Allerheiligen – wir gewannen immer mehr den Eindruck, mein Vater drehe durch. Meist hielt er es an diesen Tagen nicht mehr bei und mit uns aus. Irgendwann stellten wir fest, er ist einfach auf und davon. Weg nach Südtirol, in unser Ferienhaus. Weg in irgendeine teure Pension in der Schweiz. Weg, nur weg von uns und der Sünde.

Irgendwann im Oktober, als Allerheiligen bevorstand, hatte meine Mutter genug. »Anselm«, sagte sie, »wir müssen uns trennen, oder wir gehen alle kaputt. Ich fahre mit den Kindern zu meiner Freundin. In der Zwischenzeit packst du hier deine Sachen zusammen. Wir kommen in drei Tagen wieder. Bis dahin bist du fort.«

»Und wohin?« schrie mein Vater und ballte die Fäuste, als wolle er auf meine Mutter losgehen. »Es gefällt mir hier. Ich gehe nicht raus hier, außer mit den Füßen voraus.«

»Wohin du gehst, ist mir jetzt erst mal völlig Wurst!« gab meine Mutter zurück. »Du kannst ja bei deiner wunderbaren Familie anklopfen, in der sich immer alle lieben und nie einer ein böses Wort zum anderen sagt. Ganz sicher haben sie ein Zimmer, wo du erst einmal unterkommst.«

»Und trotzdem gehe ich nicht!« widersprach mein Vater. »Wir sind verheiratet. Ich bin jetzt hier daheim, so gut wie ihr.«

»Nein, Anselm!« stellte meine Mutter klar und hatte eine Stimme bekommen, daß es einen fröstelte. »Das hier ist mein Haus. Ich habe es unter Entbehrungen und wirklich mühsam mit meinen eigenen Händen gebaut. Wir haben jetzt endlich eine Heimat hier und eine Ruhe und einen Platz, wo wir hingehören. Ich sage, du gehst. Laß uns in Ruhe! Es ist aus!«

Am Nachmittag desselben Tages packten wir tatsächlich ein paar Sachen in eine Reisetasche und verließen meinen Vater. Zwar hatte meine Mutter vollmundig getönt, wir würden zu einer Freundin fahren, doch die Freundin wußte gar nichts von ihrem Glück. Notdürftig brachte sie uns alle miteinander in einem großen Raum unter, wo wir auf unseren mitgebrachten Isomatten zu schlafen versuchten. In Gedanken war wohl jeder von uns bei meinem Vater.

Am nächsten Morgen brachten wir kaum unser Frühstück herunter. »Ihr müßt heim und nach ihm schauen«, mahnte uns die Freundin meiner Mutter, die meinen Vater gut kannte. »Er ist imstande und tut sich etwas an.«

Meine Mutter und ich blickten uns schweigend an. Ich nickte. Meine Mutter nickte. Da war es beschlossen; wir würden uns vergewissern, daß mit meinem Vater alles in Ordnung war. »Aber zusammen mit ihm, das geht nicht mehr!« sagte meine Mutter. »Eher lasse ich ihm das Haus und fange noch einmal ganz von vorne an.«

Auf der Fahrt nach Hause hingen wir jeder den eigenen Gedanken nach. Keiner sprach. Als wir in den schmalen Feldweg einbogen, der über Schlaglöcher und Buckel zu unserem Haus führt, wurde mir fast schlecht. Das Haus sah aus wie immer. Die Regenwanne unter der noch unvollständigen Dachtraufe stand schief wie sonst auch. Noch immer lagen die zwei langen Balken, die meine Mutter mit meiner Schwester zurechtsägen wollten, quer über unserer Werkbank und einem einfachen Holzbock. Es war totenstill.

»Es hilft alles nichts, Thomas«, sagte meine Mutter und stieg aus dem Auto aus. »Wir müssen da jetzt rein.« Ich hatte den Eindruck, als müsse sie sich selbst überzeugen.

Die Haustür war unverschlossen wie eigentlich immer. Die Windharfe, die meine Mutter irgendwann auf die blau-weiß gestrichene Füllung geschraubt hatte, zirpte leise, als wir eintraten. Aus der Küche krächzte mein Papagei, eine unserer Katzen strich zur Begrüßung um unsere Beine. Von meinem Vater kein Laut, nichts. Leise, als wären wir Einbrecher in unserem eigenen Haus, gingen wir bis zur Treppe ins Obergeschoß. Ein paar Stufen nur, da sahen wir ihn.

Eines seiner Beine in den grünen Gummistiefeln, die er mit Vorliebe trug, ragte uns über der obersten Treppenstufe entgegen. Starr stand es weg, reglos. Ich fühlte, wie mein Herzschlag aussetzte, ehe er in einem heftigen Blutschwall weiterholperte.

»Jesus Maria!« sagte meine Mutter tonlos. »Jetzt ist er tot!« Sie war weiß bis in die Lippen, als wir einander anschauten.

In meinem Kopf ging alles durcheinander. Meine Mutter faßte sich zuerst. Es entspricht ihrem tatkräftigen Naturell, daß sie Klagen für später aufhob. Durch ihre Ausbildung zur Altenpflegerin hatte sie Erfahrung im Umgang mit Menschen in ungewöhnlichen Situationen. Entschlossen stieg sie die Treppe vollends hoch, kniete bei meinem Vater nieder und griff nach seinem Puls.

Mein Vater war offenbar wie ein Brett umgefallen. Er lag platt auf dem Bauch, als hätte er sich nicht einmal in einem Reflex mit den Händen auffangen können. Eine kleine Blutspur war unter seinem Kopf zu sehen. Das Blut war braun. Es stockte.

»Er lebt!« sagte meine Mutter. »Und er ist betrunken. Absolut voll.«

Jetzt roch ich es auch. Es stank bestialisch nach Wein und Rum. Eine Flasche, aus der mein Vater irgendwann getrunken hatte, lag unweit von ihm zerbrochen in der Ecke. Wahrscheinlich war sie ihm aus der Hand gefallen, als er über die letzte Stufe gestolpert und längelang hingeschlagen war.

»Ja und jetzt?« fragte ich.

»Jetzt rufen wir den Notarzt.« Meine Mutter stand auf. Sie versuchte erst gar nicht, meinen Vater aufzuheben. Er war ein schwerer Mann. Schlaff und vollkommen hilflos, wie er war, würde er wie Eisen wiegen. Alles, was wir für ihn tun konnten, war, ihn in eine stabile Seitenlage zu drehen, damit er nicht ersticken würde, sollte er sich plötzlich übergeben müssen. Wir schnauften vor Anstrengung, als wir es endlich geschafft hatten.

Der Notarztwagen fuhr wenig später mit Blaulicht bei uns vor. »Das ist kein Herzinfarkt. Das ist Alkohol«, stellte der Notarzt fest.

Die beiden Sanitäter, die er im Notarztwagen mitgebracht hatte, schleppten meinen Vater ins Bett. Meine Mutter zog ihm wenigstens die Stiefel aus. Was der Arzt anschließend meinem Vater verabreichte, weiß ich nicht. Auf jeden Fall kam dieser kurze Zeit später einigermaßen zu sich.

Als hätten wir nicht schon genug Kummer gehabt, breitete sich das Gerücht, meine Mutter habe meinem Vater ein Bügeleisen auf den Kopf geschlagen, wie ein Lauffeuer aus. Der Notarzt war kaum eine Stunde weg, als schon die erste große Zeitungredaktion bei uns anrief und meine Mutter um eine Stellungnahme und nähere Einzelheiten bat, warum sie meinen Vater attackiert habe.

Meine Mutter fiel aus allen Wolken. »Das ist ja gar nicht wahr!« rief sie. »Ich habe ihm niemals ein Bügeleisen an den Kopf geworfen!«

Ja, hieß es da von der allwissenden Presse, das wäre ja wohl die übliche Tour, alles abzustreiten, aber schließlich sei der Notarzt gekommen, man habe das Blaulicht gesehen, und das mit dem Bügeleisen sei eine Information aus sicherer Quelle.

Meine Mutter rotierte. Es war Freitag. Die Presse brauchte eine Schlagzeile für den Samstag. Man würde diese Story bringen. »Ehefrau leugnet« oder so ähnlich würde man meine Mutter zitieren. Was tun?

In all den Jahren hatte meine Mutter stets versucht, ihre Probleme ohne fremde Hilfe zu lösen. Jetzt griff sie zum Telefon. »Alarmstufe eins!« sagte sie zu dem Bruder ihres Mann am anderen Ende der Leitung. »Du mußt uns helfen. Dem Anselm geht es sonst an den Kragen. Geh in die Redaktion, du hast dort doch mal gearbeitet. Du kennst doch die Leute. Rede denen diese Geschichte aus! Ich habe nicht mit dem Bügeleisen nach Anselm geworfen. Der Anselm war betrunken und ist gestürzt. Willst du, daß das in die Zeitung kommt?«

Damit war die Schlagzeile aus der Welt. Die Knie haben meiner Mutter und mir aber noch lange danach gezittert.

Davon, daß mein Vater ausziehen sollte, war nach diesem Vorfall keine Rede mehr. Statt dessen dachte meine Mutter daran, selbst das Feld zu räumen.

»Geht er nicht, dann gehe eben ich«, sagte sie zu mir. »Wir könnten zur Tante Fannie ziehen. Sie hat eine Dreizimmerwohnung. Da hätten wir Platz. Du weißt doch, sie ist schwer krebskrank. Ich könnte sie pflegen.«

Unsere Tante Fannie war eine liebe, nette alte Dame von achtundachtzig Jahren. Wir hatten sie wirklich gern. Aber bei ihr in ihrer Wohnung wohnen? Niemals! Alles war durcheinander wie oft bei sehr alten, kranken Menschen. Schon der Geruch dort war unerträglich. Ganz gleich, welche Schwierigkeiten mein Vater uns machte, zu dieser Tante waren weder meine Schwester noch mein Bruder noch ich selbst bereit umzuziehen.

Meine Mutter ergab sich in ihr Schicksal. »Dann müssen wir wieder einmal zu meiner Mutter«, seufzte sie. »Wieder alle im Wohnzimmer auf dem Teppich schlafen. Wieder in zwei Zimmern leben. Wieder mich erziehen lassen. Wieder schlucken, schlucken.«

Als wir diesmal mit Sack und Pack bei meiner Großmutter einzogen, war es wirklich sehr, sehr schwierig. Es war kurz vor Weihnachten. Was sollte sie machen? Uns wegschicken ins Ferienhaus ohne Heizung? Nein. Aber gern nahm sie uns wirklich nicht auf. Sie war zornig, ja, unzufrieden mit meiner Mutter.

»Wie kannst du dir das nur gefallen lassen?« schimpfte sie.« Es ist dein Haus! Du hast es gebaut, er hat keinen Finger für dich und die Kinder krumm gemacht. Und jetzt schiebst du es ihm einfach rein, nur weil er nicht freiwillig auszieht. Der Mann hat dich und die Kinder immer nur im Stich gelassen. Wann begreifst du das endlich? Wie weit willst du dich seinetwegen noch erniedrigen?«

Meine Mutter schluckte.

Ich weiß nicht, was im Endeffekt geschehen wäre, wenn meine Mutter in dieser Krise nicht einige gute Freundinnen gehabt hätte, mit denen zusammen sie seit

Jahren Kabarettvorstellungen gibt. Eine Freundin, die Waldi, traf mit einer ihrer Bemerkungen den Nagel auf den Kopf. »Weißt du, wie du bist, Gisela?« fragte sie. »Du bist wie eine achtzigjährige Frau. Keine Substanz mehr da, nichts mehr. Nichts mehr bringst du fertig. Immer schaust du nur nach diesem Mann. Du bist kein Ich mehr, du bist nichts mehr.«

»Ja«, sagte meine Mutter und dachte lange nach. »Es ist ja wahr! Ich kann nicht einmal mehr zur Nachbarin gehen, weil ich immer nach dem Anselm schauen und ihn beaufsichtigen muß wie seine Mutter. Aber was soll ich denn machen?«

Die Waldi ist eine dieser Frauen, die viel Gefühl für andere haben und ein sicheres Gespür für Zusammenhänge. »Ich will dir eines sagen, Gisela«, meinte sie. »Wenn der Anselm sterben will, dann laß ihn sterben. Es ist seine Entscheidung. Er muß nicht das machen, was du willst und für richtig oder gut anschaust. Er soll das machen, was er will. Und dasselbe gilt für dich auch. Du mußt nicht seines, du mußt dein Leben leben. Du mußt nicht dauernd tun, was er will, und absolut nicht immer nur so leben, daß es gut für ihn und er glücklich ist.«

Meine Mutter hatte Stoff zum Nachdenken bekommen. Sie spulte in der Erinnerung die Monate ihrer Ehe vor ihrem inneren Auge ab. Schonungslos betrachtete sie die Veränderungen an sich selbst, an meinem Vater und ihrer Liebe zueinander. Sie sah sich streiten, wütend, bei Kleinigkeiten die Nerven verlieren, kalt und abweisend selbst Zärtlichkeiten begegnen. Nie war sie früher so zu ihm gewesen. Sie sah meinen Vater mit Weingläsern zuerst, dann mit Kreuzen nach ihr werfen, die Faust gegen sie heben, sah seine Verzweiflung, sein Flüchten, seine bittere Reue und den Zwang, es mit ihr auszuhalten, weil er dieses Aushalten als Sühne für seine Sünde annahm. Auch er war früher nie so zu ihr gewesen.

Was hatte diese Ehe aus ihnen gemacht? Zwei Racheengel, die gegeneinander wüten und sich gleichzeitig selbst zerstören, weil sie daran zerbrechen, das zu verletzen, was sie doch lieben.

Noch von der Wohnung meiner Großmutter aus rief meine Mutter einen Rechtsanwalt an und ließ meinen Vater aus unserem Haus weisen.

»Zum ersten Mal hatte ich es geschafft«, sagte sie später einmal zu mir. »Zum ersten Mal war ich nicht mehr bereit, zusammen mit ihm unterzugehen und auch meine Kinder für ihn zu opfern. Ich war nicht mehr bereit, seine Fehler zu decken und irgendwie wiedergutzumachen. Ich war ganz fest in mir. Schluß! habe ich zum Anselm gesagt. Aus! Bis hierhin und nicht weiter. Wir trennen uns. Schau selbst, wo du hingehst.«

Natürlich war diese Entscheidung nicht mit kaltem Herzen getroffen. Immer wieder kämpfte meine Mutter mit der Angst, mein Vater könne sich etwas antun. Sie befürchtete und rechnete damit, daß er völlig unterginge, sobald er auf eigenen Füßen zu stehen gezwungen war. Zugleich aber nährte sie die Hoffnung in sich, daß mein Vater an der Herausforderung endlich wachsen werde. Daß er irgendeine versteckte Kraft in sich mobilisieren könne, um sich durchzubeißen.

»Er tat mir leid, aber was sollte ich denn machen?« fragte sie ihre Freundinnen oft. »Ich hatte ihn immer wieder gewarnt, es immer wieder im Guten versucht. Der Anselm hat nichts begriffen. Ich hatte keine andere Wahl. Ob er sich etwas antun würde oder nicht, ich mußte das jetzt in Kauf nehmen. Wir konnten nicht alle an ihm und seiner Priesterseele kaputtgehen. Ich habe die Kinder. Sie haben ein Recht auf ihr Leben.«

Wie mein Vater mit dem Ende seines behüteten Lebens umging?

»Im nachhinein«, sagte er mir, »war es meine Rettung, daß deine Mutter mich damals rausgeworfen hat. Hätte sie es nicht getan, wäre ich draufgegangen. Ich hatte völlig den Boden unter den Füßen verloren.«

Zunächst aber war es unsäglich schwer für ihn. Er fand ein Unterkommen bei seinen Verwandten. Aushalten konnte er es dort allerdings nicht. Seine Probleme fraßen ihn auf und zermürbten, ähnlich wie sie auch uns belastet hatten, jeden, der mit ihm umging. Dennoch dauerte es anderthalb Jahre, bis er imstande war, sich die erste eigene Wohnung seines Lebens zu mieten und endlich das Wagnis einzugehen, für sich selbst zuständig zu sein.

»Jetzt haben wir wieder unsere schönen Pausen«, sagt meine Mutter heute und lacht mit diesem verschmitzten Funkeln in den Augen. »Jetzt können wir alles wieder mit Timing machen. Das ist gut. Wir können davon träumen, wie es sein wird, wenn wir zusammen sind. Wir können uns beide darauf einstellen und uns aufeinander freuen. Und jeder kann sich innerlich vorbereiten. Dann verreisen wir zusammen. Drei Tage miteinander in einem schönen Hotel – es ist traumhaft, mit Anselm zu verreisen. Er ist so gebildet, so ein netter, lieber Mensch! Ich könnte mir keinen anderen vorstellen, der so aufmerksam und zuvorkommend, so ganz Gentleman ist, soviel Kultur, Stil und Charme hat.«

»Aber«, fügt sie meist hinzu, »wenn ich jetzt in Not wäre, wenn es mir schlecht ginge, ich seine Hilfe brauchte, dann wäre es schon wieder nichts mehr mit ihm. Anselm ist eben der typische Mann für schöne Stunden. Er muß luxuriös verreisen. Er muß in einem feinen Hotel wohnen, in einem schönen Bett schlafen, gut essen gehen können. Der Rahmen muß stimmen. Es muß absolut sein wie im Kloster: fein und vornehm und elegant. Dann ist er ein zufriedener Mensch.«

»Ja, genauso ist es bei mir auch!« sagte ich einmal. Einen gelungeneren Witz habe ich selten zum Besten gegeben.

So, wie meine Mutter um ihre Beziehung zu meinem Vater gekämpft hatte und letztlich keinen anderen Weg mehr wußte, als eine zumindest räumliche Trennung zu erzwingen, kämpfte auch mein Vater um das Zusammensein mit ihr und uns. Der letzte Kampf fand mit mir statt.

Es war wenige Tage nach dem endgültigen Auszug meines Vaters und unserer endgültigen Rückkehr in unser Haus. Wir rechneten alle damit, daß der Frieden nicht lange anhalten würde. Die Sache war zu glattgegangen.

»Er gibt sicher vor, daß er seinen Fotoapparat zurückhaben will, und taucht hier auf und will rein, und dann haben wir ihn wieder am Hals«, vermutete meine Mutter. »Leg das Ding auf jeden Fall bereit, Thomas, damit er keinen Grund hat, zu warten, und sich womöglich hier einnistet.«

Da meine Mutter oft Vorahnungen hat, die sich erfüllen, suchte ich den Apparat tatsächlich gleich heraus. Mein Vater hatte ihn mir anläßlich eines Fotowettbewerbs geliehen. Im Grunde benötigte er den Apparat nicht, da er zwei besaß, doch er gehörte ihm. Er sollte ihn haben.

Als hätte meine Mutter wirklich den siebten Sinn, stand mein Vater tags darauf tatsächlich vor der Tür. Ja, er habe mir doch den Fotoapparat geliehen, den wolle er wiederhaben. Er müsse seine Sachen jetzt zusammenhalten.

»Klar«, sagte ich, »ich habe ihn schon. Ich nehme nur noch schnell den Film heraus.«

In diesem Moment stand mein Vater bereits im Hausflur und gleich auch in der Küche. »Da sind noch drei Gläser von mir«, sagte er und riß einen der Küchenschränke auf. »Die nehme ich mir mit.«

In mir stieg Ärger auf. »Nichts da!« Ich schob mich zwischen den Küchenschrank und ihn. »Du hast jetzt drei Monate Zeit gehabt, um deine Sachen hier einzupacken und mitzunehmen. Wenn du die Gläser willst, hättest du sie damals nehmen können. Wenn du jetzt noch etwas haben willst, dann wartest du, bis die Mama da ist. Die soll es dir dann geben, wenn es tatsächlich dir gehört.«

Mein Vater starrte mich an. »Ja, nee, nee!« brachte er schließlich heraus und schob die Unterlippe vor wie ein bockiges Kind. »Die nehme ich mir jetzt schon mit.«

»Nein«, gab ich zurück und fühlte mich dabei auch völlig im Recht, »du wartest, bis die Mama da ist. Wenn sie will, kann sie dir die Gläser geben. Aber ich geb sie dir nicht!«

Mein Vater hatte bei jedem Wort von mir den Kopf tiefer auf die Brust geschoben. Als ich ausgeredet hatte, stand er in so einer typischen Boxer-Drängler-Rempler-Haltung vor mir und warf sich gegen mich. Ich taumelte überrascht zurück, bis mich die Tischkante stoppte.

Was dann kam, ist ziemlich unscharf in meiner Erinnerung. Ich weiß nur noch, daß auch ich mich gegen ihn geworfen habe. Wir sind ja beide ein wenig massig. Das war schon nicht von Pappe, also nicht nur so ein läppischer Schubser. Für Außenstehende hätte es sicher ziemlich witzig ausgesehen. Irgendwann ging das Ganze vom Rammen ins Ringen über. Wir packten uns an den Händen und drückten einer den anderen weg. Auf einmal lagen wir am Boden. Und nach einer Weile hatte ich ihn unter mir.

Warum ich aufgehört habe – ob er einfach aufgehört hat, sich zu wehren, oder ob er klar geäußert hat, daß ich aufhören soll –, ich weiß es nicht mehr. Ich glaube aber, er hat angefangen zu weinen. Nicht laut geschluchzt, überhaupt kein hörbares Weinen, eher ein unterdrückter Laut, den ich als Weinen interpretiert habe. Bei meinem Vater war ja immer alles irgendwie ein bißchen unterdrückt. Vielleicht war das dann das Signal für mich aufzuhören.

Als ich aufstand, kam er auch hoch, ging wieder auf den Schrank los und sagte wieder: »Ich hole mir die Gläser jetzt!«

Ich weiß nicht, was ich getan hätte, wenn er den Küchenschrank tatsächlich geöffnet und die Gläser berührt hätte. Doch in dem Moment griff zum Glück mein Bruder ein, der die ganze Zeit von uns unbemerkt in der Küche gewesen war und unserem Kampf zugeschaut hatte. »Nein, vergiß es, geh einfach!« meinte er auf eine für mich unverständliche Frage meines Vaters und drückte ihm den Fotoapparat in die Hand. Noch einmal schien mein Vater zu drängen, denn mein Bruder wurde lauter. »Du gehst jetzt!« Es klang sehr bestimmt.

Wortlos nahm mein Vater den Apparat und ging. Jetzt konnte ich sein Weinen deutlich hören.

Ehe mein Bruder irgend etwas zu mir sagen konnte, rannte ich, immer zwei Stufen auf einmal nehmend, in mein Zimmer hinauf, schmiß mich mit filmreifem Schwung auf mein Bett und heulte mich so richtig aus. Ich glaube, so entsetzt und verzweifelt war ich noch nie im Leben.

Niemals hätte ich erwartet, daß ich jemals meinen eigenen Vater schlagen würde. Ich hätte auch nie erwartet, daß er mich jemals schlagen würde. Ich bin ja sehr, sehr friedlich aufgewachsen. Meine Mutter hat mich kein einziges Mal geschlagen. Ich habe mich auch nie geprügelt, außer einmal mit Martin. Aber ansonsten niemals. Ich bin jeder Gewalttätigkeit aus dem Weg gegangen. Gewalt war und ist mir einfach verhaßt.

Und jetzt? Dieser Mann, der mein Vater war, hatte mich nicht nur körperlich angegriffen. Was viel schwerer wog, er hatte mich seelisch verletzt. Er hatte mein Vertrauen gebrochen. Am schlimmsten, er hatte seine Vaterrolle, seine Autorität und natürliche Überlegenheit, vollkommen eingebüßt, denn ich hatte ihn, »meinen Meister«, besiegt.

Irgendwann, fünf oder zehn Minuten später, hörte ich die Klingel an der Haustür noch einmal. Normalerweise steht bei uns immer alles offen. Doch jetzt hatte mein Bruder alle Türen zugesperrt. Es war mein Vater. Ich hörte, wie er durch die verschlossene Tür rief. Vermutlich war er zurückgekommen, um mich anzuklagen: »Warum hast du das getan? Was bist du für ein Sohn, daß du deinen Vater schlägst?« Daß er gekommen war, um sich zu entschuldigen und sich mit mir auszusprechen, kann ich mir nicht vorstellen. »Entschuldige!«, das hat er noch nie über sich gebracht.

Mein Bruder sperrte ihm nicht auf. »Geh!« hörte ich ihn zurückrufen. »Geh jetzt endlich!« Dann war Ruhe.

Als kurze Zeit später meine Mutter nach Hause kam, erfuhr sie die Neuigkeit sofort von meinem Bruder. Ich selbst hätte es ihr auch erzählt, aber nicht sofort. Normalerweise bin ich innerlich in einer sehr schönen Ruhe. Doch die Auseinandersetzung mit meinem Vater hatte mich vollkommen aus dem Gleichgewicht gebracht. Wann immer mir so etwas passiert, möchte ich mir selbst erst einmal darüber klar werden, was denn überhaupt geschehen ist. Erst wenn ich mich wieder kenne, will ich mit anderen Kontakt aufnehmen, denn solange ich so zerrissen in mir bin, rede ich nur unkontrolliert daher. Da sage ich in einer Sekunde »Oh!« und in der nächsten »Ah!« und schaffe ich es einfach nicht, mich darauf zu konzentrieren, was ich äußere oder mache. Ich bin dann viel zuviel mit mir selbst beschäftigt. Muß ich trotzdem mit jemandem reden, ruft es in mir noch viel mehr Verwirrung hervor. Ich habe und brauche immer mein Pokerface, weil ich will, daß nur der oder die, und auch nur dann, wenn ich es zulassen kann, hinter meine Kulissen schaut.

Als meine Mutter damals zu mir hoch und ins Zimmer stürmte, war es mir also nicht so ganz recht, obwohl sie sich sehr lieb zu mir setzte und mich tröstete. Sie fand die Auseinandersetzung natürlich furchtbar und kritisierte meinen Vater hemmunglos. Ganz sicher wollte sie mir damit ihre Solidarität beweisen und mir helfen. Trotzdem wäre es mir lieber gewesen, sie hätte sich aus allem herausgehalten. Was zwischen meinem Vater und mir vorgefallen war, war für mich so eine Männersache, etwas nur zwischen uns beiden. Daß meine Mutter sich einmischte und auch ihre Kritik, war mir eher eine zusätzliche Belastung als eine Hilfe. Man könnte mir diese Abwehr natürlich auslegen, als habe ich meinen Vater damit schützen wollen, und vielleicht lief es ja sogar darauf hinaus, dennoch wollte ich damit allein ins Reine kommen.

Fürs erste hatte ich von meinem Vater vollkommen genug. Ich weigerte mich, ihn zu sehen, wollte auch nicht mit ihm reden. Die Handgreiflichkeiten zwischen uns hatten mich zutiefst verwirrt. Mein ganzes Leben lang hatte ich Auseinandersetzungen in der Form eines gepflegten Schlagabtausches auf der Diskussionsebene ausgetragen. Wenn ich aggressiv wurde, dann allenfalls verbal, aber nicht mit der Faust. Es kränkte und beschämte mich, daß ich mich dazu hatte hinreißen lassen, die Selbstkontrolle zu verlieren und auf eine primitive Stufe abzugleiten, die ich in tiefster Seele verachte.

Im Innersten fühlte ich mich seit dieser Rangelei so absolut von meinem Vater abgewertet und auch abgelehnt, daß ich nur mit einer ebensolchen Ablehnung kontern konnte. Immer hatte mein Vater einen Musterschüler aus mir machen wollen. Wie Gottvater wollte er, daß ich als sein Geschöpf ein Bild von seinem Bild sein sollte. Dabei wurde ich das Gefühl nicht los, daß mein Vater etwas geworden ist, was er nie sein wollte, von mir nun aber erwartete, daß ich dennoch in seine Fußstapfen trete. Ich aber wollte so werden, wie mein Vater hätte werden können, wenn er nur gewagt hätte, zu sich selbst zu stehen. Irgendwann habe ich ihm das auch einmal vorgehalten. Seine einzige Reaktion war, wie immer, wenn es brenzlig wird, daß er die Hände vor der Brust verschränkte, einen Schmollmund vorschob und mit gesenktem Kopf brummelte: »Ja – mpff – mja ...«

Auch zwischen meiner Mutter und mir trat als Folge meiner Differenzen mit meinem Vater eine Veränderung ein. Meine Mutter wurde mir ein wenig suspekt. Stets war sie für mich die Autorität gewesen, die alles bestimmte. Damals nun sagte ich mir: ich möchte nicht mehr eine Mutter haben, die sich unablässig um mich kümmert, sondern meinen Kram allein erledigen.

Zu dieser Zeit war ich ungefähr vierzehn, also in einem Alter, in dem die Ablösung vom Elternhaus sowieso allmählich stattfindet. Bei mir war sie durch die spezielle Problematik vielleicht schneller ins Rollen gekommen als üblich. Die Folge war, daß ich meiner Mutter gegenüber zurückhaltender und etwas verschlossener wurde.

Erst sehr allmählich brachte ich es über mich, den Panzer, den ich zu meinem Schutz um mich selbst gezogen hatte, wieder ein wenig zu öffnen. Es begann damit, daß meine Mutter, die ja immer schon das Sprachrohr meines Vaters gewesen war, ein Treffen vorschlug.

»Gut«, sagte ich nach einigem Zögern, »aber nicht er und ich allein, das läuft nicht. Die Gabriele soll auch mitkommen. Und dann nur in der Pizzeria. Weil ich nicht von ihm heimgefahren werden will. Und außerdem will ich jederzeit abhauen können, wenn es mir nicht mit ihm paßt.«

Sowohl meine Schwester als auch mein Vater waren einverstanden. Also trafen wir uns in einer Pizzeria unweit unseres Hauses und verbrachten zwei Stunden zusammen, in denen wir den seichtesten Small talk aller Zeiten fabrizierten. Gefühle merkten wir meinem Vater nicht an. Aber schließlich, wann merkten wir das schon? Wenn er irgend jemandem je Gefühle gezeigt hat, dann vielleicht meiner Mutter. Im übrigen war er auch diesbezüglich der perfekte Klostertyp. Wer ins Kloster geht, darf keine Gefühle zeigen. Wer im Kloster ist, zeigt keine. Und wer es wieder verläßt, kann keine mehr zeigen.

Das ist genau wie bis vor kurzem auch bei mir. Elf Jahre lang habe ich niemandem gesagt, wer mein Vater ist, und mich dadurch irgendwann so sehr daran gewöhnt, Sachen geheimzuhalten, daß es zur Selbstverständlichkeit, zur Gewohnheit wurde und ich mich nicht mehr öffnen konnte oder wollte.

Es fiel mir schwer, mich mit der Erkenntnis abzufinden, einen Vater zu haben, den ich kannte, den ich nennen durfte, dessen Namen ich mittlerweile trug, mit dem ich mich traf und manchmal sogar gut unterhielt, den ich aber nicht wirklich hatte, weil wir es nicht schafften, uns länger als Minuten wie Vater und Sohn zu fühlen.

Aufgrund der Öffentlichkeitsarbeit meiner Mutter wurde ich hin und wieder in Talksendungen eingeladen. Dort rasselte ich alles herunter, was zwischen meinem Vater und mir abgelaufen war. Ich war wie ein bespieltes Tonband, das auf Knopfdruck Texte wiedergibt. Es waren meine Erfahrungen. Trotzdem lebten sie nicht. Ich hatte meine Gefühle abgespalten, verdrängt. Diesen irren, betäubenden Schmerz um meinen Vater, den ich so lange verzweifelt gesucht und mir erträumt und genau in dem Moment, in dem ich sicher war, ihn gefunden und für immer greifbar zu haben, endgültig verloren hatte – diesen Schmerz ertrug ich einfach nicht. Ich konnte ihn nicht verarbeiten.

Die Auswirkungen meiner inneren Not schlugen sich vielfältig nieder. Für jedermann am auffälligsten sichtbar, sanken meine schulischen Leistungen rapide ab. Ich hatte nie sonderlich große Schwierigkeiten gehabt, doch plötzlich tauchten sie in immer mehr Fächern auf. Klassenarbeiten wurden bald zum Horror für mich. Zum Ausgleich wurde ich der Horror des Lehrerkollegiums.

Einmal hatte ich mir von einem Mitschüler, den wir alle nur Schlagi nannten, ein paar Tütchen süßes Brausepulver gekauft, das man in Wasser auflöst, damit es sprudelt. Kaum hatte der Deutschunterricht begonnen, zog ich eine gut zehn Zentimeter lange *line*, wie man sie aus der Drogenszene kennt, vor mir auf dem Tisch. Das weiße Brausepulver sah täuschend echt aus. Möglichst auffällig zückte ich einen Zehnmarkschein – einen Tausender hatte ich ja nicht – und schniefte die Brause in die Nase.

Der Deutschlehrer bekam Stielaugen. »Was ist da los?«

Ich schniefte, hatte das weiße Pulver in der Nase und plötzlich: »Oh, mein Gott, das schäumt! Oh, das schäumt! Oh, Scheiße!« und raus aus dem Unterricht, weil ich das Gefühl hatte, mir zerspringt der Schädel.

Ein andermal leerte ich mit einer Mitschülerin eine Flasche Jack Daniels und kam mit einer Fahne in den Ethikunterricht, daß man sie hätte abflammen können. Die anschließende Diskussion mit dem Ethiklehrer wird mir unvergessen bleiben. Sie führte nämlich dazu, daß ich eine Eins in Religion erhalten sollte.

Weniger erfolgreich war ich vor allem in den ersten Unterrichtsstunden. Oft lag ich, den Kopf in den Armen, auf dem Tisch, meine langen Haare darüber ausgebreitet, und döste vor mich hin. Gereizt habe ich damit vermutlich alle Lehrkräfte. Provozieren ließ sich jedoch nur unser Geschichtslehrer. Er war der wohl blutrünstigste Lehrer an unserer Schule. In seinem Unterricht ging es immer um Schlachten. Da floß das Blut in Strömen, und Köpfe rollten zu Tausenden. Ein dramatischer Darsteller! Sah er mich auf dem Schultisch liegen, mußte er angreifen.

»Ja, dann fragen wir doch mal den Herrn Forster ab!« meinte er jedesmal mit der Zuverlässigkeit des Pausengongs.

Ich hob nicht einmal den Kopf an. »Was wollen Sie denn wissen?«

Irgendeine sachliche Frage kam. Ich darauf: »Ja, so genau, im Konkreten, allgemein betrachtet, wenn man das im Speziellen sieht, meine ich, daß man, hier also – ich habe überhaupt keine Ahnung, wovon Sie reden.«

Ohne ihn zu sehen, wußte ich, daß ein genüßliches Grinsen sein Gesicht überzog. »Ja, dann werde ich dir wohl eine Sechs eintragen müssen.« Damit ging er zu seinem Pult vor, schlug das Notenbuch auf und sagte in süffisantem Ton: »Thomas, das ist ja schon deine fünfte Sechs. Das ist ja dann wohl sehr fraglich, ob du das Klassenziel noch erreichst.«

In dieser Zeit war mir sogar das ziemlich gleichgültig. Ich wußte nur, daß ich meinen Vater, der immer so stolz auf meinen Verstand gewesen war, durch mein Schulversagen noch mehr enttäuschte, als ich es ohnedies schon getan hatte.

Seelisch manifestierte sich die Erfahrung, von meinem eigenen Vater nicht akzeptiert zu werden, in einer mir selbst weitestgehend unbewußten negativen Erwartungshaltung gegenüber anderen. Sobald ich jemanden kennenlernte, den ich sympathisch fand, nagte die Befürchtung an mir, den Ansprüchen des anderen nicht zu genügen und abgelehnt zu werden. Selbst in meiner Musik war ich nicht frei davon.

Immer schon hatte sie mir viel bedeutet. Sie war und ist ein tragender Pfeiler meines Lebens. Jetzt, in der belastenden Phase des irreparabel scheinenden Konfliktes zwischen meinem Vater und mir, wurden die Band und meine Freunde mir wichtiger denn je. Wir diskutierten oft miteinander, alberten herum.

Wirklich Freunde – ich erkannte es schmerzhaft – mit einem tiefen, verläßlichen Gefühl füreinander waren wir jedoch nicht. Vielleicht bedrückte es mich deshalb oftmals, von ihnen nicht spontan als der akzeptiert zu werden, der ich bin, sondern immer Überzeugungsarbeit leisten zu müssen. Das Bewußtsein, daß die anderen meinen Musikgeschmack nur selten teilten, weckte Befürchtungen in mir, sie könnten auch meine Art, Musik zu machen, ablehnen oder schlecht finden. Meine Vielschichtigkeit, sowohl Klassik als auch Jazz oder Techno oder Rock oder weiß der Himmel welche Musikrichtung zu mögen, stieß bei ihnen kaum auf ein Echo.

Gepaart mit meiner Gewohnheit, mich ständig unter Kontrolle haben zu müssen, entstand durch diese Angst eine Unsicherheit in mir, die sich dadurch äußerte, daß ich mich während des Spielens kaum jemals gehenlassen konnte. Ständig erwartete ich Kritik oder Ablehnung, und wenn ich einmal eine eigene Idee entwickelt hatte, die ich absolut gut fand, machte es mir enorme Schwierigkeiten, damit nach außen zu gehen und zu sagen: »He, Leute, probieren wir doch mal das oder das.« Zeitweilig beklemmte mich sogar der Gedanke, daß selbst Muckel nur deshalb mit mir Musik machte, weil er mein Freund war.

Heute erkenne ich, daß ich damals kaum mit meinem Leben zurechtkam. Ich wußte nicht, was ich wollte. Und wenn ich es wußte, kam ich auch nicht klar, weil ich mit meinem Willen uneins war. So wollte ich natürlich unbedingt in einer Band spielen. Aber ich war nicht zufrieden damit, in welcher Band ich spielte. Ich hatte das Gefühl, wir waren zu verschieden. Wir hatten nicht die gleichen Ansichten über Musik. Was mir wichtig erschien, ließ die anderen kalt. Als ich schließlich folgerichtig aus der Band ausgetreten bin, war ich auch damit nicht zufrieden.

Obwohl ich mittlerweile meine eigenen Erfahrungen besser verarbeitet habe und reifer geworden bin, quälen mich teilweise immer noch Hemmungen, irgendwelche abstrusen Ideen und seltsame Gedankengänge Freunden zu offenbaren, weil ich unterstelle, sie verstehen mich nicht. Nehmen wir nur die Gedankenspielerei, den englischen Linksverkehr mit der Emanzipation der Frau in Verbindung zu bringen, weil ja – laut Knigge – der Mann am Herzen der Frau geht und in England dies nur dann im Auto möglich ist, wenn entweder die Frau am Steuer sitzt oder die Frauen so emanzipiert waren, den Knigge selbstbewußt dahingehend zu verändern, daß nicht der Mann an ihrem Herzen, sondern sie selbst am Herzen des Mannes gehen. Beides wäre ein Akt der Emanzipation.

Natürlich ist mir klar, daß die wahre Ursache des Linksverkehrs vermutlich eine andere ist und die von mir konstruierte Verbindung höchstwahrscheinlich nicht existiert. Im Grunde interessiert mich die Tatsache nicht einmal. Verlockend ist für mich der Gedankengang selbst, dieses intellektuelle Bodybuilding, das ich mit meinem Vater so gern trainiert habe. Einen Anspruch auf absolute Wahrheit erhebe ich damit nicht. Daher kann ich amüsiertes Lachen als Reaktion ebenso amüsiert erwidern. Verletzend ist Spott. Dieses »Oh, Thomas, du bist ja so toll! Du hast ja so tolle Gedanken!« in einem Tonfall, der mir die Nackenhaare borstig aufstellt, ertrage ich nicht. Ich habe ihn zu oft gehört.

Auch rein körperlich drückten sich meine seelischen Blessuren aus. Ich bekam zusehends mehr Gewichtsprobleme. Eine Abmagerungskur, die ich versuchte, schlug fehl. Zwar nahm ich in sechs Wochen rund zehn Kilo ab, hatte sie aber in kürzester Zeit wieder auf den Rippen, nachdem ich nach Hause zurückgekommen war. Ich fühlte mich unattraktiv. Und die Tatsache, daß ich trotz einer schon verkrampft zu nennenden Suche einfach kein Mädchen fand, das mich mochte, steigerte meine Sympathie für mich selbst keineswegs.

Manchmal saß ich um Mitternacht mit einer Flasche Wein und einer Schachtel Zigaretten vor unserem Haus und philosophierte vor mich hin.

Immer schon mochte ich Nebel. Ich finde es faszinierend, nur noch die wichtigsten Dinge wahrzunehmen, mitten im Weiß zum Beispiel einen Baum. Der steht irgendwo an irgendwelchen Schienen, und die Schienen laufen ewig weiter, auch wenn alles andere ringsum schon längst verschwunden ist. Der Mond wirkt wie Flutlicht, das wahnsinnig hoch installiert wurde. Und plötzlich kommt einem aus dem zum Mond aufsteigenden Nebel das Mädchen seiner Träume entgegen. In einem dünnen Nachthemd, das in der Feuchtigkeit der Luft den Körper kaum verhüllt, mit ausgebreiteten Armen, barfuß laufend, das Haar wallend hinter dem Kopf. Und kein Ton; diese seltsame Akustik, die es nur im Nebel gibt.

Doch irgendwann hebt jeder Nebel sich, und mit Traummädchen allein ist es nicht getan.

Eines Tages, mitten im Sonnenschein, traf ich tatsächlich eines, leibhaftig, lebendig, zum Anfassen nah. Es war im Frühjahr. Es wurde gerade wieder warm, und ich war nach München gefahren, um mir eine leichte Jacke zu kaufen. Ich entschloß mich für eine weinrot und grau gebatikte Militärjacke, kaufte mir »Naked Lunch« von William S. Burroughs und setzte mich am Marienplatz in die Sonne, um etwas zu lesen. So ganz zufällig war ich nicht vorbeigekommen. Vielmehr war mir schon vor einigen Tagen ein Mädchen aufgefallen, das zu den Kids gehörte, die ständig auf dem Marienplatz herumlungerten und jeden Passanten um eine Mark anschnorrten.

Ich hatte keine Erfahrung mit Mädchen. Die Buchstaben tanzten vor meinen Augen. Mein Verstand nahm nichts auf. Ich wartete. Als sie auf mich zukam, schlug mir das Herz wie ein Trommelwirbel. Dunkler Teint, braune Augen, klein, aber gut proportioniert; mit einem bezaubernden Lächeln fragte sie: »Darf ich mich zu dir setzen?«

Ich versuchte, die Ruhe zu bewahren, sagte ganz cool: »Na klar!«

Tatsächlich, sie setzte sich neben mich und hielt nicht einmal Abstand. Wir redeten ziemlich viel, doch ich war so aufgeregt, daß ich nicht recht verstand, was sie sagte. Es war auch nebensächlich, was es war. Entscheidend war, daß sie etwas sagte, und zwar zu mir, zu keinem anderen als mir, Thomas Forster. Ich liebte sie. Schon in diesem Moment wußte ich es ganz genau.

Wie benebelt ließ ich mich zu ihrer Clique bringen, einer Gruppe von Punks, die meisten zwischen vierzehn und sechzehn. Fast alle waren freundlich. Trotzdem wurde ich den Eindruck nicht los, daß sie innerlich hohl waren.

Dummerweise hatte ich einen Termin mit einem Schlagzeuger vereinbart, der wie ich eine neue Band suchte. Doch jetzt war ich gar nicht mehr auf der Suche nach einer Band. Ich hatte ein Mädchen gefunden! Ich war wunschlos glücklich. Ich wollte nicht wegfahren, aber ich konnte nicht länger bleiben.

»Macht nichts«, meinte Sabine. »Ich möchte heute nacht sowieso gern bei einem Freund schlafen. Kannst ja mal wiederkommen.«

Es tat mir weh, daß sie nicht traurig war, als ich ging. So etwas wie Eifersucht auf den Freund brodelte in mir. Aber ich beruhigte mich schnell. Wir kannten uns ja noch kaum. Wenn wir uns erst nähergekommen wären, würde sie den anderen Typen schon vergessen.

Am nächsten Morgen ging ich gutgelaunt in die Schule. Doch dort war alles beim Alten: nervige Lehrer, verständnislose Mitschüler, ekelhaft aufgestylte Mädchen. Hier hielt mich nichts. Gleich nach der letzten Unterrichtsstunde war ich unterwegs zum Marienplatz.

Sabine war dort. Sie stand nicht auf, um mich zu begrüßen. Ich dachte mir nichts dabei. Ich wußte, daß ich sie liebte. Es war nur wichtig, daß sie da war.

Wir zogen alle in den Marienhof, einen kleinen Park hinter dem Rathaus, lagen in der Sonne, alberten. Sabines Freunde erschienen mir nett. Die meisten waren – wie Sabine auch – jünger als ich. Trotzdem fühlte ich mich ihnen nicht überlegen. Im Gegenteil, ich schaute zu ihnen auf, denn sie führten ein von weltlichen Zwängen unabhängiges Leben. Sie hatten so viel mehr Erfahrungen als ich! So verstand ich mich mit allen recht gut und hatte das Gefühl, daß auch sie mich gern mochten. Ich grübelte: war hier, bei den Außenseitern der Gesellschaft, mein inneres Zuhause? Gehörte ich nicht eher zu ihnen als zu den Angepaßten, die keine anderen Sorgen hatten als die Bequemlichkeit und materielle Sicherheit ihres Lebens?

Einer von Sabines Freunden fiel mir besonders auf, weil er prahlte, er sei Medizinstudent und rauche Zigaretten mit achtzig Milligramm Teer. Sabine warnte mich später, er sei ein notorischer Lügner. Doch er erzählte mir auch einiges über sie. Sie sei manisch-depressiv, habe ein stark gestörtes Verhältnis zu ihren Eltern und gehe mit jedem ins Bett. Der letzte Punkt störte mich am wenigsten, machte er mir doch Hoffnungen, daß sie es vielleicht auch mit mir tun würde. Die anderen Punkte glaubte ich nicht.

Am Abend dieses Tages begann es, stark zu regnen, und Sabine verfiel in die erste Depression, die ich miterlebte. Sie setzte sich mitten in den strömenden Regen und weigerte sich, wieder unter ein schützendes Dach zurückzukehren. »Laßt mich in Ruhe!« rief sie. »Es ist doch sowieso allen egal, wie es mir geht!«

Einer ihrer Freunde meinte, es hätte keinen Sinn, zu ihr zu gehen, denn sie alle hätten es schon probiert, doch keinem von ihnen sei es gelungen, Sabine ins Trockene zu bringen.

Idioten! dachte ich. Jetzt beweise ich euch, daß sie sich etwas aus mir macht. Es war ein Zwang, zu ihr gehen zu müssen. Ich lief los. Noch bevor ich den Stuhl erreichte, auf dem Sabine saß, war ich bis aufs Hemd durchnäßt. Es machte mir nichts aus. Für Sabine hätte ich weit mehr in Kauf genommen. »Okay«, sagte ich, »jetzt können wir beide einfach hier sitzen bleiben und den Regen genießen. Nur wir zwei.«

Da Sabine durch Kopfschütteln quasi nicht geantwortet hatte, setzte ich mich neben sie und sagte nichts mehr. Der Regen fiel in Schnüren. Ich merkte, wie Sabine mich anzuschauen begann, von der Seite, dann ins Gesicht. »Geh doch zurück unters Dach«, schlug sie vor. »Du wirst dich erkälten.«

»Aber nicht ohne dich!« gab ich zurück und meinte es ernst.

Sabine lachte. Sie legte die Arme um mich. »Komm!« Zusammen liefen wir unter ein Vordach zurück.

Einer ihrer Freunde fragte mich, ob Sabine diese Nacht nicht bei mir schlafen könne. »Es wird ihr sicher guttun, mal wieder in einem richtigen Haus und in einem vernünftigen Bett zu schlafen.«

Nach einigem Zögern nickte ich. »Wenn sie will!«

Heftig redeten alle auf Sabine ein. Schließlich gab sie nach. »Also gut, von mir aus.« Mir war heiß. Ich hatte noch nie mit einem Mädchen geschlafen. War es jetzt soweit?

Als wir zu Hause ankamen, bot ich Sabine ein leerstehendes Zimmer an und wollte schnell noch Bettzeug holen. Aber, oh je, ich hatte die Rechnung ohne meine Mutter gemacht. Sie durchlöcherte mich mit Fragen, wo ich das Mädel aufgegabelt hätte, was ich von ihr wisse, wie ich mir vorstelle, mit ihr in einem Zimmer schlafen zu wollen und so weiter und so fort. Anschließend hielt sie mir mindestens eine Viertelstunde lang einen Vortrag, daß sie mir auf keinen Fall erlaube, heute nacht noch einen Fuß über die Schwelle dieses Zimmers zu setzen. Womöglich würde ich mich mit Aids anstecken.

Meine Mutter hatte schon immer eine ungeheure Angst vor Aids. Wahrscheinlich nimmt sie an, daß wir es heute so treiben wie sie in ihrer Jugend. Aber für mich hatte dieser Spruch »Wer zweimal mit demselben pennt, gehört schon zum Establishment« noch niemals gegolten. Und für Kondome hatte ich sowieso gesorgt! Meine Mutter redete gegen eine Wand. Ich hatte eine Freundin. Ich war alt genug, um zu wissen, was ich will. Und ich ging zu ihr.

In dem Zimmer, das ich Sabine angeboten hatte, stand eine ausklappbare Couch, auf der wir bequem nebeneinanderliegen konnten. Bei diesem Nebeneinander blieb es auch. Ich glaube, wir waren beide zu müde, um an etwas anderes als an Schlaf zu denken.

Den nächsten Tag verbrachten wir im Bett. Ich wachte vor Sabine auf, doch ich blieb liegen und schaute sie mir nur an. Sie war wunderschön, und noch während sie schlief, schmiegte ich mich näher und näher an sie. Irgendwann merkte sie es und streichelte meinen Kopf. Dann kam der erste Zungenkuß meines Lebens, und er war wunderbar. Ich habe keine Ahnung, wie lange er dauerte, doch diese Momente gehören – auch rückblickend – zu den schönsten meines Lebens.

Wer erwartet, daß nun kam, was an diesem Punkt im Film immer kommen muß, der irrt. Sabine und ich hatten am Vorabend unsere Jeans nicht ausgezogen. Wir behielten sie auch den ganzen Tag im Bett an. Nur einmal verlor ich ein wenig die Beherrschung. Sabine war kurz eingenickt. Sanft begann ich, sie zu streicheln.

Doch sie erwachte sofort. »Laß das bitte!« sagte sie und schob meine Hand von ihrem Busen. »Ich dachte, zwischen uns wäre das anders!«

Ich war viel zu sehr in sie verliebt, um ihr widersprechen zu können. Zerknirscht entschuldigte ich mich bei ihr, und sie nahm mich in die Arme und verzieh mir.

Erst viel später fing ich an, mir Gedanken zu machen, was ich wohl für Sabine war. In diesem Moment war es unwichtig.

Am nächsten Tag waren wir wieder auf dem Marienplatz. Während der langen Straßenbahnfahrt versuchte ich, Sabine zu erzählen, daß ich noch nie mit einem Mädchen geschlafen hatte. Es enttäuschte mich, daß sie mir kaum zuzuhören schien. Fast gleichgültig erwähnte sie, daß sie vergewaltigt worden sei. So plakativ, wie sie darüber sprach, schien es mir wenig glaubwürdig. Doch ein Freund von ihr bestätigte mir später, daß es stimmte. Es nahm mich ungemein mit, was man ihr angetan hatte. Ich schwor mir selbst, Sabine nie mehr ungefragt zu nahe zu treten und ihre Gefühle immer ernst zu nehmen.

Meine Mutter fand sich mit dem Gedanken ab, daß ich eine Freundin aus der Obdachlosenszene hatte. Sie war nicht begeistert davon. Aber sie erlaubte schließlich doch, daß Sabine bei mir lebte und von ihr durchgefüttert wurde. So wurden aus der einen Nacht neben Sabine zwei volle Wochen. Sie wohnte bei mir, ging von uns aus zur Schule, lebte mit uns. Nachmittags fuhren wir täglich auf den Marienplatz.

Wieder einmal dachte ich also, ich sei verliebt, obwohl ich in Wirklichkeit wohl nur für einen Menschen ernsthaft wichtig sein und gebraucht werden wollte. Vielleicht hätten mich Sabines Stimmungsschwankungen vorwarnen sollen. Vielleicht hätte ich mein Herz besser schützen müssen. Statt dessen erfüllte ich ihr jeden Wunsch und nahm ohne Murren ihre Launen hin, selbst wenn es gefährlich wurde.

Einmal zum Beispiel hatte sie Lust, an einer Demonstration gegen eine Kundgebung der Neonazis teilzunehmen. Zunächst verlief alles friedlich. Doch dann traten die Neonazis unter Polizeischutz ab, und wir marschierten hinterher. Irgendwann riegelte die Polizei die Straße hinter ihnen ab. Notgedrungen blieben wir zurück. Wir sangen Protestlieder wie »Hoch die internationale Solidarität!« und skandierten: »Nazis verpißt euch! Keiner vermißt euch!«

Die Polizisten blieben ungerührt. Sie standen nur da in ihren schußsicheren Westen, mit Plastikbändern, die als Handschellen fungieren sollten, in der Tasche, und schauten uns zu.

Plötzlich tauchten einige Skinheads auf. Lautstark verlangten sie, zu ihren Neonazi-Freunden hinter der Straßensperre durchgelassen zu werden, doch die Polizisten ließen sie nicht passieren. Im Gedränge packte einer der Neonazis, der hinter der Absperrung stand, einen der Polizisten am Arm und versuchte, ihn wie eine Geisel zu sich herüberzuzerren.

Wir sahen dem entstehenden Handgemenge neugierig zu.

Warum sie durchdrehte, werde ich nie verstehen, doch auf einmal riß Sabine sich von uns in der Clique los, sprang einen der Polizisten von hinten an und klammerte sich wie eine Wildkatze an ihn. Sekunden später lag sie auf dem Boden und hielt mit schmerzverzerrtem Gesicht ihren Kopf. Ich rannte zu ihr, um ihr aufzuhelfen. Bestürzt nahmen die anderen aus der Clique uns in die Mitte.

Zusammen kehrten wir zum Marienplatz zurück.

Sabine fühlte sich nicht wohl. Sprach ich sie an, warum sie den Polizisten angegriffen habe, schwieg sie. Es machte mich ungeduldig. Schweigen und Geheimnisse hatte ich satt. Um Sabine zu zeigen, daß ich auch anders könne und nicht ständig nur Augen für sie haben müsse, widmete ich mich stärker einigen anderen aus ihrer Clique. Ich hatte mit Protest gerechnet, doch Sabine saß nur mit niedergeschlagenen Augen da und schwieg. Wut stieg in mir auf. Ich wandte mich ab.

Abends, es dunkelte schon, kam plötzlich ein Typ heran und setzte sich zu Sabine. Er hatte Nasenbluten und sah ziemlich mitgenommen aus. Während sie ihn tröstete, erzählte er, daß er von ein paar Neonazis zusammengeschlagen worden war, die ihn aus Augsburg kannten, wo er sich an einem Brandanschlag auf ein Neonazi-Lokal beteiligt hatte. Ehe sie ihn noch übler zurichten konnten, war er in ein Lokal geflüchtet. Von dort aus hatte er die Polizei angerufen und erzählt, daß er sich nicht mehr herauswage, weil ein Trupp Neonazis vor der Tür stehe. Daraufhin hatte die Polizei ihn abgeholt und zum Marienplatz begleitet.

Für mich war dies ein sicheres Argument, daß auch Polizisten Menschen und ganz in Ordnung sind, doch für die anderen änderte sich nichts. Für sie waren alle Polizisten Tiere. Ich konnte mir dieses Haß-Geschwätz nicht länger anhören und setzte mich ein paar Minuten abseits.

Lange hielt ich es jedoch im selbstgewählten Abseits nicht aus. Ich dachte nur an Sabine, die jetzt mit einem anderen Typen zusammensaß, der vielleicht interessanter für sie war als ich. Als ich zu ihnen trat, sah ich, daß sich das Blatt tatsächlich gewendet hatte. Jetzt tröstete nicht mehr Sabine ihren Kumpel, sondern er sie. Und wie!

Irgendwann fuhren wir beide dann doch zu mir nach Hause. In der S-Bahn versuchte ich, Sabine zu küssen, doch kaum berührte ich ihre Schulter, wandte sie sich mit schmerzverzerrtem Gesicht von mir ab. Zutiefst verletzt schwieg ich die restliche Fahrt. Gleichzeitig warf ich mir vor, Sabines Verhalten selbst provoziert zu haben. Ich hatte mir doch geschworen, sie nicht mehr mit meinen Zärtlichkeiten zu bedrängen und Rücksicht auf ihre Gefühle zu nehmen. Mit meiner Ungeduld hatte ich alles kaputt gemacht. Wie sehr hoffte ich auf ein Zeichen der Versöhnung! Doch auch Sabine schwieg sich aus.

Sabine hatte über Nacht starke Kopfschmerzen bekommen. Ich machte mir Sorgen. Die Vermutung lag nahe, daß der gestrige Sturz eine Gehirnerschütterung nach sich gezogen hatte. Doch zu Hause zu bleiben und ihre Clique ausnahmsweise einmal nicht zu besuchen, war für Sabine kein Diskussionspunkt. Wie jeden Tag fuhren wir also auf den Marienplatz.

Die Clique war vollzählig dort. Als hätte sie ausschließlich bei ihren Leuten Schutz und Sicherheit genug, um sich unbesorgt gehenlassen zu können, brach Sabine zusammen. Sie lag nur noch im Schatten eines Baumes auf dem Marienhof und stöhnte vor Schmerzen vor sich hin.

Anfangs versuchte ich, mich um sie zu kümmern und ihr zu helfen. Doch sie reagierte nicht oder schüttelte immer nur schwach, aber entschieden den Kopf, wenn ich sie fragte, ob ich bei ihr sitzen bleiben sollte, ihr etwas bringen, ihr etwas erzählen, ihr einfach still Gesellschaft leisten, ihr Tabletten besorgen, sie trösten dürfe. Nichts, sie lehnte alles ab. Ich schien der überflüssigste Mensch der Welt zu sein.

In meine Hilflosigkeit und Angst um das Mädel, das ich liebte, mischte sich Trotz. Warum sollte ich mir von ihr den ganzen Tag verderben lassen, wenn sie doch bloß tat, als wäre ich Luft für sie? Wenn ich ginge, würde sie schon wissen, was sie an mir hatte. Also ging ich und ließ Sabine einfach liegen. Im Endeffekt war mein Kraftakt jedoch nur frommer Selbstbetrug. Ich verdarb nicht Sabine den Tag, indem ich ging, sondern mir, denn egal, wohin ich ging und was ich tat – ich dachte immerzu nur an sie.

Als ich abends zur gewohnten Heimfahrzeit wieder in den Marienhof zurückkam, hatte Sabine neue Helfer und Verehrer neben sich. Einer von ihnen war Engländer oder Amerikaner, der andere war der mit der blutigen Nase vom Demo-Tag. »Können wir die beiden nicht mitnehmen?« bat Sabine und lächelte mich an, daß ich schmolz wie ein Schneemann in der Sonne.

»Na, klar!« sagte ich und freute mich, ihr zu gefallen.

Zu Hause angekommen, legte Sabine sich wegen ihrer Kopfschmerzen sofort in unser Bett. Ich verstand gut, daß sie schlafen wollte, und war überzeugt, die Ruhe würde ihr guttun. Als ich mich noch von ihr abwandte und die anderen bat, leise zu sein, warf sich der Typ mit der blutigen Nase ohne Zögern oder langes Fragen mit der Bemerkung zu ihr, er sei auch total kaputt und habe keinen Bock mehr auf Gelaber. Er wolle schlafen.

Der liebe Thomas, rücksichtsvoll wie immer, protestierte nicht. Obwohl es mir absolut nicht paßte, diesen Typen neben meinem Mädel in meinem Bett liegen zu sehen, bemühte ich mich, mir nichts anmerken zu lassen. Statt dessen setzte ich mich mit dem Engländer zusammen und quatschte mit ihm.

Wir waren so in unser Gespräch vertieft, daß wir Sabine und den Typen in meinem Bett völlig vergessen hatten. Ganz plötzlich zuckte ich zusammen. Irgend etwas war passiert. Meine Ohren schienen sich am Kopf zu drehen, um die höchst merkwürdigen rhythmischen Laute als aus Richtung Bett kommend zu lokalisieren, dem Gehirn zu melden und als das zu identifizieren, was sie waren: Laute der Lust.

Ungläubig, entsetzt, fassungslos – in einem Chaos der Gefühle wandte ich mich um. Es stimmte. Ich hatte richtig gehört. Mein Mädel, an dessen Seite ich vor lauter Rücksichtnahme vierzehn Tage und Nächte zölibatär wie ein Mönch zugebracht hatte und dem ich allenfalls ein keusches Küßchen abzugewinnen wagte, mein Mädel, das so extrem unter den schrecklichen Erfahrungen einer Vergewaltigung litt, daß sie manisch-depressiv geworden war – dieses Mädel trieb es mit irgendeinem dahergelaufenen Typen in meinem Zimmer, unter meiner Decke, in meinem Bett und schien es zu genießen.

Am nächsten Tag verschwand Sabine aus meinem Leben. Wahrscheinlich zog sie mit der Clique und mit ihrem neuen Lover los, irgendwohin, nirgendwohin, fort in eine andere Stadt, die einen Platz zum Leute-Anschnorren in der City wie den Marienplatz und eine überdachte Halle zum Schutz gegen Wind und Wetter wie die Feldherrenhalle und einen lauschigen Park zum Sonnenbaden wie den Marienhof hat.

Die Leere, die Sabine in mir hinterließ, war schwärzeste Finsternis. Der Gedanke an sie und der Anblick unserer Bettcouch verursachten mir Übelkeit und Herzweh zugleich. Ich hatte sie geliebt. Ich hatte etwas Besonderes in ihr und unserer Beziehung gesehen. Treue ist für mich etwas Geistiges, nichts Körperliches. Der sexuelle Kontakt ist Nebensache. Doch ich hatte mich getäuscht. Zwischen Sabine und mir gab es keine Seelenverwandtschaft, keine über den Dingen des Alltags schwebende Liebe, keine Treue im Geist. Sabine liebte mich nicht. Sie war nicht nur körperlich, sondern auch im Geist eine Hure, schön wie die Zigeunerin Esmeralda aus Hugos »*Der Glöckner von Notre-Dame*« und genau wie diese verliebt in den falschen Mann. Und ich, was war ich für sie? Quasimodo, der Glöckner? Der Häßliche mit dem schönen Geist, der Esmeralda das Leben rettete und mit dem seinen dafür bezahlte?

Oder hatte doch auch sie mich geliebt? Hatte es nur deshalb zwischen uns keinen Sex gegeben, weil Sex aufgrund ihrer schwer verkraftbaren Erfahrungen für sie nur mit negativen Gefühlen besetzt war? War No-Sex das unvergleichlich Wertvollere für sie, die echte Liebe? Hatte sie mir deswegen so vorwurfsvoll gesagt, sie habe gemeint, zwischen uns sei es anders? Anders, weil No-Sex?

Wenn es so war, wann hatte ich die entscheidende Botschaft nicht verstanden? Wann hatte sie mich aufgegeben? Als ich sie auf dem Marienhof liegenließ und verschwunden war? Oder auf dem Heimweg in der S-Bahn, als ich trotz ihrer zärtlichen Mahnung nach der ersten Nacht erneut die Beherrschung verlor und einen Kuß von ihr wollte? Hatte sie da endgültig begriffen, daß ich war wie alle anderen und sie nie verstehen würde? Daß sie nie bei mir zu Hause sein konnte, weil Sex für mich immer etwas Schönes und daher unverzichtbar, für sie aber etwas Zerstörtes, nie wieder zu Heilendes, und daher mit Ekel und Schmutz besetzt ist? Hatte sie diesen Typen nur an sich herangelassen, weil ihr jetzt sowieso alles egal war?

Oder hatte sie befürchtet, von jenem Polizisten, den sie angegriffen hatte, bei der nächsten Razzia wiedererkannt und in irgendein Heim verfrachtet zu werden? War ihr in den Stunden meiner Abwesenheit klargeworden, daß ihr altes Leben sie eingeholt hatte und sie wieder einmal ausreißen mußte? Mich verlassen mußte und nie wiedersehen würde? Daß sie keine Chance auf ein anderes, heiles Leben hatte? Keine Chance auf ein Leben mit mir? Hatte sie diesen Typen letztendlich an sich herangelassen, weil ein Mädchen allein auf der Straße Freiwild für alle ist und sie als Obdachlose »auf Trebe« einen Beschützer brauchte, um überleben zu können?

Und hatte sie mit diesem Typen in unserem gemeinsamen Bett und vor meinen Augen das getan, was ich so gern mit ihr getan hätte, weil sie erstens mit ihm Sex machen mußte, wenn er ihr Macker sein sollte, und zweitens, um mir die Liebe zu ihr quasi auszubrennen? Sollte ich im Bösen an sie denken, damit ich nicht um sie trauerte? War das, was mir so weh tat, ihr letzter Liebesbeweis für mich?

Ich wußte nicht, was ich denken, was ich fühlen sollte. Nur soviel war klar: ganz gleich, wie facettenreich die Wahrheit ist, ich nahm sie aus dem Blickwinkel dessen wahr, der wieder einmal die Erfahrung gemacht hatte, selbst ohne Ansehen der Person grenzenlos zu lieben und zu vertrauen und doch verworfen zu werden. Wie ein Fakir lag ich auf dem Nagelbrett meiner unverarbeiteten Wahrnehmungen. Nur ein äußerliches Verhärten und der mentale Rückzug in mein Innerstes verdrängten diesen Schmerz.

Während der Tage mit Sabine hatte ich für nichts und niemanden als nur für sie Antennen gehabt. Jetzt merkte ich, daß sich die Atmosphäre zwischen meinen Eltern gewandelt hatte. Die räumliche Trennung hatte ihnen gutgetan. Sie begannen, sich wieder besser zu verstehen. Vielleicht, weil der Schmerz um Sabine noch so frisch war, empfand ich mit, wieviel meinen Eltern die Wiederbelebung ihrer Liebe bedeutete. Ich freute mich daran. Auch ich selbst hegte ja seit einiger Zeit die vage Hoffnung, mich wieder besser mit meinem Vater verstehen zu können. Es würde nie die Vater-Sohn-Beziehung sein, nach der ich mich so verzweifelt gesehnt hatte. Aber vielleicht gelänge es uns, an die freundschaftliche onkelähnliche Beziehung meiner Kindertage anzuknüpfen. Wenn ich es schaffen könnte, innerlich distanziert genug zu bleiben, sah ich eine Chance. Trotzdem rechnete ich nicht im entferntesten mit der Wendung, die die Dinge nahmen.

Eines Abends Anfang 1994, als mein Bruder, meine Schwester und ich gemeinsam mit ihr am Abendbrottisch saßen, rückte meine Mutter damit heraus. Wie immer hatte sie sich zum Sprachrohr meines Vaters bestimmen lassen und die Rolle der Überbringerin der Botschaft und das Terrainsondieren übernommen. »Hört mal«, fing sie an und drehte an ihren Locken herum. »Ich möchte gern, daß der Anselm wieder bei uns einzieht. Wie steht ihr beide denn dazu?«

Ein Schlag mit dem Hammer vom *Hau den Lukas* vom Oktoberfest auf der Wies'n hätte mich nicht niederschmetternder treffen können. Ich rang nach Worten. Merkte meine Mutter denn nicht, was sie da von mir verlangte? Begriff sie nicht, welch hohe psychische Kraft ich hatte aufwenden müssen, um mich innerlich so weit von meinem Vater abzulösen, daß ich für ihn gewissermaßen neutral empfinden konnte und kein Vatersein mehr von ihm erwartete? Nahm sie nicht wahr, daß ich diese Ablösung einzig deshalb, mehr schlecht als recht, hatte vollziehen können, weil mein Vater aus unserem Haus ausgezogen war? Und spürte sie nicht, daß ich keine Kraftreserven für einen Neustart hatte?

Ich sah, wie erwartungsvoll sie mich anschaute. Es war ihr ernst. Sie wollte wirklich wieder mit meinem Vater zusammenleben.

Ich schüttelte den Kopf. »Ohne mich!« Eindeutig stellte ich klar. »Wenn er wieder einzieht, ziehe ich aus.«

»Ich auch!« zog meine Schwester mit der ihr eigenen Unbeirrbarkeit nach.

»Und ich ziehe zu meinem Vater«, sagte mein Bruder.

Meine Mutter saß sehr still da. Ganz sicher liefen ihre Gedanken und Gefühle kreuz und quer.

Wenn ich heute wüßte, mein Vater zieht wieder bei uns ein, würde ich meine Tür zunageln, mir eine eigene Küche einrichten und so unabhängig zu leben versuchen wie in jeder Mietwohnung auch. Unter allen Umstände würde ich vermeiden, mit meinem Vater zusammenzuleben, und auch möglichst selten Kontakt zu ihm aufnehmen. Heute würde ich es schaffen, diese Distanz zu wahren. Damals schaffte ich es nicht.

Es fällt mir schwer zu begünden, warum dies so ist. Ganz sicher ist einer der entscheidenden Gründe eine durch entsprechende Erfahrungen erworbene, tief in mir verwurzelte, bedrückende Ängste auslösende negative Erwartungshaltung gegenüber meinem Vater. Wird eine klare räumliche Distanz zwischen uns eingehalten, muß ich diese Ängste nicht haben. Leben wir jedoch auf engstem Raum miteinander, werden sie zerstörerisch.

Ich denke hier nicht an körperliche Angst. Befürchtungen, abermals in einer Schlägerei mit meinem Vater aneinanderzugeraten, habe ich nicht. Nein, es ist die Angst, ihn wieder mit diesem gequälten Gesichtsausdruck vor mir stehen zu sehen, wenn irgend etwas von ihm gefordert wird. Wenn er uns irgendwo hinfahren muß, zum Beispiel, oder wenn er uns Taschengeld auszahlen soll, wenn er eine Dachlatte befestigen muß. Dieser unterwürfige und zugleich vorwurfsvolle Blick! Er schaut dich an und du liest seine Gedanken, weißt, daß er dich in Wirklichkeit dahin wünscht, wo der Pfeffer wächst, aber nicht aufzubegehren wagt, sondern sich gottergeben in sein Schicksal fügt. Dieses unausgesprochene »Ich kann ja nicht anders!« Dieser ständige Gang nach Canossa!

Ganz gleich, was ich von meinem Vater wollte, ja selbst dann, wenn ich nichts von ihm, sondern nur einmal ohne ihn sein wollte – stets schnürte mir sein stummer Vorwurf die Luft zum Atmen ab. Es demoralisierte mich bis zum Nervenzittern und verursachte mir ein so schlechtes Gewissen, als müßte ich tatsächlich um Verzeihung bitten, daß ich lebe.

Ich weiß nicht mehr, wieviel Zeit verging, bis meine Mutter ihre Entscheidung traf, doch letztlich entschied sie sich für uns. Mit anderen Worten, mein Vater zog nicht wieder bei uns ein. Er behielt seine eigene Wohnung, in der er mittlerweile wieder ungefähr so lebte wie im Kloster auch, wenn man von seinem Selbstbestimmungsrecht absieht, und meine Mutter kam ihn besuchen, wenn ihnen beiden danach war, zusammenzusein.

Die Erfahrungen mit Sabine, der Schock hinsichtlich der Wiedervereinigung unserer Familie – ich verlor völlig den Boden unter den Füßen. Ich war schon vorher nicht mehr gut in der Schule gewesen. Jetzt wurde ich schlecht. Ich konnte mich überhaupt nicht mehr auf den Unterricht konzentrieren. Immer öfter fehlte ich. Ich blieb einfach zu Hause im Bett liegen. Verwarnungen, Strafarbeiten, Nachsitzen – keine schulische Disziplinarmaßnahme fruchtete. Der Direktor schickte meiner Mutter seine allseits beliebten blauen Briefe. Sie steigerten sich von freundlich mahnenden Worten bis zu ärgerlichem Verständnis für mich als hormongeplagten Pubertierenden, führten dazu, daß mir für jede Fehlzeit eine Attestpflicht aufgebürdet wurde, und endeten mit scharfen Ankündigungen ernster Konsequenzen wie Schulverweise auf Zeit oder auch absolut.

Meine Mutter war ratlos. Ich ging abends um neun Uhr ins Bett und wurde in der Früh um sieben nicht wach. Gut, daß man dann noch müde ist und die Lider kaum offenhalten kann, ist normal. Doch meine Mutter rüttelte mich und versuchte energisch, mich zu wecken, doch ich kam trotzdem kaum aus dem Bett. Ich schien selbst im Stehen zu schlafen. Schaffte ich es, in die Schule zu fahren, schlief ich meist im Unterricht wieder ein.

Es war schon früher vorgekommen, daß ich mal zwölf Stunden durchschlief. In den Ferien zum Beispiel, wenn ich nachts nicht ins Bett gefunden hatte, weil irgend etwas viel wichtiger war als Schlafen, oder nach einer Fete. Aber jetzt? Ich schlief zeitweilig über vierundzwanzig Stunden oder ganze Wochenenden durch. Es war hoffnungslos, dagegen ankämpfen zu wollen.

Irgendwann gab ich es auf. »Scheiß drauf!« sagte ich. »Die ganze Schule geht mir sowieso am Arsch vorbei. Ich mache jetzt, was ich will, und das ist schlafen!«

Meine Mutter sah es ein. Diese Müdigkeit war keine Show. Ich war offensichtlich aus irgendeinem Grunde so schlafsüchtig, daß ich nicht anders konnte als meine Gegenwart und Zukunft dafür aufs Spiel zu setzen. Ungefähr in diesem Wortlaut schrieb sie es auch meinem Direktor, worauf sie einen Antwortbrief von ihm erhielt, in dem er gänzliches Unverständnis äußerte. »Ein Junge in seinem Alter muß einfach herauskommen aus dem Bett!« Wir hatten es schwarz auf weiß.

Trotzdem klappte es nicht. Als drei Wochen vor der Zeugnisausgabe klar war, daß ich das Klassenziel nicht erreicht hatte, blieb ich vollends zu Hause und fuhr nur noch einmal zur Schule, um das Zeugnis abzuholen. Sitzengeblieben zu sein war mir nicht völlig gleichgültig, aber ich nahm es nur wie durch Watte wahr.

»Am besten, du gehst vom Gymnasium ab«, schlug meine Mutter vor. »Es ist ja keine Schande. Am besten, du gehst auf die Sozialpädagogische Fachoberschule, an der die Kernfächer anders liegen, und machst dort weiter.«

Ich hätte fast gelacht. Als Kind hatte ich Detektiv werden wollen, um meinen Vater besser suchen und finden und aus der Gefangenschaft in Rom befreien zu können. Später hatte ich davon geträumt, Musiker zu werden oder Regisseur oder Dichter oder Drehbuchautor. Oder alles zusammen. Als ich Sabine kennenlernte, hatte ich meine Bestimmung darin gesehen, Menschen zu retten. Wäre der Zölibat nicht gewesen, hätte ich mir vorstellen können, Priester zu sein. Jetzt sollte ich also Sozialpädagoge werden. Thomas mit dem Helfersyndrom? Wie war das doch noch mit dem Samariter, zu dem ich mich nicht berufen fühlte?

Vielleicht hätte ich protestiert, wäre ich weniger müde gewesen.

»Ja, ja«, sagte ich lasch, »das paßt schon. Ich gehe dann schon auf die ›*Sozialfos*‹. Melde mich halt um.«

Weit wichtiger war mir jedoch mein Bett.

Um an der Sozialpädagogischen Fachoberschule angenommen zu werden, benötigte ich ein Gesundheitszeugnis. Für mich war es eher eine Routinesache, zu unserem Hausarzt zu gehen. Es war klar, daß ich keine ansteckenden Krankheiten hatte und das Gesundheitszeugnis bekommen würde. Urinproben, Blutabnahme, ein bißchen Abklopfen, Abhorchen – schon konnte ich wieder gehen.

Auch meine Mutter nahm die Untersuchung nicht sonderlich ernst. »Untersuchen Sie halt ein bißchen«, meinte sie. Wir lachten.

Unser Hausarzt erklärte später, er habe mir auf den ersten Blick angesehen, daß ich krank war. Er fragte nach Allergien, Asthma, ließ einen *Tine-Test* machen. Nichts. Schließlich fiel ihm ein leises Nebengeräusch in meiner Lunge auf.

»Du, Thomas, da hör ich was!« meinte er. »Vielleicht ist es ja doch etwas mit Asthma. Ich schreibe dir eine Überweisung zum Lungenarzt. Der schaut sich das genauer an. Vielleicht gibt es ja einen Zusammenhang mit dieser Müdigkeit. Ich glaube es zwar nicht, aber sicher ist sicher.«

Ich stöhnte innerlich vor Überdruß. Als ob die blöde Müdigkeit etwas zu bedeuten hätte! Ich war schon immer ein Typ, der gern schläft. Ich und zu spät, das war normal. Jetzt war es eben mal ziemlich extrem, weil ich keine Lust hatte, mich zusammenzureißen. Und die Lunge, was er da hörte? Was sollte es schon groß sein? Ich hatte seit Monaten einen ziemlich trockenen Husten. Na und? Schließlich rauchte ich, und das nicht zu knapp. Hatte ich eben einen Raucherhusten. Deswegen gleich zum Lungenarzt überwiesen zu werden, hielt ich für reichlich übertrieben.

»Ich kann dir das Gesundheitszeugnis nicht ausstellen, wenn ich etwas auf der Lunge höre und nicht weiß, was es ist«, sagte unser Hausarzt, der mein Zögern bemerkte.

Das Gesundheitszeugnis brauchte ich. Ich hatte keine andere Wahl.

Meine Mutter hatte draußen im Wartezimmer gelesen, bis ich fertig war. Als ich mit dem Überweisungsschein aus dem Behandlungszimmer kam, wurde sie blaß.

»Was ist es?«

Ich sagte achselzuckend, es sei nichts Besonderes. Ich müsse bloß mal zu einem Lungenarzt und könne dort ja gelegentlich vorbeischauen.

»Nein«, meinte sie,« da gehst du am besten gleich. Dann hast du es hinter dir.«

Wenn meine Mutter sich etwas in den Kopf gesetzt hat, ist es zwecklos, zu protestieren. Ich bemühte mich also rasch um einen Termin, so daß ich kurze Zeit später schon bei einem Lungenarzt in der Praxis saß.

Zuerst ließen sie mich einen einfachen Lungentest machen. Er war komplett in Ordnung. »Der Test ist sehr gut«, meinte die Arzthelferin. »Treiben Sie viel Sport?«

Ich und Sport? Ich grinste. »Nee, aber ich rauche viel!«

»Dann machen wir noch einen zweiten Test mit Belastung«, sagte die Arzthelferin mit konsterniertem Gesicht.

Diesmal mußte ich dreimal das Treppenhaus hinauf und wieder hinunter laufen.

Unmittelbar danach wieder der Test. Alles okay.

»Sie sind wirklich gut drauf!« staunte die Arzthelferin. »Warten Sie, Sie müssen noch zum Röntgen. Eine Routinesache. Sie werden aufgerufen.«

Ein paar Minuten später wurde ich geröntgt. Erneut sollte ich im Wartezimmer Platz nehmen. Als ich ins Arztzimmer aufgerufen wurde, um meine Diagnose zu hören, war ich völlig locker. Der Arzt war es nicht. Er hatte das Rötgenbild aus der Mappe gezogen, hielt es ins Licht und starrte und starrte.

»Das ist ja der Hammer!« brach es plötzlich aus ihm heraus. »Das ist ja unglaublich! Neunundzwanzig Jahre arbeite ich als Lungenfacharzt, aber so einen großen Tumor habe ich bei einem so jungen Kerl wie Ihnen noch nie gesehen! Sie sollten sich keine Langspielplatte mehr kaufen!«

Ich stand wie neben mir und sah mir zu, wie die Farbe aus meinem Gesicht entwich. Ein kalter Schauer lief über meinen Rücken, während es in mir dachte: So, okay, das war's. Ich spürte, daß ich meine Schuhe gar nicht mehr anzuziehen brauchte, weil ich gleich sterben würde.

Im nachhinein könnte ich diesen Arzt für seine Reaktion noch heute erschießen. Anstatt daß er mich beruhigt hätte, mir knallhart so etwas wie »Du bist tot!« ins Gesicht zu schleudern! Gut, vielleicht war er selbst so überrascht von dem, was er auf dem Röntgenbild erkannte. Ein so riesiger Lungenkrebs in meinem Alter kam einer medizinischen Sensation gleich. Vielleicht hatte er sich einfach nicht in der Gewalt. Dennoch, es ist unverzeihlich.

Ich wurde nun erst einmal ins Wartezimmer zurückgeschickt. Der Herr Doktor müsse eine Mitteilung an seinen Kollegen, einen Computertomographie-Spezialisten, schreiben, zu dem ich mich sofort begeben müsse.

Nett! dachte ich sarkastisch und merkte, wie ich allmählich wieder in mir selbst ankam.

Nach fünf schier endlosen Minuten wurde ich wieder zur Audienz bestellt, erhielt einen verschlossenen Umschlag mit meinen Röntgenbildern und dem bewußten Briefchen ausgehändigt sowie eine Wegbeschreibung. Der Spezialist sei ganz leicht zu finden, nur eine U-Bahn-Station weiter, schon sei ich da.

Ich war noch immer wie in Trance. Noch nie im Leben hatte ich an Selbstmord gedacht. In diesem Moment, als ich vor der Praxistür des Lungenarztes stand und aus dem Hochhausfenster in die Tiefe starrte, überkam mich die

Versuchung zum ersten Mal. Wenn ich mich aus dem Fenster werfen würde … Es war ein ekelhafter, ensetzlicher Gedanke! Zum zweiten Mal stürmte er auf mich ein, als ich die Treppen zum U-Bahn-Schacht hinunterstieg und die U-Bahn vorbeizischen sah. Vor meinem inneren Auge sah ich mich davorfallen und von den Rädern erfaßt werden. Aus. Kein Krebs, keine Qual. Nichts mehr.

Aber ich konnte es nicht. Mit dieser Tüte in der Hand, die wie Plutonium zu strahlen schien, stieg ich in die U-Bahn ein, stieg an der richtigen Haltestelle aus, stieg die Treppen zu dem nächsten Spezialisten hinauf und funktionierte mit derselben zur Schau getragenen Gelassenheit, die ich mein Leben lang geübt hatte, und fühlte doch, wie ich hinter meinem Pokerface in Puzzleteile zersplitterte.

Der Computertomographie-Spezialist erwartete mich schon. Nach der Untersuchung in einem Ring-Computertomograph teilte er mir mit, daß die zwölf Zentimeter große, deutlich unterhalb des Schlüsselbeins zwischen den Lungenflügeln sichtbare Geschwulst mit ziemlicher Sicherheit kein Lungenkrebs sei.

Möglicherweise handle es sich um eine Verwachsung des Lungengewebes, die als solche völlig ungefährlich sei. Um genauere Aussagen machen zu können, müsse ich seine CT-Aufnahmen dem Lungenspezialisten überbringen, der mich zu ihm geschickt hatte, und dessen weitere Diagnose abwarten.

Ich kann nicht behaupten, daß mir Felsbrocken von der Seele fielen. Eher war es so, als befinde man sich in einem schwarzen Tunnel und entdecke irgendwo in der Dunkelheit einen feinen Lichtschimmer. »Ja, so«, sagte ich, »okay, dann gibt es also zumindest noch eine Möglichkeit, daß ich noch länger als zehn Sekunden lebe.«

Der Computertomographie-Spezialist maß mich verwundert mit fragenden Blicken.

Ich versuchte zu spötteln. »Ihr Kollege hatte gemeint, ich solle mir besser keine LP mehr kaufen.«

»Blödsinn!«

Mit dieser Antwort konnte ich leben.

Immer noch zutiefst verstört, aber doch ein wenig zuversichtlicher fuhr ich mit den Diagnoseunterlagen in die Praxis des Lungenspezialisten zurück. Der CT-Arzt hatte mir gesagt, es sei eilig, ich solle den Umschlag mit den Papieren persönlich überbringen. Doch der Lungenarzt hatte keine Zeit.

»Nehmen Sie im Wartezimmer Platz!« forderte mich die Sprechstundenhilfe mit stereotyper Freundlichkeit auf. »Sie werden aufgerufen.«

Dieses Prozedere kannte ich schon. Ich wartete und wartete. Die Zeiger der Uhr im Wartezimmer rückten schleichend langsam vor. Eine Stunde, die zweite verging. Ich solle mir keine Langspielplatte mehr kaufen, hatte der Arzt mir geraten. Was glaubte er, wie lang eine Langspielplatte lief? Lang genug, um Zeit zu verschwenden, indem er mich sinnlos Wartezimmerstühle drücken ließ?

Andere Patienten wurden aufgerufen, zogen mit ihren Rezepten ab. Um mich hatte sich niemand gekümmert. Stillschweigend legte ich meine Unterlagen auf den Tisch im Wartezimmer und ging. Niemand hielt mich auf.

In diesen Tagen wohnte ich bei meiner Großmutter. Von ihrem Haus aus waren es nur wenige Minuten Fußweg bis zu einer Gebäudereinigungsfirma, bei der ich einen Job als Fensterputzer angenommen hatte, um mir in den Ferien etwas Geld zu verdienen. Nichts lag näher, als die nächste Bahn zu nehmen, nach Hause zu fahren und mit meiner Mutter zu sprechen. Aber was sollte ich ihr sagen?

»Mama, ich hab Krebs, ich soll mir keine LP mehr kaufen.«

Und dann? Wie würde sie reagieren? Mich in die Arme nehmen, mich trösten, mir helfen? Mich retten? Konnte sie das überhaupt? Konnte es irgendwer? Oder würde sie sich schulterzuckend von mir abwenden, sagen: »Ich hab dich gewarnt! Ich hab die ganze Zeit gesagt, du sollst nicht rauchen. Du hast gewußt, was dabei herauskommen kann. Wenn du jetzt Krebs hast, hast du es dir selbst zuzuschreiben. Sieh zu, wie du damit fertig wirst!«

Es gab keinen konkreten Anlaß, der eine solche aberwitzige Angst begründet hätte. Meine Mutter war immer für mich – für jedes ihrer Kinder – dagewesen. Niemals hatte sie uns im Stich gelassen. Und doch lähmte mich die Angst, von ihr verstoßen zu werden, in demselben Maße wie die Vorstellung der vielleicht mit jedem Blutschwall wachsenden Geschwulst in meiner Brust.

Ich weiß nicht, woher diese Angst rührte. Vielleicht unbewußt daher, weil ich erlebt hatte, daß Liebe kein Garantieschein für Zusammenleben ist. Wir hatten meinen Vater trotz unserer Liebe zu ihm und seiner Liebe zu uns aus dem Haus geworfen, als das Zusammenleben mit ihm zu einer unerträglichen Last für uns wurde. Mit einem Krebspatienten zu leben, war vielleicht eine ebenso unerträgliche Last. Warum sollte mir nicht passieren, was ihm passiert war?

Es trennten sich nicht nur Ehepaare. Eltern verstießen auch ihre Kinder. Erst unlängst hatte ich erfahren, daß ein mir gut bekanntes Mädchen ungewollt schwanger und deshalb von ihren Eltern aus dem Haus geworfen worden war. Von einem Tag auf den anderen hatte da die Liebe aufgehört.

In dem Mädchen war ein Kind gewachsen, in mir wuchs eine Krebsgeschwulst.

Beide hatten sich ungefragt, ungebeten, ungewollt eingenistet. Und doch schien die Schwangerschaft in den Augen der Eltern vielleicht durch eigenen Leichtsinn und Ungehorsam provoziert. Ich war keine Tochter. Ich bekam kein Kind. War Krebs Grund genug, sich von einem Sohn loszusagen?

Ich konnte nicht mit meiner Mutter reden. Verloren lief ich durch die Straßen. Wie von selbst trugen meine Füße mich dorthin, wo ich Sabine kennengelernt und Leute mit Ausnahmeerfahrungen getroffen hatte. Ein Typ aus Berlin war da, den ich cool fand. Sein Spitzname war Clown. Er war gut einen Kopf kleiner als ich, aber schon 23 und konnte alle möglichen Kunststückchen mit einem *Diabolo,* dieser hölzernen eieruhrähnlichen Spindel, die auf einem gespannten Seil in die Luft geworfen und in kunstvollen Figuren wieder aufgefangen wird. Ihm sagte ich es so nebenher, wie beiläufig: »Bei mir wurde jetzt gerade ein Tumor entdeckt.«

Er nahm es hin. »Dann kannst du ja jetzt machen, was du willst.« Mehr nicht. Kein Mitleid, kein Schreck, kein großes Tamtam, nur dies, das der Rest meines Lebens mir, allein mir, zu meiner freien Verfügung zustand.

Ich erwiderte nichts darauf. Es gab nichts, was ich darauf hätte antworten können. Es stimmte. Der Clown hatte recht. Warum sich aufregen? Warum Angst? Ich war jetzt der Bestimmer. Und ich bestimmte: jetzt schaue ich mal, ob ich eine Chance habe. Und wenn, dann versuche ich, sie zu nutzen.

Am Abend gaben *Pink Floyd* ein Konzert. Geld für eine Eintrittskarte hatte ich nicht, aber als Zaungast war ich dabei. Irgendwann stand ein Mädchen neben mir. Sie war süß, und wir kamen ins Gespräch. Sie erzählte von ihrem Vater, der sie wieder einmal geschlagen hatte, und von ihrer Familie, die ziemlich durchgeknallt war. Es tat mir gut, in die Rolle des Zuhörers schlüpfen zu können, denn solange ich über andere nachdachte, mußte ich nicht über mich nachdenken.

Erst spät nahm ich die Trambahn zu meiner Großmutter. Normalerweise wäre ich nur ein paar Minuten unterwegs gewesen. Diesmal aber stand ein Auto quer über den Schienen, und so kam ich erst mitten in der Nacht bei ihr an. Meine Großmutter empfing mich in heller Aufregung. Sie hatte sich riesige Sorgen um mich gemacht, weil kein Mensch wußte, wo ich abgeblieben war. Bis gerade jetzt hatte sie alle halbe Stunde mit meiner Mutter telefoniert, die wissen wollte, wie die Untersuchung beim Arzt ausgefallen sei.

Meine Mutter gestand mir später, sie habe die ganze Nacht im Bett auf einen Anruf von meiner Großmutter gewartet. Als diese bis zum Morgen nicht anrief, habe sie gewußt, es ist etwas passiert. Dies war wieder eine ihrer Vorahnungen, die niemand ernst nehmen würde und die dann doch eintreffen.

Ich sah meiner Großmutter in die rot geriebenen Augen und wußte, daß sie eine Erklärung erwartete und auch verdient hatte. Aber welche? Sollte ich ihr sagen: »Ich hab Krebs und wollte keinen sehen«? Ich brachte es nicht über mich, ihr diesen Schmerz zuzufügen. Und zugleich brachte ich es auch nicht über mich, ihn mir selbst anzutun. Irgendwann sollte jemand anders es ihr schonend beibringen. So sagte ich nur: »Es ist nichts. Ich war auf einem Konzert. Ich will jetzt eigentlich bloß schlafen gehen.«

Ich schlief fast sofort ein. Morgens um sechs Uhr war ich aufgestanden, hatte den ganzen Vormittag in einer Schule geputzt, war nachmittags bei den Ärzten gewesen, abends beim Konzert, und jetzt war es schon weit nach Mitternacht. Ich war vollkommen erschöpft. Gut schlief ich trotzdem nicht. Ich fühlte mich so elend. Nichts stimmte. Es war, als drücke die ganze Zeit ein Schuh, als wäre alles in Ordnung, und du regst dich trotzdem auf, weil alles irgendwie anders in Ordnung sein sollte, und du weißt nicht, wie.

Als ich am nächsten Morgen erwachte, hatte meine Großmutter schon den Frühstückstisch gedeckt. Ich wußte, sie würde enttäuscht sein, wenn ich nicht aufstehen würde. Also quälte ich mich aus dem Bett und setzte mich zu Tisch. Erstaunlicherweise brachte ich sogar eine Semmel und ein Ei herunter.

Irgendwann schaute meine Großmutter auf die Uhr. »Willst du nicht zur Arbeit gehen?«

Ich schüttelte den Kopf. »Mir geht's nicht gut.«

»Was fehlt dir denn? Du siehst ganz wohl aus.« So leicht ließ meine Großmutter sich nicht davon abbringen, mich zu einem zuverlässigen, arbeitenden Mitglied der Gesellschaft zu erziehen.

Erst als ich ziemlich energisch sagte: »Du, das ist meine Entscheidung, und ich gehe heute nicht zur Arbeit. Das ist schon in Ordnung. Und jetzt beruhige dich wieder!« gab sie sich geschlagen.

Wenig später, als ich mich schon wieder ins Bett verkrochen hatte, kam meine Mutter. Blaß und übernächtigt setzte sie sich an mein Bett und nahm meine Hand. Ich hatte nur kurz die Augen aufgeschlagen. Jetzt preßte ich sie fest wieder zu. Die Tränen drängten hinter den Lidern. Mit Mühe konnte ich sie zurückhalten. Nur ein Stöhnen drang durch meine zusammengebissenen Zähne.

»Schsch!« Meine Mutter streichelte über meine Hand. »Sag nichts. Du mußt jetzt nicht reden. Schlaf!«

Stundenlang saß sie an meinem Bett, bis ich endlich doch aufwachen mußte.

»Was ist passiert?« fragte sie.

Ich gab keine Antwort. Meine Großmutter stand in der Tür und sah mich an. Ich wollte nicht, daß sie zuhörte. Ich war einfach nicht in der Stimmung und Verfassung, in diesem Augenblick Rücksicht auf andere zu nehmen und möglichst schön zu formulieren, daß ich sterben würde. Wahrscheinlich verstand meine Großmutter meinen Blick, denn sie drehte sich einfach um und ging.

Düster schaute ich zu Boden. Ich wollte meiner Mutter nichts sagen. Nicht jetzt, nicht bevor sicher feststand, ob ich tatsächlich Krebs hatte. Aber sie fragte, insistierte. Ich schüttelte den Kopf, wehrte ab: »Das ist schon okay. Nee, das sag ich jetzt nicht. Das geht schon.«

Darauf sie wieder: »Jetzt sag's schon! Was ist es?«

Dieses Geplänkel ging ein paarmal hin und her, bis es einfach nicht mehr zu ertragen war. Meine Mutter zog die Konsequenz. »Gut«, sagte sie, »schlaf noch ein bißchen. Ich fahre jetzt selbst zum Lungenarzt und rede mit ihm.«

»Nein!« fuhr ich auf. »Warum? Es ist nichts! Bestimmt!«

Doch sie gab nicht nach. Sie als meine Mutter werde nun alles regeln. Ich solle mich entspannen und um nichts mehr sorgen. »Die Wahrheit«, sagte sie, »die Wahrheit, die werden wir, wie sie auch ist, alle gemeinsam tragen. Du brauchst keine Angst vor der Wahrheit zu haben. Ich habe sie auch nicht.«

Sie schaute mich so an, daß ich wußte, sie meinte es ernst. Endlich konnte mein Bewußtsein über mein Unterbewußtsein siegen und ihr vertrauen. »Okay, sage ich's dir eben.« Dabei deutete ich auf meine linke Seite. »Hier ist ein Tumor.« Aber auch jetzt mochte ich sie nicht anschauen, konnte es auch nicht.

Meine Mutter sagte überhaupt nichts. Sie setzte sich in so einer ganz tiefen, schweren, fast greifbaren Stille neben mich und nahm mich in den Arm und hielt mich, und je mehr sie mich hielt, desto mehr löste sich die Seelenstarre, in die ich verfallen war, bis ich durchatmen konnte. Meine Mutter verstieß mich nicht. Sie hielt zu mir. Jetzt laß kommen, was mag, dachte ich. *Das* Problem haben wir jetzt erst einmal hinter uns.

Noch an diesem Tag rief ich bei der Gebäudereinigungsfirma an, um mich wegen meines Fehlens zu entschuldigen. »Sie sind entlassen!« schrie der Geschäftsführer. »Fristlos!«

»Bei mir wurde gerade ein Tumor entdeckt«, setzte ich zu einer Erklärung an.

Der Geschäftsführer hörte nicht hin. »Geld wird Ihnen zugeschickt«, schrie er, wie er wohl in allen Fällen fristloser Kündigung schrie, und warf den Hörer hin.

Wieder war ich ärmer um eine Illusion, doch um eine Erfahrung reicher.

Anschließend fuhr ich in die Stadt, um mich von Clown und den anderen zu verabschieden, mit denen ich das *Pink-Floyd*-Konzert besucht hatte und die an diesem Tag weiterfahren wollten. Mir war danach, mein Leben zu ordnen, ehe es in die nächste Runde ging. Abschied vom Marienplatz und den Leuten dort zu nehmen gehörte dazu.

Mittlerweile war das Wochenende gekommen. Meine Mutter hatte mit dem Lungenarzt gesprochen, der den Tumor entdeckt hatte, und von ihm erfahren, daß er nach der Auswertung der Unterlagen des CT-Spezialisten entgegen der Auffassung seines Kollegen absolut sicher sei, mein Leben hinge an einem seidenen Faden. Es gäbe keine Anhaltspunkte für die Annahme einer harmlosen Verwachsung. Nach seinem Dafürhalten bestehe kein Zweifel daran, daß ich Lungenkrebs habe und sofort operiert werden müsse.

Noch im Beisein meiner Mutter hatte er in einer Spezialklinik für Lungenerkrankungen angerufen und ein Bett für mich reserviert. Schon Montag sollte ich zur Operation vorbereitet werden. Jede Minute zählte.

Offenbar befürchtete der Lungenspezialist, meine Mutter könnte sich weigern, mich zur Behandlung zu geben, denn sowohl er selbst wie auch die Sprechstundenhilfe mahnten sie eindringlich, nicht etwa mit mir abzutauchen. Ich müsse unters Messer, es sei meine letzte Chance, und die Lungenklink sei die beste Adresse dafür. Ich glaube, beide hatten meine Mutter nicht schlecht durchschaut. So ohne weiteres traute sie der Diagnose dieses Arztes tatsächlich nicht.

Mit den Röntgenbildern in der Tasche, kam sie nach Hause. Ich hatte mich so weit gefaßt, daß ich in ziemlich ruhigem Ton mit ihr reden konnte. »Wir schaffen das schon!« sagte sie und vermittelte mir das Gefühl, daß es so war, weil es ganz einfach so sein mußte. »Hab keine Angst! Ich nehme das jetzt alles in die Hand.«

Der erste Gedanke meiner Mutter galt meinem Vater. Er war der ihr nächste Mensch, er war mein Vater. Er mußte wissen, welches Unglück über uns hereingebrochen war.

»Ich rief ihn gleich an«, erzählte sie mir. »Anselm, sagte ich, der Bub ist todkrank. Wer weiß, wie lange wir ihn noch haben. Laß uns am Sonntag noch einmal alle zusammen in die Pizzeria gehen. Ich kann sowieso nicht mehr, und der Thomas hat die Pizza dort immer so gern gegessen. Noch einmal alle miteinander – als Familie, Anselm! Und dann schau'n wir mal, wie das alles weitergeht.«

Mein Vater war kein sehr hilfreicher Partner in Krisenzeiten. Wie immer reagierte er konfus und überfordert. Ziemlich lapidar versuchte er, meine Mutter damit zu beschwichtigen, daß ich ja in den besten Händen sei und schon alles gut werde, er selbst aber nichts tun könne. Zwar war er einverstanden, mit uns essen zu gehen, aber mehr?

»Mehr gab seine Rolle in diesem Drehbuch ganz einfach nicht her«, meinte meine Mutter einmal. Doch ihre lachende Stimme und der gelassene Tonfall wurde von den Tränen in ihren Augen widerlegt.

Nach diesem unergiebigen Anruf bei meinem Vater brauchte meine Mutter jemanden, dem sie ihr Herz ausschütten konnte. Sie rief ihre Freundin Waldi an, die ihr schon so oft eine Perspektive aufgezeigt hatte, wenn alles aussichtslos schien. Endlich konnte sie ihre Verzweiflung, ihren Schmerz und ihre Angst herauslassen.

Waldi war die erste, die im Zusammenhang mit mir das Wort *Tod* aussprach und damit meiner Mutter in ganz ähnlicher Weise verdeutlichte, daß die normalen Regeln des Lebens ungültig geworden waren, wie Clown es mir klarzumachen versuchte, als er auf dem Marienplatz zu mir sagte, nun könne ich ja machen, was ich wolle.

»Druck und Zwang und Leistung und Muß, das ist jetzt vorbei«, mahnte Waldi, als meine Mutter meinte, ich müsse ganz einfach wieder gesund werden.

»Zwinge das Kind zu nichts! Es soll leben, aber auch sterben dürfen. Das Kind soll keinen Streß haben. Es muß gar nichts mehr. Es muß nicht einmal gesund werden.«

Für meine Mutter waren diese Worte wie eine Schulter, auf die sie sich stützen konnte, wenn die Last zu schwer wurde. Zugleich zeigten sie ihr, daß nicht nur das Leistungmodell Leben, sondern auch der alle Leistungsprinzipien außer Kraft setzende Tod keinen Absolutheitsanspruch an mich hatte. Es war möglich, daß ich lebte. Es war möglich, daß ich starb. Die Entscheidung war nicht mehr durch meine Leistung zu bestimmen.

Meine Mutter hatte mir versprochen, daß sie alle mehr technischen Dinge im Zusammenhang mit meiner Krankheit in die Hand nehmen würde, weil dies ihre ganz selbstverständliche Aufgabe als meine Mutter sei. Mehr als alles andere wollte sie, daß ich lebe. Und so tat sie alles in ihren Kräften Stehende.

Eine andere Mutter hätte sich vielleicht mit der Diagnose des Lungenarztes und der bevorstehenden Operation abgefunden. Meine Mutter tat es nicht. Sie telefonierte und telefonierte. Kein Arzt, den sie persönlich kannte oder den man ihr nun als Fachmann in Bezug auf Lungenkrebs im Kindes- und Jugendlichenalter empfahl, wurde ausgelassen. Jeden bat sie mitzuhelfen, einen Arzt und eine Klinik zu finden, die das Beste für mich bewirken könnten.

Der Facharzt Dr. F. D. erfaßte den Ernst und den Wahnsinn, der uns alle durch die Krankheitsnachricht gepackt hatte, sofort. Mit Kraft und Kenntnis setzte er sich dafür ein, daß ich den richtigen Platz im richtigen Krankenhaus erhielt.

Der wohl wichtigste Rat in diesem Stadium war, sofort einen zweiten Lungenfacharzt hinzuzuziehen und von ihm den Tumor beurteilen zu lassen.

Er empfahl einen Arzt, der selbst Kinder hatte und gut mit Kindern umgehen konnte. »Er ist nicht nur Arzt, er ist vor allem ein Mensch«, sagte er. »Er soll sich den Jungen anschauen. Fahren Sie Montag noch vor der Sprechstunde zu ihm. Ich bin sicher, er wird Ihnen helfen.«

»Aber wie denn?« rief meine Mutter und brach in Tränen aus. »Es ist schon ein Bett in der Lungenklinik reserviert, und wir haben keinen Termin.«

»Das Bett wartet«, meinte der Arzt. »Wenn Sie rechtzeitig genug aufbrechen, können Sie bei meinem Kollegen fertig sein, ehe Thomas in der Lungenklinik aufgenommen werden soll.«

Ich hatte mich meiner Mutter vollkommen anvertraut. Es tat mir gut, mich von ihr führen und leiten zu lassen, keine eigenen Entscheidungen treffen zu müssen und zu wissen, daß sie mich beschützen würde wie eine Löwin ihr Junges. Wenn sie es für richtig befand, eine weitere Untersuchung vornehmen zu lassen, war es richtig. Ich war bereit, blindlings mitzuziehen.

Es war Sonntag geworden, der Tag, an dem meine Mutter die ganze Familie ein letztes Mal vor dem Abenteuer Klinik versammeln wollte. Obwohl wir alle uns zwangen, gefaßt und normal zu wirken, kam kein rechtes Gespräch auf. Irgendwann waren wir dann doch bei mir, dem Krebs und der Klinik.

Eindringlich redete meine Mutter auf meinen Vater ein: »Anselm, ich kann mit dem Kind nicht einfach zu irgendeinem Arzt gehen. Ich muß mit ihm zu einem hin, der nennt mir die Kapazität, die am besten helfen kann. Anselm, du hast doch Urlaub – bitte, wir, wir beide, wir müssen morgen früh mit dem Kind zu diesem Arzt!«

Fast ärgerlich wehrte mein Vater ab: »Ja, aber wir haben doch keinen Termin!«

»Ach, Anselm«, sagte meine Mutter, um seine Bedenken zu zerstreuen, »das ist jetzt eigentlich gar nicht so wichtig. Um acht soll der Thomas schon in der Lungenklinik sein. Und der Arzt, den ich gefragt habe, meint, wir sollten ihn nicht sofort in die Lungenklinik geben, sondern zuerst bei seinem Kollegen noch einmal prüfen lassen, ob die Lungenklinik richtig ist. Wir können uns keine Fehldiagnose leisten, Anselm. Eine Operation wird den Organismus schwächen. Und wenn sich nach der Operation herausstellt, daß sie falsch war, hat der Thomas keine Kraft mehr, um eine andere Maßnahme durchzustehen. Versteh' doch, wir müssen es versuchen und zu diesem Arzt fahren!«

Mein Vater schnitt ein schiefes Gesicht. Noch ehe er antworten konnte, sprach meine Mutter hastig weiter: »Du, Anselm, es würde mir reichen, wenn du mit mir hinfährst und draußen im Auto sitzen bleibst. Du mußt nicht mit mir in die Praxis hineingehen. Ich weiß, das ist furchtbar für dich. Diese Diagnosen zu hören, ist immer entsetzlich. Ich weiß, daß du das nicht kannst. Aber mitkommen, nur einfach, daß ich weiß, du bist da …«

Schon während ihres Redens hatte mein Vater immer wieder den Kopf geschüttelt. »Nein!« widersprach er jetzt entschieden. »Nein, ich habe Urlaub. Wir haben keinen Termin, und wir können nicht einfach irgendwohin fahren, wo wir nicht erwartet werden. Da könnte ja jeder kommen. Und am Ende ist der Arzt nicht einmal da.«

»Bitte!« rief meine Mutter und sah aus, als würde sie gleich zu weinen beginnen. »Laß es uns doch versuchen! Wir können ja immer noch wieder heimfahren, wenn er nicht da ist.«

»Oder er hat keine Zeit!« sagte mein Vater.

»Ja, und wenn er keine Zeit hat, dann setzen wir uns auf einen Stuhl und warten!« flehte meine Mutter.

»Nein!« Wie ein bockiges Kind verschränkte mein Vater die Arme vor der Brust und senkte schmollend den Kopf. »Es ist mir ganz gleich, was du da von dir gibst. Ich mache es nicht und mache es nicht!«

Die ganze Zeit während ihres Streitens war mir, als könne ich den Tumor in meiner Brust spüren, wie er wuchs und wuchs und schwerer und schwerer wurde.

Ganz plötzlich sprang ich auf und schrie, und es war mir egal, daß alle mich hörten: »Ich halte das nicht mehr aus hier mit euch! Ich halte es nicht mehr aus!« Und ich rannte davon, hinaus in die Nacht, nach Hause, in mein Bett.

Meine Mutter erzählte mir später, sie habe um meinen Vater gekämpft wie nie.

»Anselm«, schrie sie auf, als ich hinausgerannt und verschwunden war, »das geht so nicht! Du läßt mich im Stich. Und das Kind läuft davon und ist todkrank.«

»Ich hab' mit ihm gefightet«, sagte sie mir. »Und der Erfolg war gleich Null. Er ist nicht mitgekommen.«

An diesem Montag waren wir früh auf den Beinen. Meine Mutter versuchte, mir tapfer zuzulächeln und mich aufzumuntern. Trotzdem nahm ich ihre blanken Augen wahr, die mir verrieten, an wen sie dachte. Allein, ohne meinen Vater, fuhren wir mit sehr bangen Gefühlen los. Doch alle Sorgen und Befürchtungen erwiesen sich als überflüssig. Der Arzt war ein reizender, sehr lieber Mensch. Genau wie meine Mutter geahnt hatte, konnte er uns zwar nicht auf der Stelle, doch nach kurzer Wartezeit zu sich hereinbitten und mich gründlich untersuchen.

Als er auch die vielen Röntgenbilder, die meine Mutter mitgebracht hatte, ausgewertet hatte, sah er uns ernst, aber doch Zuversicht ausstrahlend an.

»Sie sind hier bei mir völlig falsch. Es ist nicht die Lunge. Und Sie sind auch in der Lungenklinik falsch. Sie sollten in die Schwabinger Kinderklinik fahren. Ich habe schon mit dem Oberarzt dort telefoniert. Er würde Sie vor der allgemeinen Sprechstunde anschauen.«

Kein Lungenkrebs! Meine Mutter und ich wagten nicht, uns zu freuen. Trotzdem konnte ich nicht verhindern, daß sich eine jähe Hoffnung in mir regte, der dicke Knoten in meiner Brust könnte tatsächlich nur eine Verwachsung sein.

Dankbar für die erwiesene Hilfe und zugleich angstvoll angespannt vor der neuerlichen Untersuchung, brachen meine Mutter und ich zu einem zweiten Wettlauf gegen die Uhr auf. Auch diese außerplanmäßige Untersuchung mußte ja erfolgt und abgeschlossen sein, ehe ich in der Lungenklinik erscheinen sollte.

Wieder erwarteten uns offene Türen und Arme. Das Netzwerk der Mediziner, das meine Mutter für mich geknüpft hatte, funktionierte. Auch der Oberarzt der Schwabinger Kinderklinik nahm uns dank der Fürsprache seines Kollegen noch vor der allgemeinen Sprechstunde an die Reihe. Gewissenhaft prüfte er die Röntgenbilder und checkte mich nochmals persönlich durch. Kaum hatte er meinen Hals abgetastet, erkannte er eine kleine mit Lymphflüssigkeit gefüllte Ausbuchtung in der Nähe des Schlüsselbeins.

»Ein Lymphknoten«, stellte er fest. »Kann ganz normal sein. Aber ich tendiere dazu, einen *Hodgkin* anzunehmen, einen Lymphdrüsenkrebs. Die Heilungsquote in meiner Kinderklinik ist sehr hoch. Sie liegt bei 95 Prozent.«

Die übliche Vorgehensweise wäre wohl gewesen, eine Biopsie zu versuchen. Dabei hätte man der Geschwulst eine Gewebeprobe entnommen und aus deren Analyse die Diagnose erstellt. Der Oberarzt entschied sich anders. Das Risiko, bei der Biopsie nicht das Krebszentrum, sondern nur relativ gesundes Gewebe zu erwischen und aufgrund dessen eine ungenaue Diagnose zu stellen, war ihm angesichts der Größe des Knotens zu gefährlich. »Wir machen einen Probeschnitt«, erklärte er. »In Vollnarkose.«

Operation? Vollnarkose? Ich erschrak. Hilfesuchend sah ich meine Mutter an. Ging es schon los? War es schon soweit? Jetzt schon, sofort? Panik überflutete mich. Ich wollte nicht.

Beruhigend fest ergriff der Oberarzt meine Hand. Als sei ich nicht 17, sondern sieben Jahre, führte er mich zu seinem Chirurgen, der die Operation trotz schwierigster

Engpässe in der Belegung des Operationssaales gleich am nächsten Morgen durchführen sollte, und vereinbarte auf der Stelle einen exakten Termin dafür.

Nach einigem Hin und Her, ob ich mit 17 noch ein Kind oder schon ein Erwachsener sei, wurde ich nunmehr endgültig in der Klinik aufgenommen.

Gleichzeitig sagte meine Mutter das überflüssig gewordene Bett in der Lungenklinik ab. Das Vorspiel meines Dramas war beendet.

Wieder zu Hause, griff meine Mutter sogleich zum Telefon. »Anselm! Der Thomas muß operiert werden. Bitte, du, ich brauch dich jetzt! Laß mich das nicht allein durchstehen! Fahr doch mit morgen!«

Am Telefon war mein Vater wirklich groß. »Ach, wozu denn?« meinte er. »Ich kann das nicht. Ich bin dir da nur eine Last. Ich fahre ins Ferienhaus. Das ist schon lange geplant. Da kann ich jetzt nicht zurück. Du schaffst das ohne mich viel besser, als wenn ich dir auch noch im Wege herumstehe.«

Ich weiß nicht mehr, was meine Mutter antwortete. Später einmal gestand sie: »Das hat mir den Todesstoß versetzt. Ich habe immer zu ihm gesagt: Wenn du bloß irgendwo in einer Ecke sitzt. Du brauchst ja nicht mit dem Arzt zu reden. Bitte, komm nur mit, sei einfach da!«

Doch mein Vater kam nicht. Nicht ein einziges Mal stand er meiner Mutter und damit auch mir bei. Nicht ein einziges Mal nahm er ihr eines der so schwer belastenden und kaum zu ertragenden Arztgespräche ab. Ja, er fragte nicht ein einziges Mal persönlich auch nur einen einzigen der zahlreich mit mir befaßten Ärzte nach meinem Befinden.

Ob er die Scheu vor der Obrigkeit Medizin nicht überwinden konnte, ob er Angst vor der Wahrheit hatte, ob er niemanden fragte, weil er mein Leben allein als in Gottes

Hand gegeben ansah, oder ob er sich womöglich gar mit der Vorstellung quälte, daß meine Erkrankung die von ihm so gefürchtete und stets erwartete Strafe Gottes für sein sündiges Leben sei – ich weiß es nicht. Doch nicht ein einziges Mal war er es, der unter den immer schwerer zu ertragenden Diagnosen fast zusammenbrach. All das war für meinen nur die Sonnentage zählenden Vater zuviel Schatten. Lieber ergriff er die Flucht.

Nur einmal brachte er die Kraft auf, diese Flucht um Minuten hinauszuzögern. Es war am Tage meiner Operation zur Gewebeprobeentnahme. Alles war für die Operation vorbereitet, da stellte sich heraus, daß meine Mutter in ihrer Aufregung sämtliche Röntgenbilder bei uns zu Hause vergessen hatte. Ohne die Bilder konnte nicht operiert werden.

»Wir müssen sie haben!« drängte der Chrirurg. »Wir sind gezwungen, alles abzubrechen, wenn wir sie nicht haben.«

»Ich schaffe sie herbei!« versprach meine Mutter mit dem Mut der Verzweiflung. »Ich muß nur kurz telefonieren.«

Mein Vater war sofort am Apparat. »Anselm«, rief, schrie meine Mutter fast, »wir sind in Schwabing im Krankenhaus. Die operieren nicht! Ich habe die Röntgenbilder zu Hause vergessen. Ich kann jetzt nicht mehr zurück, die Zeit reicht nicht mehr. Bitte, fahr heim! Da liegen die Bilder. Du mußt sie mir bringen! Bring einfach alles mit, was du findest. Aber schnell, Anselm, schnell!«

Dies eine Mal war mein Vater zur Stelle. Er fuhr unverzüglich zu uns nach Hause, holte die Bilder, brachte sie meiner Mutter und – fuhr in Urlaub, Richtung Genf.

Bis heute ist es mir unbegreiflich, wie mein Vater dazu imstande war.

Damals dachte ich aber nicht im geringsten darüber nach. Ausnahmsweise war ich einmal nur mit mir beschäftigt.

Als endlich alle Formalitäten erledigt waren, verlief die Operation völlig unproblematisch. In wenigen Minuten war alles überstanden. Ich erwachte in einem Bett.

Es war angenehm, auf der nicht zu weichen, nicht zu festen Matratze und unter der leichten Decke zu liegen. Mir war, als hätte ich gut geschlafen. Ich hätte Bäume ausreißen können, so stark und gesund fühlte ich mich. Doch das einzige, das ich ausriß, war das Fußende des Klinikbettes. Gleich bei der ersten wohligen Streck- und Dehnübung stieß ich es unbeabsichtigt heraus. Ich war wohl doch in der Kinderklinik nicht mehr ganz so am Platz.

Während ich nicht wußte, wohin mit meiner peinlichen Verlegenheit, brachen zwei Buben, die mit mir auf dem Zimmer lagen, in schallendes Gelächter aus.

Der eine von beiden hatte einen Fahrradunfall gehabt, der andere ein gebrochenes Bein vom Fußballspielen. Sie hatten Schmerzen. Ganz sicher war es scheußlich, selbst nachts mit einem hochgebundenen Bein im Bett zu liegen oder gebrochene Knochen zu haben. Trotzdem ertappte ich mich dabei, die beiden unsagbar zu beneiden.

Die Entnahme der Gewebeprobe war ohne Komplikationen verlaufen. Ich fühlte mich gesund. Es gab keinen Grund, mich länger als einige Stunden in der Klinik zu behalten. Außerdem drängte ich hinaus. Eine Münchener Rockgruppe, deren Fan ich damals war, gab abends ein Konzert, das ich unter keinen Umständen versäumen wollte. Fast wichtiger aber war, daß ich mich mit Armin, einem Gitarristen, und Christoph, einem Schlagzeuger, verabredet hatte, mit denen ich vielleicht eine eigene Band gründen würde.

Mit Armin hatte ich bereits in einer Band gespielt, der auch Muckel angehörte, aus der ich aber trotzdem ausgetreten war, weil vor allem der Keyboarder und ich keine gemeinsame Musikrichtung entwickeln konnten. Obwohl wir damals nicht enger befreundet, sondern uns eher nur sympathisch waren, hatte Armin mich schon während der Krise angesprochen, ob wir beide nicht zusammen mit Christoph, einem seiner Freunde, eine neue Band gründen wollten. Etwas Blöderes hätte mir Armin damals nicht vorschlagen können. Christoph war genau der Typ, den ich am liebsten ohne Rückfahrkarte auf den Mond geschossen hätte. Wenn ich ihn beschreiben sollte, wie er damals auf mich wirkte, fällt mir zuerst Jim Morrison ein: typisch langmähniger Macho mit breitem Schnallengürtel und diesen lasziven Bewegungen, die Mädels beim Konzert zum Kreischen bringen. Ich glaube, er könnte selbst einer alten Dame ein Stehpissoir verkaufen. Und mit diesem Charme hatte er sich an die Sängerin der Band herangemacht, in die ich heimlich verknallt war, und sie mir locker ausgespannt. Ich war so eifersüchtig, daß ich nur knurren konnte: »Christoph? Du spinnst wohl. Mit dem Arschloch spiele ich doch nie zusammen!«

Doch mittlerweile hatte es Sabine und die Leute auf dem Marienplatz gegeben, der Tumor hatte sich ausgerechnet meinen Körper ausgesucht, an die Sängerin konnte ich mich fast nicht mehr erinnern und auch Christoph hatte sich verändert. Zumindest am Kopf, denn statt der langen Mähne trug er jetzt »polierte Platte«, so daß ich ihn kaum wiedererkannt hatte, als Armin ihn erneut ins Gespräch brachte.

Das Konzert der Münchener Gruppe, auf das ich mich so gefreut hatte, war leider ein enttäuschender Flop. Zum Ausgleich unterhielten Armin, Christoph und ich uns sehr gut. Am Ende des Abends stand fest, daß wir tatsächlich einen Versuch wagen und eine Band zusammen gründen würden. Ich war unglaublich happy! Ich hatte wieder eine Band! Und was für eine! Endlich, zum allerersten Mal eine, in der ich nicht nur mitspielen, sondern als Vollmitglied ernstgenommen werden und die Richtung, die ganze Musik, mitbestimmen, mitschreiben würde.

»Und der Tumor?« fragte Armin oder Christoph.

Der Tumor? Ich wischte ihn lachend beiseite. »Das paßt schon! Also, in den nächsten zwei Wochen geht's halt sicher nicht mit den Proben bei mir. Aber wir machen auf alle Fälle was zusammen. Wir machen die Band, na klar!«

Gleich am nächsten Tag hatten wir die erste Probe vereinbart. Für mich war es eine Wahnsinnsprobe. Zwar haben wir keine Stücke gespielt, sondern nur so *gejamt* und eher zusammen improvisiert, doch wir konnten einer den anderen ausloten und uns rückhaltlos aufeinander einlassen.

Das Zusammenspiel und die innere Stimmigkeit unseres Musikgefühls versetzten mich in ein eigenartiges Hoch. Ich hatte einen Tumor und war sterbenskrank. Vielleicht würde ich wirklich sterben. Aber ich hatte eine Band. Und diese Band hatte eine Zukunft. Sie war wie ein Pfand in meiner Hand, ein Pfand, das sich lohnte, beim Leben einzulösen.

Zwei Tage später, als meine Mutter zur Arbeit außer Haus war, klingelte das Telefon. Es war der Oberarzt der Schwabinger Kinderklinik. Er hatte den Befund der Gewebeprobe. Er klang furchtbar bedrückt. »Thomas«, sagte er – und auch wenn es in diesem Moment unsäglich schwer für mich war, bin ich ihm heute noch dankbar, daß er den Befund nicht nur meiner Mutter bekanntgeben wollte, sondern mich ernstgenommen hat –, »Thomas, die Sache ist noch schlimmer als wir befürchtet haben. Der

Tumor ist bösartig, und es nicht der erwartete *Hodgkin* mit den großen Heilungschancen, sondern der *NON-Hodgkin grande maligne.* Wir wissen noch nicht ganz genau, welche Stufe, aber du mußt sofort in intensivste medizinische Behandlung. Du mußt kommen.«

Ich wußte zwar nicht, was hinter dieser Diagnose steckte. Ich schrieb den Namen der Krankheit nur so auf, wie ich ihn verstand. Aber daß *grande* groß heißt, war ebenso klar wie *maligne* für schlimm, und so dachte ich: Klingt aber gar nicht gut. Klingt wie hochgefährlich, hochexplosiv. Und dann hörte ich auf zu denken. Ich rief meine Mutter bei der Arbeit an.

Sie kam sofort nach Hause. Obwohl sie ebenso erschüttert war wie ich, begann sie sofort wieder, ihr »Medizinernetzwerk« zu mobilisieren, und rief zuallererst ihren engsten Berater Dr. F. D. an. Dieser hatte inzwischen in ganz Deutschland nach dem versprochenen besten Bett für mich herumgehorcht.

»Geduld, Geduld!« mahnte er, als meine Mutter verzweifelt auf die Zeit hinwies, die mir nicht mehr blieb. »Wir dürfen keinen falschen Schritt machen. Wir können keinen einzigen Fehler rückgängig machen. Ich brauche noch zwei Stunden. Und jetzt einfach Ruhe und nichts überstürzen. Wenn er erst mal im falschen Bett liegt, kann alles versaut sein.« Wir saßen wie auf glühenden Kohlen.

»Mein Gott, es war entsetzlich, entsetzlich!« sagte meine Mutter kürzlich.

»Wenn ich denke, in der Lungenklinik hätten sie dir den ganzen Brustkorb aufgeschnitten. Du wärst wahnsinnig geschwächt gewesen. Und was wäre verschleppt worden! Das wäre alles falsch gewesen. Deswegen auch diese furchtbare Spannung, daß man nur ja die richtige Klinik bekommt. Ich hab immer gedacht, man akzeptiert es ja dann irgendwann, daß es nun einmal so ist, wie es ist, aber du darfst jetzt keinen Fehler reinbringen. Und das müßte man so dringend mit jemandem besprechen. Und dann sitzt der Vater in der Ferienwohnung in Genf und rührt sich nicht.«

»Ich möchte wissen, ob das für ihn schöne Ferien waren«, gab ich zurück und ertappte mich dabei, daß ich es meinem Vater gegönnt hätte, wenn es die schlimmsten Ferientage seines Lebens gewesen wären.

»Aber ganz ehrlich, es war mir lieber, daß er nicht dabei war, weil – es ist mir lieber, er ist nicht da, als wenn er dann so in der Ecke sitzt, in dieser bewußten Schmollhaltung, und leidet so, stirbt so vor sich hin, so langsam. Ey, da möchte ich mir am liebsten die Kugel geben, damit er nicht mehr leiden muß – so ungefähr.«

Endlich kam die erlösende Nachricht: das beste Bett für mich war gefunden. Die Klinik in Schwabing war genau die richtige Adresse. Da ich nicht mehr in die Kinderklinik zurück wollte, arrangierte man meine Verlegung in die Hämatologie der Erwachsenenabteilung.

Meine Mutter atmete soeben erleichtert auf, um mir zu sagen, daß wir glücklicherweise einen Termin bei dem Chefarzt der Station bekommen hatten, der Schüler eines wegen seiner *NonHodgkin*-Forschungen bekannten Universitätsprofessors gewesen war und mittlerweile selbst als Kapazität angesehen wurde. In diesem Moment klingelte das Telefon. Eine Freundin war am Apparat, die ihr mitteilte, daß eine ihrer liebsten gemeinsamen Schulfreundinnen aus unserem Ort ganz unerwartet gestorben sei. Plötzlich schüttelte es meine Mutter nur noch vor Tränen. Sie konnte nicht mehr reden. Sie konnte nicht mehr telefonieren. Und mein Vater machte Urlaub.

An einem Donnerstag hatten wir die erste noch etwas ungenaue Diagnose *NonHodgkin grandemaligne* erhalten. Freitags fuhr meine Mutter ohne mich in die Klinik, um das genaue Ergebnis abzuholen.

Unter Tränen saß sie dann in dem langen Klinikflur, meine Diagnosepapiere in der Hand, und wußte nicht, wohin mit ihrer Verzweiflung und der Last auf der Seele, jetzt, in dieser Sekunde keine tröstende Hand zu fühlen, niemanden, an dessen Schulter sie sich anlehnen, der sie ermutigen und in Liebe auffangen konnte. *NonHogdkin zentroblastisch grandemaligne,* so stand es in den Papieren. Aber, was um Gottes willen, hieß das?

In den Aufzeichnungen meiner Mutter entdeckte ich die folgenden Zeilen:

Als im August 1994 bei meinem siebzehnjährigen Sohn die Diagnose bösartiges Lymphom gestellt wurde, hatte ich das Empfinden, daß mein Körper nach hinten fiele und ich mit dem Kopf voran abwärts rase. Um mich war ein dunkelgrauer, nicht begrenzter Raum. Ich sauste in atemberaubender Geschwindigkeit nach unten. Wochenlang. Nichts war da, das mich hätte aufhalten können. Nirgends ein Griff, ein Vorsprung, ein Plateau, auf dem ich Zuflucht gefunden hätte.

Nach tagelangem Fallen hatte ich die Sehnsucht, noch schneller zu fallen, nur damit ich endlich irgendwo ankäme.

Nach zwei Monaten hörte das Fallen plötzlich auf, gleichzeitig war jedoch auch jedes Empfinden in mir zum Stillstand gekommen. Ich konnte nicht mehr weinen, nicht mehr traurig sein, mich über keine Kleinigkeit mehr freuen. Ich war nichts mehr und um mich war nichts mehr.

Dann im Dezember sah ich mich in einer hauchdünnen, durchsichtigen Blase als haltlose Flüssigkeit. Wenn jetzt noch ein Nadelstich kommt, das wußte ich, dann ist alles zu Ende.

Es kam Hilfe. Es waren immer nur einzelne Sätze, Worte, Gesten oder Taten. Für mich bedeuteten sie Leben.

Eine erste dieser Hilfen war ein netter Kinderarzt, der meine Mutter in ihrem Kummer versunken auf der Wartebank im Klinikflur sitzen sah. »Geben Sie mal her«, sagte er freundlich mit halblauter Stimme. »Ich schaue mir das kurz an. Vielleicht kann ich Ihnen etwas dazu sagen.«

Dann: »Wenn es der *hochmaligne* ist, das ist günstiger. Das hört sich nur so an, das *hochmaligne*. Aber es ist günstiger.«

Warum es günstiger sein sollte, erklärte er meiner Mutter nicht. Er mußte weiter. Irgendwo in einem der vielen Krankenzimmer wartete jemand auf ihn. Dennoch war sie getröstet und mit neuer Hoffnung aufgerichtet, als sie nach Hause kam.

Heute wissen wir, daß *hochmaligne* nicht den Grad der Bösartigkeit des *NonHodgkins* bezeichnet, sondern dessen besonders rasante Entwicklungsgeschwindigkeit. Günstig wirkt sich aus, daß schnell wachsende Krebszellen auch schnell wieder schrumpfen und zurückgehen können, sofern man ein wirksames Mittel gegen sie einsetzt.

Um meinen Vater über den aktuellen Stand der Dinge zu informieren, schrieb meine Mutter ihm einen Brief. Schonungslos legte sie ihm die Sachlage dar und ließ über den Ernst der Diagnose keinen Zweifel. Für mich ist die Härte der Formulierung insofern bemerkenswert, als meine Mutter den bloßen Gedanken an meinen Tod so wenig erträgt, daß sie sich noch immer schwer damit tut, ihn so weit zuzulassen, daß sie ihn in Worte fassen und konkret aussprechen kann. Ich glaube, angesichts der Lebensgefahr für mich und des zur Schau getragenen Desinteresses meines Vaters war sie einfach nicht mehr imstande, Rücksicht auf ihn zu nehmen und zartfühlend zu sein.

Eine Woche später, als er aus dem Urlaub in seine Wohnung zurückgekehrt war, rief mein Vater endlich an. Erst jetzt, nachdem er tagelang Zeit gehabt hatte, sich den Tatsachen zu stellen, und er meine Krankheit weder weiterhin verleugnen noch verharmlosen konnte, brachte er diesen Anruf über sich. Zu uns kommen, Auge in Auge mit der Realität, und sich ohne Umschweife der Gefahr aussetzen, die eigene Fassade sichtbar bröckeln zu lassen, konnte er auch jetzt nicht. Nur im Schutz des Telefons, in der Sicherheit der Entfernung und des Unsichtbarbleibens, gelang es ihm zuzulassen, was man im Kloster mit der Erziehung zum Übermenschen so perfekt in die tiefsten Tiefen seiner Seele verdrängt hatte: menschliches Gefühl und die Fähigkeit, dieses Gefühl auch zu zeigen.

Gemeinsam mit meiner Mutter weinte er um mich. »Unser Kind!« konnte er schluchzen. »Was hatten wir unserem Jungen für ein schönes Leben gewünscht!«

Noch heute ist meine Mutter meinem Vater für diese Tränen unendlich dankbar.

Mich hingegen verleitet das Nachdenken über diese Szene bei aller Rührung zu leiser Ironie. »Wünsche sind gut, Taten sind besser«, denke ich und versuche einmal mehr, hinter der Ringmauer des Gottesmannes das Herz meines Vaters zu spüren, der mir zwar Glück wünschte, aber so wenig dazu beitrug, es zu verwirklichen und mir zu schenken.

Der zweite Montag nach Entdeckung meiner Krankheit kam. Wieder waren meine Mutter und ich in eine Klinik bestellt. Der Chefarzt erwartete uns schon. Er empfing uns mit der ernsten Miene, die mir mittlerweile von jedem der mich behandelnden Mediziner vertraut war. Er führte uns in ein großes Zimmer mit vielen Büchern und bat uns, Platz zu nehmen, während er sich in meine mitgebrachten Unterlagen vertiefte.

Endlich schaute er auf. »Ich bin bereit, dich aufzunehmen«, sagte er.

»Allerdings werden wir alle Untersuchungen nochmals vornehmen müssen. Auch die Gewebeproben schicken wir erneut ein. Bei medizinischen Diagnosen dieser lebenswichtigen Bedeutung müssen selbst die kleinsten Fehler ausgeschlossen werden.«

Obwohl er sachlich gesprochen hatte, klang seine Stimme warmherzig und lieb.

Von tief innen in seinen Augen stieg langsam ein kleines Leuchten auf.

Ein Blinzeln. »Es besteht die Möglichkeit, daß wir dich heilen«, meinte er und lächelte mir zu. »Es ist nicht sicher. Es ist schwer und sehr belastend. Ganz sicher wirst du deine Haare verlieren und dich an manchen Tagen grausam elend fühlen. Aber es könnte klappen.«

Ich hatte nur eines verstanden, daß ich meine Haare verlieren würde. Sie waren überschulterlang, dunkelblond und lockig, eine dicke, wuschlige Mähne, und ich mochte sie. »Dann lasse ich mich nicht behandeln, wenn sie ausfallen«, sagte ich. »Ich will keine Glatze.«

»Okay!« Der Chefarzt nickte, lächelte noch etwas tiefer, wärmer, verständnisvoller, ernster. »Es ist deine Entscheidung. Überlege es dir. Ich kann dir nur anbieten zu kommen.«

Kein Druck, kein »du mußt«. Sein Angebot war wie eine ausgestreckte Hand, die ich ergreifen oder ausschlagen konnte. Gedanken, Gefühle, alles wirbelte in mir durcheinander. Ganz plötzlich war Ruhe. Das Auge des Taifuns?

»Okay«, sagte ich und wunderte mich einen Sekundenbruchteil lang, wie leicht es ging. »Ich komme. Und wann?«

»Donnerstag!« Der Chefarzt stand auf. »Wir versuchen jetzt, ein Bett für dich aufzutreiben. Wir sind leider total überfüllt. Aber wir versuchen es.«

Bis Donnerstag also, eine weitere Galgenfrist.

Meiner Mutter hatte der Chefarzt quasi Hausaufgaben mitgegeben. Als Erziehungsberechtigte mußte sie die Erlaubnis zu meiner Behandlung geben und eine Entscheidung über deren Art treffen. Zur Auswahl standen neben der klassischen Schulmedizin diverse Alternativmethoden. Welche war die richtige? Wie sollte meine Mutter, die zwar medizinisch nicht uninteressiert, aber doch Laie ist, die Verantwortung für eine solche Entscheidung übernehmen können?

Auch diesmal standen ihr mehrere Schulmediziner, Homöopathen und Therapeuten mit gutem Rat zur Seite. Ihre Meinungen wichen allerdings voneinander ab. Einige wenige äußerten sich skeptisch über die Schulmedizin und schlugen alternative Methoden vor. Die Mehrheit plädierte für eine Behandlung auf traditionelle Art, deren Risiken überschaubarer schienen. Was tun?

Der Chefarzt drängte zur Eile. »Das Haus brennt!« rief er meiner Mutter zu. »Wir müssen das Feuer löschen!«

Meine Mutter verstand. Obwohl die Angst vor einer Fehlentscheidung ihr die Kehle zuschnürte, setzte sie im Vertrauen auf die Kompetenz ihrer Ratgeber und deren mehrheitliches Votum alles auf eine Karte und entschied sich für die Schulmedizin nebst begleitender Konfliktlösung mit Therapie.

»Alea iacta est – der Würfel ist gefallen«, dachte ich als Lateiner und wünschte mir, ebenso siegreich den Rubikon meiner Krankheit zu überschreiten wie Julius Caesar den Grenzfluß zu Feindesland.

Nur kurz warfen wir einen Blick in die Station, auf der ich aufgenommen werden sollte. Sie war völlig überfüllt. Selbst entlang der Gänge lagen mehrere Patienten. Sie sahen alle sehr schlecht und bleich und elend aus. Mir sank der frisch gefaßte Mut. Wie gut, daß ich erst in die Klinik kommen sollte, wenn die abermals angeforderten Untersuchungsergebnisse vollzählig vorhanden waren.

Meine Mutter freute sich auch über den Zeitaufschub. Sie hatte soeben die Möglichkeit erhalten, im Zusammenhang mit ihrer Arbeit als Altenpflegerin an einem Lehrgang zur Stationsleiterin teilzunehmen. »Magst du mitkommen?« lud sie mich ein.« Nur wir zwei noch einmal? Wir nehmen ein feines Hotel, jeder ein eigenes Zimmer. Es wird sicher schön.«

»Klar!« sagte ich. »Super!«

Meine Schwester, die in der Zwischenzeit wie so oft bei meiner Großmutter bleiben sollte, guckte traurig, und ausnahmsweise sah ich sehr gut ein, daß es ihr schwerfallen mußte, immer wieder und immer öfter zurückzustehen. Sie hing so sehr an meiner Mutter. Noch viel stärker als ich. Eine warme Welle der Zuneigung stieg in mir auf. »He, du, ich bring dir was mit«, rief ich leise und genoß die Freude, ihr eine Freude machen zu wollen. »Wünschst du dir was?«

»Mhm!« Meine Schwester sah mich ernsthaft aus ihren blauen Augen mit den Glimmerpunkten an und drehte an ihrem schweren Zopf, der mich immer an reife Weizenähren erinnert.

»Und was?«

»Daß du gesund wirst.«

Zwei herrliche Tage lang ließ ich mich in einem schönen Hotelzimmer verwöhnen und genoß es, mit meiner Mutter gepflegt zu Abend zu essen. Während der Stunden, in denen sie ihren Stationsleiterinnenlehrgang absolvierte, las ich oder spielte Gitarre. Ich versuchte, nicht über den Tumor nachzudenken und auch die nächsten Tage in der Klinik zu verdrängen. Selbst mit meiner Mutter sprach ich nicht darüber. Sobald ein Wort fiel, das Assoziationen weckte, stiegen ihr Tränen in die Augen, und ihre Stimme wurde brüchig. Es tat uns beiden zu weh, an diese Gedanken zu rühren. Lieber ließen wir es ganz.

Am Donnerstag wurde auch ich in ein Bett auf dem Klinikgang gelegt. Neben mir stand das Bett einer Frau, die mich während des gesamten Klinikaufenthalts begleitete. Ihren Namen habe ich vergessen, doch ihr Reden ohne Ende vergesse ich nie. Sie hatte ebenfalls einen Lymphdrüsenkrebs, aber bereits Metastasen in Leber und Nieren, war also sterbenskrank. Über sich selbst verlor sie kein Wort. Die ganze Zeit sprach sie von nichts anderem als von ihrer Krankheit und von ihrem Mann. Es war so ermüdend und anstrengend für mich, ihr zuzuhören, daß selbst die Blutabnahmen eine willkommene Abwechslung darstellten.

Überspitzt ausgedrückt, hatte ich den Eindruck, als würden die Krankenschwestern mir mindestens zehn Liter abzapfen. Sie kamen mit einem Döschen, darin steckten ungefähr zwanzig Spritzen, und dann ging es nur noch um Blut, Blut, Blut.

Ganz beiläufig wurde mir bei solch einer Gelegenheit irgendwann mitgeteilt, daß ich einen Aidstest machen lassen müsse. »Was?« fuhr ich erschrocken auf. »Jetzt auch noch Aids? Jetzt habe ich schon 'nen Krebs und jetzt auch noch Aids?«

Die Schwester, die mir einen zentralen Venenzugang gelegt hatte, damit ich leichter anzuzapfen war, lachte. »Bloß Routine!« beruhigte sie mich. »Es ist nur zur Absicherung der Ärzte, wenn sie operieren müssen. Ist doch klar, daß sie sich bei einem Aids-Patienten noch besser schützen müssen.«

Obwohl ich sicher war, kein Aids zu haben, ließ mir die Frage doch keine Ruhe.

Ich fand, Krebs genügte. Auch noch Aids zu haben, wäre mir vorgekommen, als solle ein zum Tod durch Erhängen Verurteilter, der auf seine Begnadigung wartet, nach seiner Begnadigung guillotiniert werden. Es war beruhigend zu erfahren, daß der Test negativ ausgefallen war.

Eine der schmerzhaftesten Prozeduren war die Knochenmarkuntersuchung, im Krankenhausjargon *Hüftstanze* genannt. Dazu muß man sich auf den Bauch legen, und dann wird schräg von hinten in Höhe der Hüfte eine lange Hohlnadel in den Hüftknochen gebohrt und diesem Knochenmark entzogen. Wenn die Untersuchung perfekt durchgeführt wird, ist sie vermutlich schmerzhaft, aber erträglich. Bei mir rutschte die Nadel jedoch dreimal an der Knochenhaut ab. Diesen Schmerz wünsche ich meinem ärgsten Feind nicht. Es ist ein Gefühl, als wenn alle Knochen in dir gleichzeitig brechen. Als wenn im Zahn gebohrt wird und der ganze Körper in diesem Bohrschmerz mitschwingt. Dieses Langscharren auf der Knochenhaut! Das tut so unwahrscheinlich weh! Das kann man nicht beschreiben.

Als der letzte Untersuchungsbefund da war, verschlechterte sich das Diagnoseergebnis nochmals. Das *zentroblastische* Krankheitsbild war zu einem *immunoblastischen B-Zellen-Lymphom* geworden. Mein Glück im Unglück war jedoch, daß sich mein Tumor ausschließlich auf den Bereich zwischen Lunge und Schlüsselbein erstreckte, aber weder mein Knochenmark noch irgendein anderes Organ wie Milz oder Leber betroffen waren.

Meine Mutter hatte sich eine Unmenge von Büchern besorgt und sich daraus einiges Fachwissen angelesen, weil wir beide unbedingt wissen wollten, was sich hinter der uns unverständlichen Diagnose verbarg. Die Ärzte zu befragen, wäre selbstverständlich möglich gewesen. Da die Station letztlich permanent überfüllt war, herrschte allerdings ständiger Zeitmangel. Daher war es uns lieber, uns zumindest das Basiswissen ohne fremde Hilfe anzueignen und nur im Notfall nachzufragen. Grundsätzlich verstanden wir dank unserer Lektüre und ergänzender Informationen durch meine Ärzte, daß »mein« Krebs nicht einfach herausoperiert werden konnte. Er stellte keinen quasi eigenständigen Zellknoten dar, sondern eine bösartige Wucherung des Lymphsystems. Da die Lymphe im ganzen Körper verteilt ist, kann man nicht einfach ein Stück davon entfernen und glauben, nun sei der Schaden behoben. Das Restsystem würde sich erneut bösartig entfalten.

Nach der neuerlichen Verschlechterung meines Befundes war klar, daß ich ohne Chemotherapie, die die gesamte Lymphe behandelt, nicht auskommen würde und auf die Intensivstation mußte.

Der Chefarzt litt mit uns, als er uns die Diagnose mitteilte. Meine Mutter war nur noch ein Schatten ihrer selbst. Auf ihrer Arbeitsstelle leistete sie Schichtdienst, um möglichst oft bei mir und natürlich auch bei meiner Schwester sein zu können. Zusätzlich zu ihren Ängsten um mich bereiteten die Kolleginnen ihr Probleme, da sie die zunehmende Verschlossenheit meiner Mutter nicht verstanden. Vielleicht wäre alles leichter gewesen, wenn sie sich ihnen mitgeteilt hätte. Doch der Kummer und die Angst um mich drückten ihr die Sprache ab. Sie fürchtete, bei jedem Wort in Weinkrämpfe zu verfallen. Noch leichter wäre es gewesen, hätte mein Vater sich endlich in unser Leben eingeklinkt. Aber er schaffte es nicht, konnte es nicht, wollte es nicht. Wenn überhaupt, blieb er als Phantom im Hintergrund.

Um sich überhaupt einmal aussprechen zu können und Anteilnahme zu erfahren, nahm meine Mutter endlich den guten Rat einer Freundin an, eine Psychotherapeutin aufzusuchen und eine Gesprächstherapie zu beginnen.

Ich aber lernte in dieser Zeit *den* Arzt kennen. Auf den ersten Blick wirkte er auf mich wie ein Zombie. Er ist schätzungsweise zwei Meter fünfzig groß, trägt Schuhgröße 65 ungefähr – ich übertreibe, aber er ist wirklich riesig, hat riesige Füße und eine riesige Nase. Das ganze Gesicht ist natürlich entsprechend groß, so daß die Falten und hervortretenden Knochenbögen wie ganz grobe Balken erscheinen. Er sieht erschreckend aus. Aber er ist ein unglaublich netter, lieber Mensch. So ein echter Paradedoktor, der sogar nachts um zwei Uhr von zu Hause anrief, um Informationen zu meiner Weiterbehandlung abzugeben. Er war mir stündlicher Begleiter und Kumpel. Er gab mir Halt und so etwas wie Urvertrauen, das ich auf so selbstverständliche, unkomplizierte Weise niemals zuvor erfahren hatte. Auch wenn er nie viel sprach, wußte ich doch immer, daß er mit seinem Herzen bei mir war. Ich habe nie auf einen Mann sehnsüchtiger und dringender gewartet als auf ihn. Er war mir wie der Vater, den ich mir mein Leben lang gewünscht und niemals erlebt hatte. Ich habe ihn so lieb gewonnen! Und ich war trotz meiner Krankheit vollkommen glücklich, sooft er kam.

Eine der ersten Maßnahmen, die er an mir vorzunehmen hatte, war das Implantieren eines kleinen Kästchens unter der Haut, das als hütchenförmige Erhebung bis heute unterhalb meines Schlüsselbeins zu sehen ist und erst nach etwa drei Jahren entfernt wird, wenn meine Heilung so weit gesichert ist, daß kein Rückfall mehr zu erwarten ist. Über ein solches Kästchen, das zum Beispiel nachts während des Schlafes nicht verrutschen kann, wird die rund um die Uhr verabreichte Chemotherapieflüssigkeit zuverlässiger als über die Vene in den Körper geleitet. Sollte nämlich die Zufuhr der Flüssigkeit in die Vene dadurch unterbrochen werden, daß die darin eingeführte Kanüle durch irgendeine ungeschickte Bewegung herausrutscht, würde die Chemotherapieflüssigkeit in das Körpergewebe eindringen und dort großen Schaden anrichten.

Das Setzen des Kästchens fand ich übrigens hochinteressant, ja, fast witzig. Es wurde bei örtlicher Betäubung durchgeführt. Da die Implantatstelle nahe meinem Ohr liegt, hörte sich das Schneiden und Nähen und Knirschen der Haut für mich an wie beim Metzger. Ich sah nicht viel mehr als die Handschuhe des Arztes, die über und über mit Blut beschmiert waren. Natürlich wußte ich, daß ich nicht verblutete. Die Spuren stammten von ein paar Tropfen, die sich großflächig verteilt hatten. Aber der Anblick war echt frankensteinmäßig.

Anfang August war meine Erkrankung entdeckt worden. Rund vier Wochen später, an einem Freitag, Anfang September, wurde ich in meinem Krankenhausbett zur ersten Chemotherapie gefahren. Eine der schlimmsten Erfahrungen in diesem Zusammenhang waren ie Rückenmarkspritzen, die ich insgesamt viermal ertragen mußte und vor denen ich mich regelmäßig aufs Neue gefürchtet habe.

Auf der Intensivstation bekam ich ein eigenes Zimmer. Ich erfuhr, daß die Chemotherapie insgesamt fünf Tage dauern würde; drei Tage auf der Intensivstation, zwei Tage auf der Normalstation. Während dieser Zeit sollte ich genau notieren, wieviel ich trinke und was ich esse. Wie sich herausstellte, hatte ich nicht den geringsten Hunger, außer auf Gummibärchen, die ich wegen des Zuckers als Nährboden für Pilze, also der Gefahr eines Pilzbefalls im Mund, zwar nicht essen sollte, aber trotzdem mit Heißhunger verschlungen habe.

Die Intensivärzte schlossen die Schläuche an mir an. Gelb tropfte es in mich hinein. Einen kleinen Rest dieser ersten Chemotherapie habe ich mir später in einem der Weichenstücke, die zur Zufuhr unterschiedlicher Chemotherapiebestandteile zwischen den Schläuchen angebracht waren und auf jeder Seite zugedreht werden können, aufgehoben.

Auch wenn ich den Ärzten vertraute, fragte ich mich, was sie mir einflößten, und versuchte, so viele Informationen wie möglich zu bekommen. Gleich zu Anfang der Chemotherapie fischte ich einen Beipackzettel aus dem Mülleimer neben meinem Bett und vertiefte mich in das mir größtenteils unverständliche Medizinerlatein. »Bei intra-sowieso Gabe *letal*«, diese Zeile sprang mir ins Auge. Heute muß ich darüber lachen, aber damals fuhr mir der Schreck in die Glieder. Was *letal* heißt, wußte ich, nämlich tödlich. Ja, und so ein Zeug, das bei gewisser Gabe tödlich ist, ist ja nicht so toll. Also habe ich gefragt, was das denn sei, ob sie mir das nicht vielleicht aus Versehen verabreicht hätten?

Die Schwester lachte. »Nein, das war die Rückenmarkspritze. Und die haben wir ganz sicher nicht aus Versehen gesetzt.«

Beruhigt schloß ich die Augen und versuchte einzuschlafen. Hinter mir pumpte und läutete es. Wahrscheinlich wäre ich weniger beruhigt gewesen, hätte ich gewußt, daß selbst meine behandelnden Ärzte die Höchstmengen an Zellgift, die sie mir zuführten, für eine Wahnsinnsdosis ansahen.

Zu meiner Mutter sagten sie: »Bei jungen Menschen müssen und können wir mit großen Giftmengen kommen, weil der jugendliche Körper noch im Wachstum ist und Defizite wieder aufbauen kann. Trotzdem haben auch wir Angst.«

Trotz der Belastung habe ich diese erste Chemotherapie vor allem deswegen als gar nicht so schlimm in Erinnerung, weil ich mich nicht einmal übergeben mußte. Ich habe sehr viel gelesen. Am ersten Tag habe ich zum Beispiel die *Spiegel*-Ausgaben von zwei Wochen und darin selbst die mich im Augenblick nicht interessierenden Wirtschaftsartikel über ferne Länder durchgelesen.

Dann bekam ich das Buch über *»Mein Leben als Sohn von Philipp Roth«.*

Ich hatte es mir von meiner Mutter gewünscht, weil ich es in einer Werbeanzeige entdeckt und Gefallen an dem Titel gefunden hatte. Tatsächlich gefiel mir das Buch. Es beschreibt den Leidensweg eines Sohnes mit seinem zeitweilig stark pflegebedürftigen Vater. Viele der darin enthaltenen Gedanken riefen in mir ein Echo hervor, das mir guttat. Daß der Vater in diesem Buch an Krebs erkrankt war und letztlich daran starb, hatte ich nicht geahnt. Meine Mutter erschrak richtiggehend, als ich es ihr erzählte. Mir selbst machte dies jedoch weniger aus. Ich hatte keine Probleme damit, daß irgendwelche Leute an Krebs sterben. Das waren Leute, aber doch nicht ich! Ich hatte nie damit zu kämpfen, was ich oft von anderen hörte, die dann sagten: »Oh, da ist schon wieder einer an Krebs gestorben! Ich bin der Nächste!« Es war bei mir automatisch so, doch ich bin überzeugt, daß man als Krebskranker eine solche innere Distanz auch haben muß, sonst schafft man es nicht, die Krankheit zumindest seelisch in den Griff zu bekommen.

Die wohl beglückendste Erfahrung meiner Krebs-Monate hängt sehr eng mit meinem Freund Armin und der Musik zusammen. Obwohl es zunächst für einige schlimme Stunden absolut nicht danach aussah!

Wie schon gesagt, kannten Armin und ich uns schon recht lange. Seit wir Gitarre spielten, hatten wir miteinander Musik gemacht. Wir waren nicht gerade Freunde gewesen, aber uns doch recht sympathisch. In den letzten Tagen vor der Chemotherapie hatten wir beschlossen, gemeinsam mit Armins Freund Christoph eine Band zu gründen. Die erste *Jam* mit den beiden war klasse gelaufen. Ich war überzeugt, endlich die Band zu haben, die ich mir wünschte. Und dann das!

Armin hatte mich im Krankenhaus besucht. Wenn wir heute über den Beginn unserer Freundschaft reden, setzt Armin seine Eindrücke von seinem ersten Krankenhausbesuch bei mir am liebsten als Slapstick um. »Es begann alles, als Thomas Krebs hatte. Ich ging also den Gang entlang. Da war diese Frau mit dem Vollbart. Ich schleuderte ihr eine Gabel entgegen, die ich vorher beim Frittenautomaten gekauft hatte. Ich öffnete eine Tür, in der eingemeißelt eine eherne Stange … Ach, Quatsch! Sag du mal was, Thomas!«

Ich dann: »Ja, an dem Tag, das war echt kraß! Da lag ich ganz allein im Zimmer, hatte ziemlich lange gepennt. Und plötzlich, so gegen neun, wurde ein neuer Patient gebracht. Die Krankenschwester kam mit dem Bett reingefahren und krachte damit voll gegen meines. Ich bin also echt fast mit einem Herzschlag aufgewacht. Keuch! Weißt du, diese Krankenhausbetten, wenn da mal was dagegen stößt! Die sind sowieso klapprig. Da ist es schon immer ein mittleres Erdbeben, wenn die Putzfrau unten mit dem Wischer dagegenstößt. Und da kracht die mir so voll mit dem Bett dagegen. Und dann kamst du.«

Nach dieser Story haben wir die Lacher auf unserer Seite. Der Ernst dahinter ist, daß ich mich unglaublich gefreut habe, Armin zu sehen. Ich hatte erwartet, daß Muckel, den ich immer noch als einen meiner wichtigsten Freunde empfand, mich besuchen käme. Doch es war Armin, der seine roten Dreadlocks zur Tür hereinstreckte und als erstes einen Stielaugen wegen der niedlichen Krankenschwester bekam, mit der ich mich schon ganz gut angefreundet hatte.

»Ich fand's ziemlich cool damals, zu dir zu kommen«, stellt Armin heute rückblickend fest. »Du warst irgendwie ein ganz anderer Mensch. Du warst so viel vitaler und hattest mehr Power als davor. Davor, das war irgendwie ein Chaos. Das ging so ins Uferlose, und immer so sprunghaft. Und da konnte ich auch nicht mit dir reden. Das war alles Wischiwaschi. Aber dort, im Krankenhaus, da hast du nach außen eine wahnsinnig positive Ausstrahlung gehabt, auch eine wahnsinnig selbstbewußte Ausstrahlung. Und zwar im besten Sinne selbstbewußt. Und deswegen fand ich es echt okay zu kommen. Aus meiner Sicht war das nie: mußt du den besuchen und hast muffige Laune dabei. Kein Pflichtbesuch, oder höchstens eine innere Verpflichtung, etwas, das ich völlig gern gemacht habe.«

Trotzdem erhielt ich in dieser Zeit den wohl am schwersten zu verwindenden seelischen Tiefschlag ausgerechnet von Armin. Wir hatten über Musik geredet. Neben Mädels unser absolutes Lieblingsthema seit jeher. Ich hatte nach Christoph gefragt und danach, ob er und Armin seit unserer gemeinsamen *Jam* schon wieder zusammen geprobt hatten, und sagte, daß ich hoffte, schon bald wieder fit und mit dabeizusein. Und da kam es.

So ganz nebenbei ließ Armin es fallen: »Ey, du, die *Jam* neulich – ich glaub, der Christoph und ich, wir spielen wahrscheinlich ohne dich weiter. Irgendwie paßt das nicht.«

»Echt?« fragte ich und hatte dieses taube Gefühl, das man immer hat, wenn man den Schmerz schon fühlt, aber der Kopf noch nicht vollständig begriffen hat, was es ist.

Armin schien nichts zu bemerken. »Ich weiß auch nicht«, meinte er wie im Selbstgespräch, »aber du wolltest ja irgendwie *crazier* werden mit deiner Musik und ich bin da doch eher bei den *Stones* und so'n bißchen auch auf dem *Nirvana*-Trip.«

An alles Weitere kann ich mich kaum erinnern. Armin ging irgendwann. Meine Mutter kam. Sah, daß ich so niedergeschmettert war wie lange, lange, lange nicht mehr, fragte alles aus mir heraus, tröstete, beruhigte, schwächte ab, weckte Hoffnung, baute mich auf. Als sie nach der jeweils nur kurzen erlaubten Besuchszeit aufbrach, fühlte ich mich dem Leben schon wieder näher.

Was genau meine Mutter anschließend am Telefon mit Armin besprochen hat, habe ich nie erfahren. Um ehrlich zu sein, ich habe auch nie danach gefragt. Es war mir nicht wichtig genug. Ganz offensichtlich bewirkte es jedoch in Armin einen Denkanstoß, sich nochmals kritisch mit sich selbst und seiner Musik auseinanderzusetzen.

»Und da hab ich dann erst gemerkt,« meinte er, »daß dein Ziel, *crazier* zu werden, ja in Wirklichkeit recht gut zu meinem *Nirvana* – Trip paßte und daß ich schon wieder mal ganz vergessen hatte, was ich denn eigentlich wollte. Und da dachte ich: Wenn du glaubst, du hast dich da verstrickt, dann laß das lieber gleich. Und da hab ich dir dann gesagt, daß wir das mit der Band doch wollen und du dabei bist.«

Für mich war dieser Beschluß wie Weihnachten, Ostern, Geburtstag und Silvester an einem Tag. Ich stellte mir nicht ein einziges Mal auch nur die Spur einer Frage, ob hier womöglich Mitleid im Spiel sei, ob sie mich nur haben wollten, weil ich ja ach so krank war und man mich aus moralischen Gründen nicht im Stich lassen konnte. In mir war nichts als Freude und dieses unglaubliche *feeling* »Yeah, ich komm da raus und mache geile Musik mit den Leuten!« Und erst jetzt, inmitten dieser immensen Erleichterung, wurde mir klar, wie eindeutig die Band mein Finger am Puls des Lebens war.

Schon kurz vor der ersten Chemotherapie hatte Armin mir eine Einladung zu einer Geburtstagsparty bei einem Mädel mitgebracht, das wir beide kannten. Die Party sollte an einem Samstag steigen.

»Unmöglich!« meinten die Ärzte. »Du kannst jetzt nicht raus. Wir müssen dich jeden Tag kontrollieren, um zu wissen, wie du auf die Chemotherapie reagierst.«

Aber ich war wild entschlossen hinzugehen, da ließ ich absolut nicht mit mir reden. Und wenn ich ausgebrochen wäre, aber ich mußte hin.

»Also gut«, gaben die Ärzte schließlich nach. »Wenn du kein Fieber hast und die Leukozythen stimmen.«

Leukozythen, dieses Wissen hatte ich mir zusammen mit meiner Mutter aus verschiedenen Fachbüchern angeeignet, sind schnell teilende Blutkörperchen, die wie alle schnell teilenden Zellen extrem rasch auf Chemotherapie ansprechen und zerstört werden. Im Normalwert liegt ihr Anteil im Blut bei bis zu 10 000, unter Einwirkung der Chemotherapie sinken sie bis auf 500 ab. Bei diesem Wert wird es sehr kritisch für den Patienten, der nun in die sogenannte Isolation gebracht werden muß, wo alles absolut hygienisch und weitestgehend keimfrei zugeht. Ohne Mundschutz und spezielle Sicherheitskleidung hat niemand dort Zutritt.

Auch bei mir fielen die Leukozythen zunächst auf 1 000, dann auf 700, 600 und schließlich 500 ab. Die Intensivstation war mir sicher.

»Es ist für uns auch schlimm«, sagten die Ärzte, »diesen körperlichen Verfall mitanzusehen. Du bist einer der jüngsten Patienten auf der Station. Es nimmt uns alle mit, wenn es dir schlecht geht. Auch wir können nur hoffen, daß die Medikamente, die uns zur Verfügung stehen, anschlagen. Wirken sie nicht, sind wir machtlos. Glaub mir, wir sind auch schrecklich nervös und besorgt.«

Um mir das Gefühl zu vermitteln, dem körperlichen Verfall nicht vollkommen tatenlos ausgeliefert zu sein, drückte man mir ein Fieberthermometer in die Hand.

»Gefährlich wird es erst, wenn du Fieber bekommst«, erfuhr ich. »Du mußt immer wieder peinlich genau messen. Und sofort melden, wenn das Thermometer auf über 38$ ansteigt.«

Schon sehr bald hatte ich 38,12$ Temperatur. Ich war ziemlich verzweifelt. Fieber bedeutete das Aus für die Party, denn ich mußte es melden. Ehe ich völlig ins Rotieren kam, klingelte zum Glück das Telefon. Meine Großmutter! Ich hätte sie umarmen mögen. Drei Stunden lang telefonierten wir, gestanden uns unsere Angst und gaben uns gegenseitig Kraft. Es war eines dieser Gespräche, in denen man über alle Verwandten redet und von vorne bis hinten alle Kinder durchgeht, alle geschiedenen und alle unehelichen und alle gestorbenen. Ich wollte eines der überlebenden sein. Als meine Großmutter und ich die Telefonhörer aufgelegt hatten und ich erneut Fieber maß, war die Temperatur auf 37,2$ gesunken. Ich hatte gesiegt!

Am nächsten Tag waren meine Leukozythenwerte unter dem Einfluß eines Medikamentes, das das Absinken der Werte zwar nicht verhindert aber den Wiederaufbau unterstützt, auf zunächst 12 000 und zuletzt auf 90 000 hochgeschnellt. Das Röntgenbild ergab eine Verkleinerung des Tumors.

Die erste Chemotherapie war geschafft. Ja, und so ging ich am Samstag also tatsächlich zur Party, Leben auftanken.

Erst am Sonntagmorgen nach der Party bemerkte ich im Bad, daß mir die Haare ausgingen. Mir war, als hätte mein Körper mit aller Kraft bis nach der Party durch- und jedes einzelne Haar ganz bewußt festgehalten, um mir die Peinlichkeit eines Auftritts als Skinhead zu ersparen. Bis heute finde ich dieses *Timing* perfekt. Natürlich hatte ich damit gerechnet, daß ich die Haare verlieren würde. Ich hatte sogar schon einmal vor der Chemotherapie einen Friseurtermin vereinbart, um mir vorbeugend eine Kurzhaarfrisur schneiden zu lassen, bin aber vom Friseursessel wieder weggesprungen. Ich wollte meine Haare behalten – bis zuletzt.

An diesem Sonntag stand ich also vor dem Spiegel, griff mir ins Haar und hielt ein ganzes Büschel in der Hand. Ein paar Strähnen auf dem Oberkopf und ein vergleichsweise dichter Nackenkranz waren alles, was von meiner Lockenpracht übriggeblieben war. Ich hätte im Zirkus auftreten können mit dieser Frisur!

Ganz plötzlich war ich sehr unglücklich. Obwohl ich Knochenmarkpunktionen, Rückenmarkspritzen, Bluttransfusionen und eine Chemotherapie überstanden hatte, schien mich der Krebs jetzt erstmals in den Scheren zu haben.

»Weißt du was, ich flechte dir ganz viele Zöpfchen«, schlug meine Schwester vor. »Dann schneiden wir sie ab und heben alle Haare auf. Die kannst du später, wenn du echt eine Glatze hast, deinen Enkeln zum Beweis dafür zeigen, daß du auch mal Haare hattest.« Ich mußte lachen, die Idee war nicht schlecht.

Meine Mutter, die immer schon ein *Faible* für Stimmungen hatte, schaltete das Fernsehgerät ein, und dann, während ein schöner Film lief, der mich alles vergessen machen sollte, was um mich herum geschah, ging es los. Strähne für Strähne wurden aus meinen Locken Zöpfchen, bis ich wie Obelix, der Gallier, aussah. Knirschend schnitt die Schere zu. Es wurde kühl und bald kalt an meinem Kopf. Das Haar war ab. Eine ganze Schachtel voller Schleifenzöpfchen, so lag es in meinem Schoß.

»Jeder Schnitt ging mir ins Herz«, klagte meine Mutter irgendwann.

Trotzdem litt sie, glaube ich, nicht annähernd so schmerzlich wie ich, der ich mir nur den einen Rat wußte, mich ins Bett zu verkriechen, die Decke über die Ohren zu ziehen und zu schluchzen wie ein kleines Kind.

Drei Wochen durfte ich nach der ersten Chemotherapie zu Hause verbringen.

Obwohl ich nicht unbedingt überzeugt von Theorien über schädliche Erdstrahlen und Wasseradern bin, hatte meine Mutter mein ehemaliges Zimmer geräumt und mir ein anderes gemütlich eingerichtet. Ich schlief viel, erholte mich und genoß das Zuhausesein mit bisher nicht gekannter Intensität. Einmal traf ich Muckel wieder. Manchmal telefonierte ich mit meinem Vater, der zu mir eine seltsame technische Beziehung entwickelt hatte, die sich darauf reduzierte, mich zu fragen: »Was machst du denn zur Zeit? Brauchst du was?« Er war, glaube ich, während der Chemotherapie nur einziges Mal bei mir gewesen, im übrigen kommunizierte er mit meiner Mutter und erhielt von ihr alle ihn interessierenden Informationen.

Es schmerzte, darüber nachzudenken, daß er mein Vater war. Also mied ich diese Gedanken. Die Zeit verflog mit Lesen, Gesprächen und einer Art Entdeckungsreise in die Männerwelt meiner Familie, deren Porträts meine

Mutter in einer kleinen Ahnengalerie in unserem Wintergarten aufgehängt hatte. All die bärtigen Urgroßväter und Großväter, die jugendlichen Onkel und entfernteren Verwandten schienen mir Mut zuzusprechen und mir zu suggerieren, daß mein Leben, meine Persönlichkeit nicht überflüssig als nirgendwo zugehöriges Blatt im Wind taumele, sondern sinnvoll und unersetzlich in der Reihe derer erwünscht sei, die vor mir waren und ihre Spuren in meinen Genen hinterlassen hatten. Sie zogen in unseren quasi männerlosen Familienclan ein und nahmen mich in die Mitte. Es war vielleicht Einbildung, doch sie vermittelten mir das Gefühl einer beruhigenden Daseinsberechtigung.

Das für mich Herausragendste in diesen drei Wochen war die endlich stattfindende erste richtige Bandprobe. Es war ein unglaublich schönes, starkes Erlebnis für mich. Armin, Christoph und ich gingen einfach in den Bandkeller hinunter, nahmen die Instrumente und fingen an zu spielen. Irgend jemand, vielleicht ich, gab eine kleine Melodie vor, nur einige Töne, nichts Aufregendes. Und dann spielten wir mindestens eine Dreiviertelstunde lang einfach drauflos. Anschließend haben wir uns angeschaut, alle mit einem großen runden Oh!-Mund und gesagt: »Hey, wir müssen unbedingt zusammenbleiben.« Mehr nicht, nur diesen einen Satz. Jeder von uns wußte, was es bedeutete. Spontan nahmen wir uns mindestens zweimal wöchentlich eine Probe vor.

Leider wurde fürs erste nur unregelmäßig etwas daraus. Schon die nächste Probe fiel aus. Ich mußte zurück ins Krankenhaus.

Von mir selbst nur halbherzig registriert, hatte ich stark zu husten begonnen. Gleich bei der ersten Röntgenuntersuchung nach meiner Rückkehr ins Krankenhaus stand fest, daß der Tumor ein wenig gewachsen war. Selbst die

Ärzte waren entsetzt. Sie befürchteten eine Infiltration des Krebses in die Lunge.

Doch glücklicherweise ergab die Bronchoskopie keine entsprechende Ausbreitung.

»Da die Lunge nicht betroffen ist, erleichtert es uns das weitere Vorgehen«, teilte mein Lieblingsarzt mir mit. »Aber wir haben keine Zeit zu verlieren. Wir starten sofort mit der zweiten Chemotherapie.«

Damit hatte ich zwar längst gerechnet, aber trotzdem sah ich diesem Ereignis mit sehr gemischten Gefühlen entgegen. Im Vergleich zu der ersten Chemotherapie ging es mir diesmal furchtbar schlecht. Wieder drei Tage Intensivstation, während Gift in meinen Körper rann. Ich hatte weder Lust auf Essen noch auf Musikhören oder Lesen. Mir war nur noch übel. Völlig lethargisch lag ich wie in Trance herum. Trotzdem bemühte ich mich, nicht zu jammern und zu klagen. Ich wußte ja, daß alles nur Menschenmögliche für mich getan wurde und Jammern niemandem helfen würde.

Mein Lieblingsarzt, der in ständigem Kontakt mit meiner Mutter stand und ihr Mut zuzusprechen versuchte, meinte: »Thomas ist sehr tapfer. Er erträgt seinen Schmerz ganz persönlich und spricht nicht darüber.« Er konnte ja nicht ahnen, wie selbstverständlich mir im Laufe meines geheimen Lebens als Priestersohn das Verbergen meiner Gefühle und Erfahrungen zur zweiten Haut geworden war. Selbst wenn ich noch stärker gelitten hätte, würde ich die Zähne zusammengebissen und meinen Schmerz mit mir selbst abgemacht haben. Ein Priesterkind läßt sich nicht gehen. Es schweigt.

Ebenso wenig konnte er wissen, wie unendlich viel es mir gerade wegen meiner leidvollen Erfahrung des Verschweigens und Verschwiegenwerdens bedeutete, daß er sich nicht scheute, sich in der Öffentlichkeit des Klinikbetriebes zu seiner Zuneigung zu mir zu bekennen. Einmal, als er mir sehr liebevoll tröstend über den Kopf streichelte, um mir zu zeigen, wie gut er mich auch ohne Worte verstand und mit mir fühlte, wähnte ich mich wie im Himmel!

Nach fünf schweren Tagen war die zweite Chemotherapie endlich überstanden. Doch im Gegensatz zu der ersten hatte sie keinerlei Erfolg gebracht. Der Chefarzt persönlich klärte uns darüber auf. »Der Tumor ist nicht geschrumpft. Er ist immer noch bedrohlich groß. Wir erwägen einen Methodenwechsel.«

Wir konnten uns nichts mehr vormachen. Die dritte Chemotherapie war in Sicht und mit ihr die vielleicht unaufhaltsame Nähe des Todes.

In ihrer Verzweiflung und um wirklich jede Möglichkeit einer Heilungschance auszuschöpfen, aktivierte meine Mutter eine ihrer Freundinnen, mit mir eine Maltherapie zu beginnen. Als Maltherapie war der Versuch ein Flop. Ich kann nicht einmal ein schönes Strichmännchen malen, geschweige denn ein ganzes Bild. In meinem Kopf aber kam der Gedanke des Malens sehr wohl an. Zwar war ich unfähig, ihn in ein Gemälde umzusetzen, doch die Idee dazu trat sehr plastisch als das Prinzip der Wechselwirkung zwischen der Medizin und mir, dem Patienten, hervor. Ich stellte mir den Tumor quasi als Werkstück vor und die Medizin als Hammer. Nur in ihrer Wechselwirkung bedingten sie einander und ergaben in der herbeizuführenden Veränderung einen Sinn. Wie, so dämmerte es mir, wenn das ganze Lebensprinzip in diesem Wechselspiel steckte?

In einem Gespräch mit Armin klärten sich meine Gedanken noch etwas konkreter. »Der Tumor«, erkannte ich, »ist ein Teil von mir. Das ist nichts von außen in mich Hineingetragenes wie eine ansteckende Krankheit. Der Tumor, das bin auch ich! Das heißt, wenn durch den Hammerschlag der Medizin eine Veränderung an diesem Tumor herbeigeführt werden soll, muß auch der Rest von mir sich verändern, weil sonst die Lebensbedingungen des Tumors erhalten bleiben. Noch anders ausgedrückt, den Tumor zu vernichten heißt, an einem Teil von mir Selbstmord zu begehen.«

In einem nächsten Gedankenschritt wurde mir klar, daß mein Tumor das Ergebnis von siebzehn Jahren verinnerlichter Geheimnisse, uneingestandener seelischer Verletzungen, des stets in mich hineingefressenen Schmerzes um meinen Vater und nicht zuletzt auch das Ergebnis einer aus diesen Faktoren resultierenden schweren Unzufriedenheit mit mir selbst und meinem Leben war.

Wie ein immer härter versteinernder Klumpen waren all die ungesagten Worte irgendwo auf meinem stockenden Atem zurückgeblieben, hatten sich auf meine Brust gelegt und schnürten mir nun mit bösartigen Wucherungen die Luft ab und das Herz dazu.

Ich begriff, daß die zerstörerische nur nach innen sichtbare Gewalt des Tumors das Endziel gehabt hatte, meinen Körper und somit den vermeintlichen Anlaß der Geheimnisse zum Verschwinden zu bringen und meinen Geist zu befreien. Ganz plötzlich erfaßte ich, daß der Tumor nichts als ein falscher Schachzug meiner Seele auf dem Weg zum Glücklichsein war.

Für manche mag sich dies theatralisch anhören, doch erst im Angesicht des Todes wurde mir klar, daß ich nicht nur als Geistwesen existieren, sondern als kompletter Mensch leben wollte. Es gefiel mir, zu diskutieren und meinen Verstand zu gebrauchen. Aber ebenso gefiel es mir, Gitarre zu spielen, Mitglied meiner Band zu sein, ein Mädel zu lieben und auf Parties zu gehen.

Ja, Moment mal, kam in diesem Augenblick das bewußte Aha-Erlebnis – so wie du bist, bist du doch ganz in Ordnung! Wenn aber alles, was du bis jetzt erlebt hast, dazu beigetragen hat, daß du bist, wie du bist, du mit dir aber ganz zufrieden bist, kann doch folglich alles Erlebte gar nicht so falsch gewesen sein.

Ganz plötzlich verinnerlichte ich, daß ich keinen Tumor mehr brauchte, der meinen Körper tötet, um mich glücklich zu machen. Was ich brauchte, war ein neues Verständnis von der Ganzheit meiner Selbst aus Körper und Geist. Ich benötigte für meinen Körper einen Weg zum Glücklichsein. Ebenso erforderlich war ein Weg für meinen Geist zum Glücklichsein. Und zwar ein Weg, mit dem ich beiden gerecht wurde, so daß sowohl mein Körper als auch mein Geist ihn gern gehen wollten. Dann, und nur dann, konnte der Tumor verschwinden. Wahrscheinlich, so fühlte ich mehr als ich dachte, hatte es des Tumors bedurft, um mir dies endlich zu zeigen.

Am Ende der zweiten Chemotherapie kam Armin nochmals vorbei. Er brachte seine Gitarre mit, und wir gingen ganz aus dem Krankenhaus weg. Nicht weit, nur bis zu einem kleinen Brunnen vor der Mauer, aber es gab mir das Gefühl, wieder dazusein, zurück im Leben. Seinen Ausdruck fand dieses Gefühl in einem Musikstück, das ich an diesem Tag mit Armin schrieb. Ich nannte es »*Low*« – Ebbe, Zustand vor dem sicheren Aufschwung.

Mein Bruder Magnus hatte mir von seiner Freundin ein schwarzes geweihtes Kreuz mit einem Segensspruch für meine Gesundheit geschenkt. Wenngleich ich mich mit der Glaubensmystik an Wallfahrtsorten wie Lourdes nicht identifizieren kann, bedeutet dieses Kreuz mir viel. Ganz gleich, ob es mit Weihwasser oder Seifenwasser besprengt wurde, es strahlte zumindest die Kraft der guten Wünsche aus, welche die Freundin meines Bruders damit für mich verbunden hatte. Selbst wenn ich diese Kraft nicht spürte, konnte es sein, daß sie vorhanden war. Sehr oft war das Kreuz Ruhepol meiner Augen.

Gott zu denken, war immer in mir. Lange Zeit dachte ich darüber nach, ob der Standpunkt des Atheisten gerechtfertigt ist. Wenn ich dennoch nie Atheist war, lag es hauptsächlich daran, daß ich keinen logischen, überzeugenden Grund für die Nicht-Existenz Gottes finden konnte und zugleich zu der Einsicht gelangte, daß Gott und die Kirche nichts miteinander zu tun haben.

Gut ein halbes Jahr vor Ausbruch des Tumors war ich von der Existenz Gottes überzeugt, dachte ihn jedoch jenseits dessen, was mich wirklich betraf. Gott war für mich der Schöpfer, der sich anschließend schlafen gelegt hatte. Aber ich muß sagen, ich dachte zu dieser Zeit auch nicht mehr sonderlich darüber nach. Ich hatte Gott und meine Suche nach meinem Gott geweihten Vater quasi eingefroren.

Jetzt erst, mit dem sicheren Bewußtsein, daß ich sterben könnte, taute alles wieder auf. Wer ist Gott? Warum lebe ich? Warum habe ich Krebs? Warum sterbe ich? Warum ausgerechnet ich? Diesen und anderen Fragen konnte ich nicht ausweichen.

Obwohl ich mit dem Krankenhausseelsorger, mit Armin, mit meiner Mutter und manchmal auch mit meiner Großmutter über Gott sprach, kam ich bald zu dem Schluß, daß wir im Grunde über die Bibel und deren Auslegung, nicht aber wirklich über Gott redeten. Für mich zum Beispiel ist Maria nicht jungfräulich, doch wenn es für jemand anderen zu seinem Gottesbild gehört, daß sie jungfräulich ist – bitte. Wo ist das Problem? Für mich ist es auch nicht wichtig, bei Gott eine absolute Wahrheit und

Gerechtigkeit per Strafe zu finden, sondern inneren Frieden und die Gewißheit, daß mein Freund Gott mir nichts übelnimmt, was ich mit meinem Denken vereinbaren kann.

Der Gedanke an ein Leben nach dem Tod ließ angesichts der realen Möglichkeit meines Sterbens nicht auf sich warten. Aber ich stellte fest, daß es mir gar nicht so viel bedeutet, was danach kommt. Ich hatte eine solche Zuversicht in Gottes Liebe zu mir gewonnen, daß ich hier auf der Erde trotz des Tumors so glücklich zu werden begann wie nie zuvor und in Ruhe sagen konnte: Ich lasse mich überraschen, was Gott noch für mich hat. Vielleicht ist es vorbei. Dann danke ich ihm für die schöne Zeit, die ich hatte. Aber wenn es weitergeht, dann danke ich ihm auch für die schöne Zeit.

Es war mir nicht gleich, ob ich lebte oder starb. Ich wollte leben, aber ich hätte nicht mit Gott gerungen, wäre ich gestorben. Ich war bereit, alles nur Menschenmögliche zu tun, um zu leben, aber mein Leben selbst hatte ich in seine Hände gelegt. Und da er mein allerbester Freund geworden war, in dessen Liebe ich mich wie in einer Hängematte geborgen fühlte, vertraute ich ihm.

Mit dieser inneren Einstellung konnte ich relativ gelassen in die dritte Chemotherapie gehen. Da die Ärzte mir angekündigt hatten, daß sie nur drei Tage dauern werde, die ich sofort auf der Normalstation verbringen könne, und auch keine Rückenmarkpunktion notwendig sei, stellte ich mir vor, es würde keinesfalls mehr so schlimm werden, wie bei der zweiten. Aber Pustekuchen! Es wurde noch schlimmer.

Diesmal mußte ich mich ständig übergeben und bekam auch den gefürchteten Pilzbefall im Mund, den mir die Ärzte bereits bei der ersten Chemotherapie angekündigt hatten. Es waren nicht einmal Gummibärchen dazu nötig gewesen. Ich konnte weder schlucken noch sprechen, so daß ich »Flüssig-BigMacs« bekam, also künstlich ernährt werden mußte. Zur Linderung der Beschwerden erhielt ich eine blaue Flüssigkeit, die ich mehrmals am Tag mit einem feinen Pinselchen auf die von Pilz befallenen Stellen auftupfte, so daß sie sich plaqueweise lösten. Der Schmerz war grausam.

In knapp einer Woche nahm ich über zehn Kilo ab.

Sarkasmus war angesagt, und so behauptete ich immer: »Chemotherapie ist das beste Allheilmittel überhaupt. Du wirst schlank, kriegst keine Pickel mehr, die Haare fallen zwar zuerst aus, wachsen danach aber um so schöner nach. Obendrein bekommst du eine wunderbare Philosophie. Es ist perfekt.«

Aber Scherz beiseite – ich fand es alles andere als optimal. Ich war so kaputt und fertig, daß ich wie ein kleines Kind nach meiner Mutter verlangte und erst, als sie bei mir war, wieder etwas Lebenskraft zusammenraffen konnte.

Mein Taufpate besuchte mich. Sein Erschrecken bei meinem Anblick tat mir leid, freute mich aber auch, weil ich es als Zeichen seiner Zuneigung wahrnahm. Eine Nachbarin bestärkte mich darin, weniger über andere nachzudenken, sondern mich selbst in den Mittelpunkt zu stellen und kennenzulernen. Ein befreundeter Arzt machte mir und meiner ganzen Familie klar, wie dringend notwendig es sei, daß wir uns gegenseitig von jedem Leistungsdruck befreien. Erfolgszwang, Angst und Unsicherheit sollten aus und vorbei sein. »Was muß denn noch passieren, damit ihr euch alle ändert?« Diese Frage blieb haften.

Zu meiner größten Freude rief mich einmal der jüngere Bruder meines Vaters mit dem Handy aus Griechenland an. Er machte dort Urlaub und befand sich auf einer Bootstour, mitten auf dem Meer. Dic Verbindung knackte und knisterte, wir sprachen auch nur ein paar Sätze. Über »Gute Besserung und schöne Grüße« ging es kaum hinaus. Aber es war der Bruder meines Vaters! Neben meiner verstorbenen Großmutter der erste aus diesem Teil meiner Familie, der mich nicht nur wahrnahm, sondern als zugehörig annahm! Es tat mir so gut. Später besuchte er mich sogar einmal und schenkte mir ein Buch über Jimmy Hendrix, das ich insofern schätzte, als es mir bewies, daß mein Onkel sich über mich als seinen Neffen zumindest so weit informiert hatte, daß er wußte, ich mache Musik.

Von überall her trafen plötzlich Grüße bei mir ein. Die Vereinigung katholischer Priester und ihrer Frauen kauften mir gemeinsam einen Drucker für den Computer, zum Zeichen, daß alle an mich dachten. Am wichtigsten aber waren mir eine Urlaubskarte von jenem jüngeren Bruder meines Vaters und ein Schlafanzug von der Tante meines Vaters, einer Schwester meiner verstorbenen Großmutter, der ich einen Antwortbrief als Dankeschön schickte. Sie sollte wissen, daß ich ebenso bereit war, sie anzunehmen, wie sie mich mit ihrem Geschenk angenommen hatte.

Obwohl es mir in diesen Tagen wirklich abgrundtief schlechtging, war ich innerlich sicher, gesund zu werden. Nicht, weil ich 24 Stunden am Tag nur immer dringend gesund werden wollte oder weil ich mich an die hoffnungsvollen Worte der Ärzte klammerte, die gemeint hatten, ich sei im genau richtigen Alter, um einen Krebs besiegen zu können. Abgeschlossen im Wachstum, aber noch nicht auf der Kräftetalfahrt ins biologische Alter. Nein, in mir war so eine Sicherheit zu gesunden, daß es mich eher überrascht hätte, wäre es anders gekommen. Trotzdem war ich überglücklich, als mein Lieblingsarzt sich die Untersuchungsergebnisse anschaute und ausrief: »Bub, dich machen wir gesund!«

Wäre er ein anderer gewesen, einer, den ich als Schönredner erfahren hätte – ich hätte ihm nicht geglaubt. Aber mein »Zombie« sagt immer die Wahrheit oder gar nichts. Er sagt sie nett, so daß sie nicht zusätzlich verletzt, aber er sagt nicht »Ja«, wenn er »Jein« meint.

»Du hast die stärkste zulässige Dosis Chemotherapie bekommen, die man in Deutschland verabreichen kann«, ließ er mich wissen. »Wir haben alle mit dir gezittert. Aber ich habe selten jemanden erlebt, der sie so gut vertragen hat.« Ein Lachen. »Da siehst du, es hat auch Vorteile, so ein bissel stämmig zu sein. Für den Fall ist es sehr, sehr gesund. Und wenn dich das nächste Mal jemand fragt, ob du mit deiner Figur zufrieden bist, sagst du einfach, daß du deswegen noch lebst.«

Inzwischen wußte ich, daß eine vierte und fünfte Chemotherapie nicht zu umgehen war. In den Wochen dazwischen versuchte ich, so normal zu leben wie möglich. Armins Geburtstagsparty, den Abend vor einer der Chemotherapien, den ich auf dem Oktoberfest verbrachte und morgens noch nicht nüchtern in der Klinik ankam, die Zigaretten, die ich mir bis heute nicht abgewöhnt habe, den Schluck Jack Daniels, den ich genießerisch schlürfen kann, den Blick nach Mädels, Mädels und nochmals Mädels – ich ließ nichts aus. Warum auch? Ich lebte! Und je mehr ich lebte, desto weniger bekam ich genug davon. In gewisser Weise wurde ich zum Epikureer. Es erfreute mich, die einfachen Dinge des Lebens zu genießen und das Glück selbst für die größte Glückseligkeit zu halten.

Armin war von allen Freunden mein treuster Begleiter geworden. Als ich ihn einmal fragte, wie er es empfunden habe, daß einer seiner besten Freunde an Krebs erkrankt sei, meinte er, es sei schon ein Schock gewesen. »Zuerst wollte ich damit irgendwie nichts zu tun haben. Aber dann wurde mir klar, daß du zwar krank warst und vielleicht sterben würdest, daß das aber nicht heißt, daß du mich jetzt nicht mehr brauchst.« Noch jetzt, in der Rückschau, rührt es mich, daß er dies so schlicht aussprechen und mir offenlegen konnte.

Doch den stärksten Auftrieb gaben mir unsere Bandproben. Oft waren sie der einzige wirklich zählende Halt, an den sich meine Lebensenergie klammerte.

An einem Abend im Januar hatten wir unser erstes, sehr spontanes Konzert. Christoph, unser Schlagzeuger, hatte mit seiner alten Band in irgendeinem Club gespielt und uns eingeladen mitzukommen. Aber der Funke sprang nicht auf das Publikum über. Die Jungs waren einfach grauenhaft schlecht. Bis auf ein paar Bierproleten, die den Bassisten kannten, langweilte sich jeder ohne Ende. Schließlich, ehe sich die Veranstaltung schon nach zwei Stunden wegen Publikumsschwund auflöste, hieß es: »Los, spielen wir jetzt einfach!«

Wir hatten nur drei Lieder, aber wir haben ungefähr eine Dreiviertelstunde ge*jamt*. Das Publikum war auf vielleicht fünfzig Leute geschrumpft, aber die haben völlig abgefahren herumgetobt, gejubelt und geschrien und geklatscht und getanzt. Es war Wahnsinn!

Ich hatte zu der Zeit eine Glatze und lief wegen der Kälte ständig mit einer Mütze herum. Als ich angefangen hatte zu spielen, hatte ich sie abgenommen. Es war mir einfach zu blöd mit dem Ding auf dem Kopf. Erst nach einiger Zeit merkte ich, was ich mir damit angetan hatte. Da ich keine Augenbrauen, keine Wimpern, überhaupt kein einziges Körperhaar hatte, lief mir der Schweiß völlig ungebremst in die Augen. Es brannte höllisch! Ich war halb blind. Aber ich stand da und spielte weiter und weiter und hatte während der ganzen Dreiviertelstunde nicht ein einziges Mal Zeit, mir über die Stirn zu streichen und den Schweiß abzuwischen.

Es war absolut phantastisch!

Nach dem Konzert habe ich dann wohl von irgend jemandem schlechtes Dope bekommen, in das einer irgend etwas hineingemischt hatte. So ein bißchen zu kiffen gehörte damals für uns schon fast selbstverständlich dazu. Nichts Regelmäßiges, weder LSD noch Crack, nichts, wovon wir abhängig gewesen wären, auch wenn meine Mutter und Armins Freundin sich tierisch darüber aufregten, daß offenbar alle Künstler nicht ohne Drogen auskommen konnten. Siehe Schiller, der zu gewissen Zeiten dadurch in höheren Sphären geschwebt sein soll, daß er faules Obst schnüffelte. Wie dem auch sei, jedenfalls lag ich stöhnend bei Armin auf dem Fußboden und hatte die irre Vision, durch die Decke zu fallen und abzustürzen. Es war alles andere als normal.

»Ich hatte schon daran gedacht, den Notarzt zu rufen«, meinte Armin am nächsten Morgen, als ich wieder fit war. »Aber du bist vorher ins Bett gewankt, und dann bin ich auch eingeschlafen.«

»Gut so«, sagte ich und grinste. »Wenn ich sterbe, dann sterb' ich an Krebs, aber nicht an so einem blöden Dope.«

Anders als der dritten Chemotherapie, die ich mit gelassener Zuversicht erwartet hatte, sah ich der vierten voller Angst und Unruhe entgegen. Die letzte Nacht zu Hause war ein einziger Alptraum. Entsprechend müde kam ich morgens in der Klinik an und fiel in meinem Klinikbett fast augenblicklich in Tiefschlaf. Blutproben, das Anstöpseln der Schläuche und Apparaturen – ich schlief einfach weiter. Bis nach der kompletten Chemotherapie. Es gab keine Nebenwirkungen, keinen Pilz, nichts.

»Wenn die jetzt immer so sind, könnt ihr noch ein paar machen«, sagte ich, als alles vorbei war. Aber leider wollte mir keiner die Garantie darauf geben.

Inzwischen mußte ich nach der Chemotherapie nicht mehr die ganze Zeit im Krankenhaus verbringen. So oft es nur ging, machte meine Mutter es möglich, daß ich Stunden oder zwischendurch eine Nacht zu Hause verbringen konnte.

Eine der Fahrten nach Hause werde ich nie vergessen. Ganz überraschend hatte sich herausgestellt, daß ich nach Hause durfte. Hätte meine Mutter vorher davon gewußt, wäre sie mit dem Auto gekommen. So aber hatte sie es aus Bequemlichkeitsgründen an der letzten U-Bahn-Haltestelle abgestellt, zu der wir nun mit der U-Bahn zurückfahren mußten. Und mir war so schlecht! Ich konnte mich mit aller Kraft soweit beherrschen, daß ich mich nicht übergeben mußte. Doch an jeder Haltestelle jagte ich raus, um mich ein paar Sekunden draußen auf eine Bank zu legen, damit es mir wieder ein bißchen besser ging. In letzter Sekunde sprang ich wieder rein in die U-Bahn. Ich war so unsagbar froh, als ich endlich im Auto saß.

Dieses Zu-Hause-sein-Können hat mir unsäglich viel bedeutet. Zwar wußte ich, daß die Ärzte und Schwestern im Krankenhaus mich mochten und alles taten, um mir zu helfen, aber Krankenhaus ist Krankenhaus. Die Luft, die ganze Atmosphäre, das Essen, überall bleiche, elende Gesichter, Tränen, Kummer und so selten Hoffnung – das schlug mir furchtbar auf das Gemüt. Auch wenn ich daheim überwiegend schlief oder mich ausruhte und nur selten in meine alte Schulkneipe gehen konnte, um Bekanntschaften aufzufrischen oder Mädels zu sehen, bei denen meine Chancen damals allerdings nicht gerade Spitzenwerte erreichten, hieß Zuhausesein Leben auftanken, Mut fassen.

Ab dem letzten Tag der Chemotherapie, an dem ich endlich von meinem Krankenhausleben beurlaubt wurde bis die Leukozythen wieder angestiegen wären, spritzte meine Mutter mir täglich ein 500-Mark-Medikament in den Oberschenkel und brachte mich zu allen Zwischenuntersuchungen in die Klinik zurück. Wie hatte ich mich gesorgt, daß sie mich verstoßen könnte, als ich von meiner Krebserkrankung erfahren hatte! Wie aberwitzig groß war der Erwartungs- und Leistungsdruck gewesen, den wir uns gegenseitig aufgelastet hatten, daß ich jemals glauben konnte, fürchten zu müssen, von ihr verstoßen zu werden, sobald ich nicht mehr funktionierte! Dennoch – auch wenn ich weiß, wie selbstverständlich ihr Einsatz für meine Mutter war und ist – für mich ist nichts davon selbstverständlich. Ich bleibe ihr zutiefst dankbar dafür.

Wenngleich ich selbst die Wirkung der vierten Chemotherapie kaum registriert hatte, war sie dem Tumor schlecht bekommen. Er war abermals wesentlich geschrumpft. Die Aussichten auf Heilung hatten sich vergrößert. Doch mein Körper war durch die bereits erfolgten Chemotherapien schon sehr geschwächt.

»Obwohl wir das Risiko einer fünften Chemotherapie sehr ernst nehmen, haben wir auf der abschließenden Tumorkonferenz beschlossen, einen letzten Versuch zu wagen«, erklärten meine Ärzte. »Wir dürfen den Tumor nicht in einem Größenstadium belassen, in dem ein Wiederaufflammen mit ziemlicher Wahrscheinlichkeit angenommen werden muß.«

Mittlerweile hatte der Gedanke an Chemotherapie seinen Schrecken für mich weitestgehend verloren. Hatte ich die ersten vier überstanden, würde ich auch diese letzte schaffen. Tatsächlich sind mir die Belastungen dieser fünften Chemotherapie heute kaum noch erinnerlich. Weit angespannter als die Tage der Übelkeit ertrug ich den Gedanken an die Computertomographie, die uns als abschließende Maßnahme angekündigt worden war.

Als es soweit war, warteten meine Mutter und ich mehrere Stunden im Gang vor dem Untersuchungsraum. Wir wußten, daß das Ergebnis der Untersuchung alles oder nichts, Heilung oder Tod bedeutete.

Vor allem meine Mutter war in höchster angstvoller Aufregung. »Entweder ist der Tumor größer oder kleiner«, sagte sie und bemühte sich, ihre zitternde Stimme unter Kontrolle zu bringen, damit ich durch ihre Angst nicht zusätzlich belastet würde. »Wenn er größer ist, dann gehen wir und machen uns noch ein schönes Leben. Und wenn er kleiner wird, ...«

»... dann geht das Leben erst los!« ergänzte ich und lehnte mich in ihren Arm zurück, den sie um mich gelegt hatte, um mich zu schützen, und der mir doch vorkam, als diene er ihr selbst mindestens ebensosehr als Stütze wie mir.

Auch mein Lieblingsarzt war mit den Nerven am Ende. Er konnte die Untersuchungsergebnisse kaum erwarten. Sobald sie fertig waren, eilte er mit fliegenden Mantelschößen in den CT-Raum und schaute sich die Aufnahmen an. Als er zurückkam, sah ich schon an seinem Gesicht, daß alles in Ordnung war.

»Eine Narbe«, rief er und schämte sich nicht, seine Rührung und freudige Erleichterung offen zu zeigen, »aber kein vergrößerter Tumor!«

Alle, die mich behandelt und betreut hatten, meine Mutter und ich, wir alle stürzten in einen wahren Freudentaumel.

Spätestens seit der dritten Chemotherapie hatte ich es immer mehr genossen, wenn mein Vater mich besuchen kam. Bei schönem Wetter und wenn meine Verfassung es zuließ, gingen wir in den Garten hinaus, in die Sonne. Ich besinne mich nicht, daß wir auch nur einmal tiefschürfendere Unterhaltungen miteinander geführt hätten. Meist plätscherte das Gespräch so hin und her wie Boote auf ruhigem Wasser. Oft sprachen wir gar nicht, saßen nur still da in der Wärme des anderen. Es war ein schönes Gefühl, eine innere Verbundenheit, die keiner von uns durch Worte durchbrechen und womöglich in Frage stellen wollte.

Heute denke ich, daß unser Miteinanderschweigen ein erster Versuch war, den anderen so anzunehmen, wie er ist, ohne die geringsten Forderungen an ihn zu stellen. Eine erste rein emotionale Ebene zwischen uns, auf der wir beide zu unsicher waren, als daß wir sie aus der rein körpersprachlichen in die verbale Ausdrucksform hätten übertragen können.

Gerade in diesem so verletzlichen, hauchdünnen Nähebereich der gemeinsamen Wortlosigkeit wurde mir erstmals klar, daß auch ich an diesen Mann stets Forderungen, Erwartungen geknüpft und meinen Teil dazu beigetragen hatte, keine Vater-Sohn-Beziehung aufkommen zu lassen. Nicht nur ich als der Sohn, den er sich anders, besser erwünscht hatte, war die Auffangschale seiner Enttäuschungen und Forderungen gewesen. Auch er als mein Vater, den ich mir anders, besser erwünscht hatte, war eine solche Auffangschale gewesen, und zwar diejenige meiner Enttäuschungen und Forderungen.

Zugleich wurde mir klar, daß dieser Mann neben mir nicht nur mein Vater war, nicht nur diesen einen menschlichen Aspekt, sondern viele andere mehr zu bieten hatte. Über sein Vatersein hinaus war er ein außergewöhnlich kluger, gebildeter Pädagoge, ein mitreißender Redner, ein einfühlsamer Beobachter, ein Priester mit Charisma, der seinen Dienst am Altar voll Ernst und Würde erfüllt hatte, ein Mensch, der viel geliebt und viel gelitten hatte.

Mit einer Gefühlsdichte, die mich wie eine Flutwelle packte, wurde mir klar, daß ich diesen Mann schätze und bewundere, ja, daß er mir trotz seines Versagens als Vater ungemein lieb ist! Auch wenn ich selbst ihn im Zusammenhang mit unserer Schlägerei bewußt aus dem Haus geschmissen und aus meinem Herzen verbannt hatte – jetzt plötzlich, inmitten unseres Stillehaltens miteinander, spürte ich, daß ich ihn in meinem Leben nicht missen will und sehr viel für ihn tun würde, wenn er Hilfe brauchte.

Erstmals verstand ich meine Mutter, die immer sagt, er sei kein Mann für schwere Zeiten, aber ein wunderbarer Mensch, mit dem es sich so phantastisch Urlaub machen und schöne Stunden genießen läßt, daß sie sich nicht vorstellen könne, mit wem sie lieber zusammen wäre als mit ihm.

Ich weiß nicht, was in meinem Vater vorging, während er mit mir zusammen den Weg ins Leben zurückschritt. Mein Instinkt sagt mir, daß er sich in dieser Zeit erstmals wirklich von mir gebraucht fühlte und sich zugleich erstmals in der Lage sah, etwas für mich zu tun, was kein anderer tun konnte. Erstmals wurde niemand anderer gebraucht, sondern genau er als mein Vater. Da war es absolut egal, wie er ist und was er ist, ob er jetzt klein oder dick oder groß oder schlank oder Sean Connery oder sonst irgend jemand ist – es wurde einfach er, ganz allein er, gebraucht.

Vielleicht wußte er nicht, wie er damit umgehen sollte. Vielleicht hatte er Angst, alles falsch zu machen, zu versagen. Vielleicht wäre er wie üblich am liebsten davongerannt. Aber er tat es nicht. Zum ersten Mal ließ er mich nicht im Stich.

Er kam zu mir. Er hielt die schweren Stunden mit mir durch. Er blieb auch im Angesicht des Todes mir nicht nur gedanklich oder per Brief oder Telefon, sondern körperlich zum Anfassen nah. Zum ersten Mal war er nicht nur mein Erzeuger. Er war mein Vater, und er war da.

Heute, nach dem Tumor, bemerke ich, daß mein Vater seither zum Beispiel meine Musik ernster nimmt und sie nicht mehr spontan im Vergleich zu der von ihm favorisierten Klassik als entarteten Krach abwertet. Ich nehme auch wahr, daß er mich in anderen Zusammenhängen kompetenter einschätzt. Etwa wenn er mich bittet, ein technisches Problem für ihn zu lösen, oder wenn er mir von Mann zu Mann mitteilt, daß er mich zwar gern mitten in der Nacht von irgendeiner Bushaltestelle, an der ich den letzten Bus verpaßt habe, abholt und heimfährt, aber eigentlich nicht mehr fahrtüchtig sei, weil er ausnahmsweise zu tief ins Rotweinglas geschaut habe.

Es mag sich makaber anhören, doch letztlich glaube ich, daß mein Tumor eine Chance auf Toleranz und Veränderung für meine ganze Familie war. In diesem Sinn nehme ich ihn nicht als etwas Böses wahr, sondern als eine sehr laute Warnglocke vor dem Exitus. Selbst mein Vater hat sie gehört.

Wie nah wir beide einander unter dem Dröhnen dieser Glocke gekommen waren, spürte ich auch während der Endphase meiner Krankheit, in der er sich regelmäßig nach meinem Befinden erkundigte und auch jetzt wieder oftmals einfach nur so bei mir saß, obwohl ich litt.

Wie schon in Vorgesprächen angekündigt, waren mir als letzte Maßnahme Bestrahlungen verordnet worden. »Auch wenn wir auf dem Bildschirm keinen Tumorrest mehr erkennen können, ist es vorstellbar, daß einige Restzellen überlebt haben«, meinten die Ärzte. »Lieber gehen wir auf Nummer Sicher.«

Obwohl ich mir unter Bestrahlungen wenig vorstellen konnte, hatte ich große Angst davor. Schon der abgeschiedene Raum mit seiner großen Eisentür suggerierte mir den Eindruck, hier radioaktiv verstrahlt und kurz vor meiner Heilung erst recht mit Krebszellen verseucht zu werden.

Natürlich war dieser Eindruck vollkommen absurd. Doch in der ersten Angst fragt man nicht nach Vernunft und Fakten.

In der Mitte des Raumes befand sich ein Tisch mit einem darüber befestigten, riesigen Bestrahlungsgerät. Einen ganzen Monat lang lag ich hier an jedem Wochentag für sechzig Sekunden, die mir jeweils wie sechzig Stunden vorkamen, und wurde vom Hals abwärts im gesamten Brustbereich bestrahlt. 30 Sekunden von oben, 30 Sekunden von unten. Es war sehr unangenehm. Zum einen sprossen mir in dieser Zeit die ersten Haare wieder, die aufgrund der Bestrahlung am Hinterkopf erneut ausfielen. Zum anderen wurde auch der Kehlkopf mitbestrahlt, was starke Schluckbeschwerden auslöste. Im übrigen aber lösten die Bestrahlungen eine quälende Übelkeit aus.

Sie fühlte sich anders an als die Übelkeit im Zusammenhang mit einer Chemotherapie. Damals hatte ich mich übergeben, bis sich das Unterste in mir zuoberst gestülpt hatte und nur noch Galle aus mir herausbrach. Jetzt fühlte ich mich, als stächen überall winzigscharfe Nadeln in mir. Ein leichtes Rumoren ging von meinem Magen aus. Ständig empfand ich einen ganz ähnlichen Druck, eine ganz ähnliche Spannung wie kurz vor dem erlösenden Moment, in dem sich der erste Schwall Erbrochenens Bahn bricht. Doch die Erlösung blieb aus. Nichts kam.

An den meisten Tagen war ich so matt und ausgebrannt, daß ich für nichts außer Bandproben Kraft fand. Die aber mußten sein. Sie waren der Strohhalm, an den ich mich klammerte, wenn ich den Schmerz, die Übelkeit, die Angst, die Ungewißheit und alles nicht mehr aushalten zu können glaubte. Musik schreiben, auf der Bühne stehen, Gedanken, Gefühle – ich hatte dem Leben noch so viel zu bieten. Wofür sollte ich denn gesund werden, wenn ich so oft bei Proben fehlte, daß ich die Band verlöre?

Und so war ich da, wenn Proben angesetzt waren. Vergaß mich und den Tumor, die Bestrahlungen und die Qual und tankte mich auf, indem ich mich verausgabte, bis ich den Kreislauf meiner Kreativität und meines Gottes wieder empfand.

Ende März, als die Bestrahlungen endlich vorbei waren, konnte ich kein Krankenhaus mehr sehen. Ich blieb ganz einfach zu Hause. Erst drei Monate später kam ein Anruf. Meine Schwester nahm ihn entgegen. »Thomas, du mußt ins Krankenhaus«, sagte sie, als ich von einer Bandprobe nach Hause kam.

Es traf mich wie ein Schlag.

Meine Mutter verfiel wieder in die alte Angst. Mühsam quälte sie sich, ein ruhiges Wesen zur Schau zu stellen und Fassung zu bewahren. »Es wird schon alles gut sein!« meinte sie und lächelte mir zu. »Du siehst so gesund aus. Und du fühlst dich ja auch fit.«

Doch in Wirklichkeit schüttelte es sie durch und durch. »*Warum ist mein Kind krank?*« schrieb sie in ihr Tagebuch. »*Wenn ich andere Jugendliche in der S-Bahn sehe oder auf der Straße, kommen mir die Tränen.*«

Sie haderte mit Gott und der Welt. So viel hatte sie durchgemacht, um mich zu gebären und großzuziehen. Und jetzt? Welchen Grund gab es für mein Sterben? Warum ich? Warum ihr Kind?

Erst als meine Mutter sich selbst wieder bewußt machen konnte, daß Sterben zu jedem Leben gehört, daß es im Gesamtzusammenhang der Schöpfung vielleicht nur eine Frage von Sekunden zwischen dem Sterben der einzelnen ist, konnte sie den Gedanken an meinen Tod zumindest ansatzweise ertragen.

Ich habe während der Krankheit meines Sohnes verlernt, an das Böse oder einen strafenden Gott zu glauben, las ich später einmal in ihren meine Krankheit betreffenden Aufzeichnungen. *Ich glaube auch nicht mehr an einen Weltuntergang und ein Weltgericht, sondern ich glaube, daß unser Leben nur ein Wandel zwischen Kosmos und Welt ist. Zur Zeit sind wir gerade hier. Und viele liebe andere sind gerade dort in der kosmischen Welt, viele, die sich auf uns freuen und uns erwarten. Trotz des Sterbens des Körpers bin ich mir ganz sicher, daß ein Teil von jedem von uns in die kosmische Unendlichkeit eingehen wird. Wir wissen doch alle von uns selbst, daß wir unsterblich sind. Also warum Angst haben?*

Wie zu allen anderen Untersuchungen und Behandlungen zuvor fuhr meine Mutter mich in die Klinik. Ich freute mich, meinen »Zombie« wiederzusehen. Ich hatte ihn sehr vermißt.

»Du siehst gut aus«, meinte er. »Zufrieden.«

Ich war zufrieden. Er hatte es genau erkannt.

Während mir Blut abgenommen wurde und später noch einmal während der Computertomographieaufnahmen, dachte ich flüchtig darüber nach, was wäre, wenn der Tumor sich vergrößert oder verteilt und metastasiert hätte? Was dann? Was würde ich tun? Aber irgendwie wollte ich nicht darüber nachdenken. Nicht jetzt, nicht, ehe es nötig wäre.

Mein »Zombie« lächelte mir zu, als wir uns verabschiedeten. »Kleines Gastspiel heute«, meinte er. »Gut so! Sobald die Ergebnisse vorliegen, melde ich mich.«

Das Warten danach fiel schwer. Die Zeit als vierte Dimension, über die ich so gern philosophiere, erschien mir in ihrer Unberechenbarkeit zugleich enger mit meinem eigenen Herzschlag verknüpft und doch unbegreiflicher und unfaßbarer denn je. Sie verging in ihrem ewigen Rhythmus und schien doch zu stehen.

Aber endlich lag er im Kasten, der Brief aus der Klinik, ganz offiziell mit Briefkopf. Wie versprochen, hatte mein »Zombie« ihn geschrieben: »Ich freue mich. Es ist alles okay!«

Ich war geheilt. Der Krebs war besiegt. In mir war nur noch Jubel.

Einige Zeit später kehrte ich mit einer Sondergenehmigung in die Schule zurück – allerdings in eine andere als zuvor. Ich konnte mir keinen Neustart in der alten Umgebung vorstellen. Mit etwas Glück werde ich im Sommer 1997 das Abitur in der Tasche haben.

In den erforderlichen, zwar großen, doch regelmäßigen Abständen fahre ich zur Nachuntersuchung in die Klinik, besuche meinen »Zombie« und lasse mich durchchecken. Bisher bin ich clean, das heißt gesund. Der Krebs ist schachmatt.

Immer noch wohne ich zu Hause bei meiner Mutter und meiner Schwester und kann mir kaum vorstellen, jemals nicht mehr dort zu sein. Unser Haus ist immer noch das Änder-Haus meiner Kindheit. Ich genieße es.

Wenn ich über meine Zukunft nachdenke, stelle ich mir vor, Regisseur zu werden. Manchmal schreibe ich höchst avantgardistische Theaterstücke. Manchmal kommen mir Kurzgeschichten oder Gedichte in den Sinn. Immer öfter höre ich vor allem diese eine Musik. Aber mit Musik hat ja das meiste von allem zu tun, was in mir an Kreativität nach außen wirkt.

Da ist die Band, in der wir jetzt einen Sänger haben, Brian, der meiner eigenen musikalischen Eigenwilligkeit von uns allen vielleicht am ehesten entspricht. Regional werden wir allmählich immer bekannter und begehrter. Es kommt vor, daß ich deswegen in der Woche nur ein- oder zweimal zum Schulunterricht erscheine. Im Gegensatz zu früher kann ich es mir leisten.

Sehr zum Ärger meiner Mutter habe ich das Rauchen trotz der Tumorerkrankung nicht aufgegeben. Warum auch? Meine Erfahrung ist, daß ein Tumor durch seelische Belastung, Streß und die Angst vor einem Tumor ausgelöst wird. Also habe ich nichts zu befürchten. Meine Lunge ist vielleicht ein wenig in Teer konserviert, aber sie ist gesund.

Allerdings rauche ich weniger, seit ich – nicht nur – aus Kostengründen meine Zigaretten selbst drehe. Mit Freunden zusammenzusitzen, während die Tabaksdose kreist, genau die richtige Prise Tabak in genau das richtige Filterpapierchen zu rollen, es anzufeuchten und zuzudrehen, stellt für mich ein Stück Lebensqualität dar, das ich nicht missen möchte.

Weitestgehend aufgegeben habe ich das Kiffen. Der Beschluß dazu fiel, als ich einmal mit ein paar Freunden in Berlin war, wo wir problemlos an jeder Straßenecke kaufen konnten, was wir wollten, und die meisten von uns nur noch zugedröhnt in irgendeiner Bude lagen. Damals fiel mir auf, daß ich nichts mehr davon habe, daß ich lebe, wenn ich bekifft bin.

Mein Rauschmittel ist die Musik. Oder vielleicht auch die Liebe. Es gibt da so ein Mädel, deren Anblick mich »rauschig« macht.

Mein Vater und ich? Das ist vermutlich eine Stelle in mir, die immer berührungsempfindlich bleibt. Ich denke, wir wissen heute beide, das wir nie im herkömmlichen Sinne Vater und Sohn sein werden. Allerdings, ich liebe ihn – und was zählt schon das Herkömmliche?

Nachwort

Als wir an diesem Buch arbeiteten, las ich es oft, manche Passagen immer und immer wieder. Nachts im Bett, nachmittags nach der Schule, in der Schule, bei Freunden, auf Busfahrten, auf dem Klo; fast an jedem Ort, an dem ich mich regelmäßig aufhalte. Ich las, verbesserte, verwarf, suchte händeringend nach Worten, die meine Gefühle ausdrücken können, und habe sie oft bis heute nicht gefunden. Ich hoffe, daß Sie, liebe Leserin, lieber Leser, vielleicht trotz der Lücken im deutschen Wortschatz in diesen Zeilen – oder zwischen ihnen – das Gefühl finden, das mich dazu bewegte, bei einigen Absätzen selbst zu weinen.

Nun habe ich es zum letzten Mal gelesen – zumindest vorerst – und während ich las, nahm ich all das Geschehene auf und löste mich zugleich davon.

Dieses Buch gab mir die Möglichkeit, mich vielleicht vollständiger von all den Mißständen dieser Welt, die mein Leben in diese Bahnen lenkten, zu lösen und sie hinter mir zu lassen, als ich es je alleine – oder mit therapeutischer Hilfe – geschafft hätte. Es heißt, wer sich der Geschichte nicht bewußt ist, ist verdammt, sie wiederzuerleben. Ich bin nun die Last der Vergangenheit losgeworden und bin mir zugleich ihrer sehr bewußt, und ich spüre nun häufiger, wie sich mein Brustkorb beim Einatmen sprengen möchte, um auch körperlich diese schrankenlose Freiheit zu erleben, die nun in meinem Geist manifestiert ist.

Und ich denke an die Familien, für die es noch nicht Vergangenheit ist, die durch diktatorische Eingriffe in ihre seelische und wirtschaftliche Existenz vergewaltigt und verkrüppelt wurden und werden, und an die Töchter und Söhne, die in Angst, Unwissenheit oder Ablehnung leben müssen und denen keine solche Möglichkeit gegeben werden kann. Ich denke an sie und hoffe, daß sie es auch schaffen, ihren Weg durch diese Welt zu gehen. Lasset uns beten!

Thomas Forster

Band 61367

Robby DeBoer

Jessica

Robby und Jan DeBoer adoptieren die kleine Jessica kurz nach deren Geburt und sind ihr liebevolle Eltern. Das Kind bedeutet ihnen alles und ist ihr ganzes Glück. Doch kurze Zeit später müssen sie zu ihrem Entsetzen erfahren, daß der Mann, der die Papiere für die Freigabe des Kindes zur Adoption unterschrieben hat, gar nicht Jessicas biologischer Vater ist und der rechtmäßige Vater, dessen Einwilligung natürlich nicht vorlag, alles rückgängig machen will.

Die DeBoers wehren sich verzweifelt dagegen, doch die natürlichen Eltern des Kindes lassen nicht locker. So müssen schließlich die Gerichte entscheiden, wo das Kind besser aufgehoben ist: bei denjenigen, die es von Anfang an wie ihr eigen Fleisch und Blut liebten, oder bei denen, die bisher nur biologisch die Eltern waren…

BASTEI LÜBBE